ENGLISH STUDY BASICS

| 안현필의 첫 plus tip |

나는 이렇게 영어를 정복했다

이 책의 목표는 '영어 기초 쌓기'

이 책은 중학교 2~3학년, 고등학교 및 대학교 재학생으로서 기초 실력이 없어 영어에 취미를 잃고 진전이 없는 분들을 위해서 쓴 책입니다.

사회인으로서 전에 영어 공부를 했으나 잊어버려서 기초부터 다시 하고 싶은 분들을 위해서도 썼습니다. ABC와 발음기호만 빼놓고 영어의 기초 주요 골자가 전부 들어있습니다.

(이 책의 첫 번째 과를 공부해 보고 아무리 해도 따라가기 힘든 분 특히, ABC와 발음기호조차 모르는 분들은 초등학교 또는 입문용 『영어기초확립』이란 책이 있으니 그것을 먼저 공부하십시오.)

종래의 영어참고서는 「명사, 대명사, 형용사 …」순, 즉 품사 위주로 되어 있습니다. 품사란 건축에 비유하자면 일종의 재료입니다. 이 재료만을 가지고는 어떻게 집을 짓는지를 알 수 없습니다. 집(영어)에 대한 설계도면 즉 '문장구성법'에 대하여 설명한 책이 없습니다. 나 자신도 이같은 교과서와 참고서로 공부한 결과 대학에서 원서를 읽을 때 아무리 사전을 찾아봐도 문장의 뜻을 파악할 수 없었고 영어로 작문을 할 수도 없었습니다. 영어실력 향상을 위한 가장 중요한 부분은 원서 독해 능력과 외국인과의 의사소통이 되겠습니다. 따라서 학생들의 영어 학습 방법도 이에 부합되어야 합니다.

이 책에서는 영어의 가장 중요한 골자인 '문장구성법'의 기초를 철저하게 가르쳐서 독자 여러분이 영어가 어떻게 이루어져 있는지에 대하여 눈을 뜨게 하는 데 그 중요 목적이 있습니다.

물론 품사에 관해서도 필요한 부분은 어느 정도 이 책에서 강의하고 있습니다.

에라! ABC부터 다시 하자

나는 처음에 영어 선생을 하려고는 꿈에도 생각하지 않았지요. 법과대학을 졸업하고 고시에 합격하여 판검사, 행정가가 되려고 했지요. 그런데 어쩌다 팔자가 돌고 돌아 영어 선생이 되어버렸으니 사람 팔자 알 수 없는 일이네요.

법과대학에 입학했더니 하루에 몇 십 페이지씩 원서를 공부하게 되었는데 몇 십 페이지는 고사하고 하루에 한두 페이지도 못하다가 그만 "요놈의 돌대가리야!"하고 한탄하면서 걷어치우곤 하였습니다. 그래도 한 2년 동안은 죽어라고 했으나 원체 기초가 없었던 탓인지 진전이 없었던 것입니다. 그래서 영어 때문에 법학 공부도 못했습니다.

"에라! ABC부터 다시 하자." — 결심은 쉬웠으나 실행은 참 어려웠습니다. 머리 속은 어쩔망정 그래도 명색이 자타가 공인하는 대학생인데 학원에 나가 코 흘리는 중학 1년생과 함께 앉아서 공부하자니 참 처량한 신세였답니다. 영어의 대가라고 불리는 사람은 모조리 찾아다니며 공부하는 방법을 물어보기도 하면서… 나는 이렇게 고생했는데 여러분은 누워서 떡 먹는 격이 되었으니 그런 줄이나 아세요.

영어에 취미가 붙기 시작했어요

한 1년 동안 여러 대가들이 좋다는 방법으로 공부했더니 영어에 취미가 붙기 시작했어요. 그래서 2년 동안 다니던 법과를 걷어치우고 영어 전공으로 방향을 전환했지요. 이 책에서는 내가 그 당시 공부한 그대로를, 또 그 후 학생들을 가르친 경험을 가미해서 쓸 작정입니다. 내가 가르치는 것이 학생들에게 조금이라도 도움이 된다면 이것은 바로 내 과거의 소치입니다.

그간의 할 이야기는 많으나 생략합니다. 영문과를 졸업한 후 처음에는 일본 학교에서 일본 학생들을 가르치고 그 후로는 귀국해서 경기고등학교와 서울고등학교, 또 외국어대학교와 서울대 사대 등에서 다년간 학생시절의 경험을 살리고 더욱 연구하면서 학생들을 가르쳤습니다.

특히 서울고등학교 시절에는 1회 졸업생이라 더욱 신중을 기해서 등사기로 프린트 교재를 만들어 가르쳤지요. 그 당시 1회 졸업생들이 대학 입시에서 다른 학교 학생들보다 영어 성적이 월등하게 좋았기 때문에 자연스럽게 전국적으로 소문이 퍼져서 전국의 학생들로부터 이 프린트 교재에 대한 관심을 굉장히 많이 받았습니다. 이 프린트 교재를 구하기 위해 전국 방방곡곡에서 일부러 상경하는 사태까지 벌어졌습니다. 지금은 교통이 발달해서 상경하는 것이 별일 아니지만 그 당시는 지방에서 상경하는 것은 일대 사건이나 다름없던 시절이었습니다.

우연과 요행은 결코 없습니다

지금은 영어참고서 한두 권을 안 가지고 있는 학생들이 없지만 당시 학생들은 참고서를 읽는 학생들이 거의 없었고 나 자신도 감히 책을 쓰겠다는 주제 넘은 생각은 추호도 없었습니다. 그저 프린트 교재로 만들어서 학생들이나 잘 가르쳐보자는 것 뿐이었습니다. 약 8년 동안 내용을 고치고 또 고쳤습니다. 그런데 이 프린트 교재가 전국 방방곡곡으로 무수히 퍼져나가 8년째에 이르러서는 등사판 인쇄로는 도저히 당해낼 재간이 없어서 활자로 인쇄하니 그대로 책이 되어버리더군요. 책을 만들려는 생각은 꿈에도 못했는데 이렇게 책의 저자가 되어버렸으니 사람 팔자 알 수 없는 노릇이지요? 그러나 우연과 요행은 결코 없었습니다. 피눈물 나는 노력의 결정이었습니다.

그 중 기초가 되는 부분을 '영어실력기초'라 하고 그 위의 것을 '영어연구(英語硏究)'라 했더니 처음에는 친구들이 무슨 놈의 책이름이 그러냐고 막 놀리더군요. 그러면서 '영어기초실력'이라고 하는 것이 어떠냐고요. 그러나 그냥 그대로 내버려두었더니 제 멋대로 커가더군요.

입시를 위해서는 여러 가지 잡다한 것을 많이 공부하셔야 합니다. 무엇이든 한꺼번에 여러 가지 잡다한 것을 하게 되면 그 중의 중요한 기본 골자를 철저하게 공부하지 못하게 되는 법입니다. 나는 영어의 가장 중요한 알맹이 골자를 따로 분리시켜서 '영어실력기초'를 만들고, 전문적인 '영어연구'로 철저히 알기 쉽게 가르쳐서 학생들로 하여금 우선 영어에 눈을 뜨게 해놓고, 입시를 대비해서는 잡다한 것을 망라하여 고교입시에는 '영어기초오력일체'로 대학입시에는 '오력일체영어(五力一體英語)'에서 가르치기로 하였습니다.

그 후 '오력일체영어(五力一體英語)'는 상하권으로 되어 있는 데다 또, page 수가 많아 시간이 없는 학생들에게는 불편하므로 부득이 요점을 추려 한 권으로 합권하고 책 이름도 '대입요점영어(大入要點英語)'로 바꿨습니다.

수많은 영어 참고서의 본류가 바로 이 책입니다

이제 우리나라에서도 수많은 영어 참고서들이 나오고 있습니다. 그 수많은 영어 참고서의 본류가 바로 이 책입니다. 책의 가치는 실제 그 책을 읽은 독자가 결정하는 것이지 결코 선생, 서점, 출판사, 저자, 광고가 결정하는 것이 아니라고 굳게 믿고 있습니다. 나는 여러분이 이 책을 공부하면 이 책이 좋다는 것을 확신하고 이 책을 열심히 공부하시게 될 것이라고 확신합니다.

책의 생명이 오래 가기 위해서는 저자 자신이 배우는 학생보다 시대에 앞서야 한다고 믿고 있습니다. 그러기 위해서는 저자 자신이 학생보다 몇 배나 더 노력해야 될 것입니다. 나 자신도 그렇게 되도록 노력해 왔습니다. 즉 이 책 '영어실력기초'를 실용적인 최신 영어로 개정하였던 것입니다. 교육부의 교과 과정이 실용영어로 개편되기 전에 이미 이 책은 실용영어로 개편되었던 것입니다.

이 책의 예문은 될 수 있는 한 미국 작가로부터 인용하고 저자가 작문한 것은 미국의 전문가로부터 일일이 교정을 받았습니다. 혹 무슨 결점이 있으면 구체적으로 지적하여 주시면 고맙게 받아들이고 채택된 것은 보답하여 드리겠습니다.

이 책으로 열심히 공부한 여러분이 바로 이 나라 우리 국민의 지도자가 될 것입니다. 여러분이 이 책을 믿고 열심히 공부하게끔 하기 위하여 일부러 자랑 이야기를 하였으니 양해해 주시기 바랍니다.

| 이 책을 공부하는 데 대한 주의사항 |

나는 유명한 잔소리쟁이입니다

나는 자고로 유명한 잔소리쟁이로서 한몫 보는 사람입니다. 이 책에서는 교실 강의 그대로 쓰려고 하니 오죽이나 잔소리가 많이 쏟아져 나오겠습니까? 그러니 미리 양해 바랍니다.

(이 잔소리 부분은 개정판에서 plus tip으로 처리했습니다; 편집자 주)

이 책은 처음부터 문제가 나옵니다

이 책은 보통 책과는 달리 처음부터 문제가 나옵니다.

경험이 없는 교사는 아주 친절하게 일일이 가르쳐 줍니다. 그러나 나중에 학교 성적은 아주 엉망이지요. 경험이 있는 교사는 주의 깊게 옆에서 구경하고 있다가 정 모르는 것만 쏙 집어넣어 줍니다. 또 이것을 표시해 두었다가 훗날 두고두고 복습시킵니다.

이 책에서 처음부터 문제가 나오는 것은 학습 동기를 유발시켜 학습 내용에 집중할 수 있도록 하기 위해서입니다. 받아들일 준비가 되어 있지 않은 학생들에게 아무리 열심히 강의를 해도 이는 소귀에 경 읽는 행위에 불과한 것입니다. 그래서 문제를 먼저 제시하는 것입니다.

이런 멍텅구리 공부가 어디 있는가

보나마나 여러분은 이 책 연습문제의 ( ) 안에 잉크로 멋들어지게 답을 써넣을 것입니다. 나도 그랬으니까. 단어의 뜻, 해석, 설명, underline 등 아주 온통 시커멓게 꽉 써 넣었더니 옆 친구가 보더니 "야! 무시무시한 공부를 하는구나!" 하더군요.

그런데 나중에 '이런 바보 멍텅구리 공부가 어디 있는가?'하고 깨달았지요. 아니, 답을 보면서 무슨 연습이 된단 말입니까? 이런 식으로 백발노인이 될 때까지 공부해 보세요. 아마 박사학위 열 두어 개 쯤은 무난히 딸 것이니 그 중 하나는 나에게도 나눠주고요.

👆 배운 것은 입에서 줄줄 나올 때까지 연습하세요

일단 배운 것은 입에서 무의식적으로 줄줄 나올 때까지 연습을 하세요. 영어란 일단 배운 것을 말이나 글로 표현할 수 없으면 아무 소용없는 것이지요. 그런데 이 연습(암기)이라는 것이 좀 자연스럽지는 못한 방법이긴 합니다. 그것이 싫으면 미국 사람과 살면서 영어 생활을 하세요. 그럴 수가 없으면 입에서 줄줄 나올 때까지 연습하여 암기하는 도리 밖에 없습니다. 마치 초등학교 1학년생이 국어책을 암기하듯이 이렇게 하면 시험에 나왔을 때 "앗! 이건 몇 페이지에 있는 것이 나왔다."하고 속으로 무릎을 치면서 답을 쓰게 됩니다.

그러니 책 한 권을 한 번만 공부해 봤자 아무 소용이 없습니다. 책 한 권을 최소한 열 번은 보아야 합니다. 하물며 어떤 책을 어디 한 번이나 제대로 끝까지 읽어보신 기억이 있나요?

👆 궤짝 안의 쥐처럼 하지 마세요

참고서를 일단 공부하기 시작한 후에는 절대로 다른 책으로 바꾸지 마세요.
나중에 시험에 실패하거든 이 일을 지켰느냐 안 지켰느냐를 제일 먼저 생각해보세요. 아마 틀림없을 것입니다. 참고서란 자기의 개성과는 다른 개성을 가진 사람이 쓴 것이므로 어느 참고서나 딱 자기 비위에 맞는 것은 없습니다.

비위에 안 맞는다고 해서 그 때마다 참고서를 바꾸는 사람은 궤짝 안에 가둬놓은 쥐새끼와 다를 바 없습니다. 이 쥐란 놈은 밖으로 나가기 위해 이리 가서 한 번 깨물고 저리 가서 한 번 깨물고 하다가 결국 힘이 빠져 죽고 말 것입니다. 만일 이 쥐란 놈이 현명했다면 처음부터 한 구멍만을 뚫었을 것입니다.

참고서를 선택하기 전까지는 신중하게 검토해야 합니다. 그러나 일단 결정하고 난 다음에는 도중에 절대로 바꾸어서는 안 됩니다. 모르는 것이 있으면 표시만 해두고 진도를 나아갑니다. 그 참고서를 두 번 세 번 읽는 동안에 그 모르던 것을 알게 되고야 맙니다. 왜냐하면 나중에 자세히 설명해야 될 것이 미리 튀어나오는 경우가 많기 때문입니다.

영어의 밑천은 단어입니다

영어의 밑천은 단어입니다.

그래서 이 책에서는 일부러 애써서 실용적인 단어를 많이 넣었습니다. 또 암기하기 편하도록 매 page 밑에 정리하였습니다. 그 외에도 모르는 단어가 나오면 스스로 정리해야 합니다. 남이 한 것보다 자기가 스스로 애써 하는 것이 더 효과가 크지요. 그리고 보통 문법책과 같이 밤낮 I am a boy. It is a dog. 하는 식의 예문으로만 공부하다가는 죽어서도 못 다 하지요.

단어가 어렵다고 불평하지 마세요. 영어 공부는 단어 공부 70%, 문법 공부 30%로 해야 합니다. 그러니 단어 공부를 안 하면 영어 공부 하나 마나 입니다. 급할 때는 문법을 몰라도 단어 몇 마디 알면 손짓발짓 섞어가면서 만사 해결될 수가 있습니다. 심지어 truck taxi kiss 해도 통하니 다 살게끔 마련입니다.

복습관리 잘 하도록 나하고 약속합시다

영어 공부의 제일 좋은 방법은 '반복 연습'입니다.

그러므로 이 책에서는 다른 책과 달리 '복습관리'를 두고 있습니다. 여러분은 한 과 한 과를 끝내고 나면 반드시 이 복습관리를 하고 넘어가야 합니다. 이것을 철저히 하면 작문, 해석, 문법, 회화, 단어숙어 실력까지 한꺼번에 숙달할 수 있습니다. 복습관리를 하지 않고 다음 과로 넘어가면 이 책이 재미가 없어지고 또 영어에 대한 재미가 없어져서 결국은 시험에 미끄러지고 또 미끄러지고… 그러니 복습관리를 꼭 잘 공부하기로 나하고 약속합시다.

내 잔소리(plus tip) 따라 주십시오

또 하나 나하고 약속할 것이 있습니다. 그것은 내가 잔소리하는 대로 따라 주십사 하는 것입니다. 내가 시키는 대로 하기만 하면 여러분의 영어 실력은 눈부실 정도로 향상될 것입니다. 그건 '영어실력기초'의 저자인 제가 명예를 걸고 책임지지요. 약속할 수 있지요? 정말이죠? 그러면 열심히 노력해서 좋은 성과 있기를 진심으로 빕니다.

저자 안현필

〈편집자 주〉

영어 단어는 무조건 암기하는 방법과 어원 분석을 통한 암기 방법이 있습니다.

어원 분석 방법은 접두어, 접미어, 공통 어근 등 형태소(뜻을 가지고 있는 최소 단위)를 활용한 암기 방법입니다.

despise 라는 단어를 예로 들어 봅니다. 이 단어는 '경멸하다, 얕보다'라는 뜻인데 이를 분석하면 de = down 아래로, spi = see 보다 → 아래로 보다 즉 '경멸하다'가 되는 것입니다.

또 하나 enormous 라는 단어를 분석하면 e = out, norm = standard, ous = 형용사 어미로서 표준을 벗어난 즉 '거대한, 막대한'이라는 뜻을 갖습니다.

이런 방식으로 단어를 이해하여 암기토록 하는 방법이 어원 분석을 통한 암기 방법인 것입니다. 그러나 이 방식은 de = down, spec = see, e = out, norm = standard 등 어원과 실제 분석 단어 사이에 철자 상으로 연관성이 없어 어원을 따로 암기해야 하는 어려움이 있습니다.

그런데 이런 방식에서 벗어나 어원과 initial 분석을 병행함으로써 어떤 영어 단어를 보면 그 단어의 뜻을 유추할 수 있고 그 단어의 철자를 따로 외울 필요가 없는 새로운 형태의 암기 방법을 발견하였습니다.

예를 들어 money라는 단어를 시켜봅시다. 그러면 mo + ne + y로 나뉘는데 mo는 most 또는 more의 initial이고 ne는 need의 initial이며 y는 친근함을 나타내는 명사 어미입니다. 따라서 money의 분석은 "가장 필요한 것"이 되고 이것으로 '돈'이라는 뜻을 유추할 수 있는 것입니다.

또한 위의 enormous라는 단어를 분석하면 e = extend '(밖으로) 뻗다'의 initial, norm은 normal '정상적인'의 initial, ous는 많다는 뜻의 형용사 어미. 따라서 '정상을 (벗어나 밖으로) 뻗어나갈 만큼 많은'이 되므로 여기에서 '거대한, 막대한'이라는 단어의 뜻을 유추할 수 있게 됩니다.

이런 방식으로 단어를 암기하게 되면 단어의 뜻과 그 철자까지 유추해 낼 수 있을 뿐만 아니라 재미까지 더할 수 있습니다. 아무쪼록 영어를 하는 학생들에게 이런 방식이 도움이 되었으면 하는 바람입니다.

| 추천의 글 |

학습자와 함께 교감하겠다는 마음이 엿보이는 책

이길영 교수(한국외국어대학교, 전 응용언어학회 회장)

한국은 영어를 외국어로 배우고 있는 EFL (English as a Foreign Language) 상황이다. 즉 교실수업에서 영어를 사용하다가도, 교실 밖에 나가면 바로 한국어가 일상어로 돌아가는 환경이다. 이런 환경에서 영어실력의 기초를 가지려면 어느 정도 문법을 학습하지 않을 수 없다. 후에 회화를 하려해도 이 부분의 기초가 되어 있어야 올바른 영어 구사가 가능하기 때문이다.

많은 영어문법 참고서가 나와 있지만 이번에 나온 '영어실력기초'의 최고 장점은 마치 옆에 과외교사가 있는 듯 세심하게 학습자의 입장을 고려하여 만들어졌다는 것이다. 저자의 수많은 '잔소리'가 어쩌면 맨 처음엔 피곤할 수도 있겠지만 학습자에 대한 저자의 안타까운 마음을 진정성 있게 전달하는 것임을 곧 눈치 채고는 그 매력에 푹 빠질 것이라 생각한다. 문법을 공부하는데 저자가 공부하면서 느낀 것, 또 실제 교사로서 다양한 경험을 통하여 느낀 것을 그대로 반영하여 만들어진 책이기에 다른 급조된 참고서와는 차별성이 분명한 것을 보게 된다.

학습전개과정도 단원 맨 처음에 문제를 먼저 제시하여 학습자 본인의 현재 실력을 발견하고, 또 문제의식을 갖도록 하고 있음을 볼 수 있다. 이는 요즈음 선진화된 교수방법의 전형이며 영어교수법 학자인 Harmer가 이야기 한 EASA (Engage-Activate-Study-Activate)의 한 방법과도 일맥상통한 것으로 보인다. 단원의 내용이 동사부터 시작되어 문장의 뼈대에 대한 중요도를 가지고 학습할 수 있도록 돕고 있음도 장점이다.

전체적으로 보면, 문법 참고서이면서도 학습자와 함께 교감하겠다는 그 마음이 엿보이는 책이다. 경험이 풍부한 선생님의 노련한 모습은 물론 학습자와 함께 하는 역동성도 함께 느껴지는 인상적인 책이라 볼 수 있다. 학습자가 성실성을 가지고 이 책을 학습해 준다면 경험이 풍부하신 선생님을 과외선생님으로 모시어 학습하는 것 같은 효과를 보게 될 것이며 그동안 지겨웠던 문법학습에 이제 새로운 효과가 나타날 것으로 생각한다.

독해와 영작실력 모두 향상시킬 수 있는 기회 제공

양하늬 교사
(경기여고 교사, 2011 제6회 전국중등영어교사 수업경연대회 대상 수상자)

영어라는 언어에 대해 정밀하게 분석하고 체계적으로 정리한 책입니다. 문제의 정답만 맞추면 그만이라는 생각으로 문법 공부를 기피한 채 대략적인 의미파악에만 치중하였던 학생들이 해를 거듭할수록 문장 구조 분석에 실패하고 정확한 독해에 어려움을 겪는 모습을 학교현장에서 빈번히 보곤 합니다. 이 책은 영어를 공부할 때 꼭 알아야 할 핵심적인 문법 요소들을 다양한 예문을 제시하며 깊이있게 다루고 있습니다. 또한 풍부한 연습문제를 제공하여 학습자들이 문법을 내재화 할 수 있도록 돕는 동시에 독해와 영작실력을 모두 향상시킬 수 있는 기회를 제공하고 있습니다. 조금은 딱딱해 보일 수 있는 내용이지만 친근하고도 살벌한 저자의 잔소리가 이 책을 완독하게 하는 힘이 되어 줄 것입니다. 그리고 이 완주는 여러 학생들이 영어를 통해 자신의 꿈을 펼쳐나갈 수 있는 밑거름이 되어 줄 것입니다.

영어의 기본은 물론 그 활용능력도 배가될 것

성기완 교수 (경희대 글로벌커뮤니케이션 학부)

'영어실력기초'는 지금까지 존재해 온 영어참고서와는 달리 문법이나 어휘와 관련된 단편적인 지식이나 암기만을 요구하는 것이 아니라 개별 학습자가 직접 영어를 생각해 보면서 해보도록 구성이 되어 있습니다. 이 책이 처음 발간되었을 때도 각 단원의 기본적인 언어형식 및 표현을 학습자가 직접 연습하고 말하게 함으로써 다른 책과는 차별화되는 내용과 안내로 이 책을 선호하는 일부 마니아층이 있을 정도의 실용적인 영어연습서입니다. 또한 시의적절하게 각 단원에 많은 영문완성 및 연습을 할 수 있도록 하고 있으며 매 단원 핵심내용은 다시 꼼꼼하게 설명 및 복습을 하도록 유도하고 있습니다. 따라서 각 학습자가 성실하고 꾸준하게 본서에 주어진 내용을 공부하고 표현을 해보는 노력을 하면 영어의 기본은 물론 그 활용능력도 배가될 수 있는 바 적극 추천하는 바입니다.
감사합니다.

나의 꿈을 이룰 수 있게 해 준 책

허성오 교수 (한림대학교 의과대학)

안현필 선생님의 '영어실력기초'가 새로운 단장을 마치고 세상에 모습을 드러내게 되었다는 소식을 접하고 기쁜 마음에 이 글을 씁니다. 저는 '영어실력기초'를 무려 40여 년 전에 처음 접하였었지요. 가난하고 소박한 농촌에서 초등교육을 받고, 서울에서 중고교 시절을 보내고 있던 저에게는 꿈이 하나 있었습니다. 세상의 모든 도시를 여행하면서, 나의 능력으로 어려운 사람들에게 도움을 줄 수 있는 실력이 있는 전문가가 되는 것이었습니다. 작지만 달성이 만만치 않은 인생 목표를 설정하고나니, 당장 필요한 것이 영어 실력이었습니다. 경제적으로 녹록하지 않았던 저의 가정 형편으로는, 실력 있는 영어 선생님들로부터 받을 수 있는 고가의 영어 과외를 감당할 수가 없었기에, 저는 서울 시내의 책방들을 뒤지며, 수많은 영어 참고서를 찾아보기로 하였습니다. 오랜 탐색 끝에, 마침 저를 기다렸다는 듯 책방 한 구석에서 웃고 있는 영어실력기초를 펴게 되었고, 책의 서문을 읽는 순간 저는 온몸이 떨리는 듯한 전율을 느꼈었습니다. 저를 가슴 벅차게 놀라게 한 것은 바로 이 책의 가장 독특한 부분이라고 할 수 있는 '잔소리'라는 형식이었습니다. '잔소리'는 최고의 실력을 갖추신 영어 선생님이 바로 제 곁에서, 친절하신 목소리로 영어 문법과 독해에 관해 쓴소리의 형식을 빌어, 친절하게 가르쳐 주시는 느낌을 갖게 해주는 놀라운 방법이었습니다. 저는 안현필 선생님께서 써놓으신 모든 '잔소리'의 내용을 흡입하듯 받아들였고, 선생님이 하라고 하신 대로 최소한 여섯 번 정도 반복해서 읽었던 것 같습니다. 같은 책을 반복해서 여섯 번 읽어 나가는 것은 정말 쉽지 않았지만, 반복 학습 이후 제 영어 실력은 눈에 띄게 좋아졌고, 이후 탄탄한 영어 실력을 갖출 수 있었습니다. 어려운 영어 본고사까지 치르고 서울 대학교에 입학한 저는 학사와 석사를 마친 후, 미국 대학으로 유학을 가기로 결심하였습니다. 물론 좋은 대학으로 가기 위해서는 중요한 것이 TOEFL 영어 능력 시험과 미국 대학원 입학 자격 고사에 해당하는 GRE 였습니다. 탄탄한 영어 실력을 갖춘 덕분에 이들 시험에서 만족할 만한 성적을 얻어, 저는 미국의 명문 아이비리그 의과대학에서 10여 년간 신경 과학 및 뇌 연구를 할 수 있는 영광을 누릴 수 있었습니다. 대학 교수가 된 후, 저는 수많은 국제 학술 대회에 참석하면서, 세계 도처에서 연구하고 있는 학자들을 만나 연구를 이야기하고, 학술 대회를 개최한 도시를 여행하는 즐거움도 보너스로 받고 있는 셈입니다. 그리고 방글라데시, 베트남과 같은 우리나라보다 경제 형편이 어려운 개발 도상 국가의 학생들에게 신경 과학 교육도 영어로 하고 있습니다. 어릴 때 꿈이었던, 넓은 세상을 여행하고, 나의 능력이 필요한 사람들에게 도움을 줄 수 있는 전문가의 꿈을 이루었다고 생각합니다. 저의 연구실에서는 한국, 미국, 중국, 인도, 방글라데시, 베트남 등 다국적 학생들이 영어로 소통하며 연구를 하고 있지요.

현재 시중에서 접할 수 있는 수많은 영어 참고서는 문장의 형식보다는 회화에 치중되어 있는 느낌을 받게 됩니다. 하지만, '영어실력기초'와 같은 독특하고 창의적인 영어 참고서를 꾸준하게 반복 공부를 하여, 영어 문장 구조에 대한 탄탄한 지식을 쌓은 다음, 회화를 공부하게 된다면, 앞으로 다가올 토플, 토익, GRE와 같은 더 전문적인 영어 실력을 검정하는 시험에서 좋은 효과를 얻을 수 있을 것이라고 생각합니다. 이 책 안에는 영어를 처음 공부하는 청소년 뿐만 아니라, 중고등 학교 때 영어 공부를 했지만, 21세기 글로벌 환경에서 영어 실력을 향상시키고자 하시는 성인들에게도 필독을 권할 만한 컨텐츠로 가득 차 있다고 생각합니다.

저의 꿈을 이룰 수 있게 해 준 여러 가지 요인 중에서, 저는 단연코 안현필 선생님의 '영어실력기초'의 역할이 지대하였다고 생각하고 있던 차에, '영어실력기초'가 새로운 모습으로 나온다는 소식을 듣고 기쁜 마음으로 추천의 글을 드리는 바입니다.

| 차 례 |

첫 잔소리 2

Lesson 01	Be 동사	16
Lesson 02	Have 동사	27
Lesson 03	부정문	31
Lesson 04	의문문	43
Lesson 05	답하는 법	56
Lesson 06	기본문 5형식	61
Lesson 07	to부정사가 있는 글	81
Lesson 08	동명사, 분사가 있는 글	101
Lesson 09	형용사절	112
Lesson 10	명사절	128
Lesson 11	부사절	139
Lesson 12	분사구문	145
Lesson 13	시제 – 현재, 과거, 진행	153

Lesson 14	시제 – 미래	159
Lesson 15	시제 – 현재완료	166
Lesson 16	시제 – 미래완료, 과거완료	174
Lesson 17	태	181
Lesson 18	가정법	188
Lesson 19	시제의 일치	200
Lesson 20	화법	206

정답과 해설	1
복습관리	60
실전 응용 연습	117
마지막 plus tip	164
어느 학생의 편지	166

잔소리

영어실력기초에서는 문장구성법(文章構成法), 동사, 준동사(準動詞 – 부정사, 분사)를 철저하게 연구하는 것을 주목적으로 삼고 있습니다. 이것만 알면 영어가 무엇인지 훤하게 눈을 뜨게 됩니다. 요즘의 시험들은 주로 문장 구성에 관한 문제가 많이 출제되고 있습니다. 따라서 영어실력기초만 열심히 해도 웬만한 시험의 문법 문제는 거뜬하게 대비할 수 있을 것입니다. 그렇지만 각종 영어시험에는 이 외에 명사, 대명사, 형용사 부사, 접속사, 전치사 같은 것도 공부할 필요가 있습니다. 이런 것들은 「영어기초伍力一體」에서 다룹니다.

Lesson 01

Be 동사

Lesson 01 | Be 동사

> **Hint** Be동사

1 be동사란?

2 다음 각 be동사의 뜻은? — 같은 be동사라도 뜻이 여러 가지 있습니다.
① He is our class teacher.   ② My cellphone is on the table.
③ She is waiting for her turn.   ④ It is fixed by lot.

3 다음 ( ) 안에 be동사를 넣고 해석하시오. (현재형)
① I (   ) an astronaut.
② You (   ) a model youth.
③ He[She] (   ) the picture of his[her] mother.
④ It (   ) an artificial satellite.
⑤ am, is의 과거형은?
⑥ are의 과거형은?

답 1 am, are, is, was, were, been을 대표해서 be동사라 합니다.

2 ① is = …이다
「그 분은 우리 담임 선생님입니다.」
② is = 있다(존재하다)
「나의 휴대폰은 테이블 위에 있다.」
③ is(…ing) = …하는 중이다 〈여기의 is는 진행형을 만드는 be동사〉
「그녀는 자기 차례를 기다리고 있는 중이다.」
④ is(…p.p.) = …되다 〈여기의 is는 수동태를 만드는 be동사〉
「그것은 추첨으로 결정된다.」
fix라는 단어 대신 decide, determine, settle … 등도 쓸 수 있지만 이런 표현은 문어체 표현입니다.

3 ① am 「나는 우주 비행사이다.」
② are 「당신은 모범 청년이다.」
③ is 「그(그녀)는 그(그녀)의 어머니를 꼭 닮았다.」
④ is 「그것은 인공위성이다.」
⑤ 둘 다 was
⑥ were

---

class teacher 담임 선생님   cellphone [sélfoun] 휴대폰   wait [weit] 기다리다   turn [tə:rn] 차례   fix [fiks] 결정하다, 고정시키다   by lot 추첨으로
astronaut [ǽstrənɔ̀:t] 우주비행사   model youth 모범 청년   artificial satellite 인공위성

18

PRACTICE A 다음 ( ) 안에 be동사의 현재형과 과거형을 넣고 해석하시오.

(1) ① Tom (   ) dutiful to his parents.
     ② My rule (   ) to get up at five.

(2) Jack and Viola (   ) a newly-married couple.

(3) The professor and poet (   ) popular with the students.

(4) The elevator (   ) out of order.

(5) Miniskirts (   ) out of fashion.

(6) Atomic physics (   ) difficult to learn.

(7) Joke

   (Woman) How many times a day do you shave?
   (Man) Oh, forty or fifty times.
   (Woman) Say, are you crazy?
   (Man) No, I'm a barber.

(8) TELEPHONING

   (Person A) Hello, is this Mr. Green's office?
   (Secretary) Yes, it is.
   (Person A) Is Mr. Green there, please?
   (Secretary) Yes, he is. I'll connect you with him.
   (Person B) This is Green speaking. Who's calling, please?

---

dutiful [djúːtifəl] 효행하는   parent [péərənt] 부모   rule [ruːl] 주의, 규칙   newly-married couple 신혼부부   professor [prəfésər] 교수(敎授)   poet [póuit] 시인(詩人)   popular [pàpjələr] 인기 있는   out of order 고장 난   out of fashion 유행이 지난   atomic physics 원자 물리학   difficult [dífikʌlt] 어려운   learn [ləːrn] 배우다   shave [ʃeiv] 면도하다   crazy [kréizi] 미친   barber [bàːrbər] 이발사   connect [kənékt] 연결하다

PRACTICE A 해답

[1] ① is, was 「Tom은 (그의) 부모님께 효행을 합니다.」
② is, was 「나의 규칙은 5시에 일어나는 것이다.」

I 다음에는 "am", You 다음에는 "are", 그 외에는 무조건 "is"를 씁니다. 그러므로 Tom이나 My rule은 I나 You가 아니므로 "is"를 쓸 수밖에 없습니다. 또 This book이나 The house 같은 단수 명사에는 전부 "is"이고 복수에는 어떤 경우라도 "are"를 쓰며, You인 경우에는 단수, 복수 모두 똑같이 "are"를 씁니다.

[2] are, were 「Jack과 Viola는 신혼부부입니다.」
Jack과 Viola는 합쳐서 두 명이므로 **복수, are**를 씁니다.

[3] is, was 「그 교수 겸 시인은 학생들 사이에 인기가 좋다.」
the가 앞에만 있으면 한 사람이 겸하는 것이고 뒤에도 있으면 각각 다른 두 사람이 됩니다.
The professor and **the** poet **are(were)** popular with the students.
→「그 교수와 그 시인은 학생들 사이에서 인기가 좋다.」

[4] is, was 「그 엘리베이터는 고장입니다.」
out of order = 고장 난, in good order = 잘 가동되는

[5] are, were 「미니스커트는 유행이 지났다.」
out of fashion = out of mode = 유행이 지난, in fashion[mode] = 유행하는

[6] is, was 「원자 물리학은 배우기가 힘들다.」
atomics (원자학), mathematics (수학), physics (물리학), atomic physics (원자 물리학), ethics (윤리학) 등의 학문을 말하는 명사는 뒤에 's'가 붙어서 복수처럼 보이지만 뜻은 단수이므로 is가 됩니다.

[7] 농담

(여자) 당신은 하루에 몇 번 면도를 하십니까?
(남자) 아, 40 내지 50번 하죠.
(여자) 여보세요, 당신 돌았소?
(남자) 아니요, 나는 이발사요.

[8] 전화걸기

(사람 A) 여보세요, Green 씨 사무실입니까?
(비서) 예, 그렇습니다.
(사람 A) 죄송합니다만, Green 씨 계십니까?
(비서) 예, 계십니다. 연결해드리죠.
(사람 B) Green입니다. (전화 거시는 분은) 누구시죠?

  여기를 보면서 영어로 빨리 빨리 말하는 연습을 하세요. 한 번에 10번 쯤 — 잊어버릴만 할 때 가서 또 하고 또 하고 — 합계 100번 쯤 잠자리에 들기 전에 이놈을 중얼중얼 하면 어느새 콜콜 — 공부 특히 어학 공부는 이렇게 하지 않고서는 실력이 붙질 않습니다. 그야 3일 쯤은 누구나 다 하죠. — 적어도 3년 이상 — 성공이란 남이 못하는 일을 하는데 있습니다.

EXERCISE 다음 문장을 다음과 같이 복수형으로 고치고 해석을 하시오. 〈정답: p. 2〉

(1) I am strained because of the final examination.
 → We are strained because of the final examination.

(2) I was struck by his speech. →

(3) You are too nervous about trifles. →

(4) You were an urchin when young. →

(5) He is stingy with money. →

(6) He was hard up for money. →

(7) She is particular about her food. →

(8) She was beside herself with joy. →

(9) It is no laughing matter. →

(10) It was a wonderful sight. →

(11) This is the mate to that glove. →

(12) That was a sheer nonsense. →

(13) It is his hobby. →

(14) It was her pet. →

(15) Its structure is complicated. →

(16) Your opinion is right. →

(17) This coat is too tight. →

(18) That bucket of hers leaks water. →

strain [strein] 긴장시키다　final examination 학기말 시험　strike [straik] 감격하게 하다　speech [spiːtʃ] 연설　nervous [nə́ːrvəs] 신경질의　trifle [tráifəl] 하찮은 일　urchin [ə́ːrtʃin] 개구쟁이　stingy [stíndʒi] 인색한　be hard up(for) 쪼들리다, 고생하다　particular [pərtíkjələr] 까다로운　beside oneself 어쩔 줄 모르는, 제정신이 아닌　sight [sait] 광경　mate [meit] 한 쌍의 한 쪽　sheer [ʃiər] 순전한　nonsense [nánsens] 터무니 없는 일　hobby [hɑ́bi] 취미　structure [strʌ́ktʃər] 구조　complicated [kɑ́mplikèitid] 복잡한　coat [kout] 외투　tight [tait] (옷이) 꼭 끼는　leak [liːk] (물이) 새다

PRACTICE B 다음 ( ) 안에 be동사의 현재형과 과거형을 넣고 해석하시오.

(1) He as well as we (   ) satisfied with the result.

(2) Not only you but I (   ) responsible for the accident.

(3) Either he or you (   ) mistaken.

(4) Three fourths of the earth's surface (   ) water.

(5) There (   ) few people in Seoul during the Korean War.

(6) READING

> "I have come to see your father and mother," said the visitor to the small boy who opened the door. "Are they in?"
> "They was in," said the boy, "but they is out."
> "They was. They is. Where is your grammar?"
> "She is upstairs," said the boy, "taking a nap."

PRACTICE B 해답

(1) **is, was** 「우리는 물론 그 분도 그 결과에 만족하고 있다.」
as well as는 'he'와 'we'를 접속시키는 접속사구인데 **앞의 것에 중점**을 두면서 접속시킵니다. 그래서 이 문장에서는 he에 중점이 있으므로 be동사는 is가 되는 거지요. 번역을 할 때는 뒤의 것을 먼저 번역하고 as well as를 「…은 물론」이라고 하여 앞으로 올려 번역합니다.
그런데 다음의 문장은 그렇게 번역하지 않으니 잘 생각해 보세요.
She can swim as well as he. (이럴 때 아래를 빨리 가리고 생각)
→ 「그녀는 그 남자만큼 수영을 잘 할 수 있다.」
또 하나 응용하면 「그녀는 그 사람만큼 영어를 잘 말할 수 있다.」
→ She can speak English as well as he.
그러면 「그는 물론 나도 너를 만나서 반갑다.」
→ I as well as he am glad to see you.

(2) **am, was** 「너뿐만 아니라 나도 그 사고에 책임이 있다.」
not only ... but (also)~는 as well as와는 반대로 **뒤의 것에 중점**을 두면서 접속시키는 접속사구입니다. 따라서 동사도 뒤의 것에 맞추는 것에 주의하세요. 앞부터 차례로 「…뿐만 아니라 ~도」처럼 번역합니다. 응용해봅시다.
「지금뿐만 아니라 후에도 너는 너의 최선을 다하지 않으면 안 된다.」
→ Not only now but after you must do your best.

(3) are, were 「그 분 아니면 당신 중에서 어느 분인가 잘못입니다.」
Either가 없으면? He or you are mistaken. 「그 분 아니면 당신이 잘못입니다.」
결국 같은 뜻이지요. Either가 있으면 둘 중의 하나라는 의미가 분명할 따름.
어느 경우든 동사는 **or 다음 말에 맞추어야 합니다.**

(4) is, was 「지구 표면의 4분의 3은 물이다.」
지구 표면은 전체적으로 보아 단수. 이 **단수의 4분의 3 역시 단수.**
그러나 Three fourths of the boys ( ) to go to colleges. → are.
→ 「그 남학생들의 4분의 3은 대학에 가기로 되어 있다.」
→ 여기에서는 boys라는 **복수의 4분의 3이므로 복수 취급**을 합니다.
3/4을 three fourths 라 했지요? 그러면 2/3는? → two thirds
기수(基數 – 기본이 되는 수)란? → one, two, three …
서수(序數 – 순서를 나타내는 수)란? → first, second, third …
◎ 분수를 영어로 나타낼 때 분모는 서수를 쓰고 분자는 기수를 쓰되 분자가 복수일 때는 분모인 서수를 복수로 합니다.
1/2 = a half 또는 one half, 1/3 = a third 또는 one third, 3/4 = three quarters 또는 three fourths

(5) were 「6.25 사변 중에는 서울에 사람이 얼마 없었습니다.」
지나간 과거의 일이기 때문에 과거형인 were를 쓰는 것입니다.
ⓐ He is a mechanic. (여기의 is는 「…이다」)
ⓑ A girl is in the room. (여기의 is는 「있다, 존재하다」)
→ ⓑ와 같이 be동사의 뜻이 「있다, 존재하다」일 때는 보통 There …구문을 씁니다. 즉 There is a girl in the room.
으로 하는 것이 보통입니다. 단 상대방이 모르는 것을 처음으로 소개하는 경우에 한하여 쓰고, 상대방이 알고 있는 것
은 The girl is in the room. 「그 소녀는 그 방 안에 있다.」로 합니다. 〔EXERCISE (24) 참조〕

(6) READING
"나는 너의 아버지와 어머니를 만나러 왔다. 안에 계시니?"라고 방문객이 문을 열어준 어린 사내아이에게 말했다.
"그들은 계셨습니다만 (지금은) 나가 계신데요."라고 그 사내아이가 말했다.
"They was. They is라니. 너의 문법은 어디에 있니?" (They were. They are.로 해야 합니다.)
(사내아이가 grammar를 grandma로 잘못 듣고) "할머니는 2층에서 낮잠 자고 있어요."라고 사내아이가 말했다.

EXERCISE   다음 문장을 영작하시오.   〈정답: p. 2〉

(19) 나는 물론 그녀도 행복하다.

(20) 나뿐만 아니라 그녀도 행복하다.

(21) John 아니면 내가 거기에 가기로 되어있다.

(22) 그 사람 아니면 나 어느 쪽인가 잘못이다.

(23) 그 소년들 중 3분의 2는 가난하다.

(24) ① 그 책상 위에는 책이 두 권 있다.   ② 그 책은 책상 위에 있다.
　　 ③ 그는 방 안에 있다.   ④ John은 방 안에 있다.

PRACTICE C   우리말에 맞도록 (　) 안에 알맞은 말을 넣으시오.

(1) 이 학급의 각 소녀가 프랑스어를 배우려고 애를 씁니다.

= Each (　　) of this class (　　) eager to learn French.

(2) 이 소년단의 각 단원이 모두 부모님께 효도를 합니다.

= Every (　　) of this Boy Scout (　　) dutiful to (　　) parents.

(3) 5년은 죄수에게는 긴 세월입니다.

= Five years (　　) a long time for a prisoner.

(4) James나 John은 둘 다 부자가 아닙니다.

= Neither (　　) (　　) (　　) (　　) (　　).

(5) 승객의 약 반수가 행방불명입니다.

= About half of the passengers (　　) missing.

(6) READING

Hustler : I don't know what Bill does with his money. He was short yesterday and he's short again today.

Rustler : Is he trying to borrow from you?

Hustler : No, hang it! I'm trying to borrow from him.

eager [íːgər] 열심인   learn [ləːrn] 배우다   French [frentʃ] 프랑스어   dutiful [djúːtifəl] 효성스러운   prisoner [príznər] 죄수   passenger [pǽsindʒər] 승객   missing [mísiŋ] 행방불명의   short [ʃɔːrt] 모자라는   borrow [bɔ́(ː)rou] 빌리다   hang it! 제기랄!

PRACTICE C 해답

(1) **girl, is**

each 다음에 명사가 오는 경우 언제나 단수형이 옵니다.
이 문장에서는 주어인 'girl'이 단수이므로 'is'가 됩니다.
Each of them is satisfied with the result. 「그들 각자가 그 결과에 만족하고 있다.」 이때의 each는 대명사로서 역시 단수 취급을 합니다. Each girl의 Each는 물론 형용사입니다.

(2) **member, is, his**

every 다음에도 단수 명사가 오고 동사도 단수를 씁니다. each는 2개 이상의 것을 개별적으로 가려 따질 때 쓰며 all은 전체를 말할 때 씁니다.
그리고 every = each + all 의 뜻

(3) **is**

Five years는 형태가 복수이지만 뜻은 **5년이라는 한 기간**을 말하므로 **단수 취급을** 합니다.

(4) **James, nor, John, is, rich**

either ~ or는 둘 중 하나를 말하지만, **neither ~ nor**는 양쪽을 다 부정하면서 접속시키는 역할을 하고 **동사는 nor 다음 말에 맞춥니다.**

(5) **are**

half of 다음이 복수이면 복수 취급을 합니다.
Half of my spare time is spent in reading. 「내 여가의 반은 독서에 소비된다.」
여기서는 time이라는 단수가 있으므로 단수 취급을 합니다.

Most of the students are poor. 「학생들 대부분이 가난하다.」
Most of my pocket money is spent for buying books. 「내 용돈의 대부분이 책을 사는데 사용된다.」

(6) **READING**

Hustler : 나는 Bill이 그의 돈을 가지고 무엇을 하는지 모르겠어. 그는 어제도 모자랐고 오늘도 모자라거든.
Rustler : 그가 자네에게 빌리려고 하는가?
Hustler : 아니, 제기랄! 내가 그로부터 빌리려고 하는 거야.

EXERCISE 다음을 영작하시오. ⟨정답: p. 2⟩

(25) 너희들 각자가 그것에 책임이 있다.

(26) 그들 모두가 그것에 책임이 있다.

(27) 그 시간 모두가 독서하는 데 소비되었다.

(28) 그들 모두가 제각기 그것에 책임이 있다.

(29) 그 사람도 나도 부자가 아닙니다.

(30) 그 돈의 반이 노름으로 소비되었다.

옳은 것을 고르시오. (배운 것은 아니지만 혼자서 해보시오.)

(31) Bread and butter (is, are) my usual breakfast.

(32) Each boy and each girl (was, were) anxious to know it.

(33) Every hour and every minute (is, are) important.

(34) A thousand dollars (is, are) a large sum.

(35) The number of the graduates this year (is, are) 120 in all.

(36) A number of people (was, were) present at the meeting yesterday.

(37) It is she that (is, are) responsible for it.

 여러분! 정말 공부하고 싶거든 내 말 좀 들어주세요. 여러분은 보나마나 아무 말을 안하면 "Lesson 1은 다 알았다."하고 Lesson 2로 무심코 뛰어 들어갈 것입니다. 그런데 Lesson 1을 완전히 소화하셨나요? 정말? 그럼 밑의 것을 해 보세요.

영어는 다른 과목과는 달라서 이해만 해서는 안되고 일단 이해한 것을 입에서 줄줄 자연스럽게 나올 수 있게 해야 합니다. 또 동시에 글자로 표현할 수 있어야 합니다. 책은 읽을 수가 있으나 말을 할 수 없거나 글로 표현할 수 없는 어학공부는 반신불수 공부이며 전체 공부 양의 10분의 1도 하지 않은 것이 됩니다.

영어는 일단 이해가 된 것도 하루가 못 가서 거의 잊어버리게 되며, 특히 새로운 단어는 5분도 못가서 잊어버리는 수가 많습니다. 머리가 나쁜 탓이 아니라 영어의 성질이 그렇게 되어 먹은 것입니다. 잊어버릴 만 할 때 가서 또 하고 또 하고 해서 합계 100번 이상 반복 연습을 해야 합니다. 마치 초등학교 학생들이 국어책을 암기하듯이 …. 그리고 꼭 소리를 내면서 공부해야 합니다. 눈으로만 한 어학공부는 아무 효과를 보지 못합니다.

Lesson 02

Have 동사

Lesson 02 | Have 동사

> **Hint** Have동사

1. have동사란 무엇을 말하나요?

2. have, has는 각각 어떤 경우에 쓰나요?

3. have, has의 과거형은?

4. 다음 각 have동사의 뜻은?
   ① I have a computer.
   ② He had another cup of tea.
   ③ He had his house built by John.
   ④ He had his money stolen.
   ⑤ He had no news of her.
   ⑥ What answer did he have?
   ⑦ ⓐ He has finished it.
      ⓑ He had finished it.

답 1 have, has, had를 대표해서 말합니다.

2 I와 you에는 have, 그 외의 것에는 has, 복수에는 언제나 have.

3 둘 다 had

4 ① 가지다 「나는 컴퓨터를 가지고 있다.」
   ② 마시다, 먹다 「그는 차 한 잔을 더 마셨다.」
   ③ 시키다 「그는 그의 집을 John에게 건축시켰다.」
   ④ 당하다 「그는 그의 돈을 도난 당했다.」
   ⑤ 듣다 「그는 그녀의 소식을 듣지 못했다.」
   ⑥ 받다, 얻다 「그는 무슨 답을 받았습니까?」
   ⑦ 둘 다 완료형을 만드는 조동사(나중에 배울 것임)
      ⓐ 「그는 그것을 끝마쳤습니다.」
      ⓑ 「그는 그것을 끝마쳤었습니다.」

PRACTICE 다음 _____ 안에 알맞은 **have**동사를 넣고 해석하시오.

(1) I _____ a large family to support.

(2) You _____ a good memory.

(3) We _____ a right to come here.

(4) John _____ a bald head.

(5) John and Mary _____ ample funds for it.

(6) Yesterday I _____ my hair cut.

computer [kəmpjúːtər] 컴퓨터   support [səpɔ́ːrt] 부양하다   memory [méməri] 기억(력)   right [rait] 권리, 옳은   bald head 대머리   ample funds 충분한 자금

PRACTICE 해답

(1) have 「나에게는 부양할 식구가 많다.」
「나에게는 읽을 책이 많다.」 I have many books to read.

(2) have 「너는 기억력이 좋다.」

(3) have 「우리는 여기에 올 권리가 있다.」 (right = 권리, 옳은)

(4) has 「John은 대머리다.」

(5) have 「John과 Mary는 그것에 대한 충분한 자금이 있습니다.」
복수에는 무조건 have를 씁니다.

(6) had 「어제 나는 머리를 잘랐다.」 (Hint 4 ③을 보세요.)
Yesterday라는 과거를 나타내는 말이 있으므로 had라는 과거형을 씁니다.
have나 has **모두 과거형은 had**입니다.

EXERCISE

다음 _____ 안에 알맞은 **have동사**를 넣고 해석하시오. 〈정답: p. 3〉

[38] My father _____ many shares in the company.

[39] We _____ to get up early in the morning last Sunday.

[40] You _____ better keep away from bad companions.

[41] My mother _____ got some money.

[42] They _____ got to finish the work by two o'clock.

[43] She must _____ a new wedding dress made.

[44] The soldier _____ his right arm wounded in the battle.

[45] We were hungry, but there was nothing to be _____.

다음 영문의 뜻과 일치하는 것을 고르시오.

[46] He has many enemies and few friends.
 ⓐ 그는 많은 적과 몇 사람의 친구를 가졌다.
 ⓑ 그는 적도 많고 친구도 많다.
 ⓒ 그는 적은 많고 친구는 거의 없다.

[47] The train had to be pulled by an engine.
 ⓐ 그 기차는 기관차가 끌어갔다.
 ⓑ 그 기차는 기관차로 끌리었다.
 ⓒ 그 기차는 기관차로 끌리어야만 했다.
 ⓓ 그 기차는 기관차를 가지고 있다.

[48] We had better not wait for her. She may be very late.
 ⓐ 우리는 그녀를 기다릴 수 없다. 그녀는 늦게야 올 테니까.
 ⓑ 우리는 그녀를 기다리지 않는 것이 좋다. 그녀는 아주 늦게 올 것 같으니까.
 ⓒ 우리가 그녀를 기다린 것이 나빴다. 그녀가 아주 늦을 테니까.

share [ʃɛər] 주(株), 몫   company [kʌ́mpəni] 회사   early [ə́ːrli] 일찍이, 이른   companion [kəmpǽnjən] 친구, 짝   wound [wuːnd] 부상(시키다)
battle [bǽtl] 전투, 싸움   hungry [hʌ́ŋgri] 굶주린   enemy [énəmi] 적   pull [pul] 당기다   engine [éndʒin] 기관(차)

plus tip 이와 같이 우리말을 영어로 반복하는 연습을 하면 영작, 해석, 문법, 회화, 단어 실력이 한꺼번에 철저히 붙는다는 것을 깨달을 수 있을 것입니다. 더군다나 영작 연습은 이것이 최고의 방법입니다. 만일 이 복습을 하지 않는다면, 영원히 영어실력이 붙지 않을 것입니다.

Lesson 03

부정문

Lesson 03 | 부정문

> **Hint** 부정문
>
> ※ He is rich.를 부정문으로 하면? → He is not rich.가 됩니다.
> 그러면 다음 문장을 부정문으로 고쳐보시오.
> ① You are greedy. ② I have a laptop computer.
> ③ They surf the web. ④ She will prepare the show.
>
> 답 ① You **are not** greedy. 「당신은 욕심 많은 사람은 아닙니다.」
> 대화할 때는 are not을 aren't로 줄여서 말하기도 합니다.
>
> ② I **do not have** a laptop computer. 「나는 노트북 컴퓨터를 갖고 있지 않습니다.」
> 회화할 때는 I don't have a laptop computer.로 줄여서 말하기도 합니다.
> 영국에서는 I do not have a laptop computer.를 I have not a laptop computer.로 하고 대화할 때는 I haven't a laptop computer로 줄여서 말하기도 합니다.
>
> ③ They **do not** surf the web. 「그들은 인터넷 정보를 둘러 보지 않습니다.」
> 대화할 때는 do not을 don't로 줄여서 말하기도 합니다.
>
> ④ She **will not** prepare the show. 「그녀는 그 쇼를 준비하지 않을 것이다.」
> 대화할 때는 will not을 won't로 줄여서 말하기도 합니다.
> be동사와 조동사(will, shall, can, …)는 다음에 not을 써서 부정문을 만듭니다.
> 그 외의 동사는 동사 앞에 do(does, did) not을 써서 부정문으로 만듭니다.
> 영국에서는 have동사도 다음에 not을 써서 부정문을 만들기도 합니다.

PRACTICE A 다음 문장을 다음과 같이 고치고 해석을 하시오.

(1) She is looking at herself in the mirror.
→ She isn't looking at herself in the mirror.

(2) I have your sunglasses.
→ _____

(3) She has a nice jacket.
→ _____

(4) He had a large farm.
→ _____

(5) She has powdered her face.
→ _____

(6) You can cancel your order for the books.
→ _____

(7) You look like your mother.
→ _____

(8) He feels sorry about it.
→ _____

(9) John made many mistakes in the examination.
→ _____

(10) READING

Son : Mr. and Mrs. Smith are having a quarrel.

Father : You shouldn't peek in on the neighbors. Now go to your room. I'm going to pull down the shade so you can't watch.

Son : You're peeking, Dad.

Father : It's all right to take one little peek while you're pulling down the shade.

mirror [mírər] 거울   powder [páudər] 분(을 바르다)   cancel [kǽnsl] 취소하다   order [ɔ́ːrdər] 주문, 명령   examination [igzæminéiʃən] 시험
quarrel [kwɔ́ːrəl] 싸움   peek [piːk] 엿보다, 살짝 보기   neighbor [néibər] 이웃 사람   shade [ʃeid] 블라인드, 그늘

PRACTICE A 해답

(1) is → is not (= isn't) 「그녀는 거울을 보고 있지 않습니다.」
is는 be동사이므로 뒤에 not을 두면 부정문이 됩니다.

(2) have → do not have (= don't have) 「나는 당신의 선글라스를 가지고 있지 않습니다.」

(3) has → does not have (= doesn't have) 「그녀는 좋은 겉옷을 가지고 있지 않습니다.」

영국식에서는 다음과 같이 쓰기도 합니다.

do not have (= don't have) → have not
does not have (= doesn't have) → has not
did not have (= didn't have) → had not

has → does not has, had → did not had로 해서는 틀린 표현이 됩니다.
둘 다 have로 해야 합니다. Do나 does가 부정문을 만드는 조동사 역할을 하므로 그 뒤에 오는 **본동사는 원형**을 써야 합니다.

[4] had → did not have (= didn't have) 「그는 큰 농장을 가지고 있지 않았다.」

[5] has → has not (= hasn't) 「그녀는 얼굴에 분을 바르지 않았습니다.」
　　(a) She has a doll.　　　　(b) She has bought a doll.
　　(a), (b)의 has는 용법과 뜻이 같은 것일까?
　　→ (a)의 has는 본동사이고 (b)**의 has는 완료형을 만드는 조동사**입니다.
　　　have동사가 조동사로 쓰일 때는 do(does, did) not을 써서는 안 되고
　　　have 다음에 not를 써야 합니다.

[6] can → cannot (= can't) 「당신은 그 책들에 대한 주문을 취소할 수 없습니다.」
can은 조동사이므로 뒤에 **not을 쓰면 부정문**이 됩니다.

[7] look → do not look (= don't look) 「당신은 어머니를 닮아 보이지 않습니다.」
look이라는 동사는 be동사도 아니고 have동사도 아니므로 do not (= don't)를 쓰는 것입니다.
예를 들면
I know him. → I don't know him.
He works hard. → He does not work hard.

[8] feels → does not feel 「그는 그것에 대하여 유감으로 생각하지 않습니다.」
feels처럼 동사에 "s"가 붙어 있으면 does not을 씁니다.
그런데 does not feels로 한 분도 계신 모양인데 … does는 조동사이므로 does 다음에는 동사원형인 feel을 써야 합니다.
He gets up at five. → He does not get up at five.

[9] made → did not make 「John은 그 시험에서 많은 실수를 하지 않았습니다.」
made처럼 과거일 때는 did not을 씁니다.
그리고 did not made가 아니고 did not make가 되는 것도 주의하세요.
She wrote this letter. → She did not write this letter.

[10] READING

아들 : Smith씨 부부가 싸우고 있어요.
아버지 : 이웃 사람을 엿보는 게 아니야. 어서 네 방으로 가. 네가 볼 수 없도록 블라인드를 내릴 테다.
아들 : 아빠, 아빠도 보시면서.
아버지 : 블라인드를 내릴 동안 살짝 보는 것은 괜찮아.

EXERCISE 다음 문장을 다음과 같이 고치고 해석을 하시오. 〈정답: p. 4〉

[49] He has recovered from pneumonia.
→ He has not recovered from pneumonia.

[50] He has a pair of scissors.
→

[51] He had a sharp razor.
→

[52] He sharpened the razor.
→

[53] Steve and Nancy live in a lodging house.
→

[54] He pays 200 dollars monthly as the school fee.
→

[55] She shed tears when she saw her mother.
→

[56] He could mimic my voice.
→

[57] He did his duty.
→

recover [rikʌ́vəːr] 회복하다 pneumonia [njumóunjə] 폐렴 pair [pɛər] 한 쌍 scissors [sízəːrz] 가위 (복수) sharp [ʃɑːrp] 날카로운 razor [réizər] 면도칼 sharpen [ʃɑ́ːrpn] 갈다 lodging house 하숙집 mimic voice 소리를 흉내 내다 school fee 수업료 monthly [mʌ́nθli] 매달, 한 달에 한 번

PRACTICE B 다음 ①, ② 두 문장을 비교 연구하시오.

(1)　① He is not a fool.
　　　② He is no fool.

(2)　① There is no book on the desk.
　　　② There is not a book on the desk.

(3)　① I have no book.
　　　② I have not a book.

(4)　① I have no your book.
　　　② I have not your book.

(5)　① I did not have breakfast this morning.
　　　② I had not breakfast this morning.

(6)　**READING**

The daughter of a wealthy industrialist was asked at school to write a story about a poor family. Her essay began : Once upon a time there was a poor family. The mother was poor, the father was poor, the children were poor. The butler was poor. The chauffeur was poor. The maid was poor. The gardener was poor. Everybody was poor.

fool [fuːl] 바보　daughter [dɔ́ːtər] 딸　wealthy [wélθi] 부유한 = rich　industrialist [indʌ́striəlist] 실업가　poor [puər] 가난한　family [fǽmili] 가족　essay [ései] 수필　butler [bʌ́tlər] 집사(하인 우두머리)　chauffeur [ʃóufər] 자가용 운전사　maid [meid] 하녀　gardener [gάːrdnər] 정원사

PRACTICE B 해답

(1)　① 보통용법 「그는 바보가 아니다.」
　　　② 강조용법 「그는 절대 바보가 아니다.」 (바보는 커녕 오히려 wise man이란 뜻)
　　　be동사를 부정할 때 보통은 not을 쓰지만 강조용법에는 no를 씁니다.
　　　He is not a common being. 「그는 보통 사람이 아니다.」
　　　He is no common being. 「그는 비범한 인물이다.」
　　　no = not a (또는 not any)이므로 He is no a common being.은 안 되고 "a"를 없애야 합니다.

[2] ① 보통용법 「책상 위에 책이 없습니다.」

② 강조용법 「책상 위에는 책이 한 권도 없습니다.」

There나 have 다음에 명사가 있을 때는 보통 no를 쓰고 특별히 **수(數)**적인 의미를 **강조할 때에 한해서 not**을 씁니다.
There is no man who can do it. 「그것을 할 수 있는 사람은 없다.」
There is not a man who can do it. 「그것을 할 수 있는 사람은 한 사람도 없다.」

[3] ① 보통용법 「나에게는 책이 없다.」

② 강조용법 「나에게는 책이 한 권도 없다.」

I have no money.는 흔히 듣지만 I have not money.는 들어 본 적이 없지요? have동사에는 no가 보통이고 not은 강조용법에서만 쓰고 보통은 안 씁니다. 그렇다고 해서 I have no finished the work는 틀린 표현입니다. 여기서 have는 '가지다'란 뜻이 아니고 완료형을 만드는 조동사이므로 'not'을 써야 합니다. **no는 명사 앞에서만** 씁니다.

[4] ①은 틀린 표현.

② 「나는 당신의 책을 가지고 있지 않습니다.」

your, my, our, his, her, its, their, John's 등의 소유격이나 the, this, that 등이 명사에 붙어 있는 경우에는 no를 못 쓰고 not을 써야 합니다.
I have no her doll.은 안되고 I have not her doll.로
I have no the book.으로는 할 수 없고 I have not the book.으로 해야 합니다. (영국식 표현)

[5] ②는 틀린 표현.

① 「나는 오늘 아침 조반을 먹지 않았다.」

이 have는 '가지다'라는 뜻이 아니고 '먹다'라는 뜻.
I **had** my house **built** by John. 「나는 내 집을 존에게 건축시켰다.」
이 had는 '시키다'라는 뜻이므로 I **did not have** my house **built** by John.으로 합니다.

[6] **READING**

어떤 부유한 실업가의 딸이 학교에서 가난한 집안(가족)에 대한 이야기를 쓰도록 요청을 받았다. 그녀의 작문은 이렇게 시작되었다. : 옛날 한 가난한 집안이 있었다. 어머니가 가난했고 아버지도 가난했고 아이들도 가난했다. 집사도 가난했고 자가용 운전사도 가난했다. 하녀도 가난했다. 정원사도 가난했다. 모두가 가난했다.

PRACTICE C 다음 문장을 해석한 후 부정문으로 바꾸고 그 부정문도 해석하시오.

(1) ① You may leave the room.   ② He may be rich.

(2) ① You must pay the money.   ② He must be rich.
   ③ He needs a patron.

(3) ① Go there right now.   ② Be silent.

(4) ① Let us consult the doctor.   ② Let him marry her.

(5) ① You have to support her proposal.
   ② He has to go there.

(6) ① All of them will come.   ② Both of them knew it.

(7) READING

> Little Johnny came home from school crying, "Hey, Ma, all the boys are picking on me. They say I have a big head."
> "You don't have a big head, Johnny. Now run along and play."
> The same thing happened the next day, and the next, and each time Johnny's mother comforted him. The fourth day Johnny came home with the same story.
> "For once and for all, Johnny, you don't have a big head. Now please go down and get me ten pounds of potatoes."
> "OK, Ma, give me a sack."
> "Sack? What do you need a sack for? Use your cap."

leave [liːv] 떠나다, 남기다 patron [péitrən] 후원자 right now 지금 바로 consult [kənsʌ́lt] 진찰을 받다, 상의하다 marry [mǽri] 결혼하다 support [səpɔ́ːrt] 지지하다 proposal [prəpóuzəl] 제안 pick on 못 살게 굴다 comfort [kʌ́mfərt] 위안하다 sack [sæk] 자루, 가방

PRACTICE C 해답

[1] ① 「너는 그 방을 떠나도 좋다.」 may leave → must not leave 「너는 방을 떠나서는 안 된다.」

② 「그는 부자일지도 모른다.」 may be → may not be 「그는 부자가 아닐지도 모른다.」

may에는 ① ~해도 좋다 (허가), ② ~일지도 모른다 (추측)는 두 가지 뜻이 있습니다.
may 다음에 **의지동사가 오면** 허가를 말하고 **무의지동사가 오면 추측**을 말한다고 하나 반드시 그렇지는 않고 전후 관계를 따져서 의미를 파악해야 합니다. 의지동사란 try, do, play처럼 사람의 의지로서 하는 동작을 나타내는 동사를 말하며, 무의지동사는 be, succeed, fail, need 등과 같이 사람의 의지로서가 아니고 자연히 생기는 동작이나 상태를 나타내는 동사를 말합니다.
따라서 leave(떠나다)는 사람의 의지로서 행하는 동작을 표시하므로 허가를 말하여
You may leave the room. 「너는 그 방을 떠나도 좋다.」
또 be는 사람의 의지와 관계없이 자연적인 상태를 나타내는 무의지동사이므로 추측을 말하여
He may be rich. 「그는 부자일지도 모른다.」
You may go home.에서 go는 의지동사이므로 「너는 집에 가도 좋다.」라고 허가를 말하는 것이 당연하지만 때로는 추측을 말하여 「너는 집에 갈지도 모른다.」로도 할 수 있는 문제입니다.
He may or may not come here, but if he does, I will welcome him.
「그는 여기에 올지도 모르고 안 올지도 모른다. 그러나 만일 그가 온다면 나는 그를 환영하겠다.」를 보더라도 이해할 수 있겠지요.

- You may leave the room. (허가)의 부정은 You may not …이 아니고
  You **must not** leave the room. 「너는 그 방을 떠나서는 안 된다.」
  이 must not은 금지를 말하며 「…해서는 안 된다」라고 해석합니다.
- He may be rich. (추측)의 부정이야말로 **may not**입니다. 즉
  He **may not** be rich. 「그는 부자가 아닐 지도 모른다.」
  He **may not** fail in it. 「그는 그것에 실패하지 않을 지도 모른다.」

이렇게 자세히 써도 모르는 분들이 있을 것입니다. 그런 분들은 열 번 이상 읽으세요. 그렇다고 실망하실 필요는 없고 오히려 이런 분들이 계속적으로 노력을 하면 더 성공할 수 있으니 세상은 다 살게끔 마련입니다.

[2] ① 「너는 그 돈을 지불해야만 한다.」 must pay → need not pay 「너는 그 돈을 지불할 필요가 없다.」

② 「그는 부자임에 틀림없다.」 must be → cannot be 「그는 부자일 리가 없다.」

③ 「그는 후원자가 필요하다.」 needs → does not need 「그는 후원자가 필요 없다.」

- must + 의지동사 = 「…해야만 한다 (필요)」 → 이것이 부정은 need not
- must + 무의지동사 = 「…이 틀림없다 (단정)」 → 이것의 부정은 cannot
  You **must** go home. 「너는 집에 가야만 한다.」
  → You **need not** go home. 「너는 집에 가지 않아도 된다.」
  He **must** be crazy. 「그는 미쳤음이 틀림없다.」
  → He **cannot** be crazy. 「그는 미쳤을 리가 없다.」

꼬마 EXERCISE 다음 문장을 해석하고 부정문으로 고치세요. 그리고 또 부정문도 해석하세요.

ⓐ You may marry her.
ⓑ She may be glad.
ⓒ You must work hard.
ⓓ She must be poor.
ⓔ You may buy the book.
ⓕ It may be interesting.
ⓖ You must support my proposal.
ⓗ It must be of great help to you.

> 답 ⓐ「너는 그녀와 결혼해도 좋다.」
> → You must not marry her.「너는 그녀와 결혼해서는 안 된다.」
> ⓑ「그녀는 기뻐할 지도 모른다.」
> → She may not be glad.「그녀는 기뻐하지 않을 지도 모른다.」
> ⓒ「너는 열심히 일해야만 한다.」
> → You need not work hard.「너는 열심히 일할 필요가 없다.」
> ⓓ「그녀는 가난한 것이 틀림없다.」
> → She cannot be poor.「그녀는 가난할 리가 없다.」
> ⓔ「너는 그 책을 사도 좋다.」
> → You must not buy the book.「너는 그 책을 사서는 안 된다.」
> ⓕ「그것은 재미있을 지도 모른다.」
> → It may not be interesting.「그것은 재미없을 지도 모른다.」
> ⓖ「너는 나의 제안을 지지해야 한다.」
> → You need not support my proposal.「너는 나의 제안을 지지할 필요가 없다.」
> ⓗ「그것은 너에게 큰 도움이 됨에 틀림없다.」
> → It cannot be of great help to you.「그것은 네게 큰 도움이 될 리가 없다.」

(3) ①「거기에 지금 바로 가거라.」→ Don't go there right now.「거기에 지금 바로 가지 말아라.」

명령문에서는 어떤 동사라도 Don't을 씁니다. (= Do not)

②「조용히 해라.」→ Don't be silent.「조용히 하지 말아라.」

(4) ①「의사의 진찰을 받읍시다.」→ Let us not consult the doctor.「의사의 진찰을 받지 맙시다.」

②「그를 그녀와 결혼하게 하시오.」→ Let him not marry her.「그를 그녀와 결혼하지 않게 하시오.」

Let us나 Let him 다음에 not을 쓰는 것이 원칙이나 간절한 부탁을 할 때는
Don't let us consult the doctor.「제발 의사의 진찰을 받지 맙시다.」
Don't let him marry her.「제발 그를 그녀와 결혼하지 않게 하세요.」

(5) ①「당신은 그녀의 제안을 지지해야 합니다.」have to → don't have to「당신은 그녀의 제안을 지지할 필요가 없습니다.」

②「그는 거기에 가야만 합니다.」has to → doesn't have to「그는 거기에 갈 필요가 없습니다.」

have to = must
그런데 have to를 부정할 때 have not to 해서는 안 되고 do(does, did) not have to로 해야 합니다. 그러면 He had to go there. → He didn't have to go there.
이 경우에 의미는 같지만 need not을 쓰지 마세요.

(6) ①「그들 모두가 올 것이다.」→ All of them will not come.「그들 모두가 오지는 않을 것이다.」(그들 중 몇 사람만 올 것이라는 뜻)

②「그들 두 사람이 다 그것을 알았다.」→ Both of them did not know it.「그들 두 사람이 다 그것을 알았던 것은 아니다.」(그들 중 한 사람만 알았다는 뜻)

both나 all에 not을 쓰면 부분부정이 됩니다.
All of them will not come. = Only some of them will come.
만일 전부를 부정하려면 None of them will come.「그들 중 아무도 오지 않을 것이다.」
Both of them did not know it. = Only one of them knew it.
만일 전부를 부정하려면 Neither of them knew it.「그들 둘 다 그것을 몰랐다.」

(7) READING

어린 Johnny가 학교에서 돌아와 울면서 말하기를 "저기요, 엄마, 모든 애들이 저를 못 살게 굴어요. 애들이 나보고 머리가 크대요."
"네 머리는 크지 않아, Johnny야. 이제 뛰어나가 놀아라."
같은 일이 다음 날에도 일어났고, 그리고 또 그 다음 날도, 그리고 그 때마다 Johnny의 어머니는 그를 달랬다. 나흘째도 Johnny는 집에 와서 같은 얘기를 했다.
"Johnny야, 절대로(for once and for all) 너의 머리는 크지 않아, 자, 아래 동네에 가서 감자 10파운드를 사다 주렴."
"그러죠, 엄마, 자루를 주세요."
"자루? 자루는 왜 필요하니? 네 모자를 쓰려무나." (머리가 커서 자루 대신 모자를 사용하면 된다는 뜻)

EXERCISE 다음 문장에 대해 지시에 맞게 답하고 해석을 하시오. 〈정답: p. 4〉

[58]   ①과 ②의 차이를 설명하시오.
① It is not a joke.   ② It is no joke.

[59]   영작하시오.
① 나에게는 자전거가 없다.
② 나에게 자전거라고는 하나도 없다.

[60]   ①과 ②의 차이를 설명하시오.
① There is no student who can solve it.
② There is not a student who can solve it.

[61]   옳은 것을 고르시오.
He has (no, not) that camera.

[62]   부정문으로 바꿔 쓰시오.
① He had a glass of beer.
② He has a walk every morning.

다음 우리말을 영어로 옮기시오.

[63]   ① 너는 그 신문을 읽어도 좋다.
② 너는 그 신문을 읽어서는 안 된다.

[64] 질문해도 좋습니까? — 아니, 해서는 안 돼.

[65] ① 그는 그렇게 열심히 일하므로 성공할 지도 모른다.
② 그는 운이 좋은 사람이라서 실패하지 않을 지도 모른다.

[66] ① 너는 그녀를 도와야만 한다.
② 너는 그녀를 도울 필요가 없다.

[67] ① 그것은 거짓이 틀림없다.
② 그것은 사실일 리가 없다.

[68] (긍정문으로도 바꿔 영작하시오.)
① 그는 집이 필요 없다.
② 그는 집을 살 필요가 없다.

[69] (긍정문으로도 바꿔 영작하시오.)
① 너는 그녀를 만나서는 안 된다.
② 그는 어리석지 않을 지도 모른다.

[70] (긍정문으로도 바꿔 영작하시오.)
그는 정직할 리가 없다. 그러니 그를 해고하는 것이 좋다.

[71] 그곳은 위험하니 가지 맙시다, 제발 가지 맙시다.

[72] ① 여기에 오지 마세요.
② 그에게 너무 불친절하게 하지 마세요.

[73] ① 그 일에 관해서 그가 걱정하지 않게 하시오.
② 제발 그 일에 관해서 그가 걱정하지 않게 하시오.

[74] ① 당신은 여기에 올 필요가 없다. (have to를 써서)
② 그는 거기에 갈 필요가 없다. (have to를 써서)
③ 그들은 거기에 갈 필요가 없었다. (have to를 써서)

[75] ① 모든 사람이 다 행복하다고는 할 수 없다.
② 그 소년들 둘 다 거기에 간 것은 아니었다. (하나만 갔다)

Lesson 04

의문문

Lesson 04 | 의문문

Hint A 의문문(1)

※ 다음 문장을 의문문으로 고치시오.
 ① You are busy.   ② She has a doll.
 ③ You know her.   ④ He will go there.

답 ① Are you busy?
   be동사가 있는 의문문은 **be동사와 주어의 위치를 바꾸면** 됩니다.

   ② Does she have a doll?

   ③ Do you know her?
   be동사 이외에 **일반동사는 do**, **does**, **did**를 주어 앞에 써서 의문문을 만듭니다.

   ④ Will he go there?
   will, **can**, **must** 등의 조동사가 있으면 **그 조동사를 주어 앞으로 보냅니다**.

PRACTICE A 다음을 의문문으로 바꾸고 해석을 하시오.

(1) January is the first month of the year.

(2) You have a large orchard.

(3) He had a good guitar.

(4) She has a beautiful daughter.

(5) He had his shirt washed by her.

(6) He has finished writing the letter.

(7) They speak ill of you.

(8) She seems to be free from care.

(9) He lost his job last month.

(10) He must co-operate with you in the work.

(11) READING

The little boy from next door had come to borrow a pair of scissors. "But surely your mother has a pair?" he was asked.
"Oh, yes," he answered at once, "but her scissors can't cut tin."

orchard [ɔ́ːrtʃərd] 과수원 guitar [gitɑ́ːr] 기타 care [kɛər] 근심 lose-lost-lost '잃다'의 3단 변화 job [dʒɑːb] 일, 직업 co-operate [kouɑ́pəreit] 협력하다 borrow [bɑ́rou] 빌리다 pair [pɛər] 한 쌍 scissors [sízərz] 가위 (복수) tin [tin] 깡통, 주석

PRACTICE A 해답

(1) Is January the first month of the year? 「1월은 일 년 중 첫 달입니까?」

(2) Do you have a large orchard? 「당신에게는 큰 과수원이 있습니까?」
= Have you a large orchard?

(3) Did he have a good guitar? 「그에게는 좋은 기타가 있었습니까?」
= Had he a good guitar?
Did he had는 안 됩니다. Did가 조동사이므로 **원형인 have**로 바뀝니다.

(4) Does she have a beautiful daughter? 「그녀는 아름다운 딸이 있습니까?」
= Has she a beautiful daughter?

(5) Did he have his shirt washed by her? 「그는 그녀에게 그의 셔츠를 빨게 했습니까?」
have동사가 '가지다, 소유하다'라는 뜻이 아닌 때에는 부정문이나 의문문에서 미국·영국을 막론하고 Do (Does, Did)를 씁니다.
• have동사는 '가지다' 이외에 여러 가지 뜻이 있습니다.
Did you have a good time at the party? 「당신은 그 파티에서 재미가 있었습니까?」 (have = enjoy)
What do you have for breakfast? 「당신은 아침식사로 무엇을 먹습니까?」 (have = eat)

(6) Has he finished writing the letter? 「그는 편지 쓰기를 끝마쳤습니까?」
이 has는 완료형을 만드는 조동사 — Does를 쓸 수 없습니다.

(7) Do they speak ill of you? 「그들은 당신에 대해 안 좋은 말을 합니까?」
speak ill of ~ = ~에 대해 안 좋게 말하다

(8) Does she seem to be free from care? 「그녀는 근심이 없는 것 같아 보입니까?」

(9) Did he lose his job last month? 「그는 지난 달에 실직했습니까?」
be, have 외의 동사는 Do (Does, Did)를 써서 의문문으로 만드는데 speak처럼 원형일 때는 Do를, seems처럼 "s"가 붙어 있으면 Does, lost처럼 과거 동사에는 Did를 씁니다.
어느 경우에도 본동사는 speak, seem, lose처럼 원형이 되는 것에 주의하세요.

[10] Must he co-operate with you in the work?「그는 그 일에서 당신과 협력해야만 합니까?」

[11] READING

이웃집의 어린 소년이 가위 한 자루를 빌리러 왔었다.
"하지만 네 어머니에게는 틀림없이 가위가 있을 텐데?"라는 물음을 받았다.
"아, 그럼요, 그런데 엄마의 가위로는 깡통을 자를 수 없어요."라고 그는 즉시 대답했다.

EXERCISE 틀린 곳을 고치고 해석을 하시오. 〈정답: p. 5〉

[76] Does he yawns very often?

[77] Went he with bare feet?

[78] Can he is rich?

[79] Does he has made a hole in it?

[80] Had he his laptop computer stolen?

[81] Had he the news of his mother's death?

다음 의문문을 서술문으로 바꾸고 해석하시오.

[82] Did the building catch fire?

[83] Does Mary often come late to school?

[84] Has he confessed his guilt?

[85] Will he put off his trip?

[86] Are you a social worker?

다음 우리말을 영어로 옮기시오.

(87) 당신은 영어를 공부합니까?

(88) 당신의 부모는 부자입니까?

(89) John은 빨간 연필을 가지고 있습니까?

(90) Frank는 열심히 공부합니까?

(91) 당신의 아버지는 어제 서울로 갔습니까?

(92) 김 선생은 내일 정시에 올까요?

Hint B 의문문(2) 의문사가 있는 의문문

① The book is on the desk.를 Where로 시작하는 의문문으로 만들려면 어떻게 하나요?

답 Where is the book?

on the desk인지 어디인지 몰라서 Where를 쓰는 것이지요?
이 Where를 문장 앞에 쓰고 나머지 The book is를 의문문으로 하면 is the book?인데 이것을 Where 다음에 쓰면 됩니다.
그러니 의문사(Where, When, Why, How, What, Who …)가 있어도 그 다음은 역시 지금까지 배운 방법에 따라 하면 됩니다.

② He bought a book.을 What으로 시작하는 의문문으로 하면?
a book = What, He bought → did he buy?

답 What did he buy?

③ John bought this house.를 Who로 시작하면?
Who did buy this house?로 하나요? 안 됩니다.

답 Who bought this house?

의문사가 주어로 되면 do (does, did)를 쓰지 않고 **서술문의 순서**로 합니다.

PRACTICE B 다음 문장을 ( ) 안에 주어진 의문사로 시작하는 의문문으로 고치고 해석하시오.

(1) The students are in the auditorium. (Where)

(2) There are 500 students in the auditorium. (How many)

(3) You have her purse. (Whose)

(4) They meet secretly at five. (What time)

(5) His fiancée loves him. (Whom)

(6) They chose this book. (Which)

(7) He can make a kite. (What)

(8) John showed her the way to the station. (Who)

(9) My car is out of order. (What)

(10) He went there with his mother. (Whom)

(11) READING

"Mom, may I go out and play with Tommy?" asked the small son.
"No, Tommy has just gone out with his father and mother." replied his mother. "Why not go and play with Peter?"
"Well, I played with Peter yesterday, and I don't think he is well enough yet."

auditorium [ɔ̀:ditɔ́:riəm] 강당   purse [pɜ:rs] 지갑   secretly [sí:kritli] 몰래, 비밀리에   fiancée [fi:a:nséi] 약혼녀 (약혼자는 fiancé)   choose-chose-chosen '선택하다'의 3단 변화   kite [kait] 연   play [plei] 놀다

PRACTICE B 해답

(1) Where are the students? 「그 학생들은 어디에 있습니까?」
The students are in the auditorium. 「학생들은 강당 안에 있습니다.」
→ in the auditorium인지 어디인지 몰라서 Where
→ The students are를 의문문으로 하면 are the students?
→ Where are the students?가 되는 것입니다.

48

(2) How many students are there in the auditorium? 「강당에는 학생이 몇 명 있습니까?」

→ How many는 500에 해당하지요? 이 경우의 How many는 students를 거느리고 문장 앞으로 옵니다. There are in the auditorium.을 의문문으로 하면

→ are there in the auditorium?이 됩니다.

이 경우의 There는 주어는 아니지만 주어 위치에 놓습니다.

There is a book on the desk. → Is there a book on the desk?

(3) Whose purse do you have? (= Whose purse have you?)
「당신은 누구의 지갑을 가지고 있습니까?」

You have her purse. 「당신은 그녀의 지갑을 가지고 있습니다.」

→ 여기에서 Whose에 해당되는 것은? → her이지요? 이 Whose는 purse를 거느리고 문장 앞으로 나가고, 나머지 You have를 의문문으로 한 do you have (= have you)?를 그 다음에 쓰면 됩니다.

(4) What time do they meet secretly? 「그들은 몇 시에 몰래 만납니까?」

They meet secretly at five. 「그들은 5시에 몰래 만납니다.」

→ What time에 해당되는 것은 at five이지요? 그리고 They meet secretly.를 의문문으로 하면

→ do they meet secretly?

At what time …?으로도 할 수 있으나 잘 안 씁니다.

(5) Whom (= Who) does his fiancée love? 「그의 약혼녀는 누구를 사랑합니까?」

→ Whom은 him에 해당하지요?

→ His fiancée loves는 does his fiancée love?로 되는 것도 알지요?

whom은 목적격 의문 대명사인데 실제 영어에서는 who를 혼용하기도 합니다. 그러나 표준어로서는 whom이 맞습니다.

(6) Which book did they choose? 「그들은 어느 책을 선택했습니까?」

→ Which는 this에 해당하지요? Which는 book을 거느리고 앞으로 가야 하지요? They chose를 의문문으로 하면 did they choose?

(7) What can he make? 「그는 무엇을 만들 수 있습니까?」

(8) Who showed her the way to the station? 「누가 그녀에게 역으로 가는 길을 안내해 주었습니까?」

→ Who did show her the way to the station?라고 한 사람도 있을 겁니다. 그러나, 의문사가 주어일 경우에는 did를 쓰지 않고 Who showed … ?으로 해야 합니다.

show를 강조할 때는 do (does, did)를 씁니다. 그러나 Who did she show the way?와는 구문이 다르므로 주의해야 합니다.

(9) What is out of order? 「무엇이 고장입니까?」

→ What이라는 의문사가 주어이므로 바로 그 다음에 is라는 동사를 씁니다.

(10) Whom did he go there with? 「그는 누구와 함께 거기에 갔습니까?」

→ He went there with his mother.에서 Whom에 해당하는 말은? his mother 이지요? 나머지 He went there with를 의문문으로 하면? did he go there with?

→ 그리고 **With whom did he go there?**로 해도 좋습니다.

He was taught English by her. (Whom)

→ Whom was he taught English by? = By whom was he taught English?

49

(11) READING

"엄마, 저 밖에 나가서 Tommy와 함께 놀아도 되나요?"라고 어린 아들이 물었다.
"아니, Tommy는 마침 아빠, 엄마와 함께 나가고 없어. 가서 Peter와 놀지 그러니?"라고 그의 엄마가 대답했다.
"그런데요, 어제 Peter와 놀았는데, 아직 그 애의 몸이 성치 않을 걸요."

I don't think he is well enough yet.에서 이 well의 뜻은 '건강한'
「나는 그 애가 아직도 충분히 건강하게 되었다고 생각하지 않습니다.」가 직역입니다. 아마 어제 Peter와 놀 때 심한 장난을 쳐서 Peter가 두들겨 맞아 터지고 멍들고 야단이 났던가 봅니다.

EXERCISE 틀린 곳을 고치고 해석을 하시오. 〈정답: p. 6〉

(93) By who it was invented?

(94) What you are looking at?

(95) Which you like best: meat, fruit or cake?

(96) How much you paid for your cap?

(97) Where bought you the microscope?

(98) What you have in your hands?

(99) When he will arrives?

(100) What you want?

(101) How many months there are in a year?

다음 문장의 (   ) 부분이 답이 되도록 의문문을 만들고 해석 하시오.

(102) I am (Mr. Ann).

(103) He is a (detective).

(104) I like (spring) better.

(105) There are (seven) days in a week.

(106) My father has gone (to Washington).

(107) He saw (Mr. Lee).

(108) (Mr. Kim) is the best student in our class.

(109) He will come back (tomorrow night).

(110) He lives with (Mary).

다음 우리말을 영어로 옮기시오.

(111) 왜 너는 학교에 가지 않니?

(112) 그는 어제 무엇을 샀습니까?

(113) 그녀는 누구를 찾고 있습니까?

(114) 너는 오늘 아침 어디에 갔었니?

(115) 태양은 어디서 뜨고 지나요?

(116) 당신은 아침 몇 시에 일어납니까?

(117) 누가 이 편지를 썼습니까?

(118) 어제 누가 부산에 갔습니까?

(119) 당신은 누구와 함께 공부합니까?

(120) John은 누구와 힘께 워싱턴에 갔습니끼?

invent [invént] 발명하다   meat [miːt] 고기   fruit [fruːt] 과일   microscope [máikrəskòup] 현미경   detective [ditéktiv] 형사, 탐정

Hint C 의문문(3) 간접의문문, 부가의문문

① Do you know?와 Who is he?를 한 문장으로 합치면?

② Do you think?와 Where does she live?를 한 문장으로 합치면?

어떤 의문문이 다른 문장의 일부분으로 들어가게 되면 의문문이 아닌 평서문의 순서, 즉 주어+동사 순으로 됩니다.
He knows.와 Who are you?라는 문장을 합치면 He knows who are you.가 아니고 **He knows who you are.**가 됩니다.
Do you think?와 Who is he?를 합치면 Do you think who is he?가 아니고 Who do you think he is?로 하여야 합니다.
본동사가 think, suppose, imagine, believe, guess, say, tell 등일 때에는 의문사가 앞으로 나가는 것이 원칙입니다.

③ He is rich, _____? 「그는 부자이지요, 그렇죠?」
He isn't rich, _____? 「그는 부자가 아니지요, 그렇죠?」
이 문장들은 부가의문문으로서 평서문에 덧붙이는 의문문으로 동의를 구하거나, 불확실한 것을 확인할 때 사용하는 구문입니다. 방법은 앞 문장이 긍정문이면 부정의문문, 부정문이면 긍정의문문을 씁니다.

④ You know her, _____? 「당신은 그녀를 알고 있지요, 그렇죠?」
You don't know her, _____? 「당신은 그녀를 모르지요, 그렇죠?」

답 ① Do you know who he is? ② Where do you think she lives?
　　③ isn't he와 is he　　　　　④ don't you와 do you

PRACTICE C   (1)의 ① ~ ⑤와 (2)의 ① ~ ③을 주어진 문장 다음에 넣어 한 문장으로 만들고 해석하시오.

(1) I don't know _____

　① Is he rich?　　　　　　　② What does he study?
　③ Whom is he looking for?　④ What did he buy yesterday?
　⑤ Who is he?

(2) Do you think _____

　① What does he like?　　　② Whom does she live with?
　③ Whom is he looking for?

다음 빈자리에 적절한 부가의문문을 넣으시오.

(3)　① John was a kind boy, _____?

　　　② John wasn't a kind boy, _____?

(4)　① You went there, _____?

　　　② You didn't go there, _____?

(5)　READING

Little Betty ran into the house crying at the top of her voice.
"What's the matter, dear?" asked her mother.
"My dolly …, Billy broke it." she sobbed.
"How did he break it, dear?"
"I hit him on the head with it."

suppose [səpóuz] 생각하다　believe [bilíːv] 믿다　guess [ges] 짐작하다　break-broke-broken '깨뜨리다'의 3단 변화　sob [sab/sɔb] 흐느껴 울다

PRACTICE C 해답

(1)　① I don't know whether (또는 if) he is rich. 「나는 그가 부자인지 아닌지 모릅니다.」

의문사가 없는 의문문을 합칠 때는 whether (또는 if)라는 접속사를 사용합니다.
이 whether(= if)의 뜻은 「…인지 아닌지」
Do you know? + Did he buy the book? 을 합치면?
그러면 Do you know whether he bought the book?
「당신은 그가 그 책을 샀는지 안 샀는지를 아십니까?」

② I don't know what he studies. 「나는 그가 무엇을 공부하는지 모른다.」

어떤 의문문이 다른 문장의 일부분으로 들어갈 때는 의문문이 아닌 순서 즉 평서문의 순서, 주어+동사의 순으로 하며 이것을 간접의문문(indirect question)이라고 합니다.
그러므로 I don't know what does he study.는 틀린 표현입니다.

③ I don't know whom(= who) he is looking for. 「나는 그가 누구를 찾고 있는지 모릅니다.」

④ I don't know what he bought yesterday. 「나는 그가 어제 무엇을 샀는지 모릅니다.」

⑤ I don't know who he is. 「나는 그가 누구인지 모릅니다.」

(2)　① What do you think he likes? 「당신은 그가 무엇을 좋아한다고 생각하십니까?」

Do you think what he likes?는 원칙적으로 안 되고, what을 문장 앞에 써야 합니다. 본동사가 **think, suppose, imagine, believe, guess, say, tell** 등일 때 그렇게 합니다. 그러나

ⓐ Did he say what she wanted?
ⓑ What did he say she wanted?
이렇게 2가지로 할 수 있는데 그 의미가 다릅니다. (시험에 나오거든 ⓑ를 선택하세요.)
ⓐ 그녀가 무엇을 원하는지 그가 말했나요?
ⓑ 그녀가 원하는 게 뭐라고 그가 말했나요?
즉 ⓐ는 **say**에 중점 ⓑ는 **what**에 중점이 있는 것입니다.

② Whom(= who) do you think she lives with? 「당신은 그녀가 누구와 함께 산다고 생각하십니까?」

③ Whom(= who) do you think he is looking for? 「당신은 그가 누구를 찾고 있다고 생각하십니까?」
Whom(= who) (do you think) he is looking for?처럼 do you think를 (　) 안에 넣으면 do you think와 Whom(= who) he is looking for라는 두 문장이 한 문장으로 합쳐진 것이라는 것을 알겠지요?

[3] ① John was a kind boy, wasn't he? 「John은 친절한 소년이었지요, 그렇죠?」
이렇게 뒤에 붙는 wasn't he? 같은 의문문을 **부가의문문**이라 하는데 이것은 말하는 사람 편에서 대개는 알고 있으면서도 **상대방의 확인을 얻기** 위하여, 즉 **다짐을 받기** 위해서 묻는 것입니다.
It's fine today, isn't it? 「오늘은 날씨가 좋지요, 그렇지요?」
He is rich, isn't he? 「그는 부자이지요, 그렇지요?」

② John wasn't a kind boy, was he? 「John은 친절한 소년이 아니었지요, 그렇지요?」
앞에서 사용한 동사(여기서는 was)를 받아서 사용하는 것에 주의.
그리고 앞 문장이 긍정으로 되어 있으면 뒤에서는 부정, 앞 문장이 부정으로 되어 있으면 뒤의 문장은 긍정이 되는 것도 주의하세요.

[4] ① You went there, didn't you? 「당신은 거기에 갔지요, 그렇지요?」

② You didn't go there, did you? 「당신은 거기에 안 갔지요, 그렇지요?」
be와 have 외의 일반동사는 do (does, did)를 써야 합니다.
You will go there, won't you? (won't = will not)
He can't swim, can he?
He works hard, doesn't he?

[5] READING

어린 Betty가 아주 목청껏 큰 소리로 울면서 집 안으로 뛰어들어 왔다.
"얘야(dear), 무슨 일이니?"라고 어머니가 물었다.
"내 인형을 Billy가 부셔버렸어요."라고 그 소녀는 흐느껴 울면서 말했다.
"얘야, Billy가 그걸 어떻게 부셨니?"
"내가 그걸로 그 애 머리를 쳐버렸어요."
(결국 제가 부수고는 빌리 탓을 하면서 우는군! 사람 죽겠네)

▲ dolly = doll — 'y'가 있는 것은 애착, 친밀을 나타내는 어린아이 말

EXERCISE 다음 문장에서 틀린 부분을 고치고 해석하시오. 〈정답: p. 6〉

(121) Do you know who does she love?

(122) Do you know who does he want to see?

(123) Who do you think does she live?

(124) Where did she say did he go yesterday?

(125) Whom do you suppose is he?

다음 우리말을 영어로 옮기시오.

(126) 그는 어제 부산에 갔지요, 그렇지요?

(127) 그는 아침에 일찍 일어나지 않지요, 그렇지요?

(128) 그는 영어를 잘 말할 줄 알지요, 그렇지요?

(129) 나는 그가 누구와 함께 거기에 갔는지 모릅니다.

(130) 그녀는 내가 어제 무엇을 샀다고 말하던가요?

(131) 당신은 내가 무엇을 하고 있다고 생각합니까?

(132) 당신은 내가 몇 살이라고 생각합니까?

Lesson 05

답하는 법

Lesson 05 | 답하는 법

PRACTICE 다음 문장을 해석하고 질문에 대한 답을 쓰시오.

(1) Is he a blind man? Yes, _____. No, _____.

(2) Have you written the graduation thesis?
Yes, _____. No, _____.

(3) Does she live in luxury? Yes, _____. No, _____.

(4) Will Mike consent to my proposal? Yes, _____. No, _____.

(5) Didn't he steal the money?
예, 그렇습니다. _____. 아니오, 그렇지 않습니다. _____.

(6) Who broke the window glass? (Susan) _____.

(7) What did you study this morning? (English) _____.

(8) Why did you go to Seoul last month? (임의로) _____.

(9) He isn't modest, is he? (예) _____. (아니오) _____.

(10) READING

"Do you know why the giraffe has such a long neck?"
"Well, you see, the giraffe's head is so far away from his body that a long neck is absolutely necessary."

blind [blaind] 눈이 먼   graduation [grædʒuéiʃən] 졸업   thesis [θíːsis] 논문   luxury [lʌ́kʃəri] 사치   consent [kənsént] 동의하다   proposal [prəpóuzəl] 제안   steal [stiːl] 훔치다   modest [mɑ́dist] 겸손한   giraffe [dʒəræf] 기린   neck [nek] 목   absolutely [ǽbsəlúːtli] 절대적으로   necessary [nésəsèri] 필요한

58

PRACTICE A 해답

(1) 「그는 시각장애인입니까?」 Yes, he is. — No, he isn't.

Yes, he is a blind man.을 줄여서 Yes, he is.로 하는 것이 보통입니다.

(2) 「당신은 졸업 논문을 다 썼습니까?」 Yes, I have. — No, I haven't.

이 문제의 have는 **완료형을 만드는 조동사입니다**. 따라서 Yes, I do.나 No, I don't.라고 할 수 없습니다.

(3) 「그녀는 사치스럽게 삽니까?」 Yes, she does. — No, she doesn't.

Yes, she lives in luxury.라고도 할 수 있으나 보통 줄여서 씁니다.
답은 의문문에서 시작하는 말을 받아서 쓰는 것이 원칙입니다. 즉 의문문 자체에 답이 있다고 보면 됩니다. 따라서 이 질문은 Does로 시작하였으니까 does로 받는 것입니다.

(4) 「Mike는 나의 제안에 동의할까요?」 Yes, he will. — No, he won't.

Will로 시작했으므로 답도 will로 받습니다. won't = will not

(5) 「그는 돈을 훔치지 않았습니까?」 예, 그렇습니다. = No, he didn't. / 아니오, 그렇지 않습니다. (훔쳤습니다)
= Yes, he did.

우리말과 Yes, No가 반대로 되어 있지요? 왜 그럴까요? → 부정의문문에서 **질문과 관계없이 훔쳤으면 yes, 그리고 그에 따른 대답을 하고, 훔치지 않았으면 no, 라고 한 후 그에 따른 대답**을 하면 됩니다. 특히 yes로 대답한 후 부정문을 쓴다거나 no로 대답한 후 긍정문을 쓰면 안 되므로 주의합니다. 즉, "그가 그 돈을 훔치지 않았습니까?"라는 질문에 "예, 그렇습니다."라고 하면 훔친 것입니까, 훔치지 않은 것입니까? — 훔치지 않은 것이죠? 훔치지 않은 것이니까 일단 No로 하고 그것에 맞춰 he didn't.를 쓰는 것입니다. "아니오, 그렇지 않습니다."는 훔쳤다는 것인가, 훔치지 않았다는 것인가? — 훔쳤다는 것이죠? 훔쳤으니까 일단 Yes 그리고 그것에 맞춰 he did.를 쓰는 것에 특별히 주의하세요. 그러면 긍정의문문으로 Did he steal the money?라고 물었을 때, "예, 그렇습니다."는 훔쳤다는 것이고 답은 "Yes, he did."가 됩니다. 또 "아니오, 안 훔쳤습니다."는 "No, he didn't."가 되는데 이것은 긍정의문문으로 묻든, 부정의문문으로 묻든 영어에서는 훔쳤으면 Yes, he did. 안 훔쳤으면 No, he didn't.가 되는 것에 주의하세요.
Yes, No에 자신이 없거든 아예 Yes, No를 생각하지 말고 He stole. He didn't steal.만 말하는 것이 오히려 의미 전달이 잘 될 것입니다.

Isn't he honest? 「그는 정직하지 않습니까?」
Is he honest? 「그는 정직합니까?」
정직하면 두 질문 모두 Yes, he is. / 정직하지 않으면 두 질문 모두 No, he isn't.

(6) 「누가 그 유리창을 깨뜨렸습니까?」 Susan did.

의문사로 시작하는 의문문의 답으로 **Yes, No를 써서는 안 됩니다**.
Who are you? 「당신은 누구세요?」 → Yes, I am Mr. Ahn. (X)

(7) 「당신은 오늘 아침에 무엇을 공부했습니까?」 I studied English.

(8) 「왜 당신은 지난 달 서울에 갔습니까?」 Because I wanted to see my aunt.

I went there because I wanted to see my aunt.로 하는 것이 정식이지만 보통은 위의 답처럼 앞부분을 생략하고 말합니다. 이 경우 **because 대신 as나 for를 쓸 수 없습니다**. 그리고 It was because I wanted to see my anut (that I went there).는 강조문인데 좀 어려운 표현으로 written English (문장체 영어)입니다. 그리고 Because I went to Seoul to see my aunt.로 답하는 친구들이 있는데 이것은 「왜냐하면 나는 나의 숙모님을 만나러 서울에 갔기 때문에.」가 되어 좀 어색한 표현이 됩니다. 그러면 Why do you work so hard?라는 질문에 대한 답을 해보세요. 답은 Because I have to support my family. 「왜냐하면 내 가족을 부양해야만 하기 때문에.」 또는 Because I want to make money. Because I need much money. 등등 적당히 하면 됩니다.

(9) 「그는 겸손하지 않지요, 그렇죠?」 **(겸손하지 않으면)** 「예, 그렇습니다.」 = **No, he isn't.** / **(겸손하면)** 「아니오, 겸손합니다.」 = **Yes, he is.**

— 이것은 (5)와 같습니다.
그러면 부가의문문 He is modest, isn't he?「그는 겸손하지요, 그렇죠?」에 대한 답으로도
겸손할 때는 「예, 그렇습니다.」 → **Yes, he is.**
겸손하지 않을 때는 「아니요, 겸손하지 않아요.」 → **No, he isn't.**

(10) READING

"너는 왜 기린이 그렇게 긴 목을 가지고 있는지 알아?"
"음, 있잖아(Well, you see), 기린의 머리가 몸에서 아주 멀리 떨어져 있기 때문에 긴 목이 절대적으로 필요한 거지."

ⓐ so … that ~ =「대단히 …하므로 (그 결과) ~하다」
　He is so honest that he is trusted by all.「그는 대단히 정직하므로 (그 결과) 모든 사람에게 신뢰를 받습니다.」
ⓑ you see는 무엇인가를 설명하려 할 때 사용합니다.

꼬마 EXERCISE 다음 물음에 대한 답을 해보세요. (주어는 John을 써서)

① Who is rich?　　　　　　② Who has much money?
③ Who studies Spanish?　　④ Who went there?
⑤ Who can answer my question?

답　① John is.　② John has.　③ John does.　④ John did.　⑤ John can.

EXERCISE　다음 문장을 해석하고 자기 자신의 것으로 질문에 답하시오.　〈정답: p. 7〉

(133) Do you like mathematics?

(134) Didn't they meet halfway?

(135) Are there 12 months in a year?

(136) What does she do? (actress)

(137) Where does she live? (Seoul)

(138) Why is she so sad?

(139) Do you have a globe or a glove?

(140) Which do you like better, pork or beef?

(141) He wasn't absent from school, was he?

Lesson 06

기본문 5형식

Lesson 06 | 기본문 5형식

plus tip 지금부터 영문 기본 5형식을 배우게 됩니다. 영어로 씌어진 모든 문장을 따져보면 5종류의 형식으로 나눌 수 있습니다. 이 5종류가 어떤 구조로 되어 있는가를 알면 영어에 눈을 뜨게 됩니다. 그래서 영문 기본 5형식이야말로 영어를 배우는데 있어서 기초 중에서 가장 중요한 기초입니다. 그런데 이것을 배우는데 있어서 조금 어려워서 상당한 노력을 해야 합니다. 아마 여기에서 낙오하는 사람이 많을 것입니다. 쉬운 것은 누구나 다 할 수 있는 것이고 남이 어려워하는 것을 할 수 있어야 성공할 수 있습니다. 이 '기본문 5형식'에서 낙오되면 영어 공부를 포기하는 것과 마찬가지입니다. 적어도 영어를 학문으로 연구한다 ─ 문법을 공부한다는 소리는 못하게 됩니다. 그만큼 중요합니다. 한번에는 잘 모를 것입니다. 이 책을 다섯 번쯤 하게 되면 알게 될 것입니다. 이 Lesson 6는 가장 중요하기도 하고 가장 난관이기도 합니다. 가르치거나 배우는 데 있어서 가장 힘든 부분입니다.

동사의 종류

동사 ─ 자동사 : 완전자동사, 불완전자동사
　　　 타동사 : 완전타동사, 불완전타동사, 수여동사

결국 동사의 종류는 5가지가 됩니다. 이 5가지 동사를 중심으로 하여 영문 기본 5형식이 만들어지는 것입니다. 그러므로 우리는 '자동사와 타동사의 차이는?' '완전자동사와 불완전자동사의 차이는?' 이런 식으로 배워갈 도리 밖에 없습니다.

Hint A 자동사 · 타동사

※ 다음 동사는 자동사일까요, 타동사일까요?
　① He saw her.　　　② He wept. (wept는 weep의 과거)

답　① saw = 타동사　② wept = 자동사

① He saw her.에서는 He가 saw라는 동작을 해서 그 동작이 her에 작용되고 있습니다. 이 동작의 작용을 받는 말인 her를 목적어(Object)라 합니다.
명사, 대명사가 목적어가 되는데 이 목적어를 우리말로 옮길 때는 '…을, …를'이라는 말이 붙게 됩니다. 이처럼 목적어를 취하는 동사를 타동사라 합니다.

② He wept. 「그는 울었다.」라는 문장에는 목적어가 있나요?
즉 wept라는 동작을 받는 말이 있나요? 없지요?
그냥 혼자서 우는 동작을 했지요. 그래서 자동사입니다.

PRACTICE A 다음 문장에서 자동사와 타동사를 지적하고 해석하시오.

(1) He sneezed.

(2) He chewed the food.

(3) He can swim well.

(4) I like dogs much.

(5) He can sing very well.

(6) I finished the work very quickly.

(7) He is a miser.

(8) There is a monkey in the cage.

(9) He lives in Seoul.

(10) The very honest boy succeeded in it.

(11) The girl in the picture on the next page has put her hands over her ears.

(12) READING

A boy walked into a farmer's melon patch and asked the price of a fine big melon.

"That's forty cents," said the farmer.

"I have only four cents," the boy told him.

"Well," smiled the farmer, and he pointed to a very small and very green melon. "How about this one?"

"Fine, I'll take it," the boy said. "but don't cut it off the vine. I'll call for it in a week or two."

weep [wiːp] 울다 sneeze [sniːz] 재채기하다 chew [tʃuː] 씹다 food [fuːd] 식량, 음식 finish [fíniʃ] 끝내다 quickly [kwíkli] 빨리 miser [máizər] 구두쇠 cage [keidʒ] 새장, 우리 honest [ɑ́nist] 정직한 succeed [səksíːd] 성공하다 picture [píktʃər] 그림 put [put] 놓다 farmer [fάːrmər] 농부 melon [mélən] 참외 patch [pætʃ] 밭 cut off 잘라내다 vine [vain] 덩굴 call for 요구하다

PRACTICE A 해답

(1) sneezed = 자동사 「그는 재채기했다.」

(2) chewed = 타동사 「그는 음식을 씹었다.」
'씹었다'라고 하면 무엇을 씹었나? the food를 — 즉 chewed의 동작을 받는 말인 목적어 (여기에서는 the food)가 있으므로 chewed는 타동사입니다. 그러나 He sneezed.에서는 혼자 재채기했을 뿐이고 sneezed의 동작을 받는 목적어가 없으므로 이 sneezed는 자동사입니다. 즉, 동사 다음에 명사나 대명사가 있어서 '…을 …를'을 붙일 수가 있으면 그 동사는 타동사입니다.

(3) swim = 자동사 「그는 수영을 잘 할 수 있다.」
He can swim well.을 He (can) swim (well).로 해보세요.
can은 swim이라는 동사를 돕는 말로 조동사라고 합니다. well은 부사로서 swim이란 동사를 '잘'이라고 수식하고 있습니다.
well이 목적어이고 swim은 타동사로 볼 수 없느냐고요? 목적어는 명사, 대명사 여야만 합니다. well은 부사이므로 목적어가 될 수 없습니다. 목적어에는 '을, 를'이라는 말을 붙일 수 있어야 한다 했는데 well에는 '을, 를'을 붙일 수가 없습니다.

(4) like = 타동사 「나는 개들을 대단히 좋아합니다.」
I like dogs much. 좋아하는데 무엇을? → dogs를. 그러니 dogs가 목적어 입니다. much는 '대단히, 많이'라는 뜻으로 like를 수식하는 부사입니다.

(5) sing = 자동사 「그는 노래를 매우 잘 부를 수 있습니다.」
He can sing very well에서 well은 sing의 부사, very는 well이라는 부사를 수식하는 또 다른 부사입니다.

(6) finished = 타동사 「나는 그 일을 매우 빨리 끝냈다.」
끝냈다는데 무엇을 끝냈나 하면 the work를 — 그래서 the work는 목적어입니다. quickly는 finished의 부사, very는 quickly를 꾸며주는 또 다른 부사입니다.

(7) is = 자동사 「그는 구두쇠이다.」
He hit me. 「그는 나를 때렸다.」 hit은 자동사일까요, 타동사일까요? 타동사이지요.
me가 hit의 동작을 받으므로 목적어입니다. 즉 He라는 주어가 hit이라는 동작을 해서 그 동작이 me에 미치고 있습니다. 그런데 He is a miser.에서는 is가 동작을 나타내고 그 동작이 miser에 미치고 있나요? 아니지요? is는 **동작을 나타내는 것이 아니라 상태를 나타냅니다.** 곧, **he가 miser이고, 목적어가 없으므로 자동사입니다.**

(8) is = 자동사 「그 우리 안에는 원숭이가 한 마리 있습니다.」
이 문장을 There를 쓰지 않은 원문으로 하면? → A monkey is in the cage.
역시 is는 상태를 나타내므로 자동사.

(9) lives = 자동사 「그는 서울에 산다.」
He lives in Seoul.에서 in Seoul은 무엇인가요?
전치사 + 명사(대명사) = **전치사구로서 형용사구 또는 부사구 역할**을 합니다.
즉, in Seoul은 lives라는 동사의 (장소를 말하는) 부사구입니다.
in Seoul이 목적어이고 lives는 타동사가 아니냐고요? 목적어는 명사(구) · 대명사만 되고 형용사구나 부사구는 목적어가 될 수 없습니다. lives는 동작을 나타내는 것이 아니고 상태를 나타내므로 목적어를 가질 수 없습니다.

(10) succeeded = 자동사 「무척이나 정직한 소년이 그것에 성공했다.」
(The very honest) boy succeeded (in it).
The는 boy의 관사, very는 honest의 부사, honest는 boy의 형용사, in it은 succeeded의 부사구. 결국 이 문장의 골격은 boy succeeded 인데 이 두 단어를 수식하는 말들이 있어서 좀 길어졌을 뿐입니다.

[11] has put = 타동사 「다음 페이지의 그림 안에 있는 소녀는 양손으로 그녀의 양쪽 귀를 덮고 있습니다.」
(직역 ; 그녀의 양쪽 귀 위에 그녀의 양 손을 놓고 있습니다.)

The **girl** [in the picture (on the next page)] **has put** (her) **hands** (over her ears).
　　주어　　　　　　　　　　　　　　　　　타동사　　목적어　has put의 부사구

즉, in the picture는 girl의 형용사구, on the next page는 picture의 형용사구. has put은 '놓고 있다'라는 뜻인데 무엇을 놓고 있는가 하면 her hands를. → 그래서 her hands가 has put의 목적어, over her ears는 has put의 (장소를 말하는) 부사구. (has put은 현재완료이고 나중에 배울 것입니다.)

[12] READING

어떤 소년이 한 농부의 참외밭으로 걸어 들어와서는 크고 좋은 참외 한 개 값을 물었다.
"그것은 40센트다."라고 농부가 말했다.
"저에게는 4센트 밖에 없는데요."라고 소년이 그에게 말했다.
"그러면(well)" 농부가 미소 지으며 아주 작고, 아주 푸른 참외를 가리키면서 "이건 어때?(How about this one?)"라고 말했다.
"좋아요. 그걸로 하지요. 그렇지만 그걸 덩굴에서 잘라내지 마세요. 일주일이나 2주일 있다가 가지러 올게요(call for = 요구하다, 달라고 하다)."라고 소년이 말했다.

〈어째서 우스운지 말 안 해도 알겠지요? 돈은 4센트 밖에 없고 크고 좋은 것은 먹고 싶고 해서 이런 꾀를 냈지요. 여러분이 농부라면 당연히 이 소년의 청을 들어주겠지요? 어린 놈이 잔꾀를 부린다고 할 수도 있지만 발상이 창조적이지 않아요? 이렇게 창조적인 발상을 하는 사람이 이 세상에서 성공할 수 있답니다.〉

EXERCISE   다음 문장의 동사를 자동사와 타동사로 구분하고 해석하시오.   〈정답: p. 7〉

[142] The domestic market cannot consume all these goods.

[143] Half-boiled egg digests well.

[144] She is suffering from indigestion.

[145] War orphans received financial aid from the United Nations.

[146] You must mend your ways.

[147] He made a great contribution to the economic development of Korea.

[148] The boy retorted to the teacher's scolding.

[149] I like him for no special reason.

domestic [dəméstik] 국내의, 집의   consume [kənsúːm] 소비하다   goods [gudz] 상품   half-boiled 반숙의   digest [daidʒést] 소화하다   suffer [sʌ́fər] 앓다, 걸리다   indigestion [indidʒéstʃən,] 소화불량   orphan [ɔ́ːrfən] 고아   financial [fainǽnʃəl] 재정적인   aid [eid]원조   mend [mend] 고치다   contribution [kɑ̀ntrəbjúːʃən] 공헌   economic [iːkənɑ́mik] 경제의   development [divéləpmənt] 발전   retort [ritɔ́ːrt] 말대꾸하다   scold [skould] 꾸짖다

Hint B 완전자동사 · 불완전자동사

※ 다음 동사는 완전자동사일까요, 불완전자동사일까요?
① River flows.　　② He is John.

답　① flow(흐르다) = 완전자동사
　　주어 · 동사만으로 의미가 완전할 경우 – 이런 동사를 **완전자동사**라고 합니다.

　　주어＋완전자동사 ＝ 제1형식 구문

② is = 불완전자동사
He is 만으로는 의미가 완전하지 않고 John이라고 보충하는 말이 있어야 의미가 완전하지요? 이런 is 같은 동사를 불완전자동사라 합니다.
이 보충하는 말을 주격보어(主格補語)라 합니다.

　　주어＋불완전자동사 ＝ 제2형식 구문

주격보어는 명사 · 대명사 · 형용사로 이루어집니다.
「주어 ＝ 주격보어」라는 관계가 성립합니다. 즉 **He = John**

PRACTICE B   다음 문장에서 완전자동사와 불완전자동사를 구분하고 해석하시오.

(1)　The girl farted, and everybody laughed.

(2)　① She is a nurse.　　② She is in the room.

(3)　① The plants grew.　　② He grew old.

(4)　① He held the ball.　　② The fact holds true.

(5)　She coughed severely during the night.

(6)　① He looked at her.　　② You look fine in this picture.
　　③ You look prosperous.

(7)　① She appeared at last.　　② She appears honest.

(8)　Mercury expands by heat.

(9)　① He got the prize.　　② My shoes got wet.

(10)　① I felt her pulse.　　② I felt bad this morning.

(11) ① He went to Busan.   ② He went mad.

(12) ① He kept the appointment.   ② He kept silent.

(13) This cloth won't shrink in the wash.

(14) READING

"I hear you have a little sister?"

"Yes," answered the small boy.

"Do you like her?"

"I wish it were a boy, because then I could play baseball and other games with her."

"Then, why don't you exchange her for a brother?"

"We can't," was the answer. "It is too late now. We have used her four days."

fart [fɑːrt] 방귀(뀌다)   nurse [nəːrs] 간호사, 유모   plant [plænt] 식물   cough [kɔ(ː)f] 기침하다   severely [siviərli] 심하게   prosperous [prɑ́spərəs] 번영하는   appear [əpíər] 나타나다   mercury [mə́ːrkjəri] 수은   expand [ikspǽnd] 팽창하다   pulse [pʌls] 맥박   appointment [əpɔ́intmənt] 약속   shrink [ʃriŋk] 줄어들다

PRACTICE B 해답

(1) farted, laughed = 둘 다 완전자동사 「그 아가씨가 방귀를 뀌어서 모두가 웃었다.」

ⓐ 「그는 소변 보고 있는 중이다.」
정식 영어는 He is urinating. = He is passing urine[water].
대화할 때는 He is making water. = He is pissing.(점잖지 못한 말)

ⓑ 「그는 대변 보고 있는 중이다.」
정식 영어는 He is moving[evacuating] the bowels. = He is passing evacuations.
말로 할 때는 He is shitting.(점잖지 못한 말)

ⓒ 「그는 코를 풀고 있다.」 = He is blowing his nose.

ⓓ 「그는 방귀 뀌고 있다.」 = He is breaking wind.
 = He is letting out gas. = He is farting.(이것을 많이 씀)

ⓔ 「그녀는 눈물을 흘리고 있다.」 = She is shedding(= dropping) tears.

(2) ① is = 불완전자동사 「그녀는 간호사이다.」

② is = 완전자동사 「그녀는 방 안에 있다.」
in the room은 is의 (장소를 말하는) 부사구

(3) ① grew = 완전자동사 「그 식물들은 성장했다.」

② grew = 불완전자동사 「그는 늙은이가 되었다.」

grow는 '자라다, 성장하다'는 뜻이지만 '~이 되다'라는 뜻도 있어서 이때는 불완전자동사로 쓰입니다. '…이 되다'라는 뜻을 가진 경우 He grew.만으로는 의미가 완전하지 못하고 old라는 주격보어가 있어야 의미가 완전해집니다. 형용사인 old가 주격보어로 되어 있습니다. 주격보어의 성격은 '**주어 = 주격보어**'라 했지요? 즉 He = old. 주격보어가 형용사인 경우 완전한 = (equal) 관계가 아니고 주어를 수식하는 의미에서의 = 관계라고 보면 됩니다.

[4]　① held = 타동사 「그는 공을 잡았다.」

　　② holds = 불완전자동사 「그 사실은 틀림없다.」

　　　①에서 처럼 hold의 뜻이 '잡다, 쥐다'일 때는 타동사이지만, '…한 상태를 지속하다(유지하다), …한 상태에 있다'라는 의미인 ②에서는 불완전자동사가 됩니다. The fact = true 관계가 성립되어 The fact is true.와 같은 의미입니다.

[5]　coughed = 완전자동사 「그녀는 밤새 몹시 기침을 하였습니다.」

　　severely는 부사이므로 주격보어가 될 수 없고 coughed를 수식합니다. during the night은 coughed한 시간을 말하는 부사구.

[6]　① looked = 완전자동사 「그는 그녀를 보았습니다.」

　　② look = 불완전자동사 「너는 이 사진에서 좋게 보인다.」 = 「사진이 잘 나왔군.」

　　③ look = 불완전자동사 「경기가 좋은 것 같군.」 (돈 잘 쓰는 사람에게)

　　　①에서와 같이 look이 '보다'라는 의미에서는 주어·동사만으로 뜻이 완전하므로 완전자동사가 됩니다.
　　　at her는 looked의 부사구입니다. (looked at을 타동사구로 보고 her를 그 목적어로 보기도 합니다.)
　　　②와 ③에서처럼 look이 '…으로 보이다'라는 뜻일 때는 fine, prosperous처럼 보충하는 말이 있어야 의미가 완전하므로 불완전자동사입니다. in this picture는 look의 부사구.

[7]　① appeared = 완전자동사 「마침내 그녀가 나타났다.」

　　② appears = 불완전자동사 「그녀는 정직해 보입니다.」

　　　①에서처럼 appear가 '나타나다'의 뜻일 때는 완전자동사.
　　　②에서처럼 appear가 '…으로 보이다, 여겨지다'의 뜻일 때는 불완전자동사.

[8]　expands = 완전자동사 「수은은 열에 의해 팽창한다.」

　　Mercury expands by heat.에서 by heat을 형용사구로 보고 주격보어가 될 수 없는가? 따라서 expands는 불완전자동사가 아닌가? 하는 의구심을 가질 수도 있습니다. by heat이 주격보어라면 Mercury = by heat이 되어야 하는데 가능한가요? 그렇지 않습니다. by heat은 expands의 부사구입니다.

[9]　① got = 타동사 「그는 상을 탔다.」

　　② got = 불완전자동사 「내 구두가 젖었다.」

　　　①에서처럼 get이 '얻다, 받다'라는 뜻이면 타동사입니다.
　　　②에서처럼 get이 '…한 상태로 되게 하다'라는 뜻이 되면 불완전자동사입니다.

[10]　① felt = 타동사 「나는 그녀의 맥을 짚어보았다.」

　　② felt = 불완전자동사 「나는 오늘 아침 기분이 나빴다.」

　　　①처럼 feel이 '만져보다, 짚어보다'의 뜻일 때는 타동사.
　　　②처럼 feel이 '…라는 감이 있다, …라는 기분이 들다'일 때는 불완전자동사가 됩니다.

[11]　① went = 완전자동사 「그는 부산에 갔다.」

　　② went = 불완전자동사 「그는 미쳤다.」

　　　①처럼 go가 '가다'라는 뜻이면 완전자동사.
　　　②처럼 go가 '(나쁜 상태로) 되다'라는 뜻일 때는 불완전자동사.

[12]　① kept = 타동사 「그는 약속을 지켰다.」

　　② kept = 불완전자동사 「그는 침묵을 지켰다.」

①에서와 같이 keep이 '지키다, 지니다'라는 뜻일 때는 타동사.
②에서처럼 keep이 '…한 상태에 있다, …한 상태를 지속하다'라는 뜻일 때는 불완전자동사.

(13) shrink = 완전자동사 「이 천은 빨아도 줄지 않는다.」

(14) READING

"나는 너에게 어린 여동생이 있다는 소리를 들었는데?"
"예."라고 어린 소년이 대답했다.
"그 애를 좋아하니?"
"저는 그 애가 사내아이였으면 좋겠어요. 사내아이면(then) 그 애와 야구도 할 수 있고 다른 게임도 할 수 있으니까요."
"그렇다면, 그 애를 사내 동생으로 바꾸지 그러니?"
"그럴 수 없어요. 지금은 너무 늦었어요. 4일 동안이나 그 애를 써버렸어요."라는 답이 있었다.

(왜 재미있는 joke인지 아세요? 예? 안다고요? 예, 맞습니다. 예를 들어 연필을 사서 한 번 사용하면 새 것으로 바꿀 수 없지요. 어린 소년이 그런 생각을 새로 태어난 여동생에게도 적용한 것입니다. 여동생이 태어난 지 벌써 나흘이나 되었으니 써버린 연필과 같아서 새 것과는 바꿀 수 없다는 뜻이죠.)

EXERCISE 다음 문장에서 완전자동사와 불완전자동사를 구분하고 해석하시오. 〈정답: p. 7〉

(150) This cake tastes very sweet.

(151) I tasted the wine.

(152) The girl will become a great chemist in future.

(153) The light has gone out because of power shortage.

(154) The rumor turned out false.

(155) The boys in our class study very hard.

(156) The market price of silk continues firm.

적절한 것을 선택하고 해석하시오.

(157) The rose smells (sweet, sweetly).

(158) This cloth feels (soft, softly).

(159) I felt the goods (careful, carefully) before buying.

(160) I looked (careful, carefully) at the scene.

(161) He looked (proud, proudly) when he passed the entrance exam.

(162) He looked (proud, proudly) around when he entered the room.

(163) This rule does not hold (true, truly) in all cases.

(164) His words sound (strange, strangely).

taste [teist] 맛이 나다　wine [wain] 포도주　great [greit] 위대한　chemist [kémist] 화학자　future [fjúːtʃər] 장래, 장차　rumor [rúːmər] 소문　false [fɔːls] 거짓의　market [mάːrkit] 시장　price [prais] 가격　silk [silk] 비단, 실크　continue [kəntínjuː] 계속되다　careful [kɛ́ərfəl] 주의 깊은　scene [siːn] 장면　entrance [éntrəns] 입학　strange [streindʒ] 이상한

Hint C 완전타동사 · 불완전타동사

※ 다음 문장의 동사는 완전타동사일까요, 불완전타동사일까요?
① He wrote this letter.　　　② He made his mother happy.

답　① wrote = 완전타동사

He wrote this letter.　　He saw her.

주어+타동사+목적만으로 의미가 완전할 경우의 타동사를 완전타동사라 하고 이런 구문을 제3형식 구문이라 합니다.

주어＋완전타동사＋목적어 ＝ 제3형식 구문

② made = 불완전타동사

그러면 He made his mother happy.에서 happy라는 말을 빼보세요.

「그는 자기 어머니를 만들었다.」 어떻게 아들이 어머니를 만드나?

그래서 happy라고 보충하는 말이 있어야 의미가 완전해집니다. 이런 타동사를 불완전타동사라 합니다. 이렇게 보충하는 말을 목적격보어라 합니다.

먼저 배운 주격보어는 무엇과 어떤 관계? 주어와 =(equal) 관계. 그러면 목적격보어는 목적어와 =(equal) 관계 즉 his mother = happy. 목적격보어는 품사가 무엇 무엇으로 될까요? 주격보어와 마찬가지로 명사·대명사·형용사를 사용합니다.

주어＋불완전타동사＋목적어＋목적격보어 ＝ 제5형식 구문

PRACTICE C 다음 문장에서 완전타동사와 불완전타동사를 구분하고 해석하시오.

(1) I consulted Webster's Dictionary.

(2) ① I found the book easily.   ② I found the book easy.

(3) Watch your language!

(4) They elected John their spokesman.

(5) Did I hurt your feelings?

(6) We call him Monkey.

(7) Why don't you answer me? Did you lose your tongue?

(8) I suppose him dead.

(9) Mind your own business.

(10) The judge declared him guilty.

(11) READING (지금까지 배운 문법실력을 총동원하여 설명해 보세요.)

A little boy with a sad face came into a chemist's shop.
"Do you have anything to stop pain?"
"Where is the pain?" the chemist asked.
The boy shuddered and replied, "It hasn't come yet, but my father is just reading my school report."

consult [kənsʌ́lt] 참고하다, 상의하다 dictionary [díkʃənèri] 사전 tongue [tʌŋ] 혀 elect [ilékt] 선거하다 spokesman [spóuksmən] 대변인, 대표자 hurt [həːrt] 해치다 feeling [fíːliŋ] 감정, 기분 language [lǽŋgwidʒ] 언어 suppose [səpóuz] 생각하다, 추측하다 judge [dʒʌdʒ] 재판관 mind [maind] 주의(조심)하다 business [bíznis] 용건, 일 declare [dikléər] 선고하다 guilty [gílti] 유죄의 shudder [ʃʌ́dər] 벌벌 떨다 reply [riplái] 대답하다

PRACTICE A 해답

(1) consulted = 완전타동사 「나는 웹스터 사전을 찾아봤다.」

Webster's Dictionary라는 목적어만으로도 의미가 완전하므로, 그리고 consult 다음에 전치사 없이 바로 목적어가 올 때는 「사전을 찾다, 참고하다, 진찰받다, 의견을 듣다」라는 뜻.
I consulted the doctor. 「나는 의사의 진찰을 받았다.」
I consulted my father. 「나는 아버지의 의견을 들었다.」

consult with … = 「…와 상의하다」 → I consulted with my teacher. 「선생님과 의논했다.」

(2) ① found = 완전타동사 「나는 그 책을 손쉽게 찾아냈다.」

② found = 불완전타동사 「나는 그 책이 쉽다는 것을 알았다.」

①에서 easily는 부사이므로 목적격보어가 될 수 없습니다. 즉 found 했는데 어떻게 했냐 하면 '쉽게' — 있는 곳을 잘 알고 있었기 때문에 쉽게 찾아냈다는 뜻.
②에서 easy는 형용사이므로 목적격보어가 됩니다. 따라서 the book = easy 즉 **그 책의 내용이 쉽다는 것을 알았다는 뜻.**

(3) watch = 완전타동사 「말(을) 조심해!」

(4) elected = 불완전타동사 「그들은 John을 그들의 대변인으로 뽑았다.」

John (목적어) = their spokesman (목적격보어) 관계에 유의할 것.

(5) hurt = 완전타동사 「제가 당신 기분을 상하게 했나요?」

(6) call = 불완전타동사 「우리는 그를 몽키라고 부른다.」

him (목적어) = Monkey (목적격보어) 관계에 유의.

(7) answer = 완전타동사, lose = 완전타동사 「너는 왜 나에게 대답을 안 하니? 혀를 잃어버렸니?」

answer 다음에 to를 쓰지 않고 바로 목적어 (여기서는 me)를 씁니다.

(8) suppose = 불완전타동사 「나는 그가 죽었다고 추측(생각)합니다.」

dead가 형용사이므로 목적격보어가 될 수밖에 없습니다. him = dead 관계에 유의.

(9) mind = 완전타동사 「네 일이나 걱정해라.」 (남의 일에 참견하지 말고)

mind의 뜻은 '주의하다, 조심하다'이고 목적어로 your own business를 취하고 있습니다. 대화할 때 잘 쓰는 표현인데 It's none of your business.라는 표현도 자주 사용됩니다.

(10) declared = 불완전타동사 「그 재판관은 그가 유죄임을 선고했다.」

guilty가 형용사이므로 목적격보어가 될 수밖에 없습니다. **him = guilty** 관계에 주의.

(11) READING

(a) A little boy with a sad face came into a chemist's shop.
「슬픈 얼굴을 한 작은 소년이 약국 안으로 들어왔다.」

▶ with a sad face는 boy의 형용사구
▶ came = 완전자동사   ▶ into a chemist's shop은 came의 부사구
▶ 약국을 미국에서는 drug store, 영국에서는 chemist's shop이라 합니다.

(b) "Do you have anything to stop pain?"
「"아픈 것을 멈추게 할 약(무엇인가)이 있나요?"」

▶ have = 완전타동사
▶ anything to stop pain이 목적어
(그 중 to stop pain은 anything의 형용사구 → I have no water to drink.에서 **to drink도 water의 형용사구** 「나에게는 마실 물이 없다.」)

(c) "Where is the pain?" the chemist asked.
「"어디가 아프니?"라고 약사가 물었다.」
- 이 문장의 정상적인 구조는 The chemist asked, "Where is the pain?"
- asked = 완전타동사
- "Where is the pain?"은 명사절 (나중에 배움)로서 asked의 목적절
- Where is the pain?에서 주어는? → the pain, is는 어떤 종류의 동사? → '있다'라는 뜻으로 완전자동사, where는 is의 부사

(d) The boy shuddered and replied, "It hasn't come yet, but my father is just reading my school report."
「그 소년은 벌벌 떨면서 대답하기를 "아직 아프진 않지만 아버지가 지금 제 학교 성적표를 읽고 있는 중이예요."」
- shuddered = 완전자동사
- replied = 완전자동사
- "It hasn't come yet, but father is just reading my school report."가 replied의 목적어인 명사절
- hasn't come = 완전자동사 (yet (아직도)은 부사)
- is reading = 완전타동사 (just는 부사), my school report가 목적어

EXERCISE
다음 문장에서 완전타동사와 불완전타동사를 구분하고 해석하시오. 〈정답: p. 8〉

[165] How do you like your new lodging house? — Well, I find it very comfortable.

[166] Please remember me to all your family.

[167] Don't leave the door open.

[168] Don't eat meat raw.

[169] You may make free use of my library.

[170] He appointed me the Minister of Justice.

[171] What has brought you here?

[172] They think me rich.

[173] Diligence outstrips poverty.

[174] He shouted himself hoarse.

[175] Did you hit a gold mine?

lodge [lɑdʒ/lɔdʒ] 하숙집   meat [miːt] 고기   comfortable [kʌ́mfərtəbl] 편한, 안락한   remember [rimémbər] 기억하다   raw [rɔː] 날 것의   library [láibrèri] 장서, 도서관   appoint [əpɔ́int] 임명하다   Minister of Justice 법무장관   diligence [dílidʒəns] 근면   outstrip [àutstríp] 극복하다, 이기다   poverty [pɑ́vərti] 빈곤, 가난   hoarse [hɔːrs] 목 쉰

Hint D 수여동사 · 불완전타동사

※ 다음 문장의 동사는 수여동사일까요, 불완전타동사일까요?
① He gave me the letter.　② He made me a scholar.
③ He made me a kite.

답　① gave ＝ 수여동사
　　He gave me the letter.에서 gave가 불완전타동사라면 me ＝ the letter가 되어야 하는데 아니지요?
　　me나 the letter는 둘 다 gave의 동작을 받는 말이므로 목적어입니다.
　　직접 동작을 받는 것은? → the letter에 손이 먼저 가지요?
　　그래서 **the letter**를 직접목적어라 하고, **me**를 간접목적어라 합니다.
　　이처럼 간접목적어와 직접목적어 두 가지를 취하는 동사를 **수여동사**라 합니다.

　　　　　주어＋수여동사＋간접목적어＋직접목적어 ＝ 제4형식 구문

　　❶ 직접목적어와 간접목적어는 둘 다 명사 · 대명사입니다.
　　❷ 해석할 때 간접목적어는 「…에게」 직접목적어는 「…을(를)」을 붙이세요.
　　❸ 간접목적어 ＝ 직접목적어 관계는 이루어지지 않습니다.

② He made me a scholar. 「그는 나를 학자로 만들었다.」
　　me ＝ scholar 관계가 성립하므로 이 made는 불완전타동사. 해석할 때는 「…를 …으로」로 합니다.

③ He made me a kite. 「그는 나에게 연을 만들어 주었다.」
　　여기의 **made**는 수여동사

PRACTICE D　다음 문장에서 수여동사와 불완전타동사를 구분하고 해석하시오.

(1)　Give me a hand.

(2)　Lend me your ear.

(3)　Leave me alone.

(4)　Wish me luck.

(5)　His mother made him a great statesman.

(6)　His niece made him a birthday present.

(7)　My uncle in Washington sent me a beautiful Christmas card.

(8)　I felt myself guilty.

(9)　I must make you an apology.

(10) We nicknamed him Monkey.

(11) I must make you amends for your loss.

(12) READING (이탤릭체로 된 동사의 종류는?)

A school teacher *was telling* her pupils the importance of making others glad. "Now, children," said she, "has anyone of you ever *made* someone else glad?"
"Please, teacher," said a small boy, "I made someone glad yesterday."
"Well done. Who was that?"
"My granny."
"Good boy. Now *tell* us how you made your grandmother glad."
"Please, teacher, I went to see her yesterday, and stayed with her three hours. Then I said to her, 'Granny, I'm going home,' and she said, 'Well, I'm glad!'"

PRACTICE D 해답

(1) Give = 수여동사 「거들어 주세요. (도와주세요. = 손 좀 빌려주세요.)」

직역하면 '나에게 손을 (빌려)주세요.'로 (~에게 …을) 관계이므로 수여동사.
또 me = a hand도 성립하지 않는 것에 주의하고, 바쁘니 손 좀 빌려달라는 것이므로 결국은 도와 달라는 뜻입니다. 이럴 때의 답은 "**Certainly.**" 「**그럼요.**」로 대답하면 됩니다.

(2) Lend = 수여동사 「귀 좀 빌려주세요.」

역시 (~에게 …을) 관계. 또 me ≠ your ear
'귀 좀 빌려주세요.'? 이게 무슨 소린가? ― 남이 듣지 못하도록 귓속말을 하고 싶을 때 하는 말입니다. 이럴 때는 "Anything new?" 「무슨 일이라도 있어요?」라고 하면 자연스러운 대답이 됩니다.

(3) Leave = 불완전타동사 「혼자 있게 내버려두세요.」

이 leave의 뜻은? → 내버려두다, 그대로 두다, me = alone(홀로) 관계에 주의. 이 말은 다른 사람이 내 일에 간섭하거나 참견을 하는 것을 못하게 할 때 쓰는 말로 예를 들면 "Why are you crying?" 「왜 울고 있니?」라고 할 때 "Leave me alone." 「내 멋대로 하게 해 주세요.」 (= 울든 말든 내버려두세요.)

(4) Wish = 수여동사 「행운을 빌어주세요.」

내가 행운은 아니지요? 따라서 **me = luck**은 성립하지 않지요. 그래서 수여동사. 원 뜻은 '나에게 행운을 원해주세요.' ― 이 말은 시험이나 면접을 보러 들어가면서 전송 나온 친구들에게 하는 말. 이 말에 친구들은 뭐라고 할까? ― Good luck to you! 「행운이 있기를!」

(5) made = 불완전타동사 「그의 어머니는 그를 위대한 정치가로 만들었다.」
〔~을 …으로〕, 또 **him = a great statesman** 관계에 주의.

(6) made = 수여동사 「그의 조카딸이 그에게 생일 선물을 해주었습니다.」

(7) sent = 수여동사 「워싱턴에 있는 숙부님이 나에게 아름다운 크리스마스카드를 보내주셨다.」
〔~에게 …을〕 관계이므로 수여동사라는 것을 알겠지요?
그리고 in Washington은 uncle의 형용사구라는 것도 잘 알아 두길 바랍니다.

(8) felt = 불완전타동사 「나는 나 스스로 유죄임을 깨달았다.」
myself = guilty 관계에 주의.

(9) make = 수여동사 「저는 당신에게 사과를 해야만 합니다.」
〔~에게 …을〕, 그리고 you = an apology라는 관계가 성립하지 않는 것도 유의할 것.

(10) nicknamed = 불완전타동사 「우리는 그에게 몽키라고 별명을 붙였다.」
〔~을 …으로〕, 또 him = monkey 관계에 주의할 것.

(11) make = 수여동사 「나는 당신에게 당신의 손해를 배상해야만 합니다.」
누구 누구에게 무엇 무엇을 해주다라고 하면 언제나 수여동사입니다. 그런데 이 수여동사의 수여는 무슨 뜻일까요? 「상장을 수여하다」의 수여입니다.

(12) READING

학교 선생님이 다른 사람들을 기쁘게 해주는 것의 중요성을 학생들에게 말해주고 있었다. (was telling = 수여동사)
"자, 여러분(Now, children), 여러분 중 누군가가(anyone of you) 지금까지 다른 사람을 기쁘게 해준 일이 있나요?"라고 그녀(선생님)가 말했다. (made = 불완전타동사)
"저기요(Please), 선생님, 제가 어제 누군가를 기쁘게 해드렸어요."라고 한 어린 소년이 말했다.
"잘 했다. 그 사람이 누구였니?"
"우리(My) 할머니요." (아이들은 grandmother를 granny 또는 grandma라 하고 grandfather를 granddad 또는 grandpa라고 합니다.)
"착한 아이구나. 그래(Now) 네가 어떻게 네 할머니를 기쁘게 해드렸는지 우리에게 말해 보려무나." (tell = 수여동사)
"저, 선생님. 어제 저는 그녀(할머니)를 뵈러 갔었어요. 그리고 할머니와 3시간을 함께 있었는데요. 그리고 나서 할머니에게 '할머니, 집에 갈래요.'라고 말하니까 '어휴(Well), 기쁘구나!'라고 말씀하셨어요."

영문 기본5형식 일람표

제1형식 주어 (명사·대명사) + 완전자동사

> **EX** The sun shines. 「해가 비친다.」
> Horses run fast. 「말은 빨리 달린다.」

> **특징** 주어 + 동사만으로 의미가 완전함.

제2형식 주어 + 불완전자동사 + 주격보어

> **EX** He is a merchant. 「그는 (소매)상인이다.」
> She became rich. 「그녀는 부자가 되었다.」

> **특징** 주어 = 주격보어. He = merchant, She = rich
> ▲ 주격보어는 명사·대명사·형용사

제3형식 주어 + 완전타동사 + 목적어 (명사·대명사)

> **EX** I hit him. 「나는 그를 때렸다.」
> Children like Mr. Kim. 「아이들은 김 선생님을 좋아합니다.」

> **특징** 보충하는 말 없이 목적어만으로 의미가 완전함.

제4형식 주어 + 수여동사 + 간접목적어 (명사·대명사) + 직접목적어 (명사·대명사)

> **EX** He gave me a book. 「그는 나에게 책을 주었다.」
> He lent her the knife. 「그는 그녀에게 칼을 빌려주었다.」

> **특징** 목적어가 두 개 있음. 간접목적어 ≠ 직접목적어

제5형식 주어 + 불완전타동사 + 목적어 + 목적격보어

> **EX** He made his mother happy. 「그는 그의 어머니를 행복하게 하였다.」
> She keeps her body clean. 「그녀는 그녀의 몸을 깨끗이 한다.」

> **특징** 목적어 = 목적격보어. his mother = happy, her body = clean
> ▲ 목적격보어는 명사·대명사·형용사

EXERCISE   다음 문장의 동사를 구분하고 기본문 5형식으로 나누시오.   〈정답: p. 9〉

(다음 글들은 간단하지만 실용 영어들입니다. 암기하면 회화는 물론 영작, 해석에도 큰 도움이 될 것입니다.)

[176] What's on your mind? You look so sad.

[177] Moderate exercise will do you good, but too much exercise will do you harm.

[178] You can(may) keep the change.

[179] ① Prosperity makes friends; adversity tries them.
　　　② I will make you a new suit.
　　　③ You need not make yourself uneasy.
　　　　 You may make yourself easy about the matter.
　　　④ These grapes would make good wine.
　　　⑤ The hay makes well this year.
　　　　 Preparations are making.

[180] Where am I?

[181] Her three-year stay in Seoul has made her a perfect Seoul girl.

[182] The boss gave me a raise.

[183] You came at the right time. We are cleaning the house. We are short of hands.

[184] Will you give me a lift? — I will give you a lift. Please hop on.

[185] How many days is this ticket good for?
　　　— This ticket is good for the day of issue only.

[186] 우리는 대절(전세) 버스를 타고 안동 하회 민속마을로 갔다. (영작하시오.)

[187] 그 극장에서는 지금 무엇을 하고 있나요? — 블록버스터를 상영하고 있죠. (영작하시오.)

[188] How does your father spend his weekends?
　　　— He reads from morning till night. He is a bookworm.

[189] Ouch! You're stepping on my toes! ; Ouch! Don't pull my hair!

[190] Excuse me, but your slip is showing.
　　　— Oh, I didn't know. Thank you very much for telling me.

[191] Jack has outgrown his overcoat. I must buy him a new one.

[192] ① Love makes all men equal.
② Good company makes the road shorter.

[193] READING

When a group of women got on the bus, every seat was already occupied. The conductor noticed a man who seemed to be asleep, and, as he feared that he might miss his stop, he nudged him and said :

"Wake up!"

"I wasn't asleep," the man protested.

"Not asleep? But you had your eyes closed."

"I know. I just hate to look at ladies standing up in a crowded bus."

mind [maind] 마음 moderate [mɑ́dərit] 알맞은, 적당한 exercise [éksərsàiz] 운동, 연습 harm [hɑːrm] 해악, 손해 change [tʃeindʒ] 거스름돈, 교환하다 prosperity [prɑspériti] 번창 adversity [ædvə́ːrsiti] 역경, 불운 suit [suːt] 신사(여성)복 한 벌 uneasy [ʌníːzi] 불안한, 불편한 matter [mǽtər] 문제, 일, 사건 daughter [dɔ́ːtər] 딸 hay [hei] 건초 preparation [prèpəréiʃən] 준비 perfect [pə́ːrfikt] 완전한 boss [bɔ(ː)s] 두목, 사장 raise [reiz] 봉급인상 cleaning [klíːniŋ] 청소 lift [lift] 차에 태워줌 hop [hap/hɔp] 깡충 뛰다 hop on 뛰어오르다 ticket [tíkit] 표 issue [íʃuː] 발행 chartered [tʃɑ́ːrtərd] 전세 낸, 대절한 blockbuster [blɑ́ːkbʌstər] 흥행 성공(영화) spend [spend] 지내다, 보내다 ouch [autʃ] 아얏, 아이쿠 toe [tou] 발가락 slip [slip] 여자의 속옷, 슬립 outgrow [autgróu] ~보다 커지다 company [kʌ́mpəni] 친구, 벗 occupy [ɑ́kjəpài] 차지하다 conductor [kəndʌ́ktər] 차장 notice [nóutis] 알아차리다 fear [fiər] 걱정하다 nudge [nʌdʒ] 팔꿈치로 슬쩍 찌르다 protest [prətést] 항의하다 hate [heit] 몹시 싫어하다 crowded [kráudid] 혼잡한

Lesson 07

to부정사가 있는 글

Lesson 07 | to부정사가 있는 글

> **Hint** 자동사 · 타동사
>
> to+동사원형을 infinitive(부정사)라고 하는 것은 누구나 알고 있습니다. 그런데 왜 하필이면 부정사라고 할까요? 이것은 to부정사가 명사, 형용사, 부사 역할을 하기 때문에, 즉 품사가 일정하지 않기 때문에, 정해지지 않았기 때문에 부정사(不定詞)라고 합니다. 같은 to live라도 다음과 같이 세 가지 용법으로 쓰이는 것을 확인 해봅시다.
>
> **To live** is hard. 「사는 것이 힘들다.」 명사적 용법
> We eat **to live**. 「우리는 살기 위해 먹는다.」 부사적 용법
> We don't have a house **to live in**. 「우리는 살 집이 없다.」 형용사적 용법
>
> to+동사원형만을 부정사라고 생각하지 말고 어떤 문장이든 주어를 없애고 그 동사의 원형 앞에 to를 쓰면 그 문장 자체가 to부정사가 되는 것입니다. 예를 들어 He teaches the boys English. 문장의 각 요소로 부정사를 만들 수 있으며, 이것이 명사, 형용사, 부사 역할을 하면서 다른 문장의 일부분으로 들어가니 문장이 길고 복잡해지는 것입니다.
>
> **To teach the boys English** is necessary. 명사적 용법 (주어 역할)
> 「그 소년들에게 영어를 가르치는 것은 필요하다.」
>
> We need a teacher **to teach the boys English**. 형용사적 용법 (teacher를 꾸며주는 역할)
> 「우리는 그 소년들에게 영어를 가르칠 선생님이 필요하다.」
>
> He came here **to teach the boys English**. 부사적 용법 (came 동사를 꾸며주는 부사 역할)
> 「그는 그 소년들에게 영어를 가르치기 위해서 여기에 왔다.」

PRACTICE A   다음 문장의 각 to부정사 용법을 살펴보고 해석하시오.

[1] ① To know oneself is a difficult thing.

　　② I wish to go to the States.

　　③ My rule is to get up early in the morning.

　　④ He promised me to come again.

　　⑤ I have no choice but to accept his proposal.

(2) It is not easy to know oneself.

(3) I found it difficult to solve this problem.

(4) He likes it much to read fictions.

(5) 【연구】 It takes us 3 days to go there.에서 It은 to go there를 말하며 따라서 to go there는 명사구일까?

(6) It is impossible for me to succeed in it.

(7) I found it difficult for him to solve the problem.

(8) It is rude of you to do so.

(9) Our first plan was for the plane to fly across the Pacific.

(10) I waited for her to come.

(11) There was no choice but for him to marry her.

(12) I don't know how to swim.

(13) He pretended not to know it.

(14) READING

Father: Did you take that letter to Mr. Smith?
Tom: Yes, but I don't know what good it is to write to old Smith. He's blind.
Father: Blind? I never knew that. He must have lost his eyesight quite recently. How did you find it out?
Tom: Well, he asked me twice where my hat was when I was in his office, and it was on my head all the time.

---

difficult [dífikʌlt] 힘든, 어려운   States [steits] 미국   promise [prάmis] 약속하다   choice [tʃɔis] 선택   accept [æksépt] 받아들이다   proposal [prəpóuzəl] 제안   solve [sɑlv/sɔlv] 풀다, 해결하다   problem [prάbləm] 문제   fiction [fíkʃən] = novel 소설   rude [ru:d] 무례한   impossible [impάsəbl] 불가능한   succeed [səksí:d] 성공하다   plan [plæn] 계획   plane [plein] 비행기   Pacific [pəsífik] 태평양   pretend [priténd] ~인체 하다   blind [blaind] 눈 먼   eyesight [áisàit] 시력   recently [rí:sntli] 요즘   find out 발견하다, 알다   twice [twais] 두 번   office [ɔ́(:)fis] 사무실

PRACTICE A 해답

(1) ① **To know oneself** = 명사적 용법 「자기 자신을 아는 것은 어려운 일이다.」

To know oneself가 is의 주어이므로 명사적 용법이 됩니다. (주어는 명사·대명사가 되므로.) 명사적 용법의 to부정사는 「… 것」이라고 해석합니다.

그러면 「거기에 가는 것은 불가능하다」는 어떻게 할까요?→ To go there is impossible.
또 「영어를 공부하는 것은 힘들다.」는? → To study English is hard.

② **to go to the States** = 명사적 용법 「나는 미국으로 가기를 원합니다.」

to go to the States는 wish의 목적어이므로 명사적 용법입니다. 목적어 역할도 명사·대명사가 한다고 했지요?
그러면 「아이들은 놀기를 좋아합니다.」는 → Children like to play.
또 「나는 서울에 3일간 머무를 작정(mean)입니다.」→ I mean to stay in Seoul for 3 days.
또 「나는 부산으로 가기를 원합니다.」→ I want to go to Busan.

wish는 얻기 어려운 것을 원할 때, hope는 좋은 일을 희망할 때, want는 결핍되어 있는 것을 원할 때 — want가 가장 보편적인 일상용어입니다.

③ **to get up early in the morning** = 명사적 용법 「나의 규칙(rule)은 아침에 일찍 일어나는 것이다.」→「아침에 일찍 일어나는 것이 나의 규칙이다.」

To get up early in the morning은 **is의 주격보어이므로 명사적 용법**이 됩니다.
「그녀를 만나는 것이 그녀를 사랑하는 것이다.」=「그녀를 만나면 사랑하게 된다.」→ To see her is to love her.
「시간을 선택하는 것이 시간을 절약(save)하는 것이다.」→ To choose time is to save time. (오후 5시에는 집에 없는 사람을 집으로 찾아가봤자 시간만 낭비하는 것 — 집에 있는 시간을 알고 찾아가야 시간이 절약된다. 알겠지요?)

④ **to come again** = 명사적 용법 「그는 나에게 또 다시 오겠다고 약속했다.」

promised는 5가지 동사 종류 중 무엇? → 수여동사. 따라서 me가 간접목적어이고 to come again은 직접목적어 — 간접목적어나 직접목적어도 명사 (대명사)로 된다는 것을 배웠지요?

⑤ **to accept his proposal** = 명사적 용법 「나는 그의 제안을 받아들일 수 밖에 없습니다.」

I have no choice but to accept his proposal.에서 have는 무슨 종류의 동사? → 완전타동사. no choice가 목적어. but의 품사는? → 「~을 제외하고」라는 뜻의 전치사.
그러므로 to accept his proposal이라는 to부정사구는 명사적 용법으로서 but이라는 전치사의 목적어가 됩니다. (전치사 다음에는 명사나 대명사가 온다.)
「우리는 항복(surrender)할 수밖에 없었다.」는?
→ We had no choice but to surrender. (but 이하는 choice의 형용사구)

(2) **to know oneself** = 명사적 용법 「자기 자신을 아는 것은 쉽지 않다.」

이 문장은 원래 To know oneself is not easy.인데 to부정사가 주어인 경우에는 It이라는 가주어(Formal Subject)를 쓰고 to부정사는 뒤로 보냅니다. 그래서 It은 to 이하를 말하며, to 이하를 진주어(Real Subject)라 합니다. 이런 경우의 It은 형식적으로 쓴 것이기 때문에 뜻이 없고 가주어라고 부릅니다. 가주어를 쓰는 이유는 진주어가 지나치게 길기 때문에 입니다. It is not easy to know oneself.로 고치면 It은 한 단어로 되어 있어 바로 주어라는 것을 알 수 있고 그 다음의 is가 본동사라는 것을 바로 파악할 수 있습니다. It은 to 이하이고 …. 이렇게 해서 문장의 구조를 빨리 파악할 수 있는 것입니다. 그러면
「아침 일찍 일어나는 것은 쉽지 않다.」는? → It is not easy to get up early in the morning.

(3) **to solve this problem** = 명사적 용법 「나는 이 문제를 푸는 것이 어렵다는 것을 알았다.」

이 글의 원래 문장은 I found to solve this problem difficult.인데 found는 타동사로서 불완전타동사에 속하고 목적어는? → to solve this problem. 따라서 difficult는 목적격보어가 됩니다.
그러므로 **to solve this problem = difficult.**
그런데 difficult가 목적격보어라는 것을 빨리 알 수 있습니까? 목적어가 to solve this problem이라고 길기 때문에

빨리 알아낼 수가 없습니다. 이처럼 목적어가 to부정사이고 그 다음에 목적격보어가 있을 때는 구문을 명확히 하기 위해서 목적어 대신 가목적어(Formal Object)를 써서 to 이하는 뒤로 보냅니다. 즉 I found it difficult to solve this problem.

「나는 거기에 가는 것이 불가능하다는 것을 알았다.」→ I found it impossible to go there.
「나는 영어를 말하는 것이 힘들다는 것을 알았다.」→ I found it hard to speak English.

(4) **to read fictions** = 명사적 용법 「그는 소설 읽기를 아주 좋아한다.」

이 문장은 He likes to read fictions much.인데 likes는 완전타동사로서 much가 likes를 수식하느냐 read를 수식하느냐에 따라 의미가 달라집니다. much가 read를 수식한다면

He **likes to read** fictions much. 「그는 소설을 많이 읽기를 좋아한다.」
　　완타　　목적

그러나 much가 likes를 수식한다면

He **likes** to **read fictions much**. 「그는 소설 읽기를 아주 좋아한다.」
　완타　　　목적　　likes의 부사

이 경우에도 it이라는 가목적어를 써서 He likes it much to read fictions.으로 합니다. 즉 완전타동사의 목적어가 to부정사이고 그 다음에 동사의 부사가 있을 때도 가목적어를 씁니다.
「그는 수영하기를 아주 좋아합니다.」→ He likes it much to swim.

(5) It은 시간을 말할 때 쓰는 형식적인 주어, **to go there**는 **takes**의 부사구

「거기에 가는데 3일 걸린다.」
It은 "to go there를 말한다."고 생각하는 학자도 있고 또 이것을 틀렸다고 논박하기도 힘든 문제입니다.

(6) **to succeed in it** = 명사적 용법 「내가 그것에 성공하는 것은 불가능하다.」

To succeed in it is impossible. 「그것에 성공하는 것은 불가능하다.」
에서 To succeed in it이 is의 주어인 명사구라는 것은 알겠지요? 그런데 To succeed in it 안에 주어가 있나요? 즉 누가 그것에 성공한다고 되어 있나요? 없지요? to부정사란 원래 그런 법입니다. 아마 일반적인 사람이겠지요. 그런데 구체적으로 「내가 그것에 성공하는 것은」이라고 하려면 어떻게 할까요?
to부정사 앞에 **for me**를 써서 For me to succeed in it is impossible.로 하면 됩니다. 이 me가 to부정사의 의미상 주어(Sense Subject)입니다. 그리고 For me to succeed in it 전체를 명사구로 보세요. 이 명사구는 주인공이 to succeed이고 in it이나 for me는 succeed의 부사구로 봅니다. 그런데, For me to succeed in it is impossible.로 되어 있다면 문법을 잘 모르는 사람이 볼 때 이 문장 전체의 주어는 무엇이고 동사는 무엇인지 분간하기 참 힘들 것입니다. 이때 It이라는 가주어를 써서 It is impossible for me to succeed in it.으로 하면 아! It이 주어고 그 다음의 is가 본동사구나 하고 바로 알 수 있지요? 그런데 It은 무엇을 대신한 것일까요? to 이하? 아닙니다. It은 for me to succeed in it까지입니다.

응용연습　ⓐ「당신이 거기에 가는 것은 불가능하다.」
　　　　　ⓑ「그 노인이 영어를 배우는 것은 힘들다.」
　　　　　ⓒ「Mr. Kim이 그녀와 결혼하는 것은 불가능하다.」
　답　　　ⓐ It is impossible for you to go there.
　　　　　ⓑ It is hard for the old man to learn English.
　　　　　ⓒ It is impossible for Mr. Kim to marry her.

(7) **to solve the problem** = 명사적 용법 「나는 그가 그 문제를 해결하는 것은 힘들다고 생각한다.」

이 글의 원래 문장은 I found for him to solve the problem difficult.인데
그러면 found는 완전타동사? 불완전타동사? → 불완전타동사.
그렇다면 found의 목적어는 어디부터 어디까지? for him to solve the problem까지.

85

그럼 difficult는? → 목적격보어.
따라서 for him to solve the problem = difficult (라는 것을 나는 발견했다.)
사실 처음부터 difficult가 목적격보어라는 것을 알기가 힘들지요? 왜냐하면
목적어가 for him to solve the problem이라고 너무 길어서 그렇습니다.
이런 경우에도 it이라는 가목적어를 쓰면 I find it difficult for him to solve the problem.
이렇게 되니까 it이 한 단어이므로 이것이 목적어라는 것을, 그 다음의 difficult가 목적격보어라는 것을 금방 알 수 있죠?

ⓐ 나는 그가 그것에 성공하는 것은 불가능하다고 생각합니다.
ⓑ 그는 John이 여기에 오는 것은 불가능하다고 생각한다.
ⓒ 그녀는 내가 그 시험에 합격하기는 힘들다고 생각한다.

답 ⓐ I find(= think) it impossible for him to succeed in it.
ⓑ He thinks it impossible for John to come here.
ⓒ She thinks it hard for me to pass the exam.

[8] to do so = 명사적 용법「네가 그렇게 하는 것은 무례하다.」

It is rude of you to do so.에서 for you로 되어 있으면 문제가 없는데 **of you**로 되어 있어 주의를 요하는데 **rude, kind, good, nice, bad, unkind, cruel, horrid, foolish, silly, thoughtful, thoughtless, right, wrong, mean, hateful** 등의 사람의 성향을 나타내는 형용사가 있을 때는 의미상 주어 앞에 for를 쓰지 않고 of를 씁니다. (중요)

ⓐ 당신이 여기에 와 주셔서 대단히 고맙습니다. (kind를 써서)
ⓑ 네가 그 불쌍한 아이를 때리는 것은 너무 못됐다. (bad를 써서)
ⓒ 네가 나에게 침을 뱉는 것은 무례한 일이다. (spit on을 써서)

답 ⓐ It is very kind of you to come here. (= Thank you very much for your coming here.)
ⓑ It is too bad of you to hit the poor child.
ⓒ It is rude of you to spit on(= at) me. (spit 같은 단어는 밑에 정리하세요.)

[9] to fly across the Pacific = 명사적 용법「우리의 첫 계획은 비행기로 태평양을 건너가는 것이었다.」

Our first plan was for the plane to fly across the Pacific.에서 for the plane to fly across the Pacific은 명사구로 was의 주격보어. 역시 for the plane이 to fly의 의미상 주어. 물론 이 문장은 좀 어색한 문장입니다만 이렇게 할 수도 있다는 것만 알아두세요. 그렇다면 **Our first plan was to fly across the Pacific by plane.**이 더 훌륭한 영어 입니다.
「이 책은 네가 읽을 것이다.」→ This book is for you to read.
「이 집은 네가 살기 위한 것이다.」→ This house is for you to live in.

[10] to come = 명사적 용법「나는 그녀가 오기를 기다렸다.」

I waited for her to come.에서 for her to come "그녀가 오는 것"이 명사구로 waited의 목적어, for her는 to come의 의미상 주어입니다.

ⓐ 그는 그녀가 자기에게 와주기를 원했다.
ⓑ 나는 네가 거기에 가기를 원한다.

답 ⓐ He wished (for) her to come to him.
ⓑ I want (for) you to go there.

이론적으로는 이렇게 되지만 실제는 ⓐ, ⓑ 둘 다 for를 없애고
He wished her to come to him.과 I want you to go there.로 합니다. 이런 경우의 to부정사는 목적격보어가 됩니다.

[11] to marry her = 명사적 용법「그는 그녀와 결혼할 수 밖에 없었다.」

There was no choice but for him to marry her. (= He had no choice but to marry her. 가 더 좋은 영어)

but = except (…을 빼놓고서) = 전치사. to marry her가 but이라는 전치사의 목적어로 명사구인데 이 명사구에 또 for him이라는 의미상 주어가 붙어있습니다.

 ⓐ 그녀로서는 그에게 갈 수밖에 없었다.
ⓑ 나는 그 학교에 입학할 수밖에 없었다.
답 ⓐ There was no choice but for her to go to him.
   (= She had no choice but to go to him.)
ⓑ There was no choice but for me to enter the school.
   (= I had no choice but to enter the school.)

[12] to swim = 명사적 용법 「나는 헤엄칠 줄 모른다.」
I don't know how to swim.에서 know가 타동사이므로 목적어가 필요하지요? 그래서 how to swim이 명사구로써 목적어가 되어 있지요. 그런데 how to swim에서 왜 how가 to 앞에 있나요? → how의 품사는? swim을 꾸며 주는 부사이고, 의문사인 how, where, why, what, when 등은 to 앞에 자리 잡게 되어 있습니다.
I don't know what to do. 「나는 어떻게 하면 좋을지 모르겠다.」
(여기서의 what은 무슨 역할? → do의 목적어)

 ⓐ 어디에 사느냐가 큰 문제다.
ⓑ 나는 언제 어디로 가야 할지 모른다.
답 ⓐ Where to live is a great question.
ⓑ I don't know when and where to go.

[13] not to know it = 명사적 용법 「그는 그것을 모르는 체 했다.」
He pretended not to know it.에서 pretend(…인 체하다)는 타동사, not to know it이라는 명사구가 목적어로 되어 있습니다.
그런데 not이 왜 to 앞에 있을까? not은 어디를 수식하나? → not은 사실 know의 부사인데도 never와 함께 to 앞에 자리를 잡게 되어 있습니다.

 ⓐ 가장 좋은 방법은 그를 결코 만나지 않는 것이다.
ⓑ 거짓말을 하지 않는 것이 좋다.
답 ⓐ The best way is never to see him.
ⓑ Not to tell a lie is good. (= It is good not to tell a lie.)

[14] **READING**

아버지: 너는 그 편지를 Smith씨에게 가져갔니?
Tom: 예, 그런데 Smith 할아버지에게 편지를 써 보내봤자 무슨 소용이 있는지 전 모르겠어요. 그는 시각장애인이거든요. (it은 to write to old Smith를 말하는 가주어)
아버지: 시각장애인이라고! 난 그런 건 전혀 몰랐어. 그는 아주 최근에 그의 시력을 잃은 것이 틀림없다. 넌 그걸 어떻게 알았니?
Tom: 음, 제가 그의 사무실에 있을 때 저에게 제 모자가 어디에 있느냐고 두 번이나 물었어요. 그런데 제 모자는 내내 제 머리 위에 얹혀 있었거든요.

(왜 우스운지 알겠어요? 실내에서는 모자를 벗는 것이 예절인데, Smith씨가 Tom에게 네 모자가 어디에 있느냐고 물은 것이 과연 그가 시각장애인이기 때문일까요?)

He must be rich.의 뜻은 「그는 부자임에 틀림없다.」 이것을 과거로 하면?
→ He must have been rich. 「그는 부자였음에 틀림없다.」
그러므로 He must have lost … 은 → 「그는 …을 잃어버렸음에 틀림없다.」
그리고 He had to be rich.의 뜻은? 「그는 부자가 되어야만 했습니다.」

EXERCISE 다음 우리글을 영역하시오. 〈정답: p. 11〉

[194] 사랑을 하고 사랑을 받는 것이 지상에서 가장 큰 행복이다.

[195] 나는 그 자동차를 사기를 원합니다.

[196] 나의 계획은 금년 여름에 동해안으로 가는 것이다.

[197] 그는 나에게 다시는 여기에 오지 않겠다고 약속했다.

[198] 나는 그 집을 살 수 밖에 없습니다.

[199] 제가 당신의 질문에 답하는 것은 힘듭니다.

[200] 저는 아침 5시에 일어나는 것을 원칙으로 하고 있습니다. (make ... a rule)

[201] 나는 당신이 그 시험에 합격하는 것은 쉬운 일이라고 생각합니다.

[202] 네가 그런 일을 하는 것은 어리석다.

[203] 이 빵은 네가 먹을 것이다.

[204] 그는 그 비행기가 도착하기를 기다렸다.

[205] 그는 우리에게 어떻게 살며 어떻게 죽을 것인가를 가르쳐 주었다.

[206] 아는 체 하지 않는 것이 좋다.

다음 영문을 우리말로 옮기시오.

[207] All I want is for somebody to be thinking about me.

[208] I think it very rare for anyone to make a fortune for life except by fair and honest dealing.

[209] It is impossible for John who is lazy to succeed in it.

[210] I think it hard for him who has a poor head to understand this explanation.

rare [rɛər] 드문   fortune [fɔ́ːrtʃən] 재산   except [iksépt] …외에, 제외하고   fair [fɛər] 공정한   honest [ɑ́nist] 정직한   dealing [díːliŋ] 거래
impossible [impɑ́səbl] 불가능한   lazy [léizi] 게으른   succeed [səksíːd] 성공하다   hard [hɑːrd] 힘든, 어려운   explanation [èksplənéiʃən] 설명

PRACTICE B 다음 글의 to부정사 용법을 살펴보고, 우리말로 해석하시오.

[1] ① A person to read proofs must be employed.
② We need a person to read proofs.
③ He is the man to read proofs.

[2] ① I have no water to drink.
② I have no water for you to drink.

[3] ① I have no books to read.
② I have no spoon to eat with.
③ I need a friend to help me.
④ I have no time to do it.

[4] ① He is to go to the east coast.
② My plan is to go to the east coast.

다음 영문을 우리말로 옮기시오.

[5] ① We are to meet tonight.
② What am I to do?
③ The plane was not to be seen again.
④ He was never to see his mother again.
⑤ My plan is to build a hotel here.

[6] ① He asked me the way.
② He asked me to come again.
③ He promised me to come again.

[7] ① He got me a seat.　　② He got me to go to the airport.

[8] ① He had a motorcycle.　　② He had her go to the bus terminal.

[9] ① I saw the dog.　　② I saw the dog run.

(10) READING

"Can that elephant do tricks?" a gentleman asked the keeper at the circus.
"Rather," said the keeper. "We've taught him to put money in that box up there. Give him a dollar, and he'll do it."
The elephant took the money and deftly put it in the box upon the wall.
"Remarkable!" cried the gentleman. "Now let's see him take it out again."
"We haven't taught him that yet, " replied the keeper with a smile.

proof [pru:f] 교정쇄(校正刷), 증거   coast [koust] 해안   trick [trik] 재주, 묘기   rather [rǽðər] 그렇고말고, 오히려   money [mʌ́ni] 돈, 화폐   deftly [déftli] 교묘히, 솜씨 좋게

PRACTICE B 해답

[1]   ① to read proofs = 형용사적 용법「교정을 볼 사람이 고용되어야만 한다.」
to부정사가 형용사 역할을 할 때는「…할」이라고 번역합니다.
이 문장에서 to read proofs(교정을 볼)는 주어인 person을 수식하고 있습니다. 그러면
「이 집을 살 사람이 내일 여기로 올 것입니다.」
→ The person to buy this house will come tomorrow.

② to read proofs = 형용사적 용법「우리는 교정을 볼 사람이 필요합니다.」
①에서는 to부정사가 주어를 수식했는데 ②에서는 목적어인 person을 수식하고 있습니다.

③ to read proofs = 형용사적 용법「그가 교정을 볼 사람입니다.」
이 to read proofs는 주격보어인 the man을 수식하는 형용사구입니다.

[2]   ① to drink = 형용사적 용법「나에게는 마실 물이 없다.」
② to drink = 형용사적 용법「나에게는 네가 마실 물이 없다.」
명사구일 때와 마찬가지로 형용사구일 때도 for를 써서 의미상 주어(Sense Subject)를 취합니다. 그런데 I have no water to drink.에서 to drink의 의미상 주어는? → "I"입니다. 이 "I"가 drink하지 않고 다른 사람이 drink할 때 for를 써야 합니다.

> 응용연습
> ⓐ 나에게는 읽을 책이 없다.
> ⓑ 나에게는 네가 읽을 책이 없다.
> 답 ⓐ I have no books to read.
> ⓑ I have no books for you to read.

[3]   ① to read = 형용사적 용법「나에게는 읽을 책이 없다.」
to read의 의미상의 주어는? 즉 누가 책을 읽나? → "I"가.
to read 안에는 목적어가 없습니다. 그러나 의미상으로 본 목적어(Sense Object), 즉 무엇을 읽을까요? → **books가 목적어**가 됩니다. 주의할 것은 I have no books to read.에서는 수식을 받는 books가 to read의 목적어인 입장에 있습니다.

② to eat with = 형용사적 용법「나에게는 먹을 숟가락이 없습니다.」
with는 왜 있나요? 만약 I have no spoon to eat.이라고 할 수 있다면 eat의 의미상 목적어는? → spoon이 됩니다. 그런데 숟가락을 먹다? 아무리 배가 고파도 숟가락을 먹을 수는 없는 일. I have no books to read.에서는 read 다음에 바로 books을 쓸 수 있으나 I have no spoon to eat.에서는 eat 다음에 바로 spoon을 쓸 수 없고 eat와 spoon 중간에 with라는 전치사가 있어야 합니다. 즉 이 **spoon은 eat의 의미상 목적어가 아니라 with라는 전치사의 의미상 목적어입니다.**

ⓐ 나에게는 살 집이 없습니다.
ⓑ 나에게는 앉을 의자가 없습니다.
답 ⓐ I have no house to live in.
    ⓑ I have no chair to sit on.

③ to help me = 형용사적 용법「나는 나를 도와줄 친구가 필요하다.」
I need a friend to help me.에는 friend가 역시 목적어의 입장일까요?
help의 목적어로는 me가 있는데? 여기서 friend는 의미상 주어입니다. 즉 help하는 사람이 누구인가 하면 friend 입니다.
① books가 to read의 목적어, ②에서는 spoon이 전치사 with의 목적어, ③ a friend는 help me의 의미상의 주어입니다.

그 노인에게는 그를 돌볼 아들이 없다.
답 The old man has no son to look after him.

④ to do it = 형용사적 용법「나에게는 그것을 할 시간이 없습니다.」
I have no time to do it.에서 time은 목적어일까? it이 있는데? 그러면 주어?
time이 그것을 하다? time이 뭐 사람인가? 이처럼 목적어 역할도 주어 역할도 아닌 때가 있습니다. **time, way, promise, kindness, wish** 등의 추상명사가 있을 때 이런 현상이 일어납니다.
There is no other way to solve the problem.「그 문제를 해결할 다른 방법이 없습니다.」

ⓐ 그는 여기에 온다는 약속을 했다.
ⓑ 그는 친절하게도 나에게 일산 역으로 가는 길을 알려주었다.
ⓒ 나는 도망갈 생각은 없다.
답 ⓐ He made a promise to come here.
    ⓑ He had the kindness to show me the way to the Ilsan station.
    ⓒ I have no wish to run away.

[4] ① to go to the east coast = 형용사적 용법「그는 동해안으로 갈 예정이다.」
② to go to the east coast = 명사적 용법「나의 계획은 동해안으로 가는 것이다.」

①, ② 둘 다 to go to the east coast가 주격보어로 되어 있는데 그렇다면
이 to go to the east coast는 명사구인가? 형용사구인가? 참 곤란하지요? 다른 책에서도 설명이 안 되어있고 따라서 선생님들도 설명을 하시는 분이 극히 드뭅니다.
무엇이 주격보어가 된다고 했지요? → 명사·대명사·형용사. to부정사는 명사적 용법과 형용사적 용법이 있으므로 명사적 용법이든 형용사적 용법이든 좌우간 보어가 될 자격이 있으므로 명사적 용법이나 형용사적 용법이냐를 구태여 가릴 필요가 없습니다만 이왕 말이 나왔으니까 좀 연구해 봅시다.
  ⓐ John is kind.   ⓑ The man is John.
ⓑ에서 John은 명사지요? 주어와 주격보어는 어떤 관계? **주어 = 주격보어**. 그러면 주어는 명사·대명사, 주격보어는 명사·대명사·형용사로 된다고 했으니까 주어 = 주격보어라면 The man is John.은 주어와 주격보어를 서로 바꾸어서 John is the man.으로도 할 수 있습니다.

그러면 John is kind.도 Kind is John.으로 할 수 있나요? 할 수 없습니다.(특별한 경우는 빼놓고) 왜냐하면 kind는 형용사이기 때문에 주어가 될 수 없으니까요. 그러면 (4)번 문제의 ①, ②를 곰곰이 생각해 보세요. ①문장을 **To go to the east coast is he.**로 바꾸면 어색하지요? 그러니까 이 **to go to the east coast는 형용사구**. ②문장은 **To go to the east coast is my plan.**으로 바꾸어도 되지요? 그러니까 ②문장의 **to go to the east coast는 명사구입니다**.

> 응용
> 연습
>
> ⓐ He is to start tomorrow.
> ⓑ My rule is to get up at five.
>
> 답
>
> ⓐ는 형용사구 「그는 내일 출발할 예정이다.」
> ⓑ는 명사구 「나의 규칙은 5시에 일어나는 것이다.」 → 「5시에 일어나는 것이 나의 규칙이다.」

[5] be + to부정사의 뜻

① 「우리는 오늘 밤 만날 예정이다.」
예정(豫定) = will, shall
We are to meet tonight. = We shall meet tonight.

② 「저는 무엇을 해야 되나요?」
must (또는 should, ought to)
What am I to do? = What must I do?

③ 「그 비행기는 다시 볼 수 없었다.」
can
The plane was not to be seen again. = The plane could not be seen again.

④ 「그는 또 다시 결코 어머니를 만나지 못할 운명이었다. (만나지 못하게 되어있었다.)」
운명(運命) = be destined to
He was never to see his mother again. = He was destined never to see his mother again.
이런 경우 「…할 운명이다」「…하게 되어있다」라고 번역할 것.

⑤ 「나의 계획은 여기에 호텔을 짓는 것이다.」
성립(成立) = consist in
My plan is to build a hotel here. = My aim consists in building a hotel here.
이런 경우 「…하는데 있다」「…하는 것이다」로 번역합니다.

①②③④는 형용사적 용법, ⑤는 명사적 용법의 to부정사

[6] ① 「그는 나에게 그 길을 물었다.」
② 「그는 나에게 다시 와 달라고 부탁했다.」
③ 「그는 나에게 또 다시 오겠다고 약속했다.」

①에서는 me = the way라는 관계가 성립하지 않지요? 그래서 이 asked는 **수여동사**.
②에서는 me = to come again 관계가 성립됩니다. 즉 me가 come again하는 것입니다. 그래서 이 **asked는 불완전타동사, to come again은 목적격보어**입니다.
③에서는 me가 to come again하는 것이 아니고 He가 to come again하는 것이지요? 따라서 me = to come again 관계는 성립하지 않으므로 이 promised는 수여동사. **me는 간접목적어, to come again이 직접목적어입니다.**

[7] ① 「그는 나에게 자리를 잡아주었다.」
② 「그는 나를 공항으로 가게 하였다.」

①에서는 me = a seat 관계가 안 되므로 이 got은 수여동사. 뜻은 「잡다, 얻다」
②에서 got의 뜻은? → 「시키다, 하게 하다」 누가 go 하는가? me가.

따라서 me = to go to the airport가 성립하고 그래서 이 got은 불완전타동사.

응용연습 ⓐ 나는 그에게 그의 핸드폰을 가져오게 하였다.
ⓑ 나는 그에게 그 문서를 보내게 하였다.

답 ⓐ I got him to bring his cell phone.
ⓑ I got him to send the documents.

[8] ① 「그는 오토바이가 한 대 있었다.」
② 「그는 그녀를 버스 터미널로 가게 하였다.」

He had her go to the bus terminal. = He got her to go to the bus terminal.

①에서는 a motorcycle이라는 목적어 하나만 있으므로 완전타동사.

이 경우 had의 뜻은 '**가지다, 소유하다**'
②에서 had의 뜻은? → '**시키다, 하게 하다**' had는 타동사? 자동사? → her라는 목적어가 있으므로 타동사. 그러면 완전타동사? 불완전타동사? 아니면 수여동사? → 누가 go 하지? her가. 그러므로 **불완전타동사**. 따라서 her가 목적어, go to the bus terminal이 목적격보어 (**go 앞에 to가 생략된 것임**). **her = (to) go to the bus terminal 관계가 성립**합니다.

make, let, have, bid가 「시키다, 하게 하다」라는 뜻으로 쓰일 때는 사역동사(使役動詞)라 하고 사역동사의 목적격보어로 to부정사가 오면 to를 생략합니다. 그리고 주의할 것은 사역동사는 불완전타동사의 한 종류입니다.

「그는 그녀를 공항으로 가게 하였다.」를 다음과 같이 5가지로 할 수 있는데
ⓐ He got her to go to the airport. → 의뢰를 나타냄. 즉 '부탁하여 시키다'는 뜻.
ⓑ He had her go to the airport.
ⓒ He let her go to the airport. → 방임을 나타냄. 즉 가는 대로 내버려 둔다는 뜻.
ⓓ He made her go to the airport. → 강제를 나타냄. 억지로 가게 하다는 뜻.
ⓔ He bid(bade) her go to the airport. → 명령을 나타냄.

bid를 쓰는 것은 딱딱한 문장체 옛날 영어.
현대는 He told her to go to the airport.가 더 좋은 표현임.
명령문에서는 have보다 get을 더 많이 씀.
Get her to bring the bag.   Get her to come here.

[9] ① 「나는 그 개를 보았다.」
② 「나는 그 개가 달리는 것을 보았다.」

see라는 동사는 완전타동사(①), 불완전타동사(②) 양쪽으로 다 씁니다.
②에서는 the dog이 run하므로 **the dog = run**이 성립되므로 이 **saw는 불완전타동사**, the dog이 목적어이고 run은 앞에 to가 생략되어 있는 목적격보어.

see, hear, feel, notice, watch, observe, find, perceive를 지각동사 또는 감각동사라고 합니다. 이것도 불완전타동사의 한 종류인데 사역동사와 마찬가지로 목적격보어로 쓰인 to부정사의 to를 생략합니다.

[10] READING

"저 코끼리는 묘기를 부릴 수(do tricks) 있나요?"라고 어떤 신사가 서커스 관리인(keeper)에게 물었다.
"그럼요(rather = certainly, of course), 저 위에 있는(up there) 상자에 돈을 넣는 것을 가르치고 있지요. 그에게 1달러를 주시면 그것을 할 것입니다."라고 그 관리인이 말했다.
그 코끼리가 돈을 받아서는 재치 있게 그것을 벽 위쪽에 있는 상자 속에 집어넣었다.
"참 잘하는군! (remarkable)"이라고 그 신사가 외쳤다. "이제, 그가 그것을 다시 꺼내는 것을 보여주세요."
"우리는 아직(yet) 그런 것(that)을 그에게 가르치지 않았어요."라고 그 관리인은 미소를 지으며 대답했다. 〈돈만 따 먹었군.〉

EXERCISE 다음 우리말을 영어로 옮기시오. 〈정답: p. 12〉

[211] 무대 위에서 노래를 부를 소녀는 누구입니까?

[212] 나는 그 트럭을 살 돈이 없는데요.

[213] 나는 이메일을 쓸 컴퓨터가 필요합니다.

[214] 그가 자기에게 영어를 가르쳐달라고 나에게 부탁하던데요.

[215] 그는 내일 그녀를 방문하겠다고 나에게 약속했습니다.

[216] 주방장을 한 사람 구해주세요.

[217] 그는 그녀에게 그녀의 이름을 쓰게 하였다.

[218] 나는 그녀가 노래 부르는 것을 자주 들었다.

[219] 나는 그녀에게 이 셔츠를 빨게 하기를 원합니다.

다음 영문을 우리말로 옮기시오.

[220] He stretched out his hand for his money bag, but it was not to be found.

[221] To study history is to carry ourselves out of the present into the past.

[222] His long figure is often to be seen in the street.

[223] He is very lazy; he is to fail in the entrance examination.

[224] He stole the money from the widow; he is to be punished.

[225] Several passers watched him to run out of the shop. (틀린 곳을 찾으시오)

[226] He wished others to respect his own individuality.

[227] I will have someone to show me the way. (틀린 곳을 찾으시오)

[228] He helped the lady get out of the car.

[229] I got her copy the text. (틀린 곳을 찾으시오) (I had …로 바꿔 쓰시오)

[230] I don't intend ever to see myself to do dishonest thing. (틀린 곳을 찾으시오)

ⓐ 형용사적 용법의 to부정사와 수식을 받는 말과의 관계에서 의미상으로 4가지 역할을 한다고 했는데 예를 들어 설명하시오. 〔답은 ☞《PRACTICE B》의 (3)〕

ⓑ 사역동사와 지각동사를 말해 보시오. 사역동사의 예를 들어 용법을 설명하시오.
〔답은 ☞《PRACTICE B》의 (8), (9)〕

chef [ʃef] 주방장, 요리사   stretch [stretʃ] 뻗치다, 내밀다   figure [fígjər] 모습, 꼴, 숫자   punish [pʌ́niʃ] 처벌하다   respect [rispékt] 존경하다

Hint 수여동사 · 불완전타동사

※ He works hard.에서 works는 완전자동사, hard는 부사라는 것쯤은 알고 있지요?

He works to live.「그는 살기 위해서 일한다.」에서는 to live가 무슨 역할을 할까요? 역시 works가 완전자동사이므로 주격보어나 목적어가 올 리가 없으므로 **to live는 hard**처럼 부사가 될 수밖에 없습니다. 즉 works 하는데 무엇 때문에 하냐면 '살기 위해서' 따라서 to live는 work의 부사구가 됩니다.

이 부사적 용법의 to부정사는「…하기 위해서」라는 뜻 외에도 여러 가지가 있습니다. 답을 보기 전에 잘 생각해 보세요.

PRACTICE C   다음 to부정사의 용법을 살펴보고 우리말로 해석하시오.

(1) ① He works hard to support his family.
② He works hard in order to support his family.
③ Go home sleep and come work early tomorrow morning.

(2) He lived to see his son a great man.

(3) ① She wept to see her mother.
② Mother will be glad to hear of your safe arrival.

(4)　① He must be a liar to say such a thing.

　　② He cannot be poor to buy the apartment.

　　③ How kind he is to do so!

(5)　To hear Grandmother sing, you might take her for a girl.

(6)　To do his best, he could not pass the exam.

(7)　① The child is old enough to go to school.

　　② She is too young to marry.

(8)　① This water is good to drink.

　　② He is able to swim.

(9)　To tell the truth, he is a liar.

(10)　**READING**

"Have you got any children?" asked Mr. Parker of the young woman who was sitting opposite him in the train.

"Yes, one son."

"Indeed? Does he smoke?"

"No, he has never touched even a cigarette."

"Very good, madam. Tobacco is a poison. Does he belong to a club?"

"He has never set foot in one."

"Then I congratulate you. Does he come home late at night?"

"Never. He always goes to bed immediately after dinner."

"He's a model young man. How old is he?"

"Seven months today."

support [səpɔ́:rt] 부양하다　safe [sief] 안전한　arrival [əráivəl] 도착　liar [láiər] 거짓말쟁이　exam [igzǽm] 시험　truth [tru:θ] 사실　opposite [άpəzit] 맞은 편의　indeed [indí:d] 그래요, 참으로　cigarette [sìgərét] 담배　tobacco [təbǽkou] 담배　congratulate [kəngrǽtʃəlèit] 축하하다　immediately [imí:diətli] 곧, 즉시

PRACTICE C 해답

(1) ① to support his family = 목적을 뜻하는 부사구「그는 가족을 부양하기 위해서 열심히 일한다.」

무엇 때문에 works 하냐면 '그의 가족을 부양하기 위해서(부양하는 것을 목적으로)' 그래서 to support his family 는 works의 부사구입니다. 「…하기 위해서」「…하는 목적에서」라는 뜻이므로 목적을 말하는 부사구입니다.

응용
연습
ⓐ 그는 나를 만나기 위해서 왔었다.
ⓑ 그는 에어컨을 사러 쇼핑몰로 갔다.

답
ⓐ He came to see me.
ⓑ He went to the mall to buy an air conditioner.

② = ①「그는 가족을 부양하기 위해서 열심히 일한다.」

to부정사에는 여러 가지 뜻이 있는데 to부정사 앞에 in order (또는 so as)가 있으면 그 to부정사는 반드시 목적만을 말하며「…하기 위해서」라고만 번역합니다. 즉 to부정사 앞에 in order가 있으면 목적의 뜻이 분명하게 나타납니다. 물론 in order가 없어도 의미는 마찬가지입니다.

③「집에 가서 자고 내일 아침 일찍 일하러 오너라.」

Go, Come으로 시작하는 명령문에서는 to를 생략합니다.
즉 Go home sleep.은 Go home to sleep.에서 to를 생략한 것입니다.
Go home and sleep.으로도 잘 쓰는데 이것은 Go와 sleep을 다 강조하는 형식.
회화할 때 Go to get it.「그것을 가지러 가거라.」는 잘 안 쓰고 **Go and get it.** 또는 **Go get it.**으로 하는 경우가 더 좋은 표현입니다.

(2) to see his son a great man = 결과를 뜻하는 부사구「그는 살아서 그의 아들이 위대한 사람이 되는 것을 보았다.」

「보기 위해서 살았다」라고 할 수도 있는데 그러면 목적을 말하는 것입니다. 그러나「살아서 그 결과 보게 되었다」라고 하면 **결과를 말하는 부사구**입니다.
이 문장은 He lived and saw his son a great man.으로 고쳐 쓸 수도 있습니다.

응용
연습
ⓐ 그는 깨어나서 자기 지갑이 도난 당한 것을 알게 되었다.
ⓑ 그는 자라서 위대한 과학자가 되었다.

답
ⓐ He awoke to find his purse stolen.
ⓑ He grew up to be a great scientist.

(3) ① to see her mother = 원인을 뜻하는 부사구「그녀는 자기 어머니를 보고 울었다.」

weep, rejoice, regret, laugh, smile 등 **감정을 나타내는 동사** 다음에 to부정사가 오면 **원인**(Cause)을 말하며「…하여서」라고 번역하면 됩니다.
I regret to hear of his failure.「그의 실패를 듣고 나는 섭섭히 생각한다.」

② to hear of your safe arrival = 원인을 뜻하는 부사구「어머니는 네가 무사히 도착했다는 것을 듣고서 기뻐하실 것이다.」

glad, sorry, proud, angry, happy, surprised, shocked, delighted, pleased, ashamed, disappointed, astonished 등 **감정을 나타내는 형용사** 다음에 to부정사가 오면 **원인**을 말하며「…하여서」라고 번역할 것.
I am **sorry to** hear it.「나는 그것을 들어서 섭섭하다.」
I am **surprised to** hear the news.「그 소식을 듣고 나는 놀랐다.」

(4) ① ② ③ = 이유를 뜻하는 부사구

①「이런 일을 말하는 것을 보니 그는 거짓말쟁이가 틀림없다.」
②「그는 그 아파트를 사는 것을 보면 가난할 리가 없다.」
③「그렇게 하다니 그는 참 친절하군!」

must be 「…임에 틀림없다」, cannot be 「…일 리가 없다」 다음에 to부정사가 오면 **이유**를 말하며 「…하는 것을 보면」이라고 번역하고 판단의 기준을 나타냅니다. 그리고 감탄문 다음에 to부정사가 와도 감탄의 **이유**를 말하고 「…하다니」라고 번역합니다.

How rich he is to buy the new car! 「그 새 차를 사다니 그는 참 부자군!」

(5) To hear Grandmother sing = 조건을 뜻하는 부사구 「당신이 할머니가 노래 부르는 것을 듣는다면 그녀를 소녀로 생각할지도 모릅니다.」

To hear Grandmother sing = If you were to hear Grandmother sing
「…한다면」이라고 번역하므로 **조건**을 나타낸다고 합니다.
I should be glad for Mary to go. (= if Mary were to go) 「Mary가 간다면 나로서는 기쁘겠는데.」
glad 다음의 to부정사는 원인뿐만 아니라 조건도 나타낸다는 것을 알 수 있고 또 for Mary라는 의미상 주어까지 따라붙어 있는 것도 묘하지요? 그래서 대화하면서 조건을 말할 때는 to부정사 보다 if …을 쓰는 것이 보통입니다.

(6) To do his best = 양보를 뜻하는 부사구 「(그의) 최선을 다 했지만 그는 그 시험에 합격할 수 없었다.」

To do his best = Though he did his best → 「…했지만」이라고 번역할 때
양보를 말합니다. 「어떤 사실을 인정하지만 그럼에도 불구하고 양보하여」라는 의미에서 그렇게 표현합니다.

(7) ① to go to school = enough를 수식하는 부사구 「그 아이는 학교에 갈만한 나이다.」 또는 「그 아이는 나이가 차서 학교에 갈만하다.」

enough to를 2가지 방법으로 번역합니다.

ⓐ 올려 번역할 경우는 to 이하를 enough의 정도(程度)를 말하는 부사구로 보고 「…할 만한 정도로, …할 만큼」이라고 번역합니다.

She was rich enough to buy the diamond.
「그녀는 그 다이아몬드를 살 수 있을 만큼 부자였다.」

ⓑ 내려 번역할 경우는 to 이하를 enough의 결과로 보고 「(대단히) …해서 (그 결과) ~하다」 이런 식으로 번역합니다. 그래서 위의 예문은 「그녀는 (대단히) 부자라서 (그 결과) 그 다이아몬드를 살 수 있었다.」 ('대단히', '그 결과'라는 말은 보통은 생략) = She was so rich that she could buy the diamond. ⓑ로 하는 경우가 더 많습니다.

② to marry = too라는 부사의 부사구 「그녀는 너무 어려서 결혼할 수가 없다.」

too ~ to … 형식은 많이 들어 본 것이지요? 그래서 「너무 ~해서 …하다」
이 too ~ to … 형식도 올려 번역하면 「…하기에는 너무나 ~하다」가 되는데 이 경우 to 이하를 too의 정도를 말하는 부사구로 봅니다. 내려 번역하면 to 이하를 too의 정도를 말하는 부사구로 보고 「너무나 ~해서 …하지 못하다」로 합니다. 이 경우는 = She is so young that she cannot marry.로 전환할 수 있습니다. 그런데 이 경우에도 의미상 주어를 넣어서 문장을 만들 수 있습니다.

> **연습** 「이 문제는 너무나 어려워서 나로서는 풀 수가 없다.」
>
> **답** This problem is too difficult for me to solve.
> = This problem is so difficult that I cannot solve it.

의미상 주어인 me를 쓰는 것은 solve하는 것이 원래 주어인 **This problem**과 일치하지 않기 때문입니다.
그러나 He is too old to work. 「그는 너무 늙어서 일을 할 수가 없다.」에서 work하는 사람이 원래 주어인 **He**와 일치하므로 **의미상 주어를 쓸 필요가 없습니다**.
I have no water to drink.에서는 누가 drink하지요? → "I"가.
그러나 내가 마시는 것이 아니라 네가 마시는 경우에는 「내게는 네가 마실 물이 없다.」 I have no water for you to drink.처럼 합니다.

(8) ① to drink = good이라는 형용사의 부사구 「이 물은 마시기에 적합하다.」
② to swim = able이라는 형용사의 부사구 「그는 수영할 수 있다.」

to부정사가 형용사를 수식하는 경우
ⓐ 원인
I'm glad to see you. 「나는 너를 만나서 기쁘다.」
I'm sorry to hear it. 「나는 그것을 들어서 유감이다.」
ⓑ 조건
He would be glad to see you. 「그는 너를 만나면 기뻐할 것이다.」
= He would be glad if he were to see you.
ⓒ 목적
This water is not good to drink. 「이 물은 마시기에 적당하지 못하다.」
목적을 말할 때는 「…하기에」라고 번역하는 수가 많습니다.
He is unfit to work. 「그는 일하기에 적당하지 않다.」 (일하는 목적에 적당하지 않다.)
(이러한 이유로 목적을 말한다고 보는 것입니다.)
He is able to speak English. 「그는 영어를 말할 수가 있다.」
He is sure to come tomorrow. 「그는 내일 꼭 옵니다.」
He is quick(slow) to make up his mind. 「그는 결심이 빠르(느리)다.」
He is eager to go to the States. 「그는 미국으로 가고 싶어 한다.」

[9] To tell the truth = 독립부정사 「사실을 말하면, 그는 거짓말쟁이입니다.」

독립부정사 (Absolute Infinitive) : 다음 box 안에 있는 것을 몇 번 읽은 후 영어 쪽을 가리고 암기하세요.

ⓐ to tell (= speak) the truth (say는 못 씀)	ⓐ 사실을 말하면
ⓑ to be frank (with you)	ⓑ 솔직히 말하면
ⓒ to make the matters worse	ⓒ 설상가상으로
ⓓ so to speak	ⓓ 말하자면
ⓔ strange to say	ⓔ 이상한 이야기지만
ⓕ to begin with	ⓕ 맨 먼저, 우선, 첫째로 (말할 것은)
ⓖ to do him (you, her, them …) justice	ⓖ 공정하게 말하면
ⓗ to be sure	ⓗ 확실히, 사실, 물론 (but을 동반)
ⓘ to make a long story short	ⓘ 간단히 말하면
ⓙ sad to say	ⓙ 슬프게도, 유감스럽게도

이상의 것들은 숙어로 된 부정사들인데 무조건 외워 두세요. 뜻은 모두 말하는 사람의 견해를 말하고 있습니다. 이런 것들을 독립부정사라고 하는데 **이 독립부정사는 문장 전체를 수식하는 부사구입니다**. 그래서 comma로 분리시켜 놓습니다. 예를 들면 He came to see me.에서는 to see me가 동사인 came의 부사구이지만 To tell the truth, he didn't go there. 「사실을 말하면 그는 거기에 가지 않았다.」라는 문장에서 **To tell the truth는 go의 부사구가 아니라 he didn't go there.라는 문장 전체를 수식하는 부사구입니다.**

[10] **READING**

"자녀가 있습니까?"라고 Parker씨가 기차 안에서 자기 맞은편 의자에 앉아 있는 젊은 여자에게 물었다.

▶ Have you got any children?
= Do you have any children? = Have you any children?

▶ of는? → He asked me the question.에서 직접목적어인 the question을 간접목적어인 me 앞으로 이동시키면 He asked the question of me.가 됩니다. (즉, 4형식을 3형식으로 바꿈.)

보통은 to를 쓰는데 **ask, require, demand, beg 등에는 of**를 씁니다.

이 문장에서 "Have you got any children?"이라는 명사절이 직접목적어인데 이것이 강조되어 문장 앞으로 나감에 따라 뒤에 남아 있는 간접목적어인 the young woman 앞에 of를 쓰게 된 것입니다.

"예, 아들 하나에요."
"그래요?(indeed?) 그 애는 담배 피우나요?"
"아니에요, 그 애는 결코 담배 한 가치도 손을 댄 적이 없어요."
"아주 좋아요, 부인, 담배는 독입니다. 그 애는 클럽에 속해 있습니까?"
"그 애는 그런 곳(one = club)에는 발을 들여 본 적이 결코 없어요."
"그렇다면 축하합니다. 그 애는 밤 늦게 들어오나요?"
"전혀요, 그 애는 항상 저녁을 먹은 후에 바로 잠자리에 들어요."
"그 애는 모범 청년이네요. 그 애는 몇 살입니까?"
"오늘로 7개월이에요."

EXERCISE

다음 글을 우리말로 옮기고 ( ) 안에 각 to부정사의 용법 중 목적, 결과, 원인, 이유, 조건, 양보 중에서 하나를 써 넣으시오.

〈정답: p. 13〉

(231) She bought a piece of land to build a house on it. (   )

(232) They parted never to see each other again. (   )

(233) I threw myself on the grass in order to rest myself. (   )

(234) I could not but smile to hear her talk in such lofty strain. (   )

(235) I am glad to see her, but sorry to see her here. (   )

(236) I should be sorry to stand in your way. (   )

(237) She is anxious to know the result. (   )

(238) I should be glad to be of any service to you. (   )

(239) He must be hungry to come to you. (   )

(240) He cannot be rich to borrow the money from you. (   )

(241) To say the least of it, he has one million dollars. (   )

(242) To conclude, I will say that this disease is impossible of radical cure. (   )

Lesson 08

동명사, 분사가 있는 글

Lesson 08 | 동명사, 분사가 있는 글

> **Hint**

A 동명사

동명사는 동사에 ~ing형을 붙여 만든 준동사로서 동사의 성질과 명사의 성질을 동시에 가지면서 문장 속에서는 명사의 역할을 합니다. 문장에서는 명사의 역할을 하지만 동사의 성질을 가지고 있기 때문에 동사처럼 목적어를 가지기도 하고 부사의 수식을 받기도 하며 동작의 주체도 가질 수 있습니다.

Taking the subway is fast to go there.
(동명사 Taking은 이 문장의 주어, subway는 take의 목적어임.)
「지하철을 타는 것이 거기에 가기 빠르다.」

Having much food at night can gain your weight.
(동명사구 Having much food가 at night의 수식을 받음.)
「밤에 많은 음식을 먹는 것은 너의 몸무게를 늘릴 수 있다.」

I was mad about her **being** late.
(동명사 being의 주어가 her이며, 동명사의 의미상의 주어는 이처럼 소유격으로 받는다.)
「나는 그녀가 늦는 것 때문에 화가 났다.」

B 분사의 형용사적 용법

Do you know **the boy standing** over there?
(현재분사는「~하고 있는」의 의미로서 **진행과 능동**을 나타냅니다.)
「당신은 저 건너편에 서 있는 소년을 아십니까?」

This is **a book written** by him.
(과거분사는「~당한, ~된」의 의미로서 **수동과 완료**를 나타냅니다.)
「이것이 그에 의하여 쓰인 책이다.」

C 분사의 부사적 용법

He bought the house **spending** much money.
「그는 많은 돈을 들여서 그 집을 샀다.」

PRACTICE 다음 글을 우리말로 옮기고 비교 연구하시오.

(1) ① Walking is good for health.
② To walk along the river is a delightful diversion.

(2) ① His constant habit is smoking.
② He is smoking now after a hard labor.

옳은 것을 선택하고 우리말로 해석하시오.

(3) I like (to swim, swimming), but I don't like (to swim, swimming) here now.

(4) ① I want (to see, seeing) him on business.
② I didn't mind (to go, going) with her.
③ When did you begin (to learn, learning) English?

(5) ① He is proud of (to be, being) rich.
② He is proud of (his father's, for his father) being rich.

health [helθ] 건강　along [əlɔ́ːŋ] …을 따라서　delightful [diláitfəl] 즐거운　diversion [divə́ːrʒən] 기분전환, 소일거리　constant [kɑ́nstənt] 변함없는　habit [hǽbit] 습관　hard [hɑːrd] 힘든, 열심히　labor [léibər] 노동　business [bíznis] 사업　mind [maind] 걱정하다　begin [bigín] 시작하다　learn [ləːrn] 배우다　proud [praud] 자랑으로 여기는

비교 연구하시오.

(6) ① Do you know the girl singing on the stage?
② Who is the girl to sing on the stage?
③ This is a house built by John.

(7) ① Do you know the boy standing over there?
② Did you see the boy standing over there?

(8) ① I had John build my house.
② I had my house built by John.
③ I saw John building his house.

(9) ① I read the letter written by her.

② I had the letter written by her.

(10) ① He had his purse stolen.

② He had his watch mended.

(11) READING

> "I want to have this photograph of my husband enlarged," said the woman to the photographer. "Now can you do it with his hat off?"
>
> "Yes," said the photographer. "I think I can manage to fake the hair all right. On which side does he part his hair?"
>
> "Oh," said the woman, "I don't remember, but you'll be able to see that when you take his hat off."

stage [steidʒ] 무대   purse [pə:rs] 지갑   stolen [stóuln] steal(훔치다)의 과거분사형   mend [mend] 수리하다   photograph [fóutəgræf] 사진   husband [hʌ́zbənd] 남편   enlarge [inlɑ́:rdʒ] 확대하다   manage [mǽnidʒ] 잘해내다   fake [feik] 위조하다   remember [rimémbər] 기억하다   take off 벗다

PRACTICE 해답

(1) ①「걷는 것은 건강에 좋다.」Walking → 동명사

② 「그 강을 따라 걷는 것은 즐거운 소일거리이다.」 To walk → to부정사

He walked along the river.「그는 그 강을 따라 걸었다.」를 to부정사로 하면 to walk along the river. 또 ing형으로 하면 walking along the river — to부정사나 동명사(~ing)형은 구조가 같습니다.

to부정사의 명사적 용법이나 ~ing형의 명사적 용법을 우리말로 옮길 때는
둘 다「… 것」이라고 합니다. 그리고 ~ing형이 바로 동명사, gerund라고 합니다.

그러면 어떤 때에 to부정사를 쓰고 어떤 때에 동명사를 쓸까요? 참 어려운 문제입니다. 우리 한국 사람은 더 말할 것도 없거니와 미국·영국 사람들도 정확하게 가려서 쓰는 사람은 드물고 대개 아무 것이나 가리지 않고 써버립니다. 그러나 우리가 영문법을 배우는 이상 큰 원리쯤은 알아두기로 합시다.

ⓐ 일반적인 사실을 말할 때는 동명사를 많이 쓰고 개별적인 사실을 말할 때는 to부정사를 많이 씁니다.

Walking is good for health. (일반적인 사실)「걷는 것은 건강에 좋다.」

To walk along the river is a delightful diversion. (개별적인 사실)「강을 따라 걷는 것은 즐거운 소일거리이다.」

ⓑ to부정사의 뜻은 동명사 보다 강합니다.

To see him is to love him.「그를 만나는 것이 그를 사랑하는 것이다.」
(Seeing is loving him. 보다 뜻이 강함)

To be or not to be, that is the question.「사느냐 죽느냐, 그것이 문제로다.」
(Being or not being … 보다 뜻이 강함)

이 외에도 많지만 우선 중요한 이 2가지만 알아두세요.

(2) ① 「그의 변함없는 습관은 담배 피우는 것이다.」 smoking → 동명사

② 「중노동 후 그는 지금 담배를 피우고 있는 중이다.」 smoking → 진행형을 만드는 현재분사 용법

~ing형이 동명사인가 진행형을 만드는 현재분사인가 하는 것은 to부정사 때와 마찬가지로 실험을 할 수가 있습니다.

His constant habit is smoking.은 Smoking is his constant habit.으로도 할 수 있으므로 이 smoking은 동명사. (주어도 될 수 있으므로 — 주어는 명사 (또는 대명사가 가능))

그러나 He is smoking now … 를 Smoking now is he.로 하면 의미가 성립하지 않으므로 즉 그가 담배를 피우기는 하지만 담배 피우기가 그는 아니므로 이것은 동명사가 아니고 **진행형을 만드는 현재분사**입니다.

(3) swimming, to swim 「나는 수영을 좋아합니다만 지금 여기서는 수영하고 싶지 않습니다.」

앞의 swimming은 일반적인 것을 말하지만 뒤에 to swim을 쓴 것은 "I"의 개인적인 사실을 말하므로 to부정사로 한 것입니다. 그리고 I like to swim here now.에서의 like to의 뜻은 「…하고 싶어 하다」 = **love to, want to**

그런데 like ~ing는 「…하는 것을 좋아하다」

(4) ① to see 「나는 사업상 그와 만나기를 원한다.」

② going 「나는 그녀와 함께 가도 괜찮았다.」

③ to learn이나 learning이나 모두 OK. 「너는 언제 영어를 배우기 시작했니?」

동사 중에는 목적어로 to부정사만 취하는 것, 동명사만 취하는 것, 양쪽 다 취하는 것이 있습니다. (자주 출제되는 것이므로 잘 기억하세요.)

ⓐ to부정사만을 취하는 동사
want, wish, hope, choose, seek, care, agree, promise, refuse, decide, manage, try …

ⓑ 동명사만을 취하는 동사
finish, have/be done, mind, enjoy, avoid, give up, resist, put off, stop, postpone, go on, keep on, admit, insist on, help …

ⓒ to부정사, 동명사 양쪽을 다 취하는 동사
like, dislike, love, hate, neglect, begin, start, continue, remember, forget …

(5) ① being 「그는 자기가 부자인 것을 자랑한다.」

② his father's 「그는 자기 아버지가 부자인 것을 자랑한다.」

전치사 다음에 to부정사가 오면 전치사가 중복되므로 동명사를 쓰는 것이 원칙입니다. He is proud of being rich. 에서는 누가 부자인가요? → He이지요? 그러니 He는 is의 주어이면서 being의 의미상 주어도 겸하고 있습니다. 이 문장을 that을 써서 절이 들어있는 문장으로 바꾸면? → **He is proud that he is rich.**

그런데 부자인 것이 He기 이니고 He의 아버지인 경우에는 어떻게 할까요? → He is proud of **his father's** being rich. 즉 **to부정사의 의미상 주어는 for …**를 썼는데 동명사의 의미상 주어는 소유격으로 합니다.

②를 that 구문으로 하면? → He is proud that his father is rich.

ⓐ 동명사의 의미상 주어가 된 명사의 소유격은 대화할 때 **('s)를 잘 생략합니다.**

He explained about **his daughter** being absent.

「그는 자기 딸이 결석한 일에 관해서 설명했다.」

ⓑ 대명사일 때, 의미상 주어를 강조할 때는 소유격, 동명사를 강조할 때는 목적격.

ⓐ There was nothing to prevent **my going** there.

「내가 거기에 가는 것을 막은 것은 아무것도 없었다.」

ⓑ I don't like **him coming** here so soon.

「나는 그가 여기에 그렇게 빨리 오는 것을 좋아하지 않습니다.」

ⓐ 문장은 다른 사람이 아니고 "나"를 강조하고 있습니다. ⓑ에서는 좋아하지 않는 것은 다른 것이 아니고 coming here so soon 하는 것을 즉 him 보다 coming에 중점을 두고 있습니다. 그래서 목적격으로 하고 있는데 만일 다른 사람이 아니고 "그가"를 강조하고 싶다면 "his"로 합니다.

[6] ① Do you know the girl singing on the stage? 「당신은 무대 위에서 노래 부르고 있는 소녀를 아십니까?」
② Who is the girl to sing on the stage? 「무대 위에서 노래를 부를 소녀는 누구입니까?」
③ This is a house built by John. 「이것이 John에 의해 건축된 집입니다.」

singing, to sing, built는 셋 다 동사가 형용사 역할을 하게 되었는데 그 차이는 어디에 있나요?

우리말로 옮길 때 ~ing는 「~하고 있는 (중인)」으로 번역하여 현재진행의 뜻을 나타내고, to부정사는 본동사 (여기서는 is)를 기준으로 미래를 나타내어 「(장차) …할」로 번역하며, 과거분사일 경우는 「…하여진, …하여지는」으로 번역하여 수동을 나타냅니다.

수식을 받는 말이 능동(Active)의 입장이냐, 수동(Passive)의 입장이냐 하는 측면으로 볼 때 ~ing형은 능동의 입장. (윗글에서는 the girl이 sing하는 능동 입장)
과거분사일 때는 수동의 입장. (윗글에서는 a house가 건축되어지는 수동 입장)
그러면 to부정사일 때는?

ⓐ I have no water to drink.
ⓑ The old man has no son to look after him.
ⓐ에서는 물이 마셔지므로 수동 입장, ⓑ에서는 son이 look after하므로 능동 입장.

 (a) 그에 의하여 씌어진 소설들은 대단히 재미가 있다.
 (b) 방 안에 앉아 있는 소녀는 누구입니까?
 (c) 나는 나에게 영어를 가르쳐 줄 사람이 필요했다.
답 (a) The novels written by him are very interesting.
 (b) Who is the girl sitting in the room?
 (c) I needed a person to teach me English.

[7] ① Do you know the boy standing over there?
② Did you see the boy standing over there?

①을 우리말로 옮기면 「당신은 저 건너에 서 있는 소년을 아십니까?」
그러면 ②도 「당신은 저 건너에 서 있는 소년을 보았습니까?」라고 할까요? 또는 「당신은 그 소년이 저 건너에 서 있는 것을 보았습니까?」라고 할까요?

①에서 know는 주로 완전타동사 (3형식) 구문을 취하는 동사이므로 목적격보어가 있을 수가 없고 the boy standing over there 전체가 목적어인데 그 중 the boy가 대장이고 나머지 standing over there는 졸병들이므로 the boy라는 대장에게 부수적으로 따라붙는 관계가 됩니다. 그래서 「저 건너에 서 있는 소년」이라고 올려 번역합니다.

②에서 see라는 동사는 완전타동사, 불완전타동사 양쪽으로 쓰이는 동사입니다.
I saw the boy.라고 하면 완전타동사이므로 문제가 없는데
I saw the boy standing over there.로 되면 좀 골치 아프죠?
→ 목적어 다음에 목적격보어가 될 수 있는 것이 오면 목적격보어로 보고 내려 번역합니다. 즉 「나는 그 소년이 저 건너에 서 있는 것을 보았다.」

standing …은 **목적격보어**가 될 수 있지요? 왜? → **~ing형은 형용사 역할**을 하므로.
그러면 목적격보어는 어느 것이 된다고 했지요? → 명사(대명사)·형용사.
그런데 이런 질문을 받아 본 적이 있습니다.
즉 Did you see the boy standing over there?를 올려 번역해서 「당신은 저 건너에 서 있는 소년을 보았습니까?」라고 할 수 없나요?. 도대체 내려 번역하고 올려 번역할 때 의미상의 차이는?
→ hint를 드리지요. 동사 다음에 오는 두 부분이 있는데 동사 측으로 보아 앞의 것과 뒤의 것 중 어느 것에 중점이 있는가? → 올려 번역할 때는 앞의 것에 중점.
즉 Do you know the boy standing over there?에서는 know하는 면으로 볼 때 standing over there보다 **the boy**에 중점이 있습니다. 그러면 내려 번역할 때는 뒤의 것에 중점이 있습니다. 즉 Did you see the boy standing over there?에서 see하는 면으로 볼 때는 standing over there에 중점이 있습니다. 그러면 이것을 올려

번역하여 「당신은 저 건너에 서 있는 소년을 보았습니까?」라고는 못 한단 말입니까? → 전후의 의미를 따져서 그렇게 할 수도 있습니다. 그 때는 the boy에 중점이 있게 되므로 이것을 standing over there 보다 강하게 발음해야 합니다. 물론 내려 번역할 때는 standing over there를 강하게 발음하고. 그런데 see일 때의 원칙은 내려 번역하세요. **만일 올려 번역할 때는 혼동을 피하기 위하여 Did you see the boy who was standing over there?로 하는 것이 좋습니다.**

[8] ① I had John build my house.
② I had my house built by John.
③ I saw John building his house.

① 배운 것인데 기억이 나나요? 그럼 해석해 보세요. → 「나는 John에게 내 집을 건축시켰다.」
had 동사의 종류는? → **불완전타동사(사역동사)**, 그럼 build라는 동사가 목적격보어가 되는데 이 build는 to build의 to가 생략된 것입니다. 그런데 목적어와 목적격보어는 '=' 관계라 했지요? 여기에서는 어떻게 되나요? → 누가 build하는가? → John이. 즉 to부정사가 목적격보어가 되면 목적어가 의미상 주어가 됩니다.
②를 우선 해석해 보면? → 「나는 나의 집을 John에게 건축시켰다.」
이 had 동사의 종류는? → have가 「시키다」의 뜻일 때는 언제나 불완전타동사. 그러면 built라는 과거분사가 목적격보어가 된단 말인가요? → 그렇습니다. 왜? → 과거분사는 형용사 역할을 하므로 그렇습니다. 그럼 ①처럼 to부정사가 올 때와 ②처럼 과거분사가 올 때의 차이는?
①에서는 John이 build하는 **능동의 입장**.
②에서는 my house가 건축되어지는 **수동의 입장**.

그럼 ① ②의 의미상 차이는?
→ 뜻은 다 같습니다. 다만 행위자인 **John을 강조**하고 싶으면 ① 형식을 취합니다.
③의 뜻은? → 「나는 John이 자기 집을 건축하고 있는 것을 보았다.」
그럼 현재분사 ~ing형이 목적격보어가 될 때 의미상으로 어떤 특색이 있을까요?
→ **진행 중이라는 특색**이 있습니다. 여기서는 의미상 「건축 중에 있는 것을 보았다.」라는 특색이 있습니다. 이 경우 목적은 능동 또는 수동 중 어느 입장인가요? ①과 마찬가지로 능동 입장.

응용
연습
(a) 나는 그 편지를 나의 비서에게 쓰게 하였다.
(b) 나는 나의 비서에게 그 편지를 쓰게 하였다.
(c) 나는 그 소년이 영어 공부를 하고 있는 것을 보았다.

답 (a) I had the letter written by my secretary.
(b) I had my secretary write the letter.
(c) I saw the boy studying English.

응용
연습
중요합니다. 또 응용연습을 합시다.
(d) 나는 나의 셔츠를 그녀에게 빨게 하였다.
(e) 나는 그녀에게 나의 셔츠를 빨게 하였다.
(f) 나는 그가 그 집에서 뛰어나오는 것을 목격했습니다.

(d) I had my shirt washed by her.
이런 경우 had 대신 got을 쓰기도 합니다. 그런데 'got을 쓰면 to washed로 하나요?'라는 질문을 많이 받았는데 → 아니 무슨 공부를 하고 있나요? 세상에 과거분사 앞에 to를 쓰다니! (to 다음의 동사는 원형을 써야 합니다.)
(e) I had her wash my shirt.
이 경우엔 had 대신 무엇 무엇을 쓸 수 있다고 했나요? 또 용법상의 차이도 배웠는데? 아이고, 그걸 벌써 잊다니! 그러니까 복습을 하라고 그렇게도 잔소리를 했는데 …. 영어란 그런 것입니다. 복습하지 않으면 아무 소용도 없다는 것을 단단히 명심해야 합니다.
I had her wash my shirt. (의뢰) ― I got her to wash my shirt. (의뢰)
I let her wash my shirt. (방임) ― I made her wash my shirt. (강제)

(f) I watched him run out of the house.

> **응용연습**
> (g) 너의 머리를 깎아라.
> (h) 너의 사진을 찍어라.
> (i) 나는 그녀에게 이 악보(sheet music)를 베끼게 하기를 원한다. (2가지로)

(g) Cut you hair.로 하나?
ⓐ I built my house.와 ⓑ I had my house built by John.의 차이는?
→ ⓐ는 'I' 자신이 건축하는 것이고 ⓑ는 남에게 시키는 것.
그러니까 Cut your hair.는 「네 머리를 네 손을 깎아라.」이므로 특수상황이 아니면 틀린 표현이 됩니다.
Have your hair cut.
이 문장의 cut은 과거분사인가? 아니면 to가 생략된 부정사인가?
→ your hair는 깎이는 즉 수동의 입장이 되므로 → 과거분사.
명령문에서는 Have보다 Get을 더 많이 씁니다. Get your hair cut.

(h) Get(= Have) your picture taken. (picture = photograph)

(i) I want to have this sheet music copied by her. = I want to have her copy this sheet music.

[9] ① I read the letter written by her.
② I had the letter written by her.

이것은 written by her를 올려 번역하느냐, 내려 번역하느냐의 문제인데 [7]에서 말한 이론대로 생각하면 됩니다.
①에서는 read가 완전타동사로 쓰이는 동사이므로 목적격보어는 없습니다.
따라서 번역은 → 「나는 그녀에 의해 쓰인 그 편지를 읽었다.」
②의 have는 (I have a bicycle.의 have는 완전타동사이지만) 목적어 다음에 목적격보어가 될 수 있는 말이 있을 경우에는 불완전타동사로 보고 내려 번역하여 「나는 그 편지를 그녀에게 쓰게 하였다.」 이 경우의 **have**는 '시키다'라는 뜻. 그래도 이해되지 않으면 [7]을 또 보세요.

[10] ① He had his purse stolen.
② He had his watch mended.

①의 뜻은? 「그는 그의 지갑을 도난 시켰다.」? → **have**는 주어가 손해를 볼 때는 「당하다」 이익을 볼 때는 「시키다」라고 번역합니다.
① 「그는 그의 지갑을 도난 당했다.」
② 「그는 그의 시계를 수리시켰다.」

[11] **READING**

"나는 제 남편의 이 사진을 확대시켜 주기를 원해요. 그런데 모자를 벗긴 것으로 할 수 있나요?"라고 그 부인은 사진사에게 말했다.
▶ enlarged의 문법적 역할은? → 과거분사가 목적격보어로 된 것

"예, 나는 머리를 잘(all right) 위조(fake)해 낼 수(manage)가 있다고 생각합니다. 남편 분(he)은 어느 쪽으로 머리를 가르시나요?"라고 사진사가 말했다.
▶ manage = (연구하여, 솜씨 좋게) 해내다 — 목적어로는 to부정사를 취함

"어머나, 전 기억이 안 나네요. 하지만 당신이 그의 모자를 벗기면 알 수 있을 거에요."라고 부인이 말했다.

EXERCISE 적절한 것을 고르고 해석하시오. 〈정답: p. 14〉

[243] Will he care (to go, going) there with her?

[244] I put off (to go, going) to Busan.

[245] He agreed (to pay, paying) for it.

[246] He went on (to work, working).

[247] He finished (to write, writing) the report.

[248] He continued (to live, living) on that uninhabited island.

[249] I wish (to see, seeing) him tomorrow.

[250] You must avoid (to call, calling) on your friend early in the morning.

[251] She admitted (to cheat, cheating) in the exam.

[252] He can't resist (to make, making) a joke.

[253] Take with you anyone who chooses (to go, going).

[254] I have enjoyed (to read, reading) this book.

[255] He refused (to join, joining) the enterprise.

[256] He has done (to do, doing) his homework.

[257] I hate (to lie, lying) in this case.

[258] I could not help (to sympathize, sympathizing) with the orphan.

[259] I decided (to go, going) to America.

[260] We hope (to hear, hearing) from you.

[261] You had better give up (to study, studying) English.

[262] He seeks (to convince, convincing) me.

[263] We cannot postpone (to answer, answering) the letter any longer.

[264] He tried (to succeed, succeeding) in it.

[265] He kept on (to wait, waiting) for her.

(266) He promised (to give, giving) the book to me.

(267) He insisted on (to marry, marrying) her.

(268) He neglected (to do, doing) his duty.

(269) He started (to write, writing) the letter.

(270) READING

> A city girl staying in the country became friendly with a young farmer. One evening as they were strolling across a meadow they saw a cow and a calf rubbing noses with each other.
> "Ah," said the young farmer, "that sight makes me want to do the same."
> "Well, go ahead," said the girl, "it's your cow."

put off 연기하다 go on 계속하다 uninhabited [ʌninhǽbitid] 무인의 island [áilənd] 섬 avoid [əvɔ́id] 피하다, 삼가다 admit [ədmít] 인정하다 cheat [tʃiːt] 부정행위를 하다 resist [rizíst] 견디다 enterprise [éntərpràiz] 사업 decide [disáid] 결심하다 sympathize [símpəθàiz] 동정하다 give up 포기하다 convince [kənvíns] 납득(설득)시키다 promise [prάmis] 약속하다 insist [insíst] 우기다 neglect [niglékt] 게을리(소홀히) 하다 duty [djúːti] 의무 stroll [stroul] 산책하다 meadow [médou] 목장 calf [kæf] 송아지

다음 글을 동명사 문장으로 바꾸시오.

(271) He is proud that he has a lot of money.

(272) He is proud that his uncle has a lot of money.

(273) I am sure that I am responsible for it.

(274) I am sure that you are responsible for it.

적절한 것을 고르고 해석하시오.

(275) You will have your pocket (picked, to pick, picking).

(276) I saw black clouds (covering, to cover, covered) the sky.

(277) Do you want to have the wall (papering, papered, to paper) by him?

다음 문장의 차이는? 〈정답: p. 15〉

[278] ① I remember seeing you somewhere.
② I remember to see you tomorrow.

[279] ① I forget seeing you.　　② I forget to see you tomorrow.

[280] ① He stopped smoking.　　② He stopped to smoke.

[281] ① This computer wants mending.
② I want to mend this computer.
③ I want to have this computer mended.

다음 영문을 우리말로 옮기시오.

[282] I could not make myself understood.

[283] I had some cake carried to him.

[284] ① I saw the girl sobbing in the room.
② Who is the girl sobbing in the room?

[285] ① I got the book brought by the boy.
② This is the book brought by the boy.

영어로 옮기시오.

[286] 이쪽으로 오는 소녀가 누구인지 아십니까?

[287] 나는 나의 아버지가 당신 집으로 가는 것을 보았습니다.

[288] 그는 그의 얼굴을 그녀에게 긁혔다. (scratch)

[289] 나는 나의 방을 나의 가사 도우미에게 청소시킨다. (2가지로)

sure [ʃuər] 확신하고 있는　responsible [rispάnsəbl] 책임 있는　pick [pik] 따다, 뜯다　cloud [klaud] 구름　cover [kʌ́vər] 덮다　forget [fərgét] 잊다　mend [mend] 고치다, 수리하다　cake [keik] 케이크　carry [kǽri] 나르다, 가져가다　sob [sɑb/sɔb] 흐느껴 울다　scratch [skrætʃ] 할퀴다, 긁다

Lesson 09

형용사절

Lesson 09 형용사절

Hint A 관계대명사

※ 다음 문장이 ① ② ③ 순으로 길어지고 복잡해져 가는 것을 잘 살펴보세요.
① He is a kind man.
② He is a man of ability.
③ He is a man who can swim.

man을 수식하는 형용사가 ① ② ③ 순으로 점점 복잡해져 가지요?

①의 kind처럼 한 단어로 된 형용사는 man 앞에 옵니다.

②의 of ability 같은 형용사구는 man 다음에 씁니다.

②번 글의 뜻은 「그는 유능한 사람이다.」

③이 조금 어렵습니다. 이 문장은

    He is **a man**.   He can **swim**.

He can swim.이라는 하나의 문장을 man을 수식하는 형용사 역할을 하도록 하고 싶어요. 두 문장을 합치려면 접속사(and, but 같은 것)가 필요하지요?

    He is a man [접속사] he can swim.

he가 man과 중복되어서 보기 싫지요? 그러니 이 he라는 대명사를 접속사와 합쳐버립시다. 그러면
He is a man [접속사+대명사(he)] can swim.

여기서 [접속사+대명사(he)]의 역할을 하는 것이 **who**라는 관계대명사입니다.

    즉 He is a man who can swim.

who can swim처럼 하나의 문장이 형용사 역할을 하는 것을 형용사절(**Adjective Clause**)이라 합니다. 관계대명사에는 who, whom, whose, which, that 등이 있는데 왜 하필 여기에는 who를 쓸까요? → PRACTICE에서 알아보기로 하고 ③의 뜻은? → 「그는 수영을 할 수 있는 사람이다.」

PRACTICE 다음 주어진 두 문장을 각각 관계대명사로 합치고 우리말로 해석하시오.

(1) I know the man.   He stole the money.
(2) I know a boy.   His father is rich.
(3) This is the boy.   I saw him yesterday.
(4) The book is mine.   It is on the desk.
(5) This is the book.   I bought it yesterday.
(6) The house is very large.   He lives in it.
(7) What is that building?   We see its roof over there.
(8) What is that building?   We see the roof of it over there.
(9) This is the thing.   I bought it yesterday.
(10) Who is the man?   He is standing over there.

( ) 안에 적절한 관계대명사를 넣고 해석하시오.

(11) I saw a lady, (   ) gave me this camera.

(12) I bought a book, the cover of (   ) was red.

(13) READING

Father was going to have a new suit, so he showed his small son a piece of the material he had chosen for it. The son eyed it rather dubiously on the wrong side.

"No," he said sharply, "I don't like it."

"But," said Father, "you're looking at the wrong side of the material."

"I know," the son replied. "But that's the side I'll have to wear."

ability [əbíliti] 능력 suit [suːt] (옷) 한 벌, 소송 material [mətíəriəl] 옷감, 물질의 dubiously [djúːbiəsli] 미심쩍게, 불안스럽게 wrong [rɔːŋ] 뒷면의, 반대쪽의 wear [wɛər] 입다

PRACTICE 해답

(1) I know the man who stole the money. 「나는 그 돈을 훔친 사람을 알고 있다.」

I know the **man**.   **He** stole the money.

He stole the money.라는 하나의 문장을 man을 수식하는 형용사 역할을 시켜봅시다. 우선 두 문장을 합치려니 접속사 (Conjunction)가 필요하지요? 즉 I know the man 〔접속사〕 he stole the money. 이렇게 하고 보니까 he와 man이 중복됩니다. 그래서 둘 중에 he를 없애고 그 없앴다는 표시를 남기기 위해 두 개의 반복되는 단어 중 하나를 대신해서 써 보면, the man이 사람이므로 그에 해당하는 **관계대명사는 who**를 쓰게 됩니다.

I know the man 〔접속사〕 + 〔대명사(he)〕 stole the money.
                  관계대명사

이렇게 접속사와 대명사의 2가지 역할을 하는 것이 관계대명사입니다. 즉 who = 접속사 + 대명사(he)입니다. **who의 큰 역할은 하나의 문장을 형용사절로 인도하는 것**인데 내막을 보면 **접속사와 대명사**라는 2가지 역할을 동시에 하고 있습니다.

왜 하필이면 who를 쓸까요? 위 문장에서 the man처럼 관계대명사로 인도된 형용사절의 수식을 받는 말을 선행사 (Antecedent)라 합니다. **선행사는 명사 또는 대명사**로 됩니다. 이 선행사가 사람일 때는 who, whom, whose를 쓰고 사람이 아닐 때는 which를 씁니다. 그런데 위 문장에서 관계대명사는 he라는 주격 대명사 역할을 해야 하므로 주격 관계대명사인 who를 쓰고, 목적격 him (her, them)에는 whom(= who), 소유격 his (her, their)에는 whose를 씁니다.

> 응용연습
> (a) 나는 저 건너에 서 있는 사람을 모른다.
> (b) 이 소설을 쓴 사람은 미국인이다.
> 이 문장들은 두 문장이 합쳐서서 한 문장으로 되어 있습니다. 어느 부분을 ( ) 안에 넣어 버리면 두 문장으로 나눠질 수 있을까?
> 나는 (저 건너에 서 있는) 사람을 모른다.
> ( ) 밖의 것은 → I don't know **the man**.
> ( ) 안의 것은 →   **He** is standing over there.
>
> 답   (a) I do not know the man who is standing over there.
>   (b)도 같은 요령으로 혼자 해보세요.
>   (b) The man who wrote this novel is an American.

(2) I know a boy whose father is rich. 「나는 그의 아버지가 부자인 소년을 알고 있다.」

I know **a boy**.   **His** father is rich.

= I know **a boy whose** father is rich.

(his라는 소유 대명사가 중복되므로 whose를 쓰는 것을 알겠지요?)

> 응용연습
> (a) 아들이 열심히 공부하는 사람은 행복하다.
> (b) 어머니가 죽은 소녀는 불쌍하다.
>
> 답   (a) The man whose son works(= studies) hard is happy.
>   (b) The girl whose mother is dead is to be pitied.

(3) This is the boy whom I saw yesterday. 「이 아이가 내가 어제 만났던 소년입니다.」

This is **the boy**.   I saw **him** yesterday.

him이라는 목적격이 중복되므로 **목적격 관계대명사인 whom**을 쓴 것입니다.

그런데 이 목적격 관계대명사는 회화할 때 생략하기를 잘 합니다.
This is the boy I saw yesterday.

응용
연습   혼자서 잘 생각해 보세요.
   (a) 내가 영어를 가르쳤던 한 학생이 어제 미국으로 떠났다.
   (b) 나는 그가 때린 소녀를 동정합니다.

답   (a) A student whom I had taught English started for America yesterday.
      〔had taught으로 한 것은 started 한 과거보다 앞선 일이므로. (나중에 배움)〕
   (b) I sympathize with the girl whom he hit.

(4) The book which is on the desk is mine. 「책상 위에 있는 책이 내 것이다.」

   The book is mine.   **It** is on the desk.

선행사(여기에서는 book)가 사람이 아닌 경우에는 which를 써서 The book which is on the desk is mine.이 됩니다.

(5) This is the book which I bought yesterday. 「이것이 내가 어제 샀던 책이다.」

   This is **the book**.   I bought **it** yesterday.

= This is the book which I bought yesterday.

which는 목적격이므로 생략할 수도 있습니다. which는 주격, 목적격 양쪽으로 씁니다.

(6) The house in which he lives is very large. 「그가 사는 집은 대단히 크다.」

   The house is very large.   He lives in **it**.

① in 다음에 있는 it은 주격인가 목적격인가?
   → **전치사 다음에 오는 말은 그 전치사의 목적어**라 합니다. 따라서 it은 목적격.
② 지금까지 한 대로 하면
   → The house which he lives in is very large.
③ it이 which 안으로 들어갔습니다. 본래 in it은 둘이서 대단히 친한 친구 사이였는데 무정하게도 it이란 놈이 혼자만 which라는 집으로 이사를 가 버렸네요. 남아 있는 in의 서러움이란 말로 다 표현할 수가 없습니다. 그래서 에라, 나도 따라가자 해서
   → The house in which he lives is very large.
   → which 안에 it이 있으니까 … in it … ─ 이제야 세자리를 찾았습니다!
④ 이 문제는 다음과 같이 여러 가지로 할 수가 있습니다.
   ⓐ The house **which** he lives **in** is very large.
   ⓑ The house **that** he lives **in** is very large.
   ⓒ The house he **lives in** is very large. (목적격이므로 관계대명사를 생략했음)
   ⓓ The house **in which** he lives is very large.
   ① that은 선행사가 사람이나 사물 모두 가능하지만 **전치사와 함께 쓸 수는 없습니다**.
      즉 위 문장에서 in that은 안 되고 that … in 으로 하여야 합니다.
   ② 위 문장에서 ⓐ, ⓑ는 틀림이 없으나 실제로는 잘 쓰이지 않고,
      회화할 때는 ⓒ를 가장 많이 쓰고 문법적으로는 ⓓ를 많이 씁니다.

「이것이 내가 앉는 걸상이다.」
한 부분을 (   ) 안에 넣으면 두 문장으로 나뉩니다.
이것이 (내가 앉는) 걸상이다.
(   ) 밖의 「이것이 걸상이다」와
(   ) 안의 「내가 앉는」을 영어로 하지 못하는 바보는 없겠지요?

This is **the chair**.　　　I sit on **it**.

지금 'I sit on it.'이라는 하나의 문장을 chair를 수식하는 형용사절로 두 문장을 합치려면 [접속사]가 필요하지요? 접속사는 어떤 것을 써야 하는지 모르지만 하여간 합쳐봅시다.

This is the chair [접속사] I sit on it.

그런데 chair와 it이 중복되면 안되므로

This is the chair [접속사] [대명사(it)] I sit on.

관계대명사

관계대명사는 접속사와 대명사 2가지 역할을 하면서 하나의 문장을 형용사절로 만든다는 것을 기억하기 바랍니다.

This is the chair which(= 접속사 + 대명사) I sit on.

it은 어디로 도망갔나요? which라는 집 안으로 들어가 버렸지요? on과 it은 아주 친한 사이였으므로 on도 it이 들어가 버린 집인 which 앞으로 따라가서

This is **the chair on which** I sit.

결국 ⓐ This is **the chair which** I sit **on**.
　　　ⓑ This is **the chair that** I sit **on**.
　　　ⓒ This is the chair I sit **on**.
　　　ⓓ This is the chair **on which** I sit.

> 응용연습　(a) 그가 보고 있는(look at) 그림은 걸작(masterpiece)이다.
> 　　　　 (b) 내가 바이올린 교습을 받고 있는 선생님은 매우 친절하시다.

(a) The picture is **a masterpiece**.　　　He is looking at **it**.

　　= **The picture at which** he is looking is a masterpiece.
　　= **The picture** he is looking **at** is a masterpiece.
(b) **The teacher** is very kind.　　　I am taught violin **by her**.

　　= **The teacher by whom** I am taught violin is very kind.
　　= **The teacher** I am taught violin **by** is very kind.

(7) What is that building whose roof we see over there?「저 건너에 지붕이 보이는 건물은 무슨 건물입니까?」

　　What is that **building**?　　　We see **its** roof over there.

자, 이 문장은 좀 색다릅니다. building은 사람이 아니므로 which를 써야 하고 its는 소유격이므로 which의 소유격인 of which나 whose를 써야 하는데 이럴 경우 사람일 때 쓰는 소유격인 whose를 빌려 씁니다. (its의 복수인 their 때도 whose를 씁니다.) 그러면

What is that building whose we see roof over there?가 되나요? → roof라는 놈 역시 쓸쓸하므로 따라가야 합니다.
What is **that building whose roof** we see over there?가 되는 것입니다.

(8) What is that building the roof of which we see over there?「저 건너에 지붕이 보이는 건물은 무슨 건물입니까?」

　　What is that **building**?　　　We see the roof of **it** over there.

it은 무슨 격? of라는 전치사의 무엇? → 목적격입니다.
building은 사람이 아니므로 which를 쓰면

What is that building which we see the roof of over there?

그런데 of it은 친한 사이였지요? 그래서 of도 쫓아가서

What is that building of which we see the roof over there?

이렇게 해도 틀림이 없고 많이 씁니다. 그러나 the roof라는 이웃사촌들이 "아니 너희들(of it)만 친하다고 살짝 이사 가 버리면 우리는 어떻게 하니? 우리 이웃사촌들도 한몫 끼워 줘." 하고 쫓아가서

What is that building the roof of which we see over there?

【결국】 ⓐ What is that building **which** we see the roof **of** over there?
　　　 ⓑ What is that building **that** we see the roof **of** over there?
　　　 ⓒ What is that building **of which** we see the roof over there?
　　　 ⓓ What is that building **the roof of which** we see over there?
　　　 ⓔ What is that building we see **the roof of** over there? (목적격 관계대명사이므로 생략했음)
　　　 ⓕ What is that building **whose roof** we see over there?

ⓐ, ⓑ는 틀림은 없으나 실제로는 잘 안 씁니다.
ⓒ, ⓓ는 문법적으로 많이 쓰이고 ⓔ는 회화할 때 많이 쓰입니다.
ⓕ는 쉽고 편리하기는 하지만 유감천만인 것은 고문(古文) 형식이니 현대인들은 쓰지 않는 것이 좋겠습니다.

「나는 손잡이(handle)가 긴 냄비(pan)가 필요합니다.」
나는 (손잡이가 긴) 냄비가 필요합니다.

I need a pan.　┌ The handle of **it** is long.
　　　　　　 └ **Its** handle is long.

= I need a pan **which** the handle **of** is long.
= I need a pan **that** the handle **of** is long.
= I need a pan **of which** the handle is long.
= I need a pan **the handle of which** is long.
= I need a pan **the handle of** is long.
= I need a pan **whose** handle is long.

[9] This is what I bought yesterday. 「이것이 내가 어제 산 것이다.」

　　This is **the thing**.　　I bought **it** yesterday.

　　= This is **the thing which** I bought yesterday.

그런데 the thing이라는 선행사가 무엇인지 막연합니다. 이처럼 선행사가 막연할 때는 **관계대명사와 막연한 선행사 대신에 what**을 쓰는 것입니다.

그러면 what은 결국 몇 가지 역할을 하는 것인가요? 3가지이지요? **관계대명사(접속사, 대명사)의 2가지 역할과 선행사 역할**까지 도합 3가지가 되지요?

This is what I bought yesterday.에서 what 이하는 형용사절이 아니고 명사절로서 is의 주격보어입니다. 그리고 이 what은 「… **것**」이라고 번역합니다.

응용연습　(a) 그가 사는 것은 값싸고도 좋다.
　　　　 (b) 나는 아름다운 것을 좋아한다.

답　(a) The **thing** is cheap and good.　He buys **it**.
　　 = **What** he buys is cheap and good.
　　 (b) I like the **thing**. ← **It** is beautiful.
　　 = I like **what** is beautiful.

> 요령 : 「그가 사는 것」 = What he buys 「그가 보는 것」 = What he sees
> 「그가 공부하는 것」 = What he studies (모두 목적어 없지요?)
> 「아름다운 것」 = What is beautiful 「좋은 것」 = What is good
> 「값싼 것」 = What is cheap (모두 주어가 없지요?)

[10] **Who is the man that is standing over there?** 「저 건너에 서 있는 사람은 누구입니까?」

> 〈that 용법〉
> 원칙대로 하면 that이 아니고 who를 써야 하는데 왜 that을 사용했을까요?
> ※ who, whom, which 대신 that을 쓸 수 있습니다.
> 그러나 다음과 같은 경우에는 꼭 that만을 써야 합니다.
> ① 앞에 의문사가 있을 때
> Who is the boy that is in the room? 「그 방안에 있는 소년은 누구입니까?」
> ② 앞에 최상급이 있을 때
> He is the best friend that I have. 「그가 내 친구 중에서(내가 가지고 있는 중에서) 제일 좋은 친구다.」
> ③ 선행사가 사람과 사람 이외의 것으로 되어 있을 때
> I saw the blind man and his dog that were walking together.
> 「나는 함께 걷고 있었던 눈먼 사람과 그의 개를 보았습니다.」
> ④ 선행사에 **the only, the very, the first, the last, all, no, every, any 등이 있을 때**
> He is the only boy that I can trust. 「그는 내가 신뢰할 수 있는 유일한 소년이다.」

[11] who 「나는 한 부인을 만났는데 그 분이 나에게 이 카메라를 주었다.」

여기의 「, who」는 = and she. 이 문장처럼 관계대명사 앞에 comma (,)가 있으면 관계대명사의 계속적 용법 (Continuative Use)이라 하며 그 관계대명사를 접속사와 대명사로 분리하여 내려 번역합니다. [지금까지 배운 관계대 명사는 제한적 용법(Restrictive Use)이라 해서 올려 번역했습니다.]
I saw a boy, who was very poor. 에서 「, who」는 = and he. 따라서 우리말로 옮길 때는 내려 번역하여
「나는 한 소년을 만났는데 그는 아주 가난했다.」
만일 I saw a boy who was very poor. 처럼 comma가 없으면 올려 번역하여
「나는 아주 가난한 소년을 만났다.」라고 합니다.
다음을 주의하세요.
I saw a boy, whom I gave the book. (, whom = and … him)
= I saw a boy, and I gave him the book.
I saw a boy, whose sister was very pretty. (, whose = and his)
= I saw a boy, and his sister was very pretty.
He bought a book, which he gave me. (, which = and … it)
= He bought a book, and he gave it to me.

① which 대신 that은 쓸 수 없습니다. (**that은 계속적 용법이 없음**)
② he gave me it.으로 하지 않는 이유는? → it이 직접목적어인데, 간접목적어도 대명사인 경우에는 반드시 it을 앞에 쓰고 간접목적으로 뒤로 돌립니다. 즉 He gave it to me.로 합니다.
③ The teacher, whom we all respect, told us as follows : ………
「우리 모두가 존경하는 선생님이 우리에게 다음과 같이 말씀하셨습니다.」
이 문장처럼 관계대명사 앞에 comma (,)가 있다고 해서 반드시 계속적 용법이라고는 할 수 없습니다. 위 문장을 살펴 보면 whom 앞에 comma가 있고 respect 뒤에 comma가 또 있습니다. 이렇게 comma가 앞뒤로 있을 때 whom we all respect는 형용사절이니까 ( ) 안에 넣고 생각하라는 표시, 즉 **삽입절**입니다.

응용연습 (a) I did not know John, whom I had not seen before.
(b) Boss discharged his manager, who was very industrious.
(c) The boy, who was very honest, was trusted by all.

답 (a) 「, whom」은 = for … him (접속사는 and 뿐만 아니라 for, because, as, though 등도 됩니다.)
= I didn't know John, for I had not seen him before.
「나는 John을 몰랐다, 왜냐하면 그를 전에 만나본 적이 없었기 때문에.」
(b) 「, who」는 = though he
「사장은 그의 지배인을 아주 근면했지만 해고했다.」
(c) 이처럼 문장의 중간에 끼어드는 수도 있습니다.
이 「, who」는 = because(as) he
「그 소년은 아주 정직했기 때문에 모든 사람에게 신임을 받았다.」

(12) which 「나는 책을 한 권 샀는데 그 표지가 빨간색이었다.」

만일 이 문제에서 comma가 없다면 「나는 표지가 빨간 책을 샀다.」가 됩니다. 「, the cover of which」에서 which 바로 앞에 comma가 있는 것이 아니라 저 멀리 the 앞에 있습니다. 이런 경우에도 which는 계속적 용법으로 and … it이 됩니다. 즉 and the cover of it ……

이 문제는 I bought a book, of which the cover was red.로도 할 수 있습니다.

응용연습 「우리 반에는 학생이 35명이 있는데 그들 대부분(most of)이 열심히 공부합니다.」

답 There are 35 students in our class, most of whom work hard.
(이 whom은 = and … them 따라서)
= There are 35 students in our class, and most of them work hard.

(13) READING

아들 속도 모르고

아버지가 새 옷을 만들어 입으려고(have) 하고 있었다. 그래서 그는 어린 아들에게 새 옷을 만들려고 자기가 골라놓은 한 벌 분량(a piece)의 재료(material = 천)를 보여주었다.

▶ be going to … = …하려고 하다
▶ material 다음에 무엇이 생략되었을까요? → which

아들은 그것의 이면(wrong side)을 좀(rather) 미심쩍어 하며(dubiously) 바라보았다.
"아니에요. 저는 좋아하지 않아요."라고 날카롭게 말했다.
"하지만 너는 그 재료의 이면(반대쪽 면)을 보고 있잖아."라고 아버지가 말했다.
"알아요, 하지만 그 쪽이 제가 입어야만 할 곳이잖아요."라고 아들이 대답했다.

▶ the side I'll …에서 문법적으로 뭐 할 말이 없을까요?
→ side 다음에 which가 생략되어 있습니다.
아들은 아버지가 입던 헌 옷을 뒤집어 입기 때문에 아들의 관심은 표면보다 이면에 있습니다.

EXERCISE 주어진 두 문장을 관계대명사로 연결하시오. ⟨정답: p. 16⟩

(290) Julius Caesar invaded England in 55 B.C.   He was a great Roman general.

(291) A man is very happy.   His son is healthy and works hard.

(292) She has a son.   She loves him very much.

(293) He has a dog.   It barks furiously.

(294) There were some words.   He could not understand them.

(295) This is the cat.   The rat was killed by her.

(296) I captured a monkey.   Its tail was very long.

(297) I captured a monkey.   The tail of it was very long.

(298) The thing is not always good.   It is beautiful.

다음 영문을 관계대명사의 용법을 잘 살피면서 우리말로 옮기시오.

(299) The teacher by whom they are taught English lives in Ilsan.

(300) There are various problems the solution of which is hopeless.

(301) Compare what you have done with what you have seen.

(302) The most striking example of a canal which connects seas is the Suez Canal, which joins the Mediterranean and the Red Sea.

(303) The most important thing we get from sheep is wool, from which are made blankets and all sorts of woollen cloths.

(304) There was a certain island in the sea, the only inhabitants of which were a fisherman called Sebastian and his beautiful daughter whose name was Viola.

(305) There were no students but sympathized with her.

다음 우리말을 영어로 옮기시오. 〈정답: p. 17〉

(306) 나는 영어를 잘 말할 줄 하는 사람이 필요합니다.

(307) 이 분이 어제 당신이 말씀하신 분입니까?

(308) 부모가 죽은 아이를 고아라고 한다.

(309) 이 분이 제가 비행기 안에서 만난 분입니다.

(310) 상자 안에 있는 공을 너에게 주마.

(311) 그는 거짓말을 하는 사람이 아니다.

(312) 이것이 헤밍웨이(Hemingway)가 젊었을 때 쓴 소설입니다.

(313) 그 표지가 빨간 책이 내 것이다.

(314) 이것이 바로 내가 원하는 것이다.

(315) 이 분이 John과 함께 사는 분입니다.

invade [invéid] 침략하다   B.C. 기원 전   capture [kǽptʃər] 잡다   various [vέəriəs] 여러 가지의   solution [səlúːʃən] 해결   compare [kəmpέər] 비교하다   canal [kənǽl] 운하   sympathize [símpəθàiz] 동정하다

Hint B 관계부사

※ 관계부사(Relative Adverb) — 관계대명사처럼 형용사절을 인도하는 역할을 하는데 관계대명사가 접속사+대명사 역할을 하는데 반하여 **관계부사는 접속사+부사 역할**을 합니다.

This is the place where he was born. 「이곳이 그가 태어난 곳이다.」

This is **the place**.   He was born **there**. (there는 was born의 부사)

(1) 선행사가 「장소」일 때는 where, 「시간」을 말할 때는 when, 「이유」를 말할 때는 why, 「방법」을 말할 때는 how를 씁니다.
where는 「…곳」, **when**은 「…때」, **why**는 「…이유」, **how**는 「…방법」으로 번역합니다.

(2) 위에서는 선행사가 장소(**place**)이므로 **where**를 씁니다. 이 **where**는 there(= the place)라는 부사와 접속사 역할을 하면서 형용사절을 인도합니다. 이 **where**는 in which로 대치해도 좋습니다. (왜냐하면 there = in it 이므로)

(3) 관계부사는 관계대명사와 마찬가지로 올려 번역하여 「…은」이라고 번역합니다.
I don't know the time when he will return. 「나는 그가 돌아올 시간을 모른다.」
Do you know the reason why he cannot come? 「그가 오지 못하는 이유를 아십니까?」
He showed me (the way) how he had succeeded. 「그는 나에게 그가 성공한 방법을 가르쳐 주었다.」

(4) 관계부사의 선행사는 생략할 수 있습니다.
This is where he was born. 「여기는 그가 출생한 곳이다.」
where 앞의 the place가 생략되었습니다. — 이때 where 이하는 명사절이 되면서 is의 주격 보어가 됩니다.

(5) 관계부사는 생략할 수도 있고 또 that으로 대치할 수도 있습니다.
I don't know the time he will come.
= I don't know the time that he will come.

선행사 또는 관계부사를 생략하는 것이 보통 쓰는 일상 표현입니다. 특히 … the way how …는 the way만 쓰든지, how만 쓰게 되어 있습니다.

This is the way he studied English. (O) This is how he studied English. (O)
This is the way how he studied English. (X)

(6) 관계부사는 전치사+관계대명사로 대치할 수 있습니다.
This is the place **where** he was born.
= This is the place **in which** he was born.

I don't know the **time when** he will return.
= I don't know **the time at which** he will return.

Do you know **the reason why** he cannot come?
= Do you know **the reason for which** he cannot come?

He showed me **(the way) how** he had succeeded.
= He showed me **the way in which** he had succeeded.

This is **the place**.   He was born **there**.

place와 중복되는 것이 there라는 부사이기 때문에 관계부사를 써서 This is the place where he was born.으로 합니다.

This is **the place**.　　He was born in **it**.

place와 중복되는 것이 it라는 대명사이기 때문에 관계대명사를 써서 This is **the place in which** he was born.으로 합니다.

(7) where와 when에는 관계대명사처럼 계속적 용법이 있습니다.
계속적 용법인 경우 where와 when 앞에 comma(,)가 있는데 이런 때는 「, where = and there」,「, when = and then」으로 내려 번역합니다.

I went to New York, where I saw Mr. Kim.
「나는 뉴욕에 갔는데 거기서 Mr. Kim을 만났다.」

I went to New York last year, when I saw Mr. Kim.
「나는 지난 해 뉴욕에 갔는데 그 때 Mr. Kim을 만났다.」

EXERCISE 관계부사를 써서 한 문장으로 만드시오. 〈정답: p. 18〉

[316] I don't know the exact spot. + It happened there.

[317] The time is gone. + Such things could happen then.

[318] He showed me the way. + He could speak English well thereby.

[319] This is the reason. + I cannot agree with you therefore.

[320] I went to the airport. + And I found this orphan there.

[321] I'll leave at the end of this month. + And I'll continue to teach till then.

( ) 안에 적절한 관계부사를 넣고 해석하시오. 〈정답: p. 18〉

[322] He led us to a hill (   ) fruit trees grew.

[323] His father died on the day (   ) he was born.

[324] This is (the way) (   ) he has succeeded.

[325] I don't know the reason (   ) he is angry with you.

[326] I went to Washington, (   ) I saw Dr. Yang.

[327] He came yesterday, (   ) I gave him your letter.

[328] READING

"Oh, what a funny-looking cow!" said the young girl who had come from the city. "Why doesn't it have any horns?"
"There are many reasons," answered the farmer, "why a cow does not have horns. Some are born without horns, and do not have any until the late years of their lives. Others are dehorned. While still other breeds are not supposed to have horns at all. So you see there are many reasons why a cow sometimes does not have horns. But the chief reason that this creature doesn't have horns is that it isn't a cow at all. It's a horse."

exact [igzǽkt] 정확한 spot [spɑt] 지점, 점 thereby [ðɛərbái] 그것에 의하여 therefore [ðɛ́ərfɔ̀ːr] 그 때문에 funny [fʌ́ni] 우스운 horn [hɔːrn] 뿔
dehorn [diːhɔ́ːrn] 뿔을 잘라내다 breed [briːd] 종류, 품종 chief [tʃiːf] 제1의, 주요한 creature [kríːtʃər] 창조물, 생물

다음을 영어로 옮기시오. (관계부사, 관계대명사 두 가지를 이용해서 문장을 만드시오.)

[329] 이것이 그가 태어난 집이다.

[330] 그것이 내가 거기에 가기를 원하는 이유다.

[331] 그는 이렇게 해서 영어를 공부했다. (이것이 그가 영어를 공부한 방법이다.)

[332] 그는 나에게 네가 도착한 시간을 물었다.

(333) 우리는 작년 12월에 왔는데, 그 당시는 살 집이 없었다.

(334) 나는 동물원에 갔는데, 거기서 많은 동물들을 보았다.

다음 영문을 우리말로 옮기시오.

(335) If there is any place where "things are not what they seem," it is Korea.

(336) We went to the British Museum, where we saw the wonderful collection of Egyptian mummies.

(337) The exact time when the murder was committed was never found out.

(338) The dog growled till his master spoke to him, when he gave a joyful bark.

(339) The reason why this school was built on the top of this hill is that it commands a very fine view.

(340) He told me how he promoted his health after his long disease.

(341) The eye cannot fully see without the help of the mind; and that is why people see, and painters paint, so differently.

museum [mjuːzíːəm] 박물관   mummy [mʌ́mi] 미라   murder [mə́ːrdər] 살인   commit [kəmít] 범하다, 저지르다   growl [graul] 으르렁거리다   promote [prəmóut] 증진시키다

Lesson 10

명사절

Lesson 10 | 명사절

Hint A 명사절 (Noun Clause)

※ 다음 각 문장의 주어가 차차 길고 복잡해져 가는 과정을 살펴보세요.
① **The boy** is honest.   **He** is honest.
② **To do so** is impossible.
③ **That he is honest** is true.

주어는 **명사(대명사)**만 됩니다. 이 명사도 형용사 때와 마찬가지로 명사, 명사구, 명사절이 있습니다.

①에서는 **boy**라는 명사와 **He**라는 대명사가 주어로 되어 있고
②에서는 **To do so**라는 명사구가 주어이고
③에서는 **That he is honest**라는 명사절이 주어로 되어 있습니다.
이와 같은 경로(**단어 → 구 → 절**)로 문장이 점점 길고 복잡해져 갑니다.
③의 That he is honest에서 he is honest는 원래 하나의 문장이었습니다. 이 he is honest라는 문장 앞에 That이라는 접속사를 쓰게 되면 이 문장 전체가 명사절이 되는 것입니다. 이 That은「… 것」이라고 번역하면 됩니다. 따라서 ③을 번역하면「그가 정직하다는 것은 사실이다.」이것은 또 **목적어**로도 사용되어

 I know that he is honest.「나는 그가 정직하다는 것을 알고 있다.」

또 **보어**가 되기도 하여

 The news is that a big fire broke out in Daegu last night.
「그 뉴스는 어젯밤 대구에서 큰 불이 났다는 것이다.」

이처럼 명사절이 얼마나 중요한 것인가를 알 수 있습니다.

명사절을 인도하는 주요 접속사

that「… 것」   whether「…인지 아닌지」
if「…인지 아닌지 = whether」   what「…것, 무엇, 얼마나」
who「누가」   whom「누구를」
whose「누구의, 누구 것」   which「어느, 어느 쪽」
when「언제」   where「어디에, 곳(장소)」
why「왜, 이유」   how「어떻게 해서, 얼마나, 방법」
whatever「무엇이든지, 어떠한」   whoever「…하는 사람은 누구든지」
whomever「누구라도 …하는 사람을(에게)」
whichever「어느 것이든지, 어느 …이든지」 등등

EXERCISE
다음 글을 우리말로 옮기고 명사절과 형용사절을 구별하시오. 〈정답: p. 20〉

[342] ① That you will be able to reach Mars before long is certain.
② This is the house that he built.
③ The fact that he built the house is true.

[343] ① Do you know that he bought a Cadillac yesterday?
② This is what he bought yesterday.

[344] ① Do you know what he did this morning?
② This is what he did this morning.

[345] ① No one knows when he will come or whether he will come at all, or whether he is even alive.
② Fall is when farmers are busiest.
③ It was a time when fountain-pens were rare.

[346] ① I don't know the reason why he is absent.
② I don't know why he is absent.
③ That's why he is absent.

[347] ① I don't know the place where he was born.
② I don't know where he was born.
③ This is where he was born.

[348] ① Do you know the way he has succeeded in it?
② Do you know how he has succeeded in it?
③ This is how he has succeeded in it.

[349] READING

"There's no difficulty in the world that you cannot overcome," said the teacher.
"Please, sir," cried little Tommie, "Have you ever tried squeezing toothpaste back into the tube?"

[350] ① Do you know which she chose?
② This is the refrigerator which she chose.

[351] ① I know the man who broke the window.
② Do you know who broke the window?

[352] ① This is the boy whom he taught English.
② Do you know whom he taught English?

[353] ① I know the father whose son hit the boy.
② I don't know whose son hit the boy.

[354] ① Whatever he buys is interesting.
② Whatever book he buys is interesting.

[355] ① You may choose whichever you like.
② You may choose whichever book you like.

[356] Whoever wants to study English must buy the book.

[357] I will employ whomever you recommend.

위의 것들을 완전히 이해했다는 확신이 들 때까지 5번 정도 복습하고 다음을 영어로 옮기시오. 〈정답: p. 23〉

(이것만 잘되면 그야말로 영어 실력이 완전하게 붙었다는 사실을 스스로 알 수 있습니다.)

[358] 그가 그 돈을 훔친 것은 사실입니다.

[359] 이것이 그가 훔친 돈입니다. (that)

[360] 나는 그가 그 돈을 훔친 사실을 알고 있다.

[361] 너는 내가 무엇을 원하는지 알아?

[362] 포도주가 바로 내가 원하는 것이다.

[363] 당신은 그가 언제 미국에 가는지 아십니까?

[364] 봄은 꽃이 피는 계절이다.

[365] 당신은 그가 온 해(年)를 아십니까?

[366] 나는 그가 당신에게 화를 내는 이유를 모르겠습니다.

[367] 나는 그가 당신에게 왜 화를 내는지 모르겠습니다.

[368] 그래서 나는 그녀와 결혼하지 않았지요.

[369] 나는 그가 간 마을의 이름을 모른다.

(370) 나는 그가 어디에서 그 스마트폰을 샀는지 모른다.

(371) 여기가 그녀가 묻혀 있는 곳이다.

(372) READING

> The teacher warned her pupils never to kiss animals or birds.
> "Can you give an instance of its danger?" she asked.
> "Yes, teacher," replied a boy. "My aunt used to kiss her parrot."
> "And what happened?"
> "It died."

(373) 당신은 그가 그 기계를 발명한 방법을 아십니까?

(374) 당신은 그가 어떻게 해서 그 기계를 발명했는지 아십니까?

(375) 그렇게 해서 그는 그 기계를 발명했다.

(376) 나는 이 책을 쓴 저자를 안다.

(377) 당신은 누가 이 책을 썼는지 아십니까?

(378) ① 그녀가 사랑하는 남자가 어제 미국으로 떠났다.
② 당신은 그녀가 누구를 사랑하는지 아십니까?

(379) 나는 그녀가 어떤 소설을 읽었는지 모른다.

(380) 이것이 그녀가 읽은 소설이다. (which)

(381) 아버지가 부자인 소년이 반드시 행복하다고는 할 수 없다.

(382) 당신은 그가 누구의 아들인지 아십니까?

(383) 그 소녀는 보는 것은 무엇이든지 사달라고 졸라댔다.

(384) 나는 내가 가지고 있는 도구는 무슨 도구든지 너에게 빌려주마.

(385) 나는 네가 퇴짜 놓는(reject) 것은 어느 것이든지 가지겠다.

(386) 나는 네가 버리는(reject) 책은 어느 책이든지 가지겠다.

(387) 나를 방문하는 사람은 누구든지 만나겠다.

(388) 네가 신뢰하는 사람은 누구에게나 이 돈을 빌려주어라.

Hint B It와 명사절

(1) That he is rich and kind is true. 「그가 부자이며 친절하다는 것은 사실이다.」

위 문장 전체에서 주어가 되는 부분은? → That he is rich and kind.

전체 문장의 본동사는? → is → 어느 is? → **is true의 is**. 이것을 안다는 것은 여러분의 실력이 늘었다는 증거입니다. 그런데 문법을 모르는 사람은 어느 것이 주어 부분(= 주부)이고 어느 것이 본동사인지 분간할 수 없을 것입니다. 그 원인은? 주부가 너무 길기 때문에 그렇습니다. 그래서 가주어(Formal Subject) 용법이 생겼습니다. That he is rich and kind라는 명사절 대신 It을 쓰고 That 이하를 뒤로 돌리면

    It is true **that he is rich and kind**.

이렇게 되면 It은 한 단어이기 때문에 이것이 주어, 그 다음의 is는 본동사라는 것을 바로 파악할 수 있겠지요? 꼭 that으로 인도되는 명사절뿐만 아니라 어떤 명사절이 주부가 되어도 It이라는 가주어를 쓰는 것이 보통입니다.

(2) I think that he is rich and kind true.

이 문장을 우리말로 옮기면? 모르는 단어는 없으니까 그럭저럭 해서 「나는 그가 부자이고 친절한 것은 사실이라고 생각합니다.」쯤은 할 수 있겠지요?

그런데, think는 자동사? 타동사? → '무엇을 생각하느냐?'에서 '생각하는 것'이 목적이므로 타동사입니다. 그렇다면 목적어는 무엇이고 또 완전타동사인지 불완전타동사인지를 따져봐야겠지요?

→ that he is rich and kind = true 관계가 성립하는 것을 보니까 think는 불완전타동사이고, that he is rich and kind가 목적어라는 것을 알 수 있습니다. 그런데 어째서 true가 목적격보어라는 것을 쉽게 파악하지 못 하였을까요? → 목적어가 너무 길어서. 이처럼 목적어가 명사절이고 그 다음에 목적격보어가 올 때에도 it이라는 가목적어(Formal Object)를 써서

    I think **it** true **that he is rich and kind**.로 합니다.

이렇게 되면 **it이 목적어, true가 목적격보어**라는 것을 쉽게 파악할 수 있는 것입니다.

(3) ① It was this house that John bought last year.
    ② It is true that John bought this house last year.

두 문장이 아주 비슷하지만 전혀 다른 구조입니다. 혼자서 곰곰이 생각해 보고 나서 다음 설명을 보세요.

②의 뜻은? → 「John이 이 집을 작년에 산 것은 사실입니다.」
이 문장에서 it은? → that 이하를 말하는 가주어.

①은 ②와 같은 구조인가요? 어딘가 다르지 않나요? 어디가 다를까요?
→ ②는 that 이하가 빠진 곳이 없는 완전한 문장인데 ①은 John bought last year.로 되어 있어서 bought의 목적어가 없지요? 웬일일까요? 좀 수상하지요?
이 경우의 that은? → 목적격 관계대명사.
그럼 that 이하는 형용사절이 되는데 어디를 수식하나요? house를? 그러면 해석은 「John이 작년에 산 이 집」. 나머지 It was를 어떻게 처리하나요? 진짜로 수상하지요? 자, 좀 더 생각해보고 다음의 설명을 읽으세요.

John bought this house last year.라는 문장에서 John을 강조하고 싶어요. 즉 「이 집을 작년에 산 사람은 바로 John이었다.」라고 하려면 영어로는 어떻게 해야 하나요?

→ **It was John that** bought this house last year.

이래서 that 이하의 문장이 불완전하게 되는 것을 알겠지요?

그럼 this house를 강조하면?

→ It was this house that John bought last year.
「John이 작년에 산 것은 바로 이 집이었다.」

이번에는 last year를 강조하면

→ It was last year that John bought this house.
「John이 이 집을 샀던 때는 바로 작년이었다.」

대화할 때는 John bought this house last year.에서 John을 강조하고 싶으면 John을 강하게 발음하면 그만입니다. It … that ~는 딱딱한 문장체 표현입니다.

연구사항 It was John that bought this house last year.에서
❶ that 대신 who로 할 수는 없을까? 또 It was this house that John bought last year.에서 that 대신 which로 하면 안 되나요?
❷ that bought this house last year에서 that이 주격 관계대명사라는 것은 그럭저럭 알겠는데 도대체 that 이하는 어디를 수식하는 형용사절일까요? → John을 수식한다고? 그럼 「이 집을 작년에 산 John은」 — 그러면 나머지 It was는 어떻게 처리하나요? 도대체 이 'It'은 무엇을 말하나요?
답 ❶ 그렇게 하기도 합니다.
❷ It was John that bought this house last year. (**It = The man**)
「이 집을 지난 해에 산 사람은 John이었다.」

→ The man was John that bought this house last year.
(따라서 that bought this house last year는 The man(= It)을 수식하는 형용사절)

It was this house that John bought last year. (**It = The thing**)
→ The thing was this house that John bought last year.
(따라서 that John bought last year는 The thing(= It)을 수식하는 형용사절)

It was last year that John bought this house. (**It = The fact**)
「John이 이 집을 산 사실은 지난 해에 있었다.」
→ The fact was last year that John bought this house.
(이 경우의 that John bought this house는 The fact의 동격 명사절)

It was last year that John bought this house. (**It = The time**)
→ The time was last year that John bought this house.
(that은 when이라는 관계부사를 대신하는 것으로 볼 수 있고 여기서 was는 불완전 자동사, last year는 주격보어)

EXERCISE 다음 글을 우리말로 옮기고 It[it]의 용법을 설명하시오. 〈정답: p. 24〉

[389] It is certain that the island is uninhabited.

[390] They thought it impossible that he should succeed in it.

[391] Who he is is not known to all. (It을 주어로 문장을 만드세요.)

[392] ① It is true that he is rich.
② It is natural that he should be disappointed at not having any children.
(②에는 왜 should가 있나요?)

[393] It is a mystery to me how he does it.

[394] It is natural for parents to love their children.
= It is natural that _____.

[395] READING

A merry party was going on in one of the rooms of a hotel. Suddenly, there was a knock at the door and an attendant came in.

"Gentlemen," said he, "I've been sent here to ask you to make less noise. The guest in the next room says he can't read."

"Can't read?" replied the host. "Well, tell him he ought to be ashamed of himself. Why, I could read when I was five."

[396] I think it necessary that he should go there. (이 문장을 to부정사로 하면?)

[397] When you are going to do anything, turn it in your mind whether it is to your advantage or not.

[398] You may depend upon it that we will do our best.

[399] I took it for granted that he would marry her.

[400] It was a plant that we had never seen.

[401] It grew so dark that we went home.

[402] It is here that the watch was found.

[403] It is the mind which creates the world about us.

[404] It is a question which will reach there first.

[405] It is he that is responsible for it.

[406] It is you who are to blame.

[407] It was my cousin whom I saw yesterday.

[408] It was when I called on her that she was writing the letter.

[409] READING

Mother entered the room and saw her small son putting a bandage round his finger.

"My poor child," she said tenderly, "how did you come to hurt your finger?"

"I hit it just now with the hammer," said the boy.

Mother looked surprised.

"But I didn't hear you crying, you brave boy."

"No," replied the child with a smile, "I thought you were out."

[ ] 안의 지시에 따라 답하시오. 〈정답: p. 26〉

[410] (   ) is science (   ) has quickened the demand for general education.
〔(   ) 안에 적당한 말을 넣고 전체 글을 우리말로 옮기시오.〕

[411] It makes no difference who you are. 〔It은 무엇을 가리키는가? 또 It을 없애면?〕

[412] It is I who (is, are, am) wrong. 〔옳은 것은?〕

[413] It was very wrong of him to make such a request. 〔that을 써서 문장을 바꾸시오.〕

[414] It is natural that he should sympathize with her.
〔to부정사가 있는 문장으로 바꾸시오.〕

[415] I think it necessary for you to start at once. 〔that을 써서 문장을 바꾸시오.〕

다음 우리말을 영어로 옮기시오.

[416] 내가 그를 만난 것은 바로 어제였다.

[417] 우리가 우리의 최선을 다하는 것은 우리의 의무다. (that, to부정사)

[418] 그 유리창을 깨뜨린 사람은 바로 John이었습니다.

[419] 나는 그녀가 이런 것을 말하는 것은 아주 이상하다고 생각합니다.

[420] 내가 그를 처음 만난 것은 바로 내가 미국에서 공부하고 있을 때였습니다.

Lesson 11

부사절

Lesson 11 | 부사절

> **Hint** 부사절
>
> ① He came then.
> ② He used to come here on Sunday.
> ③ He came when I was preparing my lessons.

① 「그는 그 때 왔다.」
　　then이라는 부사가 came이라는 동사를 수식하고 있습니다.
　　came은 완전자동사이므로 보어도 목적어도 필요 없고 부사만 필요합니다.

② 「그는 일요일에 여기 잘 오곤 했다.」
　　on Sunday는 came의 부사구, here도 came을 꾸며 주는 부사

③ 「그는 내가 수업을 준비하고 있을 때 왔다.」
　　when I was preparing my lessons는 came의 부사절

이상에서 보는 것처럼 then, on Sunday, when I was preparing lessons는 각각 came이라는 동사의 시간을 말하는 부사(구, 절)인데 ① ② ③ 순으로 점점 복잡해지는 것을 알 수 있습니다. 그런데 특히 ③에서 완전한 문장이었던 I was preparing my lessons.가 부사절을 이끄는 when과 만나게 되면 완전한 문장의 의미를 잃어 그 전이나 후에 오는 주절에 의해 문장의 의미를 완성하게 됩니다.

부사절을 이끄는 접속사는 when, where, as, because, before, after, till, until, that, since, if, unless, than, though, although, as soon as, even if … 등등 굉장히 많고 철저히 하려면 약 150페이지 정도가 필요하지만 기초를 배울 때에는 중요한 것만 한 번씩 맛보는 정도면 됩니다.

EXERCISE   when, where, that은 각각 명사절, 형용사절, 부사절을 모두 이끌 수가 있습니다. 그러면 다음의 문장들은 각각 무슨 절을 이끄는지 말하고 해석을 하시오.   〈정답: p. 27〉

[421] ① Do you know when he will arrive?
　　　② I don't know the day when he will arrive.
　　　③ He will start when she arrives.

[422] ① He went to the city where she lived.
　　　② I started from where she lived.
　　　③ I took him where she lived.

[423] ① I know that you are right.
　　　② This is the picture that he painted.
　　　③ I'm glad that you have succeeded in it.

if, whether는 명사절, 부사절을 이끄는데 다음 문장들은 각각 무슨 절을 이끄는지 말하고 해석을 하시오.

[424] ① He asked if his son was there.
　　　② He would not have done so if his son had been there.
　　　③ Do you know whether she likes it (or not)?
　　　④ I'll give her the doll whether she likes it or not.

whatever, whichever, whoever, whomever도 명사절, 부사절을 이끄는데 다음 문장들은 각각 무슨 절을 이끄는지 말하고 해석을 하시오.

[425] ① Whatever he buys is cheap and good.
　　　② Whatever he buys, it is cheap and good.

[426] READING

When a young couple came home from the theater one evening, they were astounded to hear a man's voice coming from the living room.

> The husband gripped his umbrella and tiptoed towards the door. He flung the door open, switched on the light, and charged in to find that the radio set had been left on!

cheap [tʃiːp] 값이 싼   couple [kʌpl] 한 쌍, 부부   astound [əstáund] 몹시 놀라게 하다   voice [vɔis] 목소리   grip [grip] 움켜잡다   umbrella [ʌmbrélə] 우산   tiptoe [típtòu] 발끝으로 걷다   fling [fliŋ] 던지다, 팽개치다   charge [tʃɑːrdʒ] 공격하다, 돌진하다

( ) 안의 접속사 중 적절한 것을 선택하고 전문을 우리말로 옮기시오.   〈정답: p. 28〉

(모두 부사절)

[427] Please remember me to your mother (unless, when, after) you write.

[428] We played in the garden (though, if, while) supper was cooking.

[429] (After, Before, As) I was going to bed, there was a cry of fire.

[430] He got married (as soon as, as long as) he left the university.

[431] No sooner had she thrown herself into my arms (before, when, than) she burst into tears.

[432] I'll never forget your kindness (as long as, as if) I live.

[433] You regard every man as your friend (when, until, as) he has proved himself your enemy.

[434] I have known her (before, till, since) she was a child.

[435] I repeated the question three times (after, since, before) he understood me.

[436] She blushed (than, whenever, if) she saw me.

[437] (After, Before, Though) her husband died, she had to support her family.

[438] (Before, Once, Till) you have made a promise, you should keep it.

[439] Put back the book (before, where, if) you found it.

[440] You may go (wherever, after, before) you like.

[441] You should not despise a man (when, after, because) he is poor.

(442) (As, When, After) he is stingy, I don't like him.

(443) READING

Tommy's uncle came to stay with the boy's family, and Tommy had to give up his bed to make room for him.
The next morning at breakfast Uncle George said, "I must thank the kind person who put the glass of water by my bed. I found it very refreshing when I woke up during the night."
"Oh!" cried Tommy, "have you swallowed up my tadpoles?"

remember [rimémbər] 기억하다   supper [sʌ́pər] 저녁식사   cry [krai] 고함, 울부짖는 소리   marry [mǽri] 결혼하다   university [jùːnəvə́ːrsiti] 대학   burst [bəːrst] 파열하다   tear [tiər] 눈물   regard [rigάːrd] …으로 여기다   prove [pruːv] 입증(증명)하다   enemy [énəmi] 적   blush [blʌʃ] 얼굴을 붉히다   support [səpɔ́ːrt] 부양하다   promise [prάmis] 약속   despise [dispáiz] 경멸하다   stingy [stíndʒi] 인색한   refreshing [rifréʃiŋ] 시원한, 상쾌한   swallow [swάlou] 삼키다   tadpole [tǽdpòul] 올챙이

〈정답: p. 29〉

(444) Let me know the time of your arrival (as, that, where) I can meet you at the airport.

(445) I took every precaution (after, once, lest) I should fail again.

(446) I was so astonished (that, lest, where) for a moment I could not speak.

(447) He was such an honest man (when, that, where) everybody trusted him.

(448) He studied English very hard, (because, for, so that) he came to read, write and speak it very well in a short time.

(449) (As, Lest, If) you come home late, you will be locked out.

(450) (Unless, As, When) you work harder, you will never pass your examination.

(451) You may eat anything now (as long as, as soon as, so long as) you do not eat too much.

(452) (When, Though, As) he is weak, he works hard.

(453) I will start (even if, as if, as long as) it rains tomorrow.

(454) Young (when, if, as) he was, he proved himself to be equal to the task.

(455) READING

In a railway carriage, a countrywoman asked, "Will you tell me which is the return ticket?"

A passenger handed her the return ticket, and the countrywoman threw it out of the window at once.

"Why did you do that?" asked the passenger.

"I'm not going back."

"Then why did you take a return ticket?"

"They told me it was cheaper."

precaution [prikɔ́ːʃən] 조심, 예방조치   astonish [əstάniʃ/-tɔ́n-] 깜짝 놀라게 하다   carriage [kǽridʒ] 객차, 차량

〈정답: p. 31〉

(456) (Whenever, Wherever, However) hard you may try, you can never master English in a year or two. (= No matter …)

(457) Do (as, like, for) you are told.

(458) He speaks Korean (though, as if, even if) he were a Korean.

(459) Everything went better (than, when, though) I expected.

(460) (The, As, After) more you know him, (so, the, as) more you will like him.

master [mǽstər] 숙달하다   expect [ikspékt] 기대하다

Lesson 12

분사구문

Lesson 12 분사구문

> **Hint** 분사구문
>
> ※ 분사구문(Participial Construction)이란?
> 부사절(Adverb Clause)을 줄여 하나의 부사구(Adverb Phrase)로 만드는 데 씁니다.
> When he saw me, he ran off. → Seeing me, he ran off.
> 「그는 나를 보았을 때 도망쳤다.」

When he saw me는 he ran off의 **ran**을 수식하는 부사절입니다.
이것을 간단하게 Seeing me로 했는데 이 Seeing은 **when**(접속사), **he**(주어), **saw**(동사)의 3가지 역할을 하고 있습니다. Seeing me는 외형적으로 주어·동사를 갖추고 있지 않기 때문에 절(Clause)은 아니고 구(**Phrase**)입니다. 또한 부사절이 구로 바뀌었으므로 이것 또한 당연히 부사구로 봐야 합니다.

① The boy living in a small village cannot buy books.
② The boy, living in a small village, cannot buy books.

①의 living in a small village는 boy의 형용사구
②의 living in a small village는 앞뒤로 comma가 있는 것에 주의하세요.
이 living in a small village는 분사구문인데 as he lives...를 줄인 것으로 즉, 「그 소년이 작은 마을에 살기 때문에 그는 책들을 살 수 없다.」입니다. 이것은 또 Living in a small village, the boy cannot buy books.로도 할 수 있습니다

※ 분사구문(Participial Construction)의 의미와 용법

A 시간 Time

Calling on him, I found him studying English.
(= When I called on him, I found him studying English.)
「내가 그를 방문했을 때 나는 그가 영어를 공부하고 있는 것을 보았다.」
시간의 접속사는 when, while, after 등이 있습니다.

B 원인·이유 Cause · Reason

Being honest, he is trusted by everybody.
(= As he is honest, he is trusted by everybody.)
「그는 정직하기 때문에 누구에게나 신임을 받는다.」

C 조건 Condition

Turning to the right, you will find the building.
(= If you turn to the right, you will find the building.)
「오른쪽으로 돌아가면 그 건물을 발견하게 될 것입니다.」

D 양보 Concession

Being poor, he is honest.
(= Though he is poor, he is honest.)
「그는 가난하지만 정직하다.」

E 계속 Connection

She went up to him, and she asked who he was.
「그녀는 그에게로 다가가서 그가 누구인지 물었다.」

이 문장에는 부사절이 없고 양쪽 절이 문법상 서로 독립되어 있어서 어떤 사실이 일어난 그대로를 차례차례 말하고 있습니다. 이런 문장도 분사구문으로 할 수 있습니다. 앞의 절을 분사구문으로 하면 어떻게 되나요?

→ She(주어), went(동사), and(접속사) 이 3가지 대신에 동사원형에 ing를 붙여서 Going up to him, she asked who he was.가 됩니다.

그리고 또 뒤의 절도 분사구문으로 할 수 있는데

→ and she asked 대신에 asking으로 하면 She went up to him, asking who he was. (asking 앞에 comma를 표시합니다.)

F 부대상황 Attendant Circumstances

He read the letter as he walked along the river side.
「그는 강기슭을 따라 걸으면서 그 편지를 읽었다.」

이 문장에서 as he walked along the riverside는 read에 걸리는 부사절이지요? 그러면 이것을 분사구문으로 하면?

→ He read the letter **walking along the riverside**.가 됩니다.

또 walking along the riverside라는 부사구를 강조하기 위하여 문장 앞에 내세우면
→ **Walking along the riverside**, he read the letter.로도 됩니다.

또 주객(主客)을 바꾸어서

He walked along the riverside reading the letter.
= Reading the letter, he walked along the riverside.로도 할 수 있습니다.

또 위 문장을 고쳐 쓸 때 'as'만 쓸 수 있는 것이 아니고 He walked along the riverside and (he) read the letter.로도 할 수 있습니다.

즉 and로 연결되는 앞과 뒤는 선후(先後)관계가 있을 수도 있고 동시(同時)일 때도 있기 때문입니다. 이처럼 한편으로는 …을 하면서 동시에 다른 일을 하는 경우를 '**부대상황을 말하는 분사구문**'이라 합니다.

He came running. 「그는 달려왔다.」
He sat reading a newspaper. 「그는 신문을 읽으면서 앉았다.」에서

running, reading 역시 **부대상황을 말하는 분사구문**으로 보는 것이 좋다고 나는 생각합니다.

※ 분사구문(Participial Construction)에 관한 주의 사항

A 시제 Tense

(1) Being rich, he can buy it.
   (= As he is rich, he can buy it.)
   「그는 부자이므로 그것을 살 수 있다.」

   Being rich, he could buy it.
   (= As he was rich, he could buy it.)
   「그는 부자였으므로 그것을 살 수 있었다.」

(2) Having finished it, I have nothing to do.
   (= As I have finished it, I have nothing to do.)
   「나는 그것을 끝마쳤으므로 할 일이 없다.」

   Having finished it, I had nothing to do.
   (= As I had finished it, I had nothing to do.)
   「나는 그것을 끝마쳤었으므로 할 일이 없었다.」

Having finished …와 같은 분사구문을 '**완료형 분사구문**'이라 하고 완료형으로 되어 있지 않은 분사구문(위에서는 **Being rich** …)을 '**단순형 분사구문**'이라 합니다. 단순형 분사구문의 시간은 본동사와 같은 시간이고 완료형 분사구문의 시간은 본동사의 시간보다 앞섭니다.

B 분사구문의 주어 Subject of Participle Construction

(1) Having no money, I could not buy it.
   (= As I had no money, I could not buy it.)
   「나는 돈이 없었으므로 그것을 살 수가 없었다.」

(2) He being sick, I took his place.
   (= As he was sick, I took his place.)
   「그가 병이 나서 나는 그를 대신했다.」

(1)에서 Having의 의미상 주어(Sense Subject)는 본 주어 'I'와 일치하므로 Having 앞에 I를 쓸 필요가 없으나 (2)에서는 분사구문의 주어와 본 주어가 He와 I로 서로 다릅니다. 만일 He를 안 쓰면 sick한 사람은 He가 아니고 'I'가 되어 버립니다. 이렇게 분사구문의 주어와 본 주어가 다른 경우를 '절대 분사구문(Absolute Construction)'이라 합니다.

(3) Strictly speaking, there are some mistakes.
   (= If we speak strictly, there are some mistakes.)
   「엄밀히 말하면 틀린 점이 좀 있다.」

   Judging from his accent, he seems to be a man from Busan.
   (= If we judge from his accent, …….)
   「말투로 판단해 보면 그는 부산 사람인 것 같다.」

분사구문의 의미상 주어(Sense Subject)가 we, one, you, people 등 막연한 일반 사람을 말할 때는 의미상 주어를 생략합니다.

C Being, Having been은 생략할 수 있습니다.

(1) (Being) tired with walking, he sat down to rest.
   「걸어서 피곤했기 때문에 그는 쉬기 위해서 앉았다.」
   = As he was tired ….에서 As he was를 분사구문으로 하면 Being이 되는데 이 Being을 생략할 수 있다는 말입니다.

(2) (Having been) defeated repeatedly, they retreated.
   = As they had been defeated repeatedly, they retreated.
   「몇 번이나 거듭하여 졌으므로 그들은 후퇴했다.」

As they had를 분사구문으로 하면 Having이 되지요? 그 다음의 been까지를 합쳐서 즉 Having been을 생략할 수 있다는 말입니다.

had been defeated — 왜 이런 형태의 동사를 썼나요?
동사의 시제를 배울 때 오는 것인데 아직 안 배워서 알기 힘들지요? 하지만 여러분은 '과거완료형'이란 말을 들어본 일이 있지요? 이것의 형태는?

「had+과거분사」. 그러면 과거완료는 어떤 때 쓰나요? → 과거보다 앞선 일을 말할 때. had been defeated는 잘 모르지만 was defeated는 알지요? **retreated**한 과거보다 **was defeated**가 앞서므로 was defeated를 과거완료로 해야 하지요? 어떻게? → was만 과거완료로 하여 had been 이 됩니다. 알겠지요? 그래도 모르면 나중에 시제(Tense)를 배운 후에 다시 여기를 읽으세요.

[461] READING

It was early summer, and the young school teacher was talking to her class about the beauty of the season.

"This morning," she said, "as I stood on the platform waiting for the train, the sun was shining warmly and I felt something gentle caressing my cheek. What was that? Can you guess?"

"The station master, Miss?" asked a small but romantic pupil.

beauty [bjúːti] 아름다움   platform [plǽtfɔːrm] 플랫폼   warmly [wɔ́ːrmli] 따뜻하게   gentle [dʒéntl] 부드러운   caress [kərés] 어루만지다, 기분 좋게 스치다   cheek [tʃiːk] 뺨   station master 역장   romantic [roumǽntik] 로맨틱한

EXERCISE   분사를 사용해서 다음 문장을 간단히 고치시오.   〈정답: p. 33〉

[462] As he lives in a remote village, he has few friends.

[463] As he lived in a remote village, he had few friends.

[464] As she has once seen you, she does not want to see you again.

[465] As she had once seen you, she did not want to see you again.

[466] While I was walking along the street, I met Mr. Kim.

[467] As he had been idle, he was scolded by the teacher.

[468] When I called on him, he kindly offered to give me the relic.

[469] The boys all went out, and the little child alone remained.

[470] As the bus was crowded with passengers, I kept standing all the way.

(471) The boy, as he had been praised, worked the harder.

(472) As the moon had risen, we put out the light.

(473) As the weather was fine, we went on a hiking.

(474) As everything had been prepared, we started.

(475) As there are no survivors, the exact cause which led to the accident will never be known.

(476) READING

The old man standing in the queue outside the cinema house felt someone touch his back from behind. Turning sharply, he saw a young man leaving the queue.

"I'm only going to pop over the road," said the young man, "I want some cigarettes."

"That doesn't interest me."

"I know," replied the young man, "but I thought I might forget my place, so I've put a chalk mark on your back."

접속사를 사용하여 다음 문장을 바꾸시오. 〈정답: p. 34〉

(477) Having finished his supper, he came to see me.

(478) The book, having been written in haste, has many mistakes.

(479) Not having received an answer, I wrote again.

(480) Not having met him before, I did not know him.

(481) Being idle, he is honest.

(482) He being too proud, everyone dislikes him.

(483) Strictly speaking, he is not honest.

(484) Judging from what they say, she must be of an extraordinary character.

(485) Defeated in every battle, the enemy retreated.

(486) Written in an easy style, the book is very popular among students.

(487) Admitting what you say, I still think you made a mistake.

(488) The innkeeper, accustomed to this kind of incidents, was much surprised.

Lesson 13

시제 – 현재, 과거, 진행

Lesson 13 : 시제 – 현재, 과거, 진행

> **Hint** 현재 · 과거 · 진행

A 현재 시제 Present Tense

1 | 습관적 동작 — 습관, 인격, 직업을 나타냄

① I go to school everyday. 「나는 매일 학교에 간다.」(습관)
② He keeps his promises. 「그는 약속을 지킨다.」(인격)
③ He is a teacher. 「그는 선생님이다.」(직업)

2 | 불변의 진리

① The earth moves round the sun. 「지구는 태양의 주위를 돈다.」
② Four and five make nine. 「4+5 = 9」

3 | 눈앞에 보이는 현재의 동작

① I see an airplane in the sky. 「하늘에 비행기가 보인다.」
② I hear a noise. What can it be? 「무슨 소리가 들린다. 무엇일까?」

4 | go, come, leave, start처럼 왕래발착(往來發着)을 말하는 동사는 미래를 나타내는 부사와 함께 써서 미래를 표시합니다.

① I go to Seoul tomorrow. (= I'll go to …) 「나는 내일 서울에 간다.」
② When do you start? 「언제 출발하십니까?」

5 | 부사절에서 미래 대용

I will not start **if it rains tomorrow**. 「내일 비가 오면 떠나지 않겠다.」

6 | 역사적 현재 Historical Present

과거에 일어난 일을 현재 눈앞에 보이는 것처럼 설명할 때 과거 대신 현재를 씁니다. 특히 배우가 극을 연출할 때 이것을 많이 씁니다.

Napoleon lands on the French coast and marches in triumph to Paris.
「나폴레옹은 프랑스 해안에 상륙하여 파리를 향하여 의기양양하게 행군한다.」

7 | 현재완료 대신

① I hear(= have heard) she is going to marry.
「나는 그녀가 결혼할 것이라는 것을 들었습니다.」

② I read(= have read) it in internet.
「나는 그것을 인터넷에서 읽고 있습니다.」

B 현재 진행형 Present Progressive

현재의 순간에 어떤 동작이 계속되고 있다는 것을 나타낼 때 현재 진행형을 씁니다. 그 형식은

be동사 + 현재분사(= 동사원형+ing)

He is going to school. 「그는 학교에 가고 있는 중이다.」

① **have, like, resemble, love, know, remember, need, understand, possess, belong, be, live, hate, respect** 등의 동사는 그 자체가 계속적인 상태를 포함하고 있으므로 진행형으로 하지 않고 그냥 현재를 쓰면 됩니다.

I know him. (I am knowing him.은 안 됩니다.)

그리고 **see, hear** 같은 감각동사도 진행형으로 할 수 없습니다. 그러나 이와 비슷한 **look, listen**은 진행형으로 할 수 있습니다.

ⓐ A cat sees a rat. 「고양이가 쥐를 보고 있다.」(A cat is seeing a rat.은 안 됨.)
ⓑ I am looking at the monkey. 「나는 원숭이를 보고 있다.」
ⓒ I am listening to the music. 「나는 그 음악을 듣고 있는 중이다.」

② go, come, start, leave, arrive, reach 등 왕래발착(往來發着)을 말하는 동사의 현재 진행형은 미래 대신 쓰이는 경우가 있습니다. 이 때는 미래를 나타내는 부사를 함께 사용하는 것이 원칙입니다.

I am going to Seoul tomorrow.
= I'll go to Seoul tomorrow.
= I go to Seoul tomorrow.

③ **be + going + to** … 가까운 미래를 나타내어 「…하려고 한다」
I am going to see him. 「나는 그를 만나려고 합니다.」

C 과거 시제 Past Tense

과거의 동작 또는 상태를 나타냅니다. (현재와는 관계가 없습니다.)

ⓐ I went to the park yesterday.
「나는 어제 그 공원에 갔습니다.」

ⓑ He bought a camera last year.
「그는 작년에 카메라를 샀습니다.」

ⓒ He used to come here last year.
「작년에 그는 여기에 오곤 했다.」(지금은 더 이상 오지 않는다)

ⓓ He would spend money foolishly when young.
「그는 젊었을 때 돈을 어리석게 낭비하곤 했다.」(지금은 그렇지 않다)

과거의 습관을 말할 때는 used to, would를 씁니다.
used to는 규칙적인 습관에, would는 불규칙한 습관에 많이 씁니다.

D 과거 진행형 Past Progressive

과거의 일정한 때에 어떤 동작이 계속되고 있었다는 것을 나타낼 때 쓰며 was(were) + 현재분사 형식을 취합니다.

He was studying English when I called on him.
「내가 그를 방문했을 때 그는 영어를 공부하고 있었다.」

내가 그를 방문한 것은 과거의 어떤 때인데 그 때 바로 그가 공부하고 있던 중이라고 하기 때문에 과거 진행형을 씁니다.

[489] READING

One day an Irishman arrived in New York. A sailor came up to him and said, "Are you a stranger here?"

"Yes."

"Well," said the other, "whenever you travel in a train, never ride in the last coach."

"Why?"

"Because it's dangerous. All the accidents happen to the last coach."

The Irishman scratched his head for some time. Suddenly he smiled brightly and said, "If all the accidents happen to the last coach, why don't they leave it off?"

EXERCISE   주어진 동사의 옳은 시제를 쓰시오.   〈정답: p. 35〉

[490] He (have) his breakfast now.

[491] We (have) breakfast at seven every morning.

[492] It (rain) quite often during July.

[493] ① Where you (go) now?
② I (go) to the movies.
③ I (go) tonight also, but I (not go) very often.

[494] John seems to be busy. I guess he (prepare) for the entrance examination.

[495] ① Smith (smoke) a great deal.
② In fact, whenever I (see) him, he (smoke)

[496] As I (walk) home yesterday, I (meet) a beggar, who (ask) me for some money.

[497] I (sleep) soundly when the phone rang.

틀린 것을 고치시오.

[498] I will stay at home if it will rain tomorrow.

[499] I don't know whether he passes entrance examination.

[500] He is resembling to his mother.

[501] Our teacher taught us that the earth went round the sun.

[502] This book is belonging to Mr. Kim.

[503] ① What are you seeing?   ② I am seeing a picture.

[504] The KNA plane is leaving here for Hong Kong every Wednesday.

[505] The childs are respecting his teacher.

[506] I had a faithful dog before the Beijing Olympics. It is very fond of me.

[507] I used to took a walk every morning last summer.

(508) READING

"You should never quarrel, my boys." said the clergyman as he came across a group of boys shouting at each other. "What is it all about?"

"It's this way, sir," said the biggest boy. "We have decided to give this dog to the boy who tells the biggest lie, and everybody says his lie is the biggest but mine is."

"Dear, dear," said the clergyman. "When I was your age I did not know what a lie was."

"Here, sir," cried the boys with one voice, "the dog is yours."

영어로 옮기시오. 〈정답: p. 37〉

(509) 우리 학교는 9시에 시작한다. 빨리 가서 배우자.

(510) 당신은 그날의 학과를 복습(look over, review) 하십니까?

(511) 당신은 언제 미국으로 가십니까?

(512) 봄에는 꽃이 피고 새가 운다.

(513) 태양은 동쪽에서 떠서 서쪽으로 진다.

(514) 그저께 내가 출발할 때는 비가 좀 오고 있었다.

(515) 수업은 오전 8시 반에 시작한다.

(516) 그는 형을 닮았다.

(517) 옥외운동(outdoor exercise)은 건강에 좋다.

(518) 나는 아침 6시에 일어나서 정원을 산책했다.

(519) 당신 부친은 무슨 사업을 하십니까? — 도자기(ceramic ware)를 매매합니다.

(520) 비는 조금 전에 그쳤는데 바람이 아직 불고 있습니다.

(521) 어제 학교가 8시에 시작했다. 그래서 지각(late)한 학생이 적지 않았다.

Lesson 14

시제 – 미래

Lesson 14 | 시제 – 미래

> **Hint** 시제 — 미래 (will, shall)
>
> ※ will, shall 용법은 어렵습니다. 그러나 요즈음 일상어에서는 영국에서만 '…할까요?'라는 의미의 Shall I(we) …?, 단순미래의 I(We) shall …. 정도만 사용하고 있고 미래를 나타내는 데는 본래 의지를 나타내었던 will이 발달하여 단순미래에서조차 will을 쓰는 일이 많아졌습니다. 특히 미국에서는 will만 쓰는 경향입니다. 그리고 will, shall의 용법이 어렵고 까다로우므로 그냥 서술문에서는 단축형인 I'll, You'll, He'll …등을 쓰고 있습니다. 따라서 이 과는 공부하지 않아도 되지만 법률이나 영문학 등 학문을 하려는 사람은 will, shall 용법을 정확하게 알아야 하겠기에 이 will, shall 용법을 삭제하지 않고 남겨두는 바입니다.

이 과를 공부하는 분들에게 will, shall 용법에 대하여 Hint에서는 총괄적으로 간단히 하고 EXERCISE의 해답에서 자세히 다루겠습니다. 양쪽을 몇 번 읽으면 아주 쉽다는 것을 알게 될 것입니다.

A 단순미래

사람의 의지(意志)와는 관계없이 **때가 되면 자연히 일어나는 미래의 동작·상태**를 나타냅니다.

1 | 평서문의 단순미래 (제1표)

I(We) shall   I shall go to Seoul tomorrow.
You will   You will go to Seoul tomorrow.
He(모든 3인칭) will   He will go to Seoul tomorrow.
                     (어떤 사정으로 자연히 서울로 가게 된다는 뜻)

2 | 의문문의 단순미래 (제2표)

Shall I(we) …?   Shall I succeed?
Shall you …?   Shall you succeed?
Will he(기타 3인칭)   Will he succeed?
                     (때가 오면 자연히 성공되느냐? 라는 뜻)

B 의지미래

일어나는 것은 물론 미래지만 **사람의 의지에 의해서 이루어지는 미래**입니다.

1 | 말하는 사람의 의지미래 (제3표)

I(We) will ….	I will go home. 「나는 집에 갈 것이다.」 (결심)
You shall ….	You shall go home. 「나는 너를 집으로 보낼 것이다.」
	(말하는 사람의 의지 = **I will let you go home.**)
He(3인칭 모두) shall	He shall go home. 「나는 그를 집으로 보낼 것이다.」
	(말하는 사람의 의지 = **I will let him go home.**)

2 | 듣는 사람의 의지를 묻는 미래 (제4표)

Shall I(we) …?	Shall I open the window? 「창문을 열까요?」
	(듣는 사람의 의지를 묻는 것으로 'I'가 open함.)
Will you …?	Will you open the window? 「창문을 열겠습니까?」
	(open하는 사람은 you. you가 open할 생각이 있는지를 물음.
	또 의뢰를 말하여 「창문을 열어줄래요? → 창문을 열어주세요.」라고
	할 때도 씁니다.)
Shall he …?	Shall he open the window? 「그 사람에게 창문을 열게 할까요?」
	(듣는 사람의 생각을 물어서 'I'가 he에게 시킴.)
	= Will you let him open the window?
	= Shall I let him …?

제2표의 Shall I …?와 제4표의 Shall I …?의 차이

① 제1표 : Shall I succeed if I work hard?

② 제2표 : Shall I open the window?

Shall I open the window? 「창문을 열까요?」는 듣는 사람의 의지를 묻는 것이므로 듣는 사람 쪽에서 '열어라, 열지 마라'하고 의지를 발동할 수 있습니다. 그러나 Shall I success if I work hard? 「열심히 공부하면 성공할까요?」에서는 듣는 사람이 '성공해라, 말라'하는 것은 우습지요? 이것은 듣는 사람의 의지를 묻는 것이 아니고 참고 의견을 묻는 것으로 단순미래 즉 '자연히 때가 오면 성공하게 되는가?'라는 뜻입니다.

3 | 주어(Subject) 자신의 의지미래 (제5표)

평서문	의문문
I will You will He will	Will I? Will you? Will he?
I will은 제3표와 일치함. I shall be glad if you will do so. 「당신이 그렇게 해주시면 나는 기쁠 것입니다.」 (will은 you의 의지) I shall be glad if he will come tomorrow.	Will I?는 다음과 같은 때만 씁니다. "Will you open the window?" "Will I?" "Of course, I will." 『창문을 열어주시겠습니까?』 『창문을 열어달라고?』『물론 열어주다마다.』 Will you는 제4표와 일치. Will he give me the book? 『그는 나에게 그 책을 줄까?』

제2표의 Will he ...?와 제5표의 Will he...?의 구별은?

→ Shall I ...? 때와 같습니다. You will, He will(제1표, 제5표)도 마찬가지. 여기는 좀 이해하기 어려울 것입니다만 연습문제를 다 하고 난 다음에 또 여기를 읽으면 이해할 수 있을 것입니다.

Will he need money? (단순미래)

Will he lend me the book? (의지미래)

즉 **lend**의 여부는 사람에 의해 좌우되지만 **need**하는 것은 사람의 의지로 되는 것이 아닙니다.

(522) READING

A Scotchman visited Niagara Falls with an American friend. As they were watching the great rush of water, the latter said, "There's a story that if you throw a penny into the Falls, it will bring you luck."

"Is that so?" asked the Scotchman. He considered a moment and then said, hopefully, "Have you a bit of string?"

EXERCISE will, shall 중 알맞은 것을 괄호에 넣고 해석하시오. 〈정답: p. 37〉

(523) I (　　) be eighteen years old next year.

(524) You (　　) get wet through if the rain does not stop soon.

(525) Their uncle will probably leave everything to them, and then they (　　) be very rich; otherwise they (　　) remain poor.

(526) (　　) I get there in time if I take the 3 : 20 train? – Yes, you (　　).

(527) (　　) you be disappointed if he does not come? – Yes, I (　　).

(528) (　　) he recover from his serious disease? – Yes, he (　　).

(529) I (　　) never do such a thing again.

(530) You (　　) be punished if you do such a thing again.

(531) He (　　) die.

(532) (　　) I open the window?

(533) (　　) you give me the digital camera?

(534) Mr. Kim wants to speak to you. (　　) he come in?

(535) If you (　　) do so, I (　　) be much obliged.

(536) (　　) he consent to co-operate with us?

will과 shall의 의미를 설명하고 우리말로 해석하시오.

(537) He says that she shall have the MP3 player.

(538) When shall I arrive? – You will arrive tomorrow.

(539) Which shall I have? – You shall have this.

(540) Which shall he have? – He shall have that.

(541) Will he come back tomorrow, if it does not rain? – Yes, he will.

(542) Shall you return home today? – Yes, I shall.

(543) Will you return home today? – Yes, I will.

(544) Will he be fourteen years old next year? – Yes, he will.

(545) Will he lend me the money if I ask him?

(546) READING

> The bus conductor stopped before a passenger who was sitting with his arms extended in front of him.
> "Your fare, please?" he asked.
> "You'll find one dollar in my right hand coat pocket," said the man.
> The conductor stared at the man suspiciously.
> "Is anything the matter with your arms?"
> "Oh, no," came the reply, "the width between my hands is the size of a pane of glass I'm going to buy."

Translate into English and then explain 'will' or 'shall'. 〈정답: p. 39〉

(547) 또 한 번 지각하면 파면(discharge)이다.

(548) 택시를 안 타면 우리는 기차를 놓칠(miss) 것이다.

(549) 어디 앉을까요? — 여기 앉으십시오.

(550) 그 결과(result)는 언제 알게 될까요? — 2, 3일 안으로 알게 될 것입니다.

(551) 빨리(in a hurry) 가면 그를 만날 수 있을 것입니다.

(552) 그를 김 선생님에게 소개(introduce)하여 주시면 대단히 감사(be much obliged)하겠습니다.

(553) 내일 상(prize)을 주마.

(554) 이름을 알려주시겠습니까? (이름을 알려주시오.)

(555) 오늘 저녁 컴퓨터와 프린터가 필요합니까?

(556) 오늘 저녁 그를 만납니까?

(557) 다음 전쟁은 상상 이상으로 참혹(cruel)할 것입니다.

(558) 그는 매일 열심히 공부하겠다고 말한다.

(559) 나에게 돈이 있는 한(while) 그를 곤궁(want)하게 하지는 않을 것이다.

(560) 그들이 경기(game)에 참가(take part in)하는데 허가(allow)를 받게 될까요?

(561) 그에게 부탁(ask)하면 승낙(consent)할까요?

(562) 아들에게 의사(doctor)를 당장 부르게 할까요? — 예, 그렇게 하세요.

(563) 당신이 지금 그를 방문하면, 그는 그 책을 읽고 있을 것입니다.

Lesson 15

시제 – 현재완료

Lesson 15 시제 – 현재완료

Hint 시제 – 현재완료

A 현재완료와 과거

Spring came.   Spring has come.

이 두 문장의 차이점은?

Spring came. 「봄이 왔었다.」는 동사가 과거이므로 과거에 봄이 왔었다는 것만을 말하고 지금은 어떻게 되었는지 모릅니다. 지금은 여름일지도 모르고 가을일지도 모릅니다. 어쨌든 **Spring came.** 은 과거에 봄이 왔다는 사실만을 말하고 현재와는 전혀 관계가 없습니다.

Spring **has come.** 「봄이 와 있다.」

이것은 봄이 온 것은 물론 과거의 일이지만 현재도 봄이란 뜻입니다.

즉 현재완료(have+과거분사)는 과거와 현재를 동시에 말합니다. 그러면서도 현재에 중점이 있습니다. 일종의 현재인데 과거와 관련이 있는 현재입니다.

이것이 현재완료의 기본 용법인데, 과거부터 해왔던 일이 이제 막 완료되었다는 사실을 중점적으로 말하는 **완료용법**, 과거에 했던 일이 현재 어떤 결과를 가지고 있는가를 말하는 **결과용법**, 과거에 했던 경험이 있어서 현재 어떻다는 것을 말하는 **경험용법**, 과거부터 지금까지 계속해 왔다는 사실을 말하는 **계속용법**이 생겨났습니다. 어쨌든 과거와 현재 양쪽을 말하는 것이 현재완료입니다.

B 현재완료 Present Perfect 의 용법

1 | 동작의 완료 (動作完了)

I **have** just **finished** this work. 「나는 이 일을 막 끝냈습니다.」
Are you still writing the letter? 「너는 아직도 그 편지를 쓰고 있니?」
No, I **have** just **written** it. 「아니요, 막 다 썼습니다.」

물론 끝마치거나(have finished) 써버린(have written) 것은 과거입니다.
그런데 현재 끝마쳐서 속이 시원하다는 등 완료되어 있는 현재의 상태를 중점적으로 나타내고 있습니다.

완료를 나타내는 현재완료는 **just**, **yet**, **not … yet**, **already**, **by this time**, **now …** 등의 부사들과 주로 같이 사용합니다.

2 | 결과 (結果)

I have bought a piece of land in Busan. 「나는 부산에서 토지를 좀 샀습니다.」

물론 땅을 산 것은 과거지만 현재 그 땅을 가지고 있는 결과를 중점적으로 나타냅니다.

3 | 과거의 경험 (過去經驗)

Have you ever seen an elephant? 「코끼리를 본 적이 있습니까?」

과거에 본 경험이 있어서 현재 코끼리가 어떤 것인지 알고 있느냐? 라는 뜻이 강합니다.

I have once read this book. 「나는 전에 이 책을 읽은 적이 있다.」

(그래서 지금 알고 있다는 뜻)

경험을 나타내는 현재완료에는 **ever, never, since, before, often, sometimes, seldom, once, twice** 등의 부사를 쓰는 일이 많습니다.

4 | 과거부터 현재까지 계속된 동작 또는 상태 — 2가지 표현법이 있습니다.

① 일반적인 현재완료 (have+과거분사)형을 쓰는 경우

know, be, live, like … 등 진행형으로 할 수 없는 동사는 그냥 현재완료형을 씁니다.

I have known him since we were high school boys.
「나는 그를 우리들이 고등학교 학생이었을 때부터 알고 있다.」

Ms. Kim has been ill since last Sunday.
「김선생님은 지난 일요일 이래로 내내 아픕니다.」

② 현재완료 진행 (have been+현재분사)형을 쓰는 경우

진행형으로 할 수 있는 study, write, read, stand, do, sit … 등등의 동사에 씁니다.

What have you been doing all this while? 「지금까지 무엇을 해왔니?」
I have been reading this book. 「이 책을 읽어왔습니다.」

과거에서부터 현재까지 계속 책을 읽어왔다는 뜻이므로 역시 과거와 현재 두 시기에 걸치는 것을 알겠지요?

현재완료의 계속 용법에는 since, for, from, always, these, how, long 등의 부사를 함께 사용하는 일이 많습니다.

C 현재완료에 관한 주의사항

① 과거를 나타내는 부사를 현재완료에 써서는 안 됩니다. (굉장히 중요합니다. 시험 문제로 잘 출제됩니다.) **현재완료는 과거와 관련이 있는 현재이기 때문에** 그렇습니다. 예를 들면 She has come last year.는 「그녀는 작년에 지금 와 있다.」가 되어 안 되고 She came last year.로 해야 합니다.

　ⓐ 그러나 before, once 등은 경험을 말할 때는 사용해도 괜찮습니다.
　　I have seen him before. 「그를 전에 만난 적이 있다.」
　ⓑ today, this month, this year, lately(요즘)처럼 현재를 포함하며 과거를 나타내는 부사는 사용해도 좋습니다.
　　We have had much rain this year. 「금년에는 비가 많이 왔다.」

② have gone, have come은 완료, 결과에 쓰고 경험에는 have been을 씁니다.

He has gone to Seoul. 「그는 서울에 가버렸다.」 (그래서 여기 없다. — 결과)
She has come here. 「그녀는 여기에 와 있다.」 (완료)
He has been here. 「그는 여기에 와 본 적이 있다.」 (경험)

have gone은 1인칭 (I, we)과 2인칭 (you)에는 쓸 수 없습니다.
I have gone to America. 「나는 미국에 가고 없다.」 (×)
(즉 미국에 가고 없는 "I"가 말하는 것이 되므로 말이 안 됩니다.)

---

[564] READING

Store Manager : What's your name?

Applicant : Milton.

Manager : And your first name?

Applicant : John.

Manager : (smiling) That's a pretty well-known name.

Applicant : (proudly) It ought to be. I've been delivering groceries around here for 2 years now.

EXERCISE   올바른 시제(현재완료, 과거)를 넣으시오.   〈정답: p. 40〉

(565) My watch (be steal) yesterday, so I (buy) a new one.

(566) I (be born) in the country but (live) in Seoul these twenty years.

(567) I (leave) Portugal five years ago. Since then I (not speak) Portuguese, and forget nearly all I learned.

(568) How long you (be) here?

(569) Lend me your eraser. I (make) a mistake and want to rub it out.

(570) I (know) him since he was a child.

(571) You ever (hear) such a story?

(572) Where you (spend) your holidays last month?

(573) When you (begin) to learn English?

(574) John isn't in. He (go) to the movies again although he (be) twice already this week.

(575) They (not speak) to each other since they quarrelled.

(576) On my way to school, I (see) your sister.

다음의 현재완료는 완료 · 경험 · 계속 중 어느 것인가요? 해석도 하시오.   〈정답: p. 41〉

(577) ① I have been studying English these six years.
　　　② Have you ever studied English?

(578) ① How long have you been here?
　　　② Have you ever been here?

(579) ① He has lived for five years in this house.
　　　② He has once lived in this house.

(580) ① He has gone there.
　　　② He has been there.

(581) ① He has come here.
② He has been here.

(582) ① Have you not done it yet?
② Have you ever done it?

(583) ① I have just read the book through.
② I have read the book once.

(584) READING

A kind old man, seeing a tiny child crying, went up and said, "Now, be a good boy and stop crying."

"I can't!" sobbed the child.

"But why can't you?" asked the old man.

"I can't."

"Well, here's a penny; now tell me why you can't be a good little boy and stop crying."

"Because I'm a girl."

Translate into English. 〈정답: p. 42〉

(585) 우산을 잃어버렸습니다. - 언제 잃었습니까? - 어젯밤에 잃어버렸습니다. (lose-lost-lost)

(586) 영작(English composition) 숙제(homework) 쓰는 것을 끝냈습니까?

(587) ① 종소리가 벌써(yet) 울렸습니까?
② 아니요, 아직 안 울렸습니다.
③ 예, 벌써(already) 울렸습니다. (ring-rang-rung)

(588) 나는 2001년 이후 이곳에 살고 있습니다.

(589) 당신 아버지는 오늘 저녁 댁에 계실까요? - 아니요, 사업차 상하이에 가고 안 계십니다.

(590) 나는 세 번이나 베이징에 가본 적이 있다.

(591) 전에 빌려준 돈이 필요하니 월요일까지 갚아주세요. (pay back)

(592) 언제 새 아파트로 이사(move) 하셨습니까? – 지난 일요일에 이사했습니다.

(593) 그는 미국에 가 본 적이 없는데도 그의 영어는 완벽합니다.

(594) 오래간만입니다. (현재완료로) 결혼했다는 말을 들었습니다. 언제 결혼식을 했나요?
(I hear, get married)

(595) READING

An old lady from the country visited her prosperous grandson in the big city. He took her to his twentieth-floor apartment and proudly showed her around.

"Well, Granny," he smiled, "what do you think of it?"

"Never have to worry about floods," said the old lady.

다음 문장 중 틀린 곳은? (아주 중요합니다. 시험 문제로 자주 출제됩니다.) 〈정답: p. 43〉

(596) I have bought this house two years ago.

(597) I lived in the house these two years.

(598) Uncle never visits us these two years, but Aunt has come to see us 5 days ago and stayed with us there 5 days. She will get back tomorrow morning, for Uncle waited for her a long time.

(599) He has finished the work just now.

(600) I have often gone to Seoul, but have never come here.

(601) You have gone to America last year, but I have come back to Korea the day before yesterday.

Lesson 16

시제 – 미래완료, 과거완료

Lesson 16 | 시제 – 미래완료, 과거완료

> **Hint** 시제 – 미래완료, 과거완료
>
> **A 미래완료** Future Perfect
>
> 미래 어떤 시점에서의 완료·결과·경험·계속을 나타낼 때 미래완료(Future Perfect)를 씁니다. 현재완료와 용법이 같지만 현재완료는 시간의 기준이 현재이면서 과거와 관련이 있고, 미래완료는 시간의 기준이 미래이면서 그 이전 시간과 관련이 있습니다. 그러니까 현재완료를 철저하게 이해하면 미래완료와 과거완료는 저절로 알게 됩니다.
>
> 【형식】 will (shall)＋have＋과거분사
>
> **1 | 완료**
>
> I shall have finished it by the time he comes.
> 「나는 그가 올 때까지는 그것을 끝마치게 될 것이다.」
>
> **2 | 결과**
>
> I shall have bought a nice car when you call on me next time.
> 「나는 당신이 다음 번 방문할 때는 좋은 차를 사가지고 있을 것이다.」
>
> **3 | 경험**
>
> He will have seen much of life by that time.
> 「그는 그 때까지 인생(세상)을 많이 볼 것이다.」
>
> **4 | 계속 — 2가지 방법이 있습니다.**
>
> ① will (shall)＋have＋과거분사 — 진행형으로 할 수 없는 동사에 씀.
> I shall have lived in Busan for two years by March next year.
> 「나는 내년 3월로 부산에 2년간 살게 된다.」
>
> ② will (shall)＋have been＋현재분사 — 진행형으로 할 수 있는 동사에 씀.
> I shall have been teaching in this school full four years (by) next October.
> 「나는 오는 10월이면 만 4년간 이 학교에서 가르치게 되는 것이다.」

will (shall)+have been+현재분사를 특히 미래완료 진행(Progressive Future Perfect)이라 합니다.

B 과거완료 Past Perfect

과거의 어떤 때를 기준으로 해서 그때까지의 완료 · 결과 · 경험 · 계속을 나타낼 때 과거완료를 씁니다.

【형식】had+과거분사

1 | 완료

When I got to the station, the train had already started.
「내가 역에 도착했을 때 기차는 이미 떠나버리고 말았다.」

get to = arrive at = reach. 역에 도착한 것은 과거의 어떤 때입니다.
그 때 이전에 기차가 떠난 것이 완료되어 그 때에는 기차가 없었다는 뜻.

2 | 결과

I had bought the apartment when I married her.
「그녀와 결혼했을 때 나는 그 아파트를 사 가지고 있었다.」

결혼한 과거 전에 사서 결혼한 과거에는 아파트를 가지고 있던 결과.

3 | 경험

I had never seen a dolphin before that time.
「나는 그 때 이전에는 돌고래를 본 적이 없었다.」

that time이라는 시점 이전에 dolphin을 본 경험이 없어서 that time이라는 과거 시점에는 dolphin이 어떤 것인지 몰랐다는 뜻.

4 | 계속 ― 역시 2가지 방법이 있습니다.

① had+과거분사 ― 진행형으로 할 수 없는 동사에 씀.
He had been sick 3 days when I called on him.
「내가 그를 방문했을 때 그는 3일간 병을 앓고 있었다.」

② had been+현재분사 ― 진행형으로 할 수 있는 동사에 씀.
I had been waiting for 3 hours when he came.
「그가 왔을 때 나는 3시간을 기다려오고 있었다.」
had been+현재분사를 특히 과거완료 진행(**Progressive Past Perfect**)이라 합니다.

5 | 먼저 발생했음을 표시

과거완료는 어떤 동작(상태)이 과거의 다른 동작(상태) **보다 먼저 일어났다는** 것을 나타냅니다.

I lost the book which I had bought the day before.
「나는 그 전날 샀던 책을 잃어버렸다.」

lost보다 had bought가 시간적으로 앞섭니다.

6 | 주의사항

① 역사적 사실은 아무리 오래된 과거일지라도 과거완료로 하지 않습니다.

I told them that Columbus discovered America.
「나는 그들에게 콜럼버스가 아메리카를 발견했다고 말해주었다.」

② and와 but 등으로 연결된 독립절에서 먼저 일어난 사실부터 **차례차례 말할 때는 과거완료로 할 필요가 없습니다.**

I bought a camera and lost it.
「나는 카메라를 하나 샀고 그것을 잃어버렸다.」

---

(602) READING

Jones was the father of twelve children. One Sunday he decided to take them all to the seaside. They set off, reached the station, got their tickets and were about to enter the train, when Jones was touched on the shoulder by the policeman.
"What have you been doing?" the policeman asked sternly.
"Why, nothing!" stammered Jones, in a great surprise.
The policeman waved his hand towards the children.
"Then why," he asked, "is this crowd following you?"

decide [disáid] 결심하다　set off 출발하다　shoulder [ʃóuldər] 어깨　sternly [stá:rnli] 엄하게　stammer [stǽmər] 더듬으며 말하다

EXERCISE 알맞은 시제를 선택해 문장을 완성하시오. 〈정답: p. 43〉

[603] She just (go) out when I called at her house.

[604] My small brother (eat) all the pie before we got back.

[605] When the plane landed, the pilot (find) that one of the wings (be damaged) by a shell.

[606] I (wait) about an hour when he came.

[607] He (borrow) the book and returned it.

[608] He (be) dead for ten years by next December.

[609] Wait till I (write) my letter.

[610] By the end of this year he (fly) more than a million miles.

[611] If we don't get there before seven, they (eat and drink) everything.

[612] It (rain) for a month by next Sunday.

Translate the following into English.

[613] 그는 이 학교에 입학할 때까지는 열심히 공부하여 왔었다.

[614] 2년만 더 있으면 여기에 꼭 10년 있게 되는 셈이다.

[615] 그는 그 책을 샀다가 다음 날 팔았다.

[616] 아버지가 돌아오실 때까지 나는 이 일을 끝낼 것이다.

[617] READING

   Aunt : They tell me you had toothache yesterday. Has it stopped aching now?

   Tom : I don't know, aunt.

   Aunt : That's strange. Surely you know whether the tooth is aching now.

   Tom : No, I don't ; the dentist has got it.

[618] 그 책을 다 읽으신 후엔 또 다른 책을 빌려드리겠습니다.

[619] 나는 이 대학에 입학할 때까지 6년 동안 영어를 공부해왔지만 영어로 쓰인 신문을 쉽게 읽을 수가 없었습니다.

[620] 그는 미국으로 가기 전에 몇 년 동안 영어공부를 해왔었습니다.

[621] 우리는 비가 오기(시작하기) 전 거기에 도착할 것입니다.

[622] 나는 10년 전에 영어를 공부했습니다만 지금은 모두 잊어버렸습니다.

[623] 내가 그녀를 방문했을 때는 이미 그녀는 미국으로 떠나버렸습니다.

다음을 읽고 물음에 답하시오. 〈정답: p. 44〉

[624] Ms. A went to England two years ago, but Mr. B had gone there three years before.
① Ms. A와 Mr. B 중 누가 먼저 England로 갔습니까?
② 먼저 간 사람은 지금부터 몇 년 전에 영국에 갔습니까?

시제(TENSE) 일람표

지금까지 동사의 시제(Tense)에 관한 주요 사항을 공부했습니다. 이것은 영어의 커다란 뿌리이며 대단히 복잡해서 아래에 표를 만들어 놓으니 철저히 복습하여 잘 기억하고 활용하도록 노력하세요. write이라는 동사로 예로 들면 아래처럼 12종류가 됩니다. 기본문 5형식과 시제 12종이 영어의 밑천입니다.

기본형 primary tense	진행형 progressive	완료형 perfect	완료진행형 progressive perfect
현재 present	I write	I am writing	I have written	I have been writing
과거 past	I wrote	I was writing	I had written	I had been writing
미래 future	I will write	I will be writing	I will have written	I will have been wring

응용연습 다음 문장을 한국어로 번역하시오.

ⓐ No sooner had the oil tanker arrived off Incheon than a storm suddenly sprang up.
ⓑ He had hardly(= scarcely) escaped when he was recaptured.

Lesson 17

태

Lesson 17 | 태

> **Hint**　태 (Voice)
>
> ※ 능동태 (Active Voice)와 수동태 (Passive Voice)
> ① I wrote this letter. 「나는 이 편지를 썼다.」
> ② This letter was written by me. 「이 편지는 나에 의해서 쓰여졌다.」

(1) ①에서 'I'라는 주어가 wrote 하는 동작을 해서 그 동작이 this letter에 미칩니다. 이런 경우를 능동태(Active Voice)라 합니다.

(2) ②에서 This letter라는 주어는 ①과는 반대로 오히려 다른 것에 의하여 was written(씌어졌다) 하는 동작을 받고 있습니다. 이런 경우를 수동태(Passive Voice)라 합니다. 수동태의 형식은 [**be+과거분사(Past Participle)**]입니다.

(3) ①에서 wrote의 목적어(Object)인 this letter가 ②에서는 주어(Subject)로 된 것과 ①의 주어인 "I"가 ②에서는 by라는 전치사와 합쳐져 by me로 되어 **was written**의 **부사구**가 되어 있는 것에 주의하세요.

(4) ①에서 동사 wrote가 과거형이므로 수동태 문장을 만들 때도 be동사의 과거형, was written 이라는 과거로 해야 하는 것에 주의하세요. 만일 ①의 동사가 **write**라는 **현재형**으로 되어 있다면 ②에서도 **is written**이 됩니다.

(5) 능동태(Active Voice)의 주어가 people, they, we, you, one, someone, somebody … 처럼 **일반적이고 막연한 사람**인 때의 수동태에서는 **이것을 생략**합니다.
They speak English in America. → English is spoken in America. (by them 생략)

(6) 의문문의 수동태
수동태 문장에서 동사는 be동사이므로 be동사와 주어의 위치를 바꾸고 의문사가 있는 의문문은 의문사를 문장 앞에 두어 의문문을 만듭니다.

Who wrote this letter? → Whom was this letter written by? (= By whom …)
What did he hear? → What was heard by him?
Does he speak English? → Is English spoken by him?
Do you know her? → Is she known to you?

좀 어렵지요? 여기는 힌트이므로 EXERCISE 해답에서 자세히 설명합니다.

(7) 수여동사는 목적어(Object)가 두 개 있으므로 수동태도 두 종류가 됩니다.

I gave him the pen. → He was given the pen by me.
　　　　　　　　　→ The pen was given him by me.

실용적인 영어는 The pen was given to him by me.처럼 him 앞에 to를 넣습니다. 그러나 동사의 종류에 따라 직접목적어만 수동태가 가능한 동사가 있고 직접목적어, 간접목적어 두 가지 모두로 수동태를 만들 수 있는 동사가 있습니다.

▲ 직접목적어, 간접목적어 모두를 수동태로 만들 수 있는 동사 :
give, **buy**, **lend**, **offer**, **pay**, **show**, **teach**, **tell** 등
He lent me some money. → I was lent some money by him. (O)
　　　　　　　　　　　→ Some money was lent to me by him. (O)

▲ 직접목적어만 주어로 수동태를 만들 수 있는 동사 :
make, **buy**, **sell**, **send**, **sing**, **write** 등
He made me a kite. → A kite was made for me by him.

(8) 동사구는 1개의 타동사로 보고 수동태로 합니다. ─ 즉 동사구 안에 있는 전치사를 빼서는 안 됩니다. (take care of, send for, laugh at … 등등)

He laughed at me. 「그는 나를 보고 웃었다.」→ I was laughed at by him.

(9) by 이외의 전치사를 쓰는 경우

All the boys know it. → It **is known to** all the boys.
It surprises me. → I **am surprised at** it.
Politics interests him. 「정치학은 그에게 흥미가 있다.」→ He **is interested in** politics.
He pleases me. 「그는 나를 기쁘게 한다.」→ I **am pleased with** him.

(10) 명령문을 수동태로 할 때는 **let**을 씁니다.

Write it right now. 「그것을 당장 써라.」→ Let it be written right now.
(right now = at once)
Take this letter to the post office. → Let this letter be taken to the post office.

(11) 불완전타동사의 수동태

He made his mother happy. → His mother was made happy by him.

(12) by와 with : **by**는 행위자, **with**는 도구를 표시합니다.

He **was killed by** a robber. 「그는 강도에 의해 살해되었다.」
He **was killed with** a sword. 「그는 칼로 살해되었다.」

(625) READING

The owner of a saloon was sleeping peacefully at 3 o'clock in the morning when his phone rang. "What time does your saloon open?" asked a drunken voice.

"Eleven o'clock." said the saloon keeper, and slammed down the phone.

A minute later the bell rang again. The same voice asked, "What time did you say your saloon opened?"

"Eleven o'clock, damn it," roared the owner, "and you can't get in a minute before."

"Who wants to get in?" said a very hurt voice. "I want to get out."

EXERCISE   능동태를 수동태로 전환하시오.   〈정답: p. 45〉

(626) The thief stole a valuable picture.

(627) He knows Mr. Kim.

(628) He will visit me tomorrow.

(629) He has written a letter.

(630) I shall have finished this work before my father comes back.

(631) He is reading an interesting book.

(632) All the students must attend to these instructions.

(633) The boys ought to obey their parents.

(634) What do you call this flower?

(635) Cut down this tree at once.

(636) He lent me some money.

(637) I made him my supporter.

(638) She took care of the poor boy.

(639) I think that he is guilty.

(640) He saw the dog run.

(641) Do they teach German in this school?

(642) He should have written in ink the letter which was addressed to his superior.

(643) READING

> "Excuse me, sir," said the Scotchman, "but aren't you the gentleman who fetched my son out of the lake yesterday?"
>
> "Why yes, I am," said the embarrassed rescuer. "But don't bother about it, let's just say nothing more about it."
>
> "Say nothing about it?" yelled the Scot. "Indeed, man, where's his cap?"

(644) Who showed you the way?

(645) This book has interested me.

(646) The doctor cured him of his disease.

(647) Who has broken the window?

(648) All believed him to be an honest man.

(649) Medical men have told us that in man physical changes take place every seven years.

(650) People used to think that the sun went round the earth.

수동태를 능동태로 바꾸시오. ⟨정답: p. 48⟩

(651) The lecture was attended by a large audience.

(652) Many books have been written by him.

(653) He was elected Mayor of Seoul.

(654) An order was given me by the officer.

(655) What cannot be cured must be endured.

(656) How is that word spelt?

(657) English must be spoken in this class.

(658) READING

A man put a tortoise into a pond and was carefully watching it, when one of his friends came to him. The visitor said to him, "I haven't seen you for a long time. What has been the matter with you?"
He answered, "As I have been interested in something, I haven't visited anybody." So saying, he pointed to the tortoise swimming in the pond.
"What of the tortoise?" asked the friend.
He replied, "From ancient times it has been told that cranes live for a thousand years, and tortoise, for ten thousand years. Therefore I am watching to see if this one will live for ten thousand years!"

(659) We were taught English by him.

(660) A presidential message is being written by him.

(661) A big bear was perceived to approach the river by the hunter.

(662) Much rice is grown in this part of the country.

(663) French as well as English is taught in our school.

(664) You might have been killed, if you had not been protected by me.

수동태를 사용하여 영어로 번역하시오. 〈정답: p. 49〉

(665) 나의 할아버지는 한국 전쟁에서 돌아가셨다.

(666) 그의 아들은 트럭에 치었다. (be run over)

(667) 몸을 깨끗이(keep clean) 해야만 한다.

(668) 그들은 우리에게 심하게 일을 시켰다.

(669) 그는 우리에게 영어를 가르친다. (2가지로)

(670) 이런 상태에서 우리는 견딜(put up with) 수가 없다.

(671) 그는 아침 일찍 일어난다고 한다. (2가지로)

(672) 그가 젊었을 때는 가난했답니다. (2가지로)

(673) 당신이 건강하신 것을 보니 기쁩니다.

Lesson 18

가정법

Lesson 18 | 가정법

> **Hint** 가정법 (Subjunctive Mood)

A 사실의 반대를 상상하는 가정법

1 | 가정법 과거 — 현재의 사실과 반대되는 상상을 할 경우 (**Subjunctive Past**)

【형식】 if ... + 과거형 동사
　　　　　　be는 were만　　..., ...　　should
　　　　　　　　　　　　　　　　　　　would + 동사원형
　　　　　　　　　　　　　　　　　　　could
　　　　　　　　　　　　　　　　　　　might

① If I **had** much money, I **would buy** the house.
「만일 내가 돈이 많다면 그 집을 살 것이다.」
(= As I have not much money, I will not buy the house.)

② If I **were** rich, I **could buy** it.
「내가 만일 부자라면 그것을 살 수 있을 것이다.」
(= As I am not rich, I cannot buy it.)

( ) 안의 As로 시작하는 문장을 잘 기억하세요. 그리고 전부 그렇게 고쳐보세요. 시험에 잘 나오는 것이에요. 또 As ...를 보고 If ...으로 고치는 연습도 해야 합니다.

2 | 가정법 과거완료 — 과거의 사실과 반대되는 상상을 할 경우 (**Subjunctive Past Perfect**)

【형식】 if ... + 과거완료　　..., ...　　should
　　　　　　　　　　　　　　　　　　　could　　+ 현재완료
　　　　　　　　　　　　　　　　　　　would
　　　　　　　　　　　　　　　　　　　might

① If I **had studied** hard, I **could have passed** the entrance examination.
「열심히 공부했더라면 입학시험에 합격할 수 있었을 텐데.」
(= As I did not study hard, I could not pass the entrance examination.)

② If I **had had** much money, I **could have bought** it.
「만일 내가 돈을 많이 가지고 있었더라면 그것을 살 수 있었을 텐데.」
(= As I had not much money, I could not buy it.)

3 | 가정법 미래 — 미래의 사실과 반대되는 상상을 할 때

【형식】 if ... + were to   ..., ... should
                                    could   + 동사원형
                                    would
                                    might

① If the sun **were to** rise in the west, I **would not do** such a thing again.
「해가 서쪽에서 뜨는 일이 있다 할지라도 이런 일을 다시는 안 하겠다.」

② If **I were to** go abroad, I **would go** to the States.
「만일 내가 외국에 간다면 나는 미국에 갈 것이다.」

I am to go abroad. 「나는 외국에 갈 예정이다.」에서 be+to부정사는 미래에 대한 예정을 말할 때가 있다 했지요? 그런데 그렇게 할 예정이 지금은 없지만 '가령 있다고 가정한다면'이라고 하려면 ② 처럼 되는 것입니다.

B 특수한 가정법

1 | 가정법 현재 — 현재 또는 미래에 관한 불확실한 상상을 하는 경우

【형식】 if ... + 동사원형 ...

① If it **be** fine tomorrow, I will go to Busan.
「내일 날씨가 좋으면 부산에 갈 것이다.」

② If it **rain** tomorrow, I will not go to Busan.
「내일 비가 온다면 부산에 가지 않을 것이다.」

이 용법은 현대에서는 잘 쓰지 않고 보통은 다음과 같이 합니다.
ⓐ → If **it is fine** tomorrow, …
ⓑ → If **it rains** tomorrow, …

2 | 현재 또는 미래에 대한 강한 의심을 나타내는 경우

【형식】 if ... + should + 동사원형   ..., ... should
                                               could   + 동사원형
                                               would
                                               might

If I **should fail**, I **would try** again. 「만일 내가 실패하면 (그럴 리가 없지만) 또 해 보겠다.」

were to와 should는 서로 바꿔 쓰기도 합니다. 왜냐하면 미래 사실과 반대되는 상상과 미래에 대한 강한 의심은 그 뜻에 차이가 별로 없기 때문입니다.

3 | If ... would — 의지를 가정함

(~할 의지가 있는지 없는지 모르지만 만약 할 의지가 있다면)

If he **would lend** me the money, I **should be** much obliged.
「그가 그 돈을 빌려준다면, 많이 고맙겠는데.」

이것은 미래에 대한 가정이지만 다음과 같이 현재 사실의 반대를 표시할 때도 있습니다.

He **could** come, if he **would**. 「그는 오려고만 하면 올 수 있는데 안 온다.」
(현재 올 의사가 없어서 — 그러니까 현재 사실의 반대가 되지요.)

4 | I wish + 가정법

현재, 과거, 미래에 대한 가망성 없는 희망을 나타냅니다.

① 현재 : I **wish** I **were** a bird.
   [= I am sorry (that) I am not a bird.]
   「내가 새라면 좋겠다.」(현재 새가 아니라서 유감이라는 뜻)

② 과거 : I **wish** I **had been** at the meeting.
   [= I am sorry (that) I was not at the meeting.]
   「내가 그 모임에 참석했었더라면 좋았을 텐데.」

③ 미래 : I **wish** you **would succeed**.
   [= I am sorry (that) you will not succeed.]
   「네가 성공하면 좋겠는데.」(가망이 없다.)

▶ 「내가 영어를 잘 말할 수가 있으면 좋겠는데.」는?
   → I **wish** I **could speak** English well.
   (= I am sorry I cannot speak English well.)
   또 「내가 (과거에) 영어를 잘 말할 수 있었더라면 좋았을 텐데.」는?
   → I **wish** I **could have spoken** English well.
   (= I am sorry I could not speak English well.)

5 | as if (= as though) ... 「마치 …인 것처럼」 — 여기에도 가정법을 씁니다.

① He speaks Korean **as if** he **were** a Korean.
   「그는 마치 한국 사람인 것처럼 한국말을 한다.」

② He talks **as if** he **knew** everything.
   「그는 마치 무엇이든지 아는 것처럼 이야기한다.」

ⓐ 본동사가 과거일 때도 as if 이하의 시제는 변동이 없습니다.
→ He spoke Korean **as if** he **were** a Korean.
→ He talked **as if** he **knew** everything.

이 문제에 관해서 많은 분들이 질문하셨기 때문에 다음과 같이 설명 드립니다.

He talks as if he knew everything.은 **He talks as he would talk if he knew everything.**을 축약한 것입니다. 그러면 과거형인 talked라고 해서 그 다음의 가정법에 변동이 일어나나요?

He said, "I could buy it if I had much money." 이 문장을 간접화법으로 하면? → He said that he could buy it if he had much money. 즉 **간접화법이 가정법일 때는 변하지 않습니다.** (다음 Sequence of Tense와 Narration에서도 언급하고 있습니다.)

ⓑ as if를 더 많이 사용하고 as though는 드물게 씁니다.

ⓒ 회화 때는 as if 대신 like를 쓰는 일이 많습니다. 즉
He speaks Korean **like** a Korean.

6 | Were it not for …

Were it not for your help, he could not live now.
「당신 도움이 없으면 그는 지금 살아갈 수 없을 것이다.」

이것은 if it were not for … 「…이 없으면」에서 if를 생략하고 **be동사와 it이 도치된 구문**입니다. 「현재 …이 없으면」이라고 할 때 이 형식을 씁니다.

Were it not for the money, I could not buy the house.
「그 돈이 없으면 나는 그 집을 살 수 없을 것이다.」

이것은 다음에 배울 But for, Without으로도 표현할 수 있습니다.

But for(= **Without**) the money, I could not buy the house.

또 If I **had not**(= **did not have**) the money, I ….로도 할 수 있습니다.

7 | Had it not been for …

Had it not been for your help, I should have failed.
「당신이 도와주지 않았더라면 나는 실패했을 것이다.」
(= If it **had not been for** your help, **I should have failed**.)
(= If you **had not helped** me, **I should have failed**.)

이것은 「과거에 …이 없었더라면」이라고 할 때 씁니다. 따라서

Had it not been for the money, I **could not have bought** the house.
「그 돈이 없었더라면 그 집을 살 수가 없었을 것이다.」

이것은 **But for**(= **Without**) the money, I **could not have bought** the house.
또는 If I **had not had** the money, I **could not have bought** the house.로도 할 수 있습니다.

8 | If를 대신하는 어구

① to부정사

We should be scolded by the teacher **to tell a lie**.
= We should be scolded by the teacher, if we were to tell a lie.
「거짓말을 한다면 선생님이 야단치실 걸.」

② without

Without water, nothing could live.
= If there were no water, nothing could live.
「물이 없다면 아무것도 살 수 없을 것이다.」

③ but for

But for your help, I should fail.
= Were it not for your help, I should fail.
「당신의 도움이 없으면 나는 실패할 것입니다.」

But for your help, I should have failed.
= **Had it not been for your help**, I should have failed.
「당신의 도움이 없었더라면 나는 실패했을 것입니다.」

(= If you had not helped me, I should have failed.)

(= Without your help, I should have failed.)

주절에 있는 should fail 또는 should have failed가 됨에 따라 But for는 가정법 과거 혹은 가정법 과거완료도 되는 것에 주의 해야 합니다. 즉 Without도 마찬가지.

④ otherwise 또는 or (else)

He studied very hard, otherwise(= or) he would have failed.
「그는 열심히 공부했다. 그렇지 않았더라면 그는 실패했을 것이다.」

= If he had not studied very hard, …

⑤ but that은 but for와 마찬가지로 「~가 없다면, ~하지 않다면」인데 다만 but for에서는 다음에 문장이 오지 않고 **명사구가 오는 반면 but that** 이후에는 주어+동사의 문장이 옵니다.

> I would go to America, but that I am poor.
> 「가난하지 않으면 미국으로 갈 것이다.」
> = I would go to America, if I were not poor. (= but for being poor.)
>
> 이 that은 생략하기도 해서 Nothing would content him (　) she must come. 물론 but이 답인데 그 뜻은? → 「그녀가 와야만 그는 만족할 것이다.」

(674) READING 〈정답: p. 50〉

He had been arrested for being drunk and disorderly, and while he was being charged at the police station, the local sergeant asked him:

"Can you read and write?"

"I can write, not read."

"Write your name, then." said the sergeant.

The prisoner took a pencil and scrawled huge letters on the page.

"What is that you've written?" demanded the puzzled sergeant.

"I don't know," replied the prisoner. "I told you I can't read."

EXERCISE 다음 ( )의 단어를 이용하여 알맞은 가정법의 시제를 넣으시오. 〈정답: p. 50〉

[675] If I were you, I (tell) him the truth.

[676] I (not go) if I (know) it was going to rain.

[677] If the ocean were to flood the earth, my loyalty (be) unchanged.

[678] If I had gone out in the rain, I (catch) cold.

[679] If I (have) much money then, I could have bought the house.

[680] If the sun (be) extinguished, the whole earth would be fast bound in frost in a day or two.

[681] If he (be driving) fast, it would have been a more serious accident.

( ) 안의 문장을 영어로 보충하여 주어진 문장을 완성하시오.

[682] If I should not succeed, (어떤 다른 방도로 해보겠다.)

[683] If he were not my senior, (더 좋은 태도를 가르쳐 주고 싶다.)

[684] If we had not stopped on the way, (벌써 도착했을 것이다.)

[685] Though he were to beg on his knees, (그래도 나는 거절하겠다.)

[686] If you would lend me the book, (매우 고맙겠는데.)

[687] (만일 내가 당신이라면), I should devote myself to this work.

[688] (만일 내가 그것을 써놓지 않으면), I should forget it.

[689] (만일 그가 그녀와 결혼했더라면), he would have been happier.

[690] (그가 더 열심히 일했더라면), he would certainly have succeeded.

[691] I wish ① (내가 새라면 좋겠는데.) = I am sorry ….
　　　　　② (내가 부자였더라면 좋았을 걸.) = I am sorry …
　　　　　③ (그가 성공하면 좋겠는데.) = I am sorry …

[692] The child talks as if (마치 어른처럼)

[693] Were this sliver watch made of gold, (내가 그것을 살 텐데.)

[694] But for ① (당신의 도움이 없으면 나는 실패할 것이다. = If …)
② (당신의 도움이 없었더라면 나는 실패했을 것이다. = If …)

[695] To hear him talk, (사람은 그를 바보라고 생각할 것이다.)

[696] Without (물이 없으면 아무것도 살 수 없을 것이다.)

[697] ……… but that ………… (게으르지 않으면 그는 성공할 텐데.)

[698] He worked very hard, otherwise(= or) (그는 실패 했었을 걸.)

[699] READING

"Say, Bob, can I borrow your pen?"

"Sure."

"Got a sheet of writing paper?"

"Reckon so."

"Going past the mailbox on the way out?"

"Uh-huh."

"Wait a minute till I finish the letter, will you?"

"All right."

"Now lend me a stamp, will you?"

"OK."

"Much obliged. Say, what's your girl's address?"

다음을 우리말로 해석하고 차이점을 말하시오. 〈정답: p. 52〉

[700] ① I wish to be a general.
② I wish I were a general.
③ I wish I had been a general.
④ I wish he would become a general.

[701] ① I hope you will succeed.
② I wish you would succeed.

다음을 가정법 문장으로 만드시오. 〈정답: p. 52〉

[702] I have no time, so I cannot go with you.

[703] As I am not rich, I cannot do so.

[704] I arrived a day too late and was not in time for the exam.

[705] I succeeded, because I did my best.

[706] I am sorry I did not bring my camera with me.

[707] I am sorry I cannot speak French.

[708] I am sorry I was not with you.

[709] READING

Wife: When are you going to mend that fence, John?
John: Oh, next week, when Tom comes home from college.
Wife: But what will the boy know about mending fences, John?
John: He ought to know a great deal. He wrote to me that he'd been taking fencing lessons for a month.

다음 문장을 가정법을 이용하여 영어로 번역하고, 영어 문장은 우리말로 해석하시오.

[710] 내가 그때 총을 가지고 있었더라면 좋았을 텐데.

[711] 그가 돈을 낭비하지 않았더라면 지금 그렇게 가난하지 않을 텐데.

[712] 우리가 10분 더 일찍 왔더라면 카페리 시간 안에 왔을 텐데.

[713] 시간이 있으면 가고 싶은데.

(714) If my present lodgings were a little nearer to the school or if the subway service were available, there would be no need for me to move.

(715) 내가 만일 그에게 부탁한다면 (사실 부탁할 리 없지만) 그는 승낙할 것이다.

(716) 그는 마치 백만장자(millionaire)인 것처럼 사치스럽게 살고 있습니다.

(717) Man would have continued a savage, but for the results of the useful labors of those who proceeded him. They discovered art and science, and we succeed to the useful effects of their labors.

Lesson 19

시제의 일치

Lesson 19 시제의 일치

> **Hint** 시제의 일치 (Sequence of Tenses)

※ 주절과 종속절
 명사절·형용사절·부사절을 종속절(Subordinate Clause)이라 하고 이 3가지 종속절을 거느리는 절을 주절(Principal Clause)이라 합니다.

① I know a boy who can speak English well.
   └─주절─┘ └──────종속절(형용사절)──────┘

② He was working when I called on him.
   └──주절──┘ └────종속절(부사절)────┘

③ He says that she is kind.
   └─주절─┘ └─종속절(명사절)─┘

④ That he is honest is true.
   └─종속절(명사절)─┘ └주절┘

※ 시제의 일치 (Sequence of Tenses)
 우리말로 '그는 열심히 공부한다고 말했다.'라고 한다면 공부한 것은 과거이지만 '공부한다'라고 현재로 표현해 놓고 끝말만 '말했다'라고 과거로 표현합니다. 그러나 영어로는 He **said** that he **worked** hard.라고 표현해야 합니다.
 즉 **주절의 동사 여하에 따라서 종속절 동사의 시제가 변합니다.** 이와 같은 규칙을 **시제의 일치 (Sequence of Tenses)**라 합니다.

A 주절의 동사가 과거일 때 종속절의 동사는 과거 또는 과거완료가 됩니다.

I thought that he is at home.은 안 되고 I **thought** that he **was** at home.이 됩니다.
또 He told me that he has read the book through.라고 하지 않고
He **told** me that he **had read** the book through.로 합니다.

단, 종속절(Subordinate Clause)에서 **일반적 진리 또는 현재의 습관**을 말하는 경우에는 **현재형 (Present)**을 씁니다.

He said that **the earth is round**. 「그는 지구가 둥글다고 말했다.」 (진리)

He said that the train starts at five. 「그는 그 기차가 5시에 떠난다고 말했다.」 (습관)

B 주절의 동사가 현재나 미래 시제인 경우 종속절의 동사는 어떤 시제(**Tense**)를 써도 좋습니다.

① I think that ─ he was rich.
　　　　　　　　he is rich.
　　　　　　　　he will be rich.

② He will say that ─ he was sick.
　　　　　　　　　 he is sick.
　　　　　　　　　 he will be sick.

C than이나 as처럼 비교를 말하는 접속사로 인도된 종속절의 동사는 어떤 시제(**Tense**)를 써도 좋습니다.

I was taller than you are. (또는 were.)

He was not so kind as you are. (또는 were.)

[718] READING 〈정답: p. 53〉

Bobby's mother had forbidden him to fight, but he came home one day bruised and battered, with the blood running down his face and two front teeth missing.

"Why, Bobby," said the mother, sternly, "you have been fighting again, and have lost two of your teeth."

"Oh, no, I haven't, mother," replied the little boy, "I've got them both safe in my pocket."

EXERCISE 틀린 것이 있으면 고치시오. 〈정답: p. 54〉

(719) My mother told me that she is ill yesterday.

(720) He ran away as soon as he sees me.

(721) Teacher told me that the earth was round like a big ball.

(722) I knew that he has deceived me.

(723) I thought I shall need it.

(724) He liked me more than he liked you.

(725) I told him that I get up early every morning.

(726) I think he had done it already at that time.

다음 문장을 영어로 번역하시오.

(727) 그는 나에게 무엇이 필요하냐고 물었다.

(728) 그는 아주 빨리 뛰어가서 나는 따라갈 수가 없었다. (keep up with)

(729) 당신은 너무 빨리 걸어서 나는 쫓아갈 수가 없습니다.

(730) 나는 그가 어디 사는지 몰랐습니다.

(731) 나는 '정직이 최상의 방책(policy)이다.'라는 것을 배웠습니다.

(732) READING

Two men were passing along a mountain-path, when a bear made its appearance. The one who saw it first ran up a tree nearby. The other, having no time to escape, fell down on the ground and lay as if he were dead, for he had heard that a bear does not put its paw upon a dead man. The fierce animal came to him and sniffed about him, but went away. Perhaps he thought that the man was truly dead. Then the man in the tree came down to his companion and said, "I know how frightened you were. Looking down at the sight from the tree, I was trembling with fear. The animal seemed to put his mouth to your ear. When he did so, did he say anything to you?"

"Yes, 'Do not keep company in the future with a man who runs away from his friend in case of peril.' was the bear's whisper."

(733) 그는 무엇인가 잃어버렸다고 말했다.

(734) 나는 당신이 성공할 것이라고 생각했습니다.

(735) 그는 당신이 지금 공부하고 있는 것보다 더 열심히 공부했습니다.

(736) 나는 당신 나이 때 당신만큼 영어를 몰랐습니다.

(737) 나는 나의 아우가 정직하다는 말을 들어서 기뻤다.

(738) 내일 아침 출발하신다는 말을 미스터 김에게 들었습니다.

(739) 그는 성공하려고 주야(day and night)로 공부했습니다. (that … may)

(740) 그는 카메라를 샀다고 나에게 말했다.

(741) 그는 부자가 되려고 열심히 일했다. (that … may)

Lesson 20

화법

Lesson 20 | 화법

> **Hint** 화법 (Narration)

※ 직접화법과 간접화법 (Direct Narration과 Indirect Narration)
직접화법은 사람이 말하는 것을 그대로 전하는 표현법이고 간접화법은 다른 사람이 말한 것을 자기 말로 바꾸어서 그 내용만을 전하는 표현법입니다.

직접화법: He said, "I am happy."「그는 "나는 행복하다."라고 말했다.」
간접화법: He said that he was happy.「그가 자기는 행복하다고 말했다.」

① 직접(Direct) 화법에는 quotation mark (" ")를 씁니다.
② 간접(Indirect) 화법에는 명사절(noun clause)을 씁니다.
③ 위 예문의 said와 같은 동사를 전달동사(reporting verb)라 하고 that 이하의 절 (clause)을 피전달부(reported speech)라 합니다.

직접화법을 간접화법으로 바꾸는 방법

A 전달동사가 현재나 미래 시제일 경우 피전달부의 시제는 변화가 없습니다.

He says, "I am honest."
→ He says that he is honest.

He has said to me, "I saw your brother."
→ He has told me that he saw my brother.

[간접화법에서 듣는 사람(me와 같은 목적어가 있을 경우)이 있을 때는 tell]

He will say, "I am not responsible for it."
→ He will say that he is not responsible for it.

B 전달동사가 과거 시제인 경우 피전달부의 시제는 다음처럼 변합니다.

① 현재 (present) → 과거 (past)
He said, "I am busy." → He said that he was busy.

② will, shall, can … 등의 조동사 → would, should, could …
He said, "I will give you this car."
→ He said that he would give me that car.

③ 일반적 진리를 말할 때는 변동이 없습니다.
He said, "Honest is the best policy."
→ He said that honesty is the best policy.

④ 현재완료 (present perfect) → 과거완료 (past perfect)
He said, "I have written it."
→ He said that he had written it.

⑤ 과거 (past) → 과거완료 (past perfect)
He said, "I bought this book yesterday."
→ He said that he had bought that book the day before.
yesterday → the day before (그 전날) [F] 참조

⑥ 역사적 사실은 과거형 그대로 씁니다.
He said, "Columbus discovered America."
→ He said that Columbus discovered America.

⑦ 가정법(Subjunctive Mood)은 변동이 없습니다.
He said, "If I were rich, I would buy it."
→ He said that, if he were rich, he would buy it.

C 의문문 interrogative sentence **인 경우**

① 의문사가 없는 경우
He said to me, "Do you live in Paju?"
→ He asked me whether I lived in Paju.
ⓐ ask와 whether를 쓰고 그 다음은 평서문이 되는 것에 주의.
ⓑ whether 대신 if도 가능합니다.

He said to me, "Are you a public official?"
→ He asked me if(= whether) I was a public official.

② 의문사가 있는 경우
He said to me, "Where do you live?"
→ He asked me where I lived.
의문문이 평서문의 순서대로 오는 것에 주의.

He said to me, "Who are you?"
→ He asked me who I was.

D 명령문 imperative sentence 인 경우

I said to him, "Open the window."
→ I told(= asked, ordered) him to open the window.

I said to the boys, "Please, be silent."
→ I begged the boys to be silent.

ⓐ to부정사로 바꾸는 것에 주의.
ⓑ " " 안의 내용이 명령인 경우에는 전달동사를 **order**,
충고인 경우에는 **advise**, 의뢰 · 부탁인 경우에는 **ask**,
please가 있으면 **beg**, 감탄문인 경우 **exclaim**, 분간하기 힘들 때는 **tell**을 쓰세요.

E 감탄문 exclamatory sentence 인 경우

She said, "How fast the dog runs!"
→ She exclaimed that the dog ran very fast.

He said, "Alas! My mother has died."
→ He exclaimed with a sigh that his mother had died.

감탄을 나타내는 How를 very로, Alas를 with a sigh로 하는 것에 주의하세요.

F 전달동사가 과거일 때 피전달부에서 형용사 및 부사가 변하는 것이 있습니다.

He said to me, "I arrived just now."
→ He told me that he had arrived just then.

① this → that
② here → there
③ come → go
④ now → then
⑤ today → that day
⑥ last → the previous
⑦ next → the next(= following)
⑧ thus → so
⑨ ago → before
⑩ tomorrow → the next(= following) day
⑪ yesterday → the day before 또는 the previous day
⑫ last night → the night before 또는 the previous night

He said, "I reached here yesterday."
→ He said that he had reached there the day before.

(742) READING

He put down the book that he had been reading, and looking at his wife's face, said, "This book says that a father's greatness is often an obstacle to his children's rising in the world."

His wife replied, "Is that so? If that is true, it is fortunate that, so far as our children are concerned, we may be relieved."

discover [diskʌ́vər] 발견하다   whether [hwéðər] ~인지   beg [beg] 구걸하다, 간청하다   order [ɔ́:rdər] 명령하다   advise [ədváiz] 충고하다   alas [əlǽs, əlɑ́:s] 아아!   exclaim [ikskléim] 외치다   sigh [sai] 탄식   arrive [əráiv] 도착하다   following [fɑ́louiŋ] 다음의   previous [prí:viəs] 앞의, 이전의   put [put] 놓다   greatness [gréitnis] 위대함, 훌륭함   obstacle [ɑ́bstəkl] 방해   fortunate [fɔ́:rtʃənit] 운이 좋은, 다행의   so far as … be concerned …에 관한 한

EXERCISE 다음 문장을 직접화법에서 간접화법으로 고치시오. 〈정답: p. 56〉

(743) He said, "I will do my best."

(744) He said to me, "I was put in jail yesterday."

(745) John said to me, "I shall not see you again."

(746) My father said to me, "Her letter arrived yesterday."

(747) He said, "I will come here soon."

(748) He said, "I left home long ago."

(749) The doctor said to me, "You had better go to the seaside."

(750) John said to him, "You are wrong."

(751) He said to me, "The rich are not always happy."

(752) He said, "I shall have been waiting for you."

(753) He said, "I think it quite strange."

(754) He said, "My brother will leave for Seoul tomorrow."

(755) He said, "The boy will soon be found and I will bring him."

(756) READING

> The Scotch chemistry professor was demonstrating the properties of various acids.
> "Watch carefully," he instructed. "I am going to drop this two shilling pieces into a glass of acid. Will it dissolve?"
> "No, sir," spoke up one student very promptly.
> "Explain to the class why it won't dissolve."
> "Because," came the answer, "if it would, you wouldn't drop it in."

(757) He said to me, "Have you received my letter?"

(758) He said to us, "Are you going away today?"

(759) I asked him, "Where are you staying?"

(760) He said to me, "Did you buy the book last night?"

(761) Frank said to me, "Are you afraid of your teacher?"

(762) He said to me, "Did you call on my brother a month ago?"

(763) "Mary," said her father, "did you take my letter to the post office?"

(764) You said to me, "Will your brother come and see me in the afternoon?"

(765) "Are they honest?" said I.

(766) My uncle said to me, "How do you like Jeju-do?"

(767) He said to his man, "Go away at once."

(768) She said to me, "Be so kind as to write this letter for me."

(769) His father said to him, "Give up smoking and drinking."

(770) He said, "How happy I am!"

(771) READING

An inhabitant of the mountainous country met at a small hotel in New York with a man who lived on an island.

The mountain dweller said, "The sun rises from among the mountains and sets behind other mountains."

The islander replied, "No, sir, he rises from the sea and goes down into the sea."

So they had high words.

Just then the host appeared, saying, "Eh? The sun rises from among the roofs and sets among other roofs, doesn't it?"

---

afraid of ~을 무서워하다   honest [άnist] 정직한   at once 당장, 동시에   give up 끊다, 포기하다   inhabitant [inhǽbitənt] 주민   mountainous [máuntənəs] 산이 많은, 산악성의

다음 문장을 간접화법에서 직접화법으로 고치시오. 〈정답: p. 58〉

(772) John tells his friends that he has been reading.

(773) John begged them to leave that alone.

(774) John said that the earth goes around the sun.

(775) He asked me whether I had ever seen a lion.

(776) He asked me what I was doing.

(777) He said that he had been there two days before.

(778) He said that he had been learning English for five years.

(779) I asked him whether I might visit him again later.

(780) He asked me where I lived.

(781) I always advise him not to do anything in a hurry.

(782) He said that he had met her the day before, but that he had not seen her since.

(783) READING

> Professor Blackie feeling unwell, once wrote on his classroom door this notice : "The professor will be unable to meet his classes this evening."
> A student rubbed out a letter and made it, "The professor will be unable to meet his lasses this evening."
> Blackie, perceiving this, turned the tables by striking off the next letter, and making the notice read : "The professor will be unable to meet his asses this evening."

다음의 우리말을 직접화법과 간접화법으로 영역하시오.

(784) 그는 그것을 듣고 대단히 기쁘다고 말했다.

(785) 그는 나에게 나는 누구이며 무엇을 원하는지 물었다.

(786) 선생님은 Watt가 증기기관을 발명했다고 말씀하셨다.

(787) 그는 나에게 TV 연기자냐고 물었다.

(788) 그는 전 날 학교에서 집으로 오는 길에 그녀를 만났다고 말했다.

(789) 그 은행원은 나에게 돈을 빌려주겠다고 말했다.

(790) 그는 "그녀가 정말 친절하구나!"라고 말했다.

(791) 그는 산책하러 가자고 말했다.

(792) 그는 나에게 창문을 열라고 말했다.

(793) 그는 나에게 왜 그의 아우를 때렸느냐고 물었다.

(794) 그는 돈을 많이 가지고 있었더라면 그것을 샀을 것이라고 말했다.

토씨(TOEWC)
영어쓰기능력 평가시험의 새로운 장을 열었습니다.

(TOEWC : Test of English Writing for Global Communication)

점수를 높이는 시험은 넘쳐나지만,
능력을 평가하는 시험은 토씨(TOEWC)뿐입니다.

토씨(TOEWC)는, 세계 최초의 영어쓰기능력 평가시험입니다.

시험유형	초등, 중등, 고등, 일반 (각 1급 ~ 5급)	**참가자격**	자격제한 없음
문제유형	자율서술, 요약, 묘사, 유추설명, 비교대조, 분석, 진단평가, 의견제시 등		
홈페이지	www.toewc.or.kr		
문 의	TEL : 02) 557-1702~3 / toewc@toewc.or.kr		

응시특전
– 합격자에게 민간자격증 부여, 개인별 전국단위 종합 성적표 제공
– 단체 응시의 경우 학교별 전국단위 성적표 제공
– 수상실적 대입 전형 참고자료로 활용 가능

※ 토씨 (TOEWC) 는 초,중,고교 및 대학 교내 영어쓰기능력 경시대회를 지원해드립니다.

주 최 : 주식회사 하리스코엔코렉션

주 관 :  RICGC Research Institute of Contemporary Global Communication - 미국연구소    CCRI Cornwell Communication Research Institute - 영국연구소

안현필의 NEW 영어실력기초

불후의 명저

정답 및 해설
실전응용문제

ENGLISH STUDY BASICS

> "살아서 남에게 굴욕을 받기보다
> 차라리 분투 중에 쓰러짐을 택하라"

정답과 해설

Lesson 01 | Be 동사 _ 정답과 해설

[1] I am → **We are** 「나는 학기말 시험으로 긴장하고 있다.」

[2] I was → **We were** 「나는 그의 연설에 감격했다.」

연구 strike는 불규칙 변화 동사
struck은 과거분사(strike-struck-struck)

[3] **변화 없음** 「너는 사소할 일에 너무 신경질이다.」

연구 you는 '당신, 너'라는 단수에도 쓰고 '당신들, 너희들'이라는 복수에도 쓰기 때문에 아무런 변화가 없습니다. 다음의 [4]도 마찬가지.

[4] You were an urchin → **You were urchins** 「너는 어렸을 적에 개구쟁이였다.」

[5] He is → **They are** 「그는 돈에 인색하다.」

[6] He was → **They were** 「그는 돈에 쪼들렸었다.」

[7] She is ... her ... → **They are ... their ...** 「그녀는 식성이 까다롭다.」

[8] She was ... herself ... → **They were ... themselves ...** 「그녀는 기뻐 어쩔 줄을 몰랐다.」

표현1 he, she, it의 복수는 셋 다 they.

표현2 beside oneself 「어쩔 줄 모르는, 제정신이 아닌」

[9] It is ... matter. → **They are ... matters.** 「그것은 웃을 일이 아니다.」

[10] It was ... sight. → **They were ... sights.** 「그것은 놀랄만한 광경이었다.」

[11] This is ... mate ... that glove. → **These are ... mates ... those gloves.** 「이것은 저 장갑의 짝이다.」

[12] That was a ... nonsense. → **Those were ... nonsenses.** 「그것은 아주 터무니 없는 일이었다.」

[13] It is his hobby. → **They are their hobbies.** 「그것은 그의 취미이다.」

표현 his, her, its의 복수는 공통으로 their.

[14] It was her pet. → **They were their pets.** 「그것은 그녀의 애완동물이었다.」

[15] Its structure is .... → **Their structures are ....** 「그것의 구조는 복잡하다.」

[16] ... opinion is ... → **... opinions are ....** 「네 의견이 옳다.」

[17] This coat is .... → **These coats are ....** 「이 외투는 너무 꼭 낀다.」

[18] That bucket of hers leaks .... → **Those buckets of theirs leak ....** 「그녀의 양동이는 물이 샌다.」

표현 a my friend라고는 하지 않고 → a friend of mine

that your book은? → that book of yours
this Tom's house는? → this house of Tom's
It's no your fault. 「네 잘못이 아니다」 → It's no fault of yours.

즉, 관사 (a, an, the)와 지시대명사 (this, that), no, any, some 따위의 **수량형용사와 소유격 명사 · 대명사**는 나란히 쓸 수 없는 것이 영어의 어법이라서 소유격의 명사 · 대명사는 of 를 쓰고 그 다음으로 위치 이동을 합니다. 이 때 **대명사는 mine, ours, yours 등의 소유대명사** 형태로 바뀝니다.

[19] She as well as I is happy.

[20] Not only I but she is happy.

[21] John or I am to go there.

[22] Either he or I am mistaken[= (in the) wrong].

[23] Two thirds of the boys are poor.

[24] ① There are two books on the desk.
② The book is on the desk.
③ He is in the room.
④ John is in the room.

연구 be동사가 '있다, 존재하다'라는 뜻일 경우 대개는 'There ...' 구문을 취한다고 했지만 주어가 the book, he, John, his book 등 특정한 것을 말할 때는 'There ...' 구문을 취하지 않습니다. 그러나 a book, many boys, two girls, some boys, few people, little water 등은 막연한 것을 말하므로 'There ...' 구문을 취합니다. **즉 막연한 것을 말할 때는 'There ...' 구문을 취하지만** 특정한 것을 말할 때는 'There ...' 구문을 취하지 않는다는 것입니다.

[25] Each of you is responsible for it.

[26] All of them are responsible for it.

[27] All of the time was spent in reading.

연구 All of them, All of the boys 처럼 All of 다음에 복수가 올 때는 복수 취급을 하고, All of the time, All of the money 처럼 All of 다음에 단수 명사가 오면 단수 취급을 합니다.

[28] Every one of them is responsible for it.

표현 every = all + each 라고 했으니까 '모두가 제각기'라는 뜻이 되어서 단수 취급을 합니다.

[29] Neither he nor I am rich.

[30] Half of the money was spent in gambling.

half of 다음에 단수 명사가 오면 단수, 복수 명사가 오면 복수 취급합니다.

[31] **is** 「버터를 바른 빵이 평소 나의 아침 식사이다.」

빵과 버터 - 글자 그대로 보면 복수처럼 생각되지만 '버터 바른 빵' 즉 '버터빵'은 하나이므로 단수 취급을 합니다.

[32] **was** 「각 소년 소녀가 그것을 알려고 애썼다.」

each ... + each ...도 단수 취급을 합니다.

[33] **is** 「매시 매분이 (모두) 중요하다.」

every ... + every ...도 단수 취급을 합니다.

표현 each, every, all의 차이는?
each는 2개 이상의 것을 개별적으로 가려 따질 때 씁니다.
all은 전체를 집합적으로 볼 때 씁니다.
every는 = each + all

① Each boy of our class has a bicycle.
② All of boys of our class want to go on a hike.
③ Every boy of our class wants to go to the States.

답 ① 우리 반의 각 소년이 자전거를 가지고 있다. (개별적인 것을 말함)
② 우리 반의 모든 소년이 하이킹 가기를 원한다. (전체를 말함)
③ 우리 반의 모든 소년 각자가 미국으로 가기를 원한다. (= each + all)

[34] **is** 「1천 달러는 큰 금액이다.」

dollars라고 복수로 되어 있지만 1000 달러를 한 금액으로 보기 때문에 단수 취급을 합니다.

[35] **is** 「금년도 졸업생 수는 총 120명이다.」

금년도 졸업생의 총수를 한 단위로 보기 때문에 단수 취급을 합니다.

[36] **were** 「많은 사람이 어제 회합에 참석했습니다.」

연구 a number of ...에는 ① 얼마간의 = some, ② 많은 = many 라는 2가지 뜻이 있으므로 복수 취급을 합니다. The number of ...는 ...의 숫자이므로 단수, A number of ...는 복수 취급을 한다는 것만 알아두면 됩니다.

[37] **is** 「그것에 책임이 있는 사람은 바로 그녀입니다.」

연구 원문은 She is responsible for it.인데 그 중에서 'She'를 강조한 구문입니다.

John bought the house.에서 John을 강조하면

→ It was John that bought the house. 「그 집을 산 사람은 바로 John이었다.」

또 the house를 강조하면

→ It was the house that John bought. 「John이 산 것은 바로 그 집이었다.」

Lesson 02 | Have 동사 _ 정답과 해설

[38] **has** 「나의 아버지는 그 회사에 많은 주를 가지고 있다.」

My father는 I나 You가 아닌 3인칭 단수이므로 has를 씁니다.

[39] **had** 「우리는 지난 일요일 아침 일찍 일어나야만 했습니다.」

연구 have to = must (...해야만 한다.) — '지난 일요일'이라고 과거를 나타내는 말이 있으므로 had가 된다는 것을 알겠지요?

[40] **had** 「당신은 나쁜 친구들을 피하는 것이 좋습니다.」

표현 had better ... 「...하는 것이 좋다.」

You had better go there. 「너는 거기에 가는 것이 좋다.」

연구 주의할 것은 You had better to go there.라고 'to'를 넣어서는 안 됩니다.

had better의 형태는 과거이지만 뜻은 「...하는 것이 좋다」로 현재입니다.

만일 과거로 하려면 You had better have gone there. 「너는 거기에 가는 것이 좋았다. (왜 안 갔었느냐)」처럼 had better 다음을 완료형으로 합니다.

You had better see her.
「너는 그녀를 만나는 것이 좋다.」

You had better have seen her.
「너는 그녀를 만나는 것이 좋았다. (왜 안 만났느냐)」

표현 keep away from ... 「...을 피하다, 멀리하다」

[41] **has** 「나의 어머니는 돈을 좀 가지고 있습니다.」

연구 have got = have이므로 got은 뜻이 없는 허수아비입니다.

You have (got) some money. 처럼 got을 ( ) 안에 가두어 놓고 생각하세요.

이처럼 got을 쓰는 것은 구어체로 대화할 때 많이 씁니다.

[42] **have** 「그들은 그 일을 두 시까지 끝쳐야만 합니다.」

have got to = must — 이것도 got를 ( ) 안에 넣고 생각하세요.

[43] **have** 「그녀는 새 웨딩드레스를 만들어야만 합니다.」

연구1 have + 목적어 + 과거분사 = ① ... 시키다, ② ...을 당하다

He had his house built by John. 「그는 자기 집을 John에게 건축시켰다.」

He had his wallet stolen. 「그는 자기 지갑을 도난 당했다.」

연구2 have동사가 사역의 의미로 쓰일 때 주어 측에서 이익을 볼 때는 「시키다」, 손해를 볼 때는 「당하다」라고 해석합니다. 그리고 have 대신 get도 많이 사용합니다.

ⓐ 그는 그 편지를 그녀에게 쓰게 하였다.
ⓑ 그는 그의 시계를 도난 당했다.
ⓒ 나는 그 소년에게 나의 구두를 닦게 하였다.
ⓓ 그는 그 교통사고(traffic accident)로 왼쪽 다리를 다쳤습니다.

답 ⓐ He had the letter written by her.
ⓑ He had his watch stolen.
ⓒ I had my shoes cleaned by the boy.
ⓓ He had his left leg hurt in the traffic accident.

[44] **had**「그 군인은 그 전투에서 오른팔을 부상당했습니다.」

[45] **had**「우리는 배가 고팠습니다만, 먹을 것이 아무것도 없었습니다.」

연구 nothing to be had에서 had = eaten / to be had는 nothing의 형용사구.

There was nothing to be had. = There was nothing to eat.

[46] ⓒ 그는 적은 많고 친구는 거의 없다.

He has a few friends.「그에게는 친구가 좀 있다.」
He has few friends.「그에게는 친구가 거의 없다.」
She has a little milk.「그녀에게는 우유가 조금 있다.」
She has little milk.「그녀에게는 우유가 거의 없다.」

연구 이처럼 "a"가 있으면「좀 있다」라고 긍정적인 뜻이 되지만 "a"가 없으면「거의 없다, 조금 밖에 없다」라고 부정적인 뜻이 됩니다. 그리고 few는 셀 수 있는 명사에 사용하고 little은 셀 수 없는 명사에 사용합니다.

따라서 few 다음에는 복수 명사를 두고, little 다음엔 milk, water, sugar, salt, money, skill 등 양과 정도를 말하는 단수 명사를 씁니다.

[47] ⓒ 그 기차는 기관차로 끌리어야만 했다.

must의 과거는 had to를 씁니다.

[48] ⓑ 우리는 그녀를 기다리지 않는 것이 좋다. 그녀는 아주 늦게 올 것 같으니까.

연구 had better 구문을 부정할 때는 had better 다음에 not을 쓰면 됩니다.

You had better go there.「너는 거기에 가는 것이 좋다.」
You had better not go there.「너는 거기에 가지 않는 것이 좋다.」

Lesson 03 | 부정문 _ 정답과 해설

[49] has → **has not**「그는 폐렴으로부터 회복되어 있지 않습니다.」

연구 이 경우에 does not have recovered라고 쓸 수 있을까요? → 안 됩니다. 왜? ― 이 has는 완료형을 만드는 조동사이기 때문입니다.

[50] has → **does not have**「그는 가위 한 자루를 가지고 있지 않습니다.」

[51] had → **did not have**「그는 잘 드는 면도칼을 갖고 있지 않았습니다.」

[52] sharpened → **did not sharpen**「그는 그 면도칼을 갈지 않았습니다.」

[53] live → **do not live**「Steve와 Nancy는 하숙집에 살지 않습니다.」

[54] pays → **does not pay**「그는 학교 수업료로 매월 200달러를 지불하지 않습니다.」

[55] shed → **did not shed**「그녀는 그녀의 어머니를 보았을 때 눈물을 흘리지 않았습니다.」

연구 shed의 변화는 shed-shed-shed. 이 문제는 주어가 She로 3인칭 단수임에도 shed에 "s"가 붙어있지 않은 것으로 보아 **과거형**인 것을 알 수 있습니다.

[56] could → **could not**「그는 나의 목소리를 흉내 낼 수가 없었습니다.」

[57] did → **did not do**「그는 그의 의무를 수행하지 않았습니다.」

연구 He wrote it. → He did not write it.
He did it. ― He did not it. (×) → He did not do it. (○) 제일 중요한 본동사를 빼버려서야 되나요?

[58] ① **보통** 의미「그것은 농담이 아니다.」
② **강조** 의미「그것은 절대 농담이 아니다.」― 때로는 "이만 저만 힘든 일이 아니다."라는 뜻으로 사용함.

연구 It is not a joke.라고 하면서 not을 강하게 발음하면 자연히 It is no joke.와 같은 의미가 됩니다. 그리고 또 It is no joke.에서 no는 당연히 강하게 발음합니다.

[59] ① **I have no bicycle.**
② **I have not a bicycle.**

[60] ① **보통의 뜻**「그것을 풀 수 있는 학생은 없다.」
② **강조의 뜻**「그것을 풀 수 있는 학생은 한 명도 없다.」

[61] **not**「그는 그 카메라를 가지고 있지 않습니다.」

that 앞에서는 no를 못 씀.

[62] ① had → **did not have**「그는 맥주 한 잔을 마시지 않았다.」
② has → **does not have**「그는 매일 아침 산책을 하지 않는다.」

[63] ① You **may** read the newspaper.
② You **must not** read the newspaper.

[64] **May** I ask you a question? ― No, you **must not**.

[65] ① He **may** succeed as he works so hard.
② He **may not** fail as he is a lucky man.

[66] ① You **must** help her.
② You **need not** help her.

[67] ① It **must** be false.
② It **cannot** be true.

[68] ① He **does not need** a house. ↔ He **needs** a house.
② He **need not** buy a house ↔ He **must** buy a house.

연구 Need 용법

ⓐ …이 필요하다 (명사·대명사를 목적으로)
He needs a house. 부정문은? → He **does not need** a house. (He needs not a house.는 안 됩니다.)

ⓑ …을 할 필요가 있다. (to부정사를 목적으로)
He needs to buy a house. 부정문은? → He **does not need to** buy a house. (= He need not buy a house.)

ⓒ 부정문, 의문문에서는 need가 조동사로 쓰여서

표현1 He need not buy a house. (이 need는 조동사이므로 "s"가 안 붙습니다.)
= He does not need to buy a house.

표현2 Why need he work? 「그는 어째서 일할 필요가 있는가?」(역시 "s"가 없지요?)
= Why does he need to work?
〔어려우니 10번 이상 읽으세요.〕

[69] ① You **must not** see her. ↔ You **may** see her.
② He **may not** be foolish. ↔ He **may** be foolish.

[70] He **cannot** be honest. So you **had better** fire(dismiss) him. ↔ He **must** be honest. So you **had better not** fire him.

연구 had better의 뜻은 「…하는 것이 좋다」

You had better go there. 「너는 거기에 가는 것이 좋다.」(go를 to go로 해서는 안 됩니다.)

You **had better not** go there. 「너는 거기에 가지 않는 것이 좋다.」

[71] As the place is dangerous, **let us not** go there.
Don't let us go there.

[72] ① **Don't** come here.
② **Don't** be too unkind to him.

[73] ① **Let** him **not** worry about it.
② **Don't let** him worry about it.

[74] ① You **don't have to** come here.
(= You need not come here. = You do not need to come here.)

② He **doesn't have to** go there.
(= He need not go there. = He does not need to go there.)

③ They **didn't have to** go there.
(= They need not have gone there. = They did not need to go there.)

연구 You need not go there.를 과거형으로 고치면

→ You need not have gone there. 「너는 거기에 갈 필요가 없었다. (왜 갔었느냐?)」가 되는데 이것은 **You did not need to go there.** 또는 **You did not have to go there.**로 해도 좋습니다.

또 You need not buy the book. → You need not have bought the book. = You did not need to buy the book. = You did not have to buy the book.

[75] ① **All** men **are not** happy.
② **Both** of the boys **didn't** go there.

Lesson 04 | 의문문 _ 정답과 해설

[76] yawns → **yawn** 「그는 매우 자주 하품을 합니까?」

[77] Went he → **Did he go** 「그는 맨발로 갔습니까?」

[78] is → **be** 「그가 부자일 수 있을까? (그럴 리가 없다)」
can이 조동사이므로 본동사는 원형인 be를 써야합니다.

[79] Dose he has made → **Has he made** 「그는 그것에 구멍을 뚫었습니까?」
원문은 He has made a hole in it.인데 이 **has**는 완료형을 만드는 **조동사**이므로 Does는 못 씁니다.

[80] Had he → **Did he have** 「그는 그의 노트북 컴퓨터를 도난 당했습니까?」
이 had는 「가졌다」라는 뜻이 아니고 「당했다」라는 뜻이므로 Did를 씁니다.

[81] Had he → **Did he have** 「그는 어머니의 부고 소식을 들었습니까?」
이 had는 heard의 뜻.

[82] **The building caught fire.** 「그 빌딩에 화재가 났다.」

[83] **Mary often comes late to school.** 「Mary는 때때로 학교에 지각한다.」

[84] **He has confessed his guilt.** 「그는 그의 죄를 고백했습니다.」

[85] **He will put off his trip.** 「그는 그의 여행을 연기할 것입니다.」

[86] **You are a social worker.** 「당신은 사회사업가입니다.」

[87] **Do you study English?**

[88] **Are your parents rich?**

[89] **Does John have a red pencil? (= Has John got a red pencil?)**

[90] **Does Frank work(= study) hard?**

[91] **Did your father go to Seoul yesterday?**

[92] **Will Mr. Kim come on time tomorrow?**

[93] By **whom was it** invented?「누구에 의해서 그것이 발명되었습니까?」

연구 It was invented by Edison.에서 Edison을 모른다고 하면 Edison에 해당하는 의문사는 whom, It was invented by를 의문문으로 하면 was it invented by? 그래서 Whom was it invented by? 또는 By whom was it invented?가 됩니다.

[94] What **are you** looking at?「당신은 무엇을 보고 있습니까?」

의문사 다음은 지금까지 배운 방법에 따라 의문문의 어순이 되어야 합니다.

What you are …?는 안 되지요? What are you …?로 해야 합니다.

[95] Which **do** you like best: meat, fruit or cake?「당신은 고기, 과일, 케이크 중에서 어느 것을 가장 좋아하십니까?」

[96] How much **did** you **pay** …?「당신은 당신 모자에 얼마를 지불했습니까?」

[97] Where **did** you **buy** the microscope?「당신은 그 현미경을 어디서 샀습니까?」

[98] What **do** you **have** in your hands? = What **have you** …?「당신은 당신 손에 무엇을 가지고 있습니까?」

[99] When **will he arrive**?「그는 언제 도착할까요?」

[100] What **do** you want?「당신은 무엇을 원하세요?」

[101] How many months **are there** in a year?「1년에는 몇 달이 있습니까?」

[102] **Who** are you?「당신은 누구세요?」

[103] **What** does he do?「그는 무엇을 하는 사람입니까?」

[104] **Which** do you like better, spring or fall (= autumn)?「당신은 봄, 가을 중에서 어느 쪽을 더 좋아합니까?」

[105] **How many** days are there in a week?「일주일에는 며칠이 있나요?」

[106] **Where** has your father gone?「당신 아버지는 어디에 가 계십니까?」

[107] **Whom** did he see?「그는 누구를 만났습니까?」

[108] **Who** is the best student in your class?「당신 반에서 수석은 누구입니까?」

[109] **When** will he come back?「그는 언제 돌아올까요?」

[110] **Whom** does he live **with**? = **With whom** does he live?「그는 누구와 함께 삽니까?」

[111] **Why** don't you go to school?

[112] **What** did he buy yesterday?

[113] **Whom** is she looking for?

연구 She is looking for him.에서 him인지 누구인지를 몰라서 의문사로 대치하면 Whom이 되고 She is looking for를 의문문으로 하면 is she looking for? 따라서 이것들을 조합하면 Whom is she looking for?가 되는 것입니다.

[114] **Where** did you go this morning?

[115] **Where** does the sun rise and set?

[116] **What time** do you get up in the morning?

[117] **Who** wrote this letter?

[118] **Who** went to Busan yesterday?

[119] **Whom** do you work(= study) **with**? = **With whom** do you work?

[120] **Whom** did John go to Washington **with**? = **With whom** did John go to Washington?

[121] Do you know **whom** she **loves**?「당신은 그녀가 누구를 사랑하는지 아십니까?」

[122] Do you know **whom** he **wants** to see?「당신은 그가 누구와 만나기를 원하는지 아십니까?」

연구 He wants to see her.에서 her인지 누구인지 모른다고 하면 의문사는 whom이 되지요? 이것을 앞에 놓고 그 다음에 나머지 He wants to see를 의문문으로 한 does he want to see를 쓰면 Whom does he want to see?「그는 누구와 만나기를 원합니까?」가 되지요? 이것을 Do you know라는 다른 문장과 합치니까 whom he wants to see가 되는 것입니다.

[123] **Whom** do you think she lives **with**? = **With whom** do you think she lives?「당신은 그녀가 누구와 함께 산다고 생각하십니까?」

Do you think?와 Whom does she live with?가 한 문장으로 합쳐진 것입니다.

[124] Where did she say **he went** yesterday?「그녀는 그가 어제 어디에 간다고 말했습니까?」

[125] **Who** do you suppose **he is**?「당신은 그가 누구라고 생각하십니까?」

Do you suppose?와 Who is he?를 합친 것입니다.

[126] He went to Busan yesterday, didn't he?

[127] He doesn't get up early in the morning, does he?

[128] He can speak English well, can't he?

[129] **I don't know whom he went there with.**

[130] **What did she say I bought yesterday?**

> 그녀는 내가 어제 무엇을 샀다고 말하던가요? 이 문장이 어려운 이유는 두 문장이 한 문장으로 합쳐져 있기 때문입니다. 어느 부분을 ( ) 안에 넣으면 두 문장으로 분리됩니다. → 그녀는 (내가 어제 무엇을 샀다고) 말하던가요?
> ( ) 밖은 → Did she say?
> ( ) 안은 → What did I buy yesterday?

위 두 문장을 합치면 What (did she say) I bought yesterday?

[131] **What do you think I am doing?**

[132] **How old do you think I am?**

> How는 old까지가 의문사이므로 분리하지 않습니다.

Lesson 05 | 답하는 법 _ 정답과 해설

[133] 「당신은 수학을 좋아합니까?」 **Yes, I do. / No, I don't**

[134] 「그들은 서로 양보를 하지 않았습니까?」 예, 그렇습니다.(양보하지 않았습니다) = **No, they didn't. /** 아니오, 양보했습니다. = **Yes, they did.**

> 영어의 답은 긍정의문이든 부정의문이든 사실이면 yes, 사실이 아니면 no로 답합니다. 따라서 위의 질문도 부정의문이지만 양보했으면 Yes, 양보하지 않았으면 No로 답합니다.

표현 **meet halfway** 「양보하다, 타협하다」

[135] 「1년은 12달입니까?」 **Yes, there are.**

[136] 「그녀는 무엇을 하는 사람입니까?」 **She is an actress.**
「그녀는 여배우입니다.」

[137] 「그녀는 어디에 삽니까?」 **She lives in Seoul.**

[138] 「그녀는 왜 그렇게 슬퍼합니까?」 **Because her lover doesn't listen to her.**
「왜냐하면 그녀의 애인이 자기 말을 듣지 않기 때문입니다.」

[139] 「당신은 지구본을 가지고 있습니까, 아니면 장갑을 가지고 있습니까?」 **I have a globe.**
「나는 지구본(= 지구의)을 가지고 있습니다.」
또는 **I have a glove.**
「나는 장갑을 가지고 있습니다.」

> 주의 globe 「지구본(의)」, glove 「장갑」 — 발음, spelling에 주의

[140] 「당신은 돼지고기와 쇠고기 중 어느 것을 더 좋아합니까?」 **I like beef better.**

[141] 「그는 학교에 결석하지 않았지요, 그렇지요?」 예, 그렇습니다. **No, he wasn't. /** 아니오, 그렇지 않습니다. **Yes, he was.**

Lesson 06 | 기본문 5형식 _ 정답과 해설

[142] **consume = 타동사** 「국내 시장은 이 모든 상품을 소화할 수가 없습니다.」

[143] **digests = 자동사** 「반숙된 계란은 소화가 잘 된다.」

[144] **is suffering = 자동사** 「그녀는 소화불량에 걸려있다.」

> 연구 They go to school.에서 go가 자동사라는 것을 알겠지요? 그러면 They are going to school. 또 They have gone to school.의 are going과 have gone은 go라는 동사가 변화한 것에 불과하므로 역시 자동사로 봅니다.

[145] **received = 타동사** 「전쟁 고아들은 UN으로부터 경제적인 원조를 받았다.」

[146] **mend = 타동사** 「넌 네 버릇을 고쳐야 한다.」

[147] **made = 타동사** 「그는 한국의 경제 발전에 큰 공헌을 하였다.」

[148] **retorted = 자동사** 「그 소년은 선생님의 꾸중에 말대꾸를 하였다.」

[149] **like = 타동사** 「나는 그가 어쩐지 좋다.」

> 표현 for … reason은 like의 부사구 for no special reason은 「특별한 이유 없이 → 어쩐지」

[150] **tastes = 불완전자동사** 「이 케이크는 맛이 아주 달다.」

> 연구 불완전자동사를 식별하는 요령
> **불완전자동사를 구분하기 어려울 때는 be동사나 become동사로 대치할 수 있습니다.** 따라서 어떤 동사를 be나 become으로 대치할 수 있으면 그것은 불완전자동사입니다.
> 다음 동사들은 어느 것으로 대치할 수 있을까요?
> ① He grew old.　② The fact holds true.
> ③ He went mad.　④ This cake tastes sweet.

답 ① grew = became ② holds = is
　③ went = became ④ tastes = is

[151] **tasted = 타동사** 「나는 그 와인을 맛보았다.」

[152] **become = 불완전자동사** 「그 소녀는 장차 위대한 화학자가 될 것이다.」

> 표현 in future는 become의 부사구

[153] **has gone = 완전자동사** 「불이 정전(전력 부족)으로 나갔다.」

has gone은 go라는 완전자동사의 현재완료형, out은 has gone의 부사,

> 표현 because of power shortage는 has gone의 부사구이고 뜻은 「전력난 때문에」.

> 표현 Power's gone off. = The current's off. 「정전입니다.」

[154] **turned out = 불완전자동사** 「그 소문은 허위로 판명되었다.」

> 표현 turned out = (결국) …이 되다, 판명되다 = become
> The rumor = false 관계에 유의할 것

[155] **study = 완전자동사** 「우리 반 소년(학생)들은 매우 열심히 공부한다.」

> 연구 in our class는 boys의 형용사구, very는 hard의 부사, hard(열심히)는 study의 부사, study 다음에 English 같은 목적어가 오면 타동사로 변합니다.

대개의 동사는 타동사, 자동사 양쪽에 다 쓰입니다.

[156] **continues = 불완전자동사** 「실크의 시세가 부동이다.」

> 연구 The market price of silk = firm 관계의 유의할 것
> continues는 be와 become 중 어느 뜻일까요? — be 즉 is

[157] **sweet** 「그 장미는 냄새가 향기롭다.」

> 연구 smells라는 동사를 수식하는 의미에서는 sweetly가 맞을 것 같지만 영어권 사람들은 The rose = sweet(주격보어) 관계를 더 중요시합니다.
> smells는 be, become 중 어느 것의 친척? — **be 즉 is**

[158] **soft** 「이 천은 부드럽다.」

> 연구 이 feels는 be와 비슷한 뜻을 가진 동사, 즉 This cloth feels soft. = This cloth is soft.
> I felt (bad, badly) this morning. 「난 오늘 아침 기분이 좋지 않았다.」에서도 bad를 취합니다.

[159] **carefully** 「나는 그 상품을 구입하기 전에 주의 깊게 만져보았다.」

> 연구 feel이 「만져보다」라는 뜻에서는 타동사.
> I felt his pulse. 「나는 그의 맥박을 짚어보았다.」
> I felt the goods carefully ….에서는 felt가 타동사이기 때문에 **목적어인 the goods**를 취하고 그 다음에 felt를 수식하는 부사인 carefully가 오는 것입니다.

[160] **carefully** 「나는 그 장면을 주의 깊게 바라보았다.」

> 연구 look 다음에 at, for, around 같은 전치사가 함께 와서 「보다」 「찾다」 「돌아보다」라는 뜻일 때는 완전자동사가 되어 보어가 올 필요가 없게 됩니다. 그래서 carefully라는 부사가 오는 것이지요.

[161] **proud** 「그는 입학시험에 합격했을 때 의기양양해 보였다.」

> 연구 look이 「보이다」라는 뜻일 때는 불완전자동사가 되고 따라서 proud라는 형용사를 주격보어로 취하는 것입니다.

[162] **proudly** 「그는 그 방에 들어왔을 때 주위를 거만하게 둘러보았다.」

이 look은 「보다」라는 뜻의 완전자동사이므로 proudly라는 부사를 취합니다.

[163] **true** 「이 규칙은 모든 경우에 적용되지는 않는다.」 (true 대신 good을 써도 됨.)

> 연구 이 hold는 「쥐다, 잡다」라는 뜻이 아니고 「…한 상태를 지속하다, 유지하다」라는 뜻의 불완전자동사(= is), 따라서 보어로 형용사인 true를 취합니다.

[164] **strange** 「그의 말이 이상하게 들린다.」

> 연구 sound가 「…으로 들리다」라는 뜻일 때는 불완전자동사, 따라서 strange라는 형용사를 주격보어로 취하고 있습니다. 그러나 The trumpet sounded loudly. 「그 트럼펫이 요란스럽게 울렸다.」처럼 sound가 「울리다」라는 뜻일 때는 **완전자동사로서 loudly가 sounded를 꾸며**주고 있습니다.

[165] **like = 완전타동사** 「새 하숙집은 어떻습니까?」
find = 불완전타동사 「음, 아주 좋아요.」 (= 나는 그것을 대단히 안락하다고 생각합니다.)

comfortable은 형용사, 따라서 목적격보어.
it = comfortable 관계에 주의.

[166] **remember = 완전타동사** 「당신 가족 모두에게 안부 전해 주세요.」

> 연구 remember 「생각나게 하다」는 me라는 목적어 하나만 있으므로 완전타동사, to all your family는 remember의 부사구, 글자 그대로 번역하면 「나를 당신의 모든 가족에게 생각나게 하여 주십시오.」「당신의 모든 가족에게 안부 전해 주세요.」

[167] **leave = 불완전타동사** 「문을 열어 놓지 마세요.」

> 표현 leave의 뜻은? →「그대로 두다」the door (목적어) = open (형용사 — 목적격보어) 관계입니다.

[168] **eat = 불완전타동사** 「육류(고기)를 날 것으로 먹지 마세요.」

> 표현 raw는? →「날 것의, 가공하지 않은」이란 뜻의 형용사.
> meat = raw 관계임.

[169] **make = 완전타동사** 「자네는 나의 서재를 마음대로 써도 좋네.」

> 연구 free use of my library 전체가 make의 목적어구, 그 중 'of my library'는 use의 형용사구. may는 허가의 뜻으로 「…해도 좋다」.

You may go home. 「자네는 집에 가도 좋다.」

You may make free use of my room. 「내 방을 맘대로 써도 좋네.」

[170] **appointed** = 불완전타동사 「그는 나를 법무장관으로 임명했다.」

me = Minister of Justice 관계에 주의. Minister of Justice = 「법무부장관」

[171] **has brought** = 완전타동사 「무슨 바람이 불어서 여기에 왔니?」

What (wind) has brought you here? wind를 넣기도 합니다. 글자 그대로 번역하면 「무엇이(무슨 바람이) 너를 여기에 데려왔니?」 you가 목적어, here는 부사로서 동사를 수식.

[172] **think** = 불완전타동사 「그들은 나를 부자로 생각한다.」

me = rich 관계에 주의.

They think you foolish. 「그들은 당신을 바보로 생각합니다.」

[173] **outstrips** = 완전타동사 「근면은 빈곤을 극복한다.」

표현 diligence = 「근면」 outstrip = 「이기다, 극복하다」 poverty = 「빈곤」 poverty라는 목적어 하나만 있으므로 완전타동사가 됩니다.

[174] **shouted** = 불완전타동사 「그는 목이 쉬도록 고함을 질렀다.」

표현 hoarse는 horse 「말」이 아니고 「목이 쉰」이란 뜻의 형용사이므로 목적격보어가 됩니다.

[175] **hit** = 완전타동사 「경기가 좋군.」 (= 자네 금광을 발견했나?)

글자 그대로 해석하면 「너 금광을 발견했니?」 — 돈을 잘 쓰는 친구에게 농담으로 쓰는 재미있는 표현입니다.

표현1 You look prosperous.보다 익살맞은 표현입니다.

표현2 hit은 「우연히 만나다」라는 뜻.

The apples hit well this year. 「금년은 사과가 수지맞는다.」

[176] **What's** = What is = 완전자동사 (1형식), **look** = 불완전자동사 (2형식)

「무슨 일이니? 너 아주 슬퍼 보인다.」 직역하면 「무엇이 너의 마음 위에 있는가?」

→ 무슨 일인가, 무엇이 근심인가? = What's the matter with you?

[177] **do** = 둘 다 수여동사 (4형식)

「적당한 운동은 몸에 이롭지만 지나친 운동은 해가 된다.」

연구 「에게 …을 해주다」가 자연스러우므로 수여동사로 봅니다. good은 형용사가 아니라 명사로서 **이익, 유익**이란 뜻 — 이 do는 얼핏 보아서 불완전타동사로도 오해할 수 있으니 주의할 것.

[178] **keep** = 완전타동사 (3형식)

「거스름돈은 당신이 가져도 좋습니다.」

[179] ① **makes, tries** = 완전타동사 (3형식)

「번영은 친구를 만들고 역경은 그들을 시험한다.」

plus tip 잘 나갈 때는 친구들이 알랑알랑 잘 모여든다. 그러나 신세가 처량해지면 알랑알랑 모여든 친구들은 다 떨어져나가고 진정한 친구만이 남는다. 일본 속담에 '망해서 소매가 눈물로 젖게 될 때 사람의 마음 속을 알 수 있다.'라는 말이 있는데 역경은 좋은 친구와 그저 그런 친구를 구별하는 시험이라는 것을 알겠지요?

② **make** = 수여동사 (4형식)

「나는 너에게 새 옷을 만들어 주마.」

③ **make** = 둘 다 불완전타동사 (5형식)

「너는 불안해 할 필요가 없다. 너는 그 문제에 관해선 안심해도 좋다.」

yourself = uneasy, easy

④ **make** = become = 불완전자동사 (2형식)

「이 포도들은 좋은 와인이 될 것이다.」

⑤ **makes** = 완전자동사 (1형식)

「건초가 금년에는 잘 된다.」

are making = 완전자동사 (1형식)

「준비 중이다. (준비가 진행 중에 있다.)」

= Preparations are going on.

(make가 완전자동사인 경우에는 「되다, 만들어지다, 가다」 라는 뜻.)

[180] **am** = 완전자동사 (1형식)

「여긴 어디지요?」

표현1 또 기차나 선박, 비행기 등에서는 Where are we now?라고도 합니다.

표현2 am, are 둘 다 완전자동사 (1형식)

[181] **has made** = 불완전타동사 (5형식)

「3년 동안 서울에 머물러서 그녀는 완전한 서울 아가씨가 되었다.」

her = a perfect Seoul girl 관계임.

[182] **gave** = 수여동사 (4형식)

「사장이 월급을 올려주었다.」

boss는 「우두머리, 두목, 상관」이란 뜻인데 사장을 그렇게 부르기도 합니다.

표현 raise는 「올림, 승급」이라는 뜻.

The boss gave me a promotion. 「사장이 승진(진급)시켜 주었다.」

[183] **came** = 완전자동사 (1형식), **are cleaning** = 완전타동

사, are = 불완전자동사

「마침 (제 때에) 잘 왔네. 우리는 집을 청소하고 있어. 우리는 손이 모자라네.」

[184] **give** = 수여동사 (4형식), **hop** = 완전자동사 (1형식)

「(차에) 태워 줄래요? — (당신을) 태워줄게요. 올라타세요.」

표현1 lift는 「올리다」라는 뜻도 있지만 여기에서는 걷는 사람을 도중에서 자동차에 「태움」이라는 뜻.

표현2 hop는 「다리를 모아 뛰다」는 뜻. — hop on은 「뛰어 올라타다」라는 뜻.

[185] **is** = 둘 다 불완전자동사 (2형식)

「이 표는 며칠 동안 유효합니까? — 이 표는 발매 당일만 유효합니다.」

연구 This ticket is good for 3 days. 「이 표는 3일간 유효하다.」에서 is는 불완전자동사, good「유효한」은 주격보어, for 3 days는 is good의 부사구, 이 문장에서 3 days인지 며칠인지를 몰라서 의문문으로 하면 3 days는 How many days가 되어 앞으로 나가고 나머지 This ticket is good for를 의문문으로 하면 is this ticket good for가 되는데 이것을 다음에 쓰면 완성이 됩니다.

표현 the day of issue = 발행일, 발매일

[186] **We went to Andong Hahoe Folk Village on a chartered bus.**

went = 완전자동사 (1형식)

to ..., on ...은 각각 went의 부사구

표현1 chartered는 형용사로 뜻은 「대절한, 전세 낸, 특허를 받은」

표현2 동사로 쓰면 We chartered a bus. 「우리는 버스를 대절했다.」

[187] **What's on at the theater now? — A blockbuster is on.**

is는 둘 다 완전자동사 (1형식)

표현1 위 두 문장의 'on'은 부사로서 「무대 위에 나가서, 상영하고서」라는 뜻.

표현2 blockbuster란 영화계에서 막대한 흥행 수입을 올린 영화라는 뜻.

표현3 그리고 「상영하다」는 show나 play를 써서 What's showing(= playing) at the theater?라고도 합니다. 또 예를 들면 Is the same movie on today? 「오늘도 같은 영화를 상영하고 있나요?」

→ No, they're showing a musical picture. 「아니요, 뮤지컬 상영하고 있어요.」

연구 What is on?에서 is는 어떤 종류의 동사? 또 'on' 다음에 어떤 말을 보충한다면?

What is on **the screen(= stage)**? — is는 완전자동사로 봅니다.

표현4 on에는 또 재미있는 용법이 있습니다.

Is the water on? 「수돗물이 나오느냐?」 — It isn't **on**. 「안 나옵니다.」

이 외에 전기, 가스, 라디오, TV 등에도 씁니다.

[188] **spend** = 완전타동사 (3형식), **reads** = 완전자동사 (1형식), **is** = 불완전자동사 (2형식)

「너의 아버지는 주말을 어떻게 보내시니? — 그는 아침부터 밤까지 독서를 합니다. 그는 책벌레입니다.」

연구 He reads from morning till night.에서 reads는 목적어가 없으므로 완전자동사. from ... night은 reads의 부사구.

그런데 He reads the book.이라면? 물론 이 경우의 reads는 완전타동사.

[189] **are stepping** = 완전자동사 (1형식), **pull** = 완전타동사 (3형식)

「아얏! 너 내 발가락을 밟고 있어! ; 아얏! 내 머리 잡아당기지 마!」

[190] **Excuse** = 완전타동사 (3형식), **is showing** = 완전자동사 (1형식), **know** = 완전타동사 (3형식), **Thank** = 완전타동사 (3형식)

「여보세요(잠깐 실례합니다만), 당신 속옷이 보여요. — 어머, 몰랐어요. 말씀해 주셔서 대단히 감사합니다.」

I didn't know.는 물론 의미상으로 보아 know 다음에 that my slip was showing.이 생략되어 있습니다.

연구 that 이하가 문장에 들어있으면 완전타동사가 됩니다.

[191] **has outgrown** = 완전타동사 (3형식), **buy** = 수여동사 (4형식)

「Jack의 외투가 작아졌어요. 새 것을 사주어야 하겠네요.」

표현 Jack has outgrown his overcoat. outgrown의 원형은 outgrow「보다 더 커지다, 몸이 너무 자라 맞지 않게 되다」이고 이 문장을 글자 그대로 번역하면 「Jack은 자기 외투보다 더 커졌다.」 → 즉 「Jack의 외투가 작아졌다.」

[192] **makes** = 둘 다 불완전타동사 (5형식)

① 「사랑은 모든 사람을 평등하게 만든다.」
② 「좋은 친구가 있으면 먼 길도 가깝다.」

연구1 Love makes all men equal.에서 makes는 불완전타동사, all men이 목적어, equal이 목적격보어. 직역은 「사랑은 모든 사람을 평등하게 만든다.」 (사랑을 하는 데는 지위고하, 연령의 차, 국경 등이 문제가 안 된다는 뜻.)

연구2 Good company makes the road shorter.에서 makes는 불완전타동사, the road가 목적어, shorter「더 짧은, 더 가까운」은 목적격보어, 여기의 company는 「회사」라는 뜻이 아니고 「벗, 친구, 동반자」라는 뜻. 직역은 「좋은 벗은 길을 더 가깝게 만든다.」

[193] **READING**

한 무리의 여자들이 버스에 탔을 때 모든 좌석은 이미 차 있었다. 차장이 자고 있는 것 같은 한 남자를 보았다. 그리고 차장은 그 남자가 자기 정류장을 지나칠까봐 걱정이 되어 그 남자를 팔꿈치로 슬쩍 찌르며 말했다.

"잠 깨세요!"

"나는 자고 있지 않아요."라고 그 사람이 말대꾸(항의) 했다.

"안 잔다고요? 하지만 당신은 눈을 감고 있었잖아요."

"그래요, 나는 혼잡한 버스 안에서 부인들이 서 있는 것을 보는 걸 아주 싫어하거든요."

Lesson 07 | to부정사가 있는 글 _ 정답과 해설

[194] **To love and to be loved is the greatest happiness on earth.**
= **It is the greatest happiness on earth to love and to be loved.**

[195] **I want to buy the car.**
(to … car가 want의 목적어인 명사구.)

[196] **My plan is to go to the east coast this summer.**
(to 이하는 명사구로서 is의 주격보어.)

[197] **He promised me not to come here again.**
(not to 이하는 명사구로서 직접목적어.)

[198] **I have no choice but to buy the house.**
= **There is no choice but for me to buy the house.**
(but이라는 전치사의 목적어인 명사구.)

[199] **It is hard for me to answer your question.**

[200] **I make it a rule to get up at 5 in the morning.**
make가 불완전타동사, it은 가목적어, a rule은 목적격보어, to get up at 5 in the morning이 진목적어입니다.

[201] **I think it easy for you to pass the examination.**

[202] **It is foolish of you to do such a thing.**

[203] **This bread is for you to eat.**

[204] **He waited for the airplane to arrive.**

[205] **He taught us how to live and how to die.**
(taught은 수여동사, 두 how 이하는 명사구로 직접목적어.)

[206] **Not to pretend to know is good.**
= **It is good not to pretend to know.**

[207] 내가 원하는 전부는 누군가 나에 대하여 생각해주는 것이다.

연구 I want 앞에 that이 생략되어 있음(나중에 배움). I want는 all의 형용사절.
for … me 까지가 명사구로 is의 주격보어.

표현 for somebody는 to be thinking의 의미상 주어.

[208] **HINT**

표현1 fortune의 뜻은? → 「행운」? 아니고 「재산」

표현2 for life의 뜻은? 또 문법적 역할은?
→ 뜻은 「일생 동안」이고 fortune의 형용사구 (즉 일생 동안 지탱하는 재산)

표현3 fair의 뜻은? →「정당한, 공정한」

표현4 dealing의 뜻은? →「거래(去來), 행동, 교섭」

나는 공정하고 정직한 거래에 의하지 아니하고는 일생 동안 지탱할 재산을 만든다는 것은 대단히 드물다고 생각합니다.

표현5 I think it very rare for anyone … dealing.
　　　주어　불타 가목적어　목적격보어　　　　진목적어

표현6 make a fortune (for life) (except … dealing)에서 for life 는 fortune의 형용사구, except … dealing은 make의 부사구

표현7 except by … 「…에 의하지 않고는」

[209] 게으른 John이 그것에 성공하는 것은 불가능하다.

who is lazy를 ( ) 안에 넣고 해봅시다.

그러면 「John이 그것에 성공하는 것은 불가능하다.」 이것 알겠지요?

연구 그런데 who is lazy는 아직 안 배웠지만 대개 어디에 걸리는 무엇이다 쯤을 알고 있죠? — John을 수식하는 형용사절, it … for … to만 해도 복잡해서 골머리가 아픈데 또 John의 형용사절까지 붙어 있으니 …. 그나마 이 형용사절이 who is lazy로 짧으니 망정이지 이게 몇 행에 걸쳐 있다면 어쩌겠어요? — 이것이 영어의 가장 어려운 구조 중 하나라니 알고 보면 또 아무것도 아

닙니다. 영어란 그런 것입니다.

[210] **나는 머리가 나쁜 그가 이 설명을 이해하는 것은 힘들다고 생각합니다.**

연구 역시 who has a poor head를 ( ) 안에 넣고 생각해보세요.

그러면 「나는 그가 이 설명을 이해하는 것은 힘들다고 생각한다.」

who has a poor head는 him의 형용사절 ― 그러니까 「머리가 나쁜 그가 이 설명을 …」 더 이상 말하지 않아도 You have a good head.니까 알겠지요?

[211] **Who is the girl to sing on the stage?**

to 이하는 girl의 형용사구

[212] **I have no money to buy the truck?** (어딘가 틀렸는데?)

연구 우선 Practice B (3)에서 4가지 관계를 들었는데 하나하나 대조해 보세요.

money가 buy의 주어 관계인가요? 아니죠. 그럼 buy의 목적어 인가? the truck이 있는데? money는 추상명사도 아니고 ― 그럼 무엇이 남았어요? 전치사의 목적 관계, 즉 truck 다음에 with가 있어야 합니다. to buy the truck이 money와 연결되려면 to buy the truck with money가 되어야 합니다.

따라서 **I have no money to buy the truck with.**

[213] **I need a computer to write an e-mail.** (어딘가 틀렸는데?)

틀린 곳은? → e-mail 다음에 **with.**

즉, **I need a computer to write an e-mail with.**

[214] **He asked me to teach him English.**

연구 ask는 보통 「묻다」라는 뜻이지만 **목적어 다음에 to부정사가 오면 「청하다, 부탁하다」**라는 뜻이 됩니다. 「그는 나에게 돈을 좀 빌려달라고 부탁했다.」 → He asked me to lend him some money. (그런데 왜 "→"를 한 후에 답을 보여주는지 아시나요? 답을 될 수 있는 한 빨리 안 보게, 즉 → 다음을 흰종이로 가리고 자기가 먼저 생각하라는 것입니다. 사소한 일이라고 생각할 지도 모르지만 결과는 여러분의 응용실력을 좌우합니다.)

[215] **He promised me to call on her tomorrow.**

(수여동사)

[216] **Get me a chef.**

(수여동사)

표현 chef [ʃef] 주방장, 요리사, 셰프

[217] **He had her write her name.** (의뢰)

표현 He **got** her to write her name.

He **let** her write her name. (방임)

He **made** her write her name. (강제)

He **bid** her write her name. (명령 ― 고문)

(He told her to write her name.이 현대문)

[218] **I often heard her sing.**

sing은 목적격보어, to가 생략되었음.

[219] **I want to have her wash this shirt.**
= I want to get her to wash this shirt.

I had her wash this shirt. 「나는 그녀에게 이 셔츠를 빨게 했다.」

이 문장을 to부정사로 하면? → to have her wash this shirt.

이것을 명사구로 하여 I want의 목적어로 한 것입니다.

응용연습 나는 그에게 내 컴퓨터를 수리시키기를 원합니다.
→ I want to have him mend my computer.

표현 그는 나에게 John으로 하여금 그녀와 결혼하게 하도록 부탁했습니다.
(좀 어려우니 한참 생각하다가 답을 보세요. 답을 빨리 보는 것은 망할 징조입니다.)
→ He asked me to have John marry her.

[220] **그는 자기 돈 가방을 만져보려고 손을 내밀었습니다만 없었습니다.**

(직역은: 발견할 수 없었다.) was not to be found
= could not be found

[221] **역사를 연구한다는 것은 우리 자신을 현재로부터 과거로 가게 하는 것이다.**

여기의 to 이하는 명사구. 그리고 이 be+to부정사는 「~에 있다」의 뜻.

[222] **그의 큰 키의 모습을 거리에서 가끔 볼 수 있습니다.**

is to be seen = can be seen

[223] **그는 아주 게으릅니다. (그래서) 그는 입학시험에 실패하게 돼 있습니다.**

이 be+to부정사는 운명을 말함. 「…할 운명이다, …하기로 되어 있다」

[224] **그는 그 과부에게서 그 돈을 훔쳤습니다. 그는 처벌받아야만 합니다.**

이 be+to부정사는 should (must, ought to)의 뜻

[225] **몇몇 행인이 그가 그 상점에서 뛰어나오는 것을 목격했습니다.**

→ to run의 to를 없앨 것.

[226] **그는 다른 사람이 자신의 개성을 존중해 주기를 원했습니다.**

누가 respect하지? → others, 따라서 others = to respect his own individuality가 되므로 이 wish는 불완전타동사.

[227] **나는 누군가에게 그 길을 안내시키겠습니다.**

→ to를 없앨 것.

이 have는 「시키다」라는 뜻으로써 불완전타동사.

[228] 그는 그 부인이 차에서 내리는 것을 거들어주었다.

연구 helped의 동사는 무슨 종류? 누가 get out 하나? → the lady, 그러니까 불완전타동사.

원래는 to get out으로 해야 하는데 왜 to가 없나? → 사역동사 make, bid, have, let에는 help가 들어 있지 않지만 준 사역동사 취급하여 to를 써도 좋고 생략해도 괜찮습니다. 미국에서는 to를 생략하는 것이 보통입니다.

[229] 나는 그녀에게 그 원문을 복사시켰다.

→ copy 앞에 to를 넣을 것.

= I had her (to 생략) copy the text.

[230] 나는 내 자신이 정직하지 않은 일을 하는 것을 결코 보지 않을 작정입니다.

→ to do의 to를 없앨 것.

연구 ever의 뜻 취하기가 고약하지요? → don't의 not + ever = never

intend의 동사의 종류는? → 완전타동사. 목적어는? → to see myself do dishonest thing.

I saw myself do a dishonest thing. 「나는 내 자신이 부정직한 일을 하는 것을 보았다.」

이것을 to부정사로 하면 to see myself do a dishonest thing — 이것이 명사구가 되어 intend의 목적어가 된 것입니다.

[231] 그녀는 집을 짓기 위한 땅 한 조각을 샀다.

= 목적

[232] 그들은 헤어졌는데 다시는 결코 서로 만나지 못했다.

= 결과

연구 결과를 말하는 부사구 앞에 never, only 등이 있을 때가 있습니다.

He worked hard, only to fail. 「그는 열심히 일했으나 결국 실패했다.」(다만 실패할 따름이었다.)

표현 only to … = 다만 …할 따름이다

[233] 나는 쉬기 위하여 풀 위에 내 몸을 던졌다(누웠다).

= (in order 이하) 목적

[234] 나는 그녀가 그렇게 높은(lofty) 어조(strain)로 말하는 것을 듣고 미소 짓지 않을 수 없었다.

= 원인

동사를 수식

표현 cannot but + 동사원형 = …하지 않을 수가 없다 = cannot help ~ing

I cannot but laugh at him. = I cannot help laughing at him. 「나는 그를 보고 웃지 않을 수가 없다.」

[235] 나는 그녀를 만나서 기쁘지만 여기서 만나 유감이다.

= 원인

형용사 수식

[236] 당신에게 방해가 되면 미안한데요.

= 조건

이 문장은 I should be sorry if I were to stand in your way.의 뜻.

(were to 대신 should도 좋음)

표현 stand in one's way = 방해하다

[237] 그녀는 몹시 그 결과를 알고 싶어 한다.

= (anxious의) 목적

[238] 내가 당신에게 조금이라도 도움이 되면 기쁘겠습니다.

= 조건

이것은 I should be glad if I could be of ….의 뜻

[239] 그가 당신에게 오는 것을 보면 배가 고픈 것이 틀림없습니다.

= 이유

[240] 그가 당신으로부터 돈을 빌리는 것을 보면 부자일 리가 없다.

= 이유

[241] 아무리 줄(여)잡아 말하더라도 그는 100만 달러를 가지고 있다.

= 양보

연구 Though I say the least of it, he ….의 뜻, 그리고 To say the least of it은 한 숙어로 되어 있어서 문장 전체를 수식하기 때문에 독립부정사(Absolute Infinitive)에 속한다고 봅니다.

이런 숙어인 경우 외에는 Though를 쓰는 것이 보통입니다.

[242] 결론적으로 나는 이 병은 근본적인 치료가 불가능하다고 말하고 싶다.

= 독립부정사

연구 to conclude = 끝으로, 결론을 말하면, 끝으로 한 마디 말하면 이것은 문장 전체를 수식하는 독립부정사.

주제와 상관되지 않은 다른 이야기를 하다가 "본론으로 되돌아가서 말하면"이라고 할 때 어떻게 말할까요? → To return to my subject

Lesson 08 | 동명사, 분사가 있는 글 _ 정답과 해설

[243] (care) **to go** 「그는 그녀와 함께 거기에 가고 싶어 할까?」

여기의 care는 「…하고 싶어하다, 원하다 = want」라는 뜻. 목적어로 to부정사를 취합니다.

[244] (put off) **going** 「나는 부산행을 연기했다.」

[245] (agreed) **to pay** 「그는 그것에 대한 지불을 동의했다.」

[246] (went on) **working** 「그는 계속해서 일했다.」

설명 go on ~ing 「계속해서 …하다」

[247] (finished) **writing** 「그는 보고서 쓰기를 끝마쳤다.」

[248] (continued) **to live, living** 양쪽 다 좋음 「그는 계속해서 그 무인도에 살았다.」

[249] (wish) **to see** 「나는 내일 그를 만나기를 원합니다.」

[250] (avoid) **calling** 「너는 아침 일찍 친구를 방문하는 것을 삼가 해야만 한다.」

[251] (admitted) **cheating** 「그녀는 시험에서 부정행위를 한 것을 인정했다.」

[252] (resist) **making** 「그는 농담을 하지 않고는 배길 수가 없다.」

[253] (chooses) **to go** 「가기를 원하는(choose) 사람은 누구든 함께 데리고 가거라.」

[254] (enjoyed) **reading** 「나는 이 책 읽는 것을 즐겼다.」

[255] (refused) **to join** 「그는 그 사업에 참여하는 것을 거부했다.」

[256] (has done) **doing** 「그는 숙제 하기를 끝마쳤다.」

have done = finish

[257] (hate) **to lie** 「나는 이런 경우 거짓말하기를 싫어합니다.」

I hate lying. 「거짓말하기를 싫어한다.」— 일반적인 뜻

I hate to lie in this case. — 특정한 행동 (특별히 이 경우에 싫어한다는 뜻)

연구 like, dislike, love, hate는 to부정사와 동명사 양쪽을 모두 취할 수가 있는데 위와 같이 쓰임이 다릅니다.

[258] (help) **sympathizing** 「나는 그 고아를 동정하지 않을 수가 없었다.」

연구1 이 help의 뜻은 「돕다」라는 뜻이 아니고 **「억제하다, 피하다, 금하다」**

연구2 같은 뜻으로 I could not but sympathize with the orphan. 으로도 할 수 있는데, 주의할 것은 sympathize 앞에 **to를 써서는 안 됩니다**.

I cannot help seeing her. = I cannot but see her. 「나는 그녀를 만나지 않을 수가 없다.」

[259] (decided) **to go** 「나는 미국에 가기로 결심했다.」

[260] (hope) **to hear** 「우리는 너로부터 소식 듣기를 바란다.」

[261] (give up) **studying** 「너는 영어 공부하는 것을 포기하는 것이 좋다.」

[262] (seeks) **to convince** 「그는 나를 설득시키려고 애쓴다.」

연구 seek는 보통 「찾다, 구하다」라는 뜻이나 다음에 to부정사가 오면 「…하려고 애쓰다, 시도하다 = try to …」의 뜻

[263] (postpone) **answering** 「우리는 더 이상 그 편지에 답하기를 연기할 수 없습니다.」

[264] (tried) **to succeed** 「그는 그것에 성공하려고 노력했다.」

[265] (kept on) **waiting** 「그는 계속하여 그녀를 기다렸다.」

표현 keep on ~ing = go on ~ing 「…하기를 계속하다」

[266] (promised) **to give** 「그는 그 책을 나에게 주기로 약속했다.」

[267] (insisted on) **marrying** 「그는 그녀와 결혼하겠다고 우겨댔다(주장했다).」

[268] (neglected) **to do, doing** 둘 다 좋음 「그는 그의 의무 수행을 소홀히 했다.」

[269] (started) **to write, writing** 둘 다 좋음 「그는 편지를 쓰기 시작했다.」

→ to write은 회화체에 더 가까움.

= He began to write (= writing) the letter.

[270] **READING**

남의 속도 모르고

시골에 머물던 도시 소녀가 젊은 농부와 친하게 되었다.

표현 staying in the country는 무슨 역할? → girl의 형용사구

어느 날 저녁 그들이 목장을 가로질러 한가로이 거닐고 있었을 때(as = when) 암소 한 마리와 송아지가 서로 코를 비비고 있는 것을 보았다.

표현 rubbing … other의 문법적 역할은? → 목적격보어

"아, 저걸 보니 나도 저렇게 하고 싶군."이라고 젊은 농부가 말했다.

표현1 직역하면 「저 광경은 나로 하여금 같은 일을 하고 싶게 만든다.」

표현2 want의 문법적 역할은? → to가 생략된 목적격보어

표현3 want의 목적어는 to부정사라는 것도 배웠지요?

"그럼, 어서 하세요. 그건 당신의 암소잖아요."라고 소녀가 말했다.

표현 go ahead의 본래 의미는 「앞으로 가거라. → 어서 하세요.」

[271] He is proud **of having** a lot of money.

[272] He is proud **of his uncle's having** a lot of money.

[273] I am sure **of being** responsible for it.

[274] I am sure **of your being** responsible for it.

표현1 다음은 (271~274)를 번역한 것인데 이것만 보고 각각 동명사와 that을 써서 2가지로 영작해보세요.
(271) 그는 자기가 돈을 많이 가지고 있는 것을 자랑한다.
(272) 그는 자기 아저씨가 돈을 많이 가지고 있는 것을 자랑한다.
(273) 나는 내가 그것에 책임이 있다고 확신한다.
(274) 나는 네가 그것에 책임이 있다고 확신하다.

[275] **picked** 「너는 소매치기를 당할 것이다.」

표현2 pick에는 「찍다, 따내다」라는 뜻도 있지만 여기에서는 「훔치다, 약탈하다」

pick a person's pocket 「소매치기를 하다」 **your pocket**이 수동 입장이 되므로 **picked**라는 과거분사를 취합니다. 여기의 **have**는 사역동사로 「당하다」라는 뜻.

[276] **covering** 「나는 검은 구름이 하늘을 덮고 있는 것을 보았다.」

연구 saw는 지각동사이므로 to cover의 to가 있어서는 안 되고, 또 covered라는 과거분사를 쓰면 black clouds가 수동 입장이 되어서 안 됩니다.

[277] **papered** 「당신은 그로 하여금 벽에 벽지를 바르게 하고 싶습니까?」

연구 wall 측으로 보아서는 수동 입장이 되므로 과거분사인 papered.

[278] ① 나는 어디선가 당신을 만난 기억이 있습니다.
② 나는 내일 당신과 만날 것을 기억하고 있습니다.

연구 remember 다음에 동명사가 오면 과거에 한 것을 기억하고 있다는 뜻.

to부정사가 오면 미래에 할 것을 기억하고 있다는 뜻.

I remembered to see her the next day, but I couldn't. 「나는 다음 날 그녀를 만날 것을 기억하고 있었는데 만날 수가 없었다.」 여기의 to see는 과거에서 본 미래 ─ 어쨌든 **to부정사가 오면 아직 만나지 않은 일을 말합니다.**

[279] ① 나는 (전에) 당신을 만난 것을 잊고 있습니다.
② 나는 내일 당신과 만날 것을 잊고 있습니다.

(forget의 설명은 remember와 마찬가지.)

[280] ① 그는 금연했다.
② 그는 담배 피우기 위해 (가던 길을) 멈추었다.

(stop의 목적어는 동명사를 씁니다.)

연구 만일 to부정사가 오면 부사구가 되어 「…하기 위하여」라고 번역합니다.

응용연습 ⓐ He never stops thinking about her.
ⓑ He never stops to think about her.

ⓐ 그는 결코 그녀 생각을 그만 두지 않습니다. (항상 그녀 생각만 한다.)
ⓑ 그는 결코 그녀에 관해 생각하기 위하여 멈추지는 않는다. → 멈추어 서서 그녀를 생각하지 않는다. (그는 그녀에 대해 차분히 생각하는 일이 없다.)

[281] ① 이 컴퓨터는 수리할 필요가 있다.
② 나는 이 컴퓨터를 수리하고 싶다.
③ 나는 이 컴퓨터를 수리시키고 싶다.

① want 다음에 동명사가 오면 주어가 수동 입장이 됩니다.
② to부정사가 오면 능동.
③은 남에게 시키는 경우고 ②는 자기 스스로 고친다는 의미입니다.

[282] 나는 나의 말을 (상대방에게) 이해시킬 수가 없었다. (내 말 또는 내 입장이나 형편 등을)

understood라는 과거분사가 목적격보어로 되어 있으므로 목적이 수동 입장이 되어 「나는 내 자신을 이해되어지게끔 만들 수는 없었다.」가 직역

[283] 나는 케이크를 좀 그에게 가져가게 하였다.

carried라는 과거분사가 목적격보어이므로 some cake가 수동 입장이 되어 「나는 그에게 약간의 케이크를 가져가게끔 시켰다.」가 직역

표현 이 문장에는 by my maid 같은 것이 생략되어 있습니다. 그러면 my daughter와 to부정사를 써서 영어로 옮길 수 있나요?

답 I had my daughter carry some cake to him.

[284] ① 나는 그 소녀가 방 안에서 흐느껴 우는 것을 보았다.
② 방 안에서 흐느껴 울고 있는 소녀는 누구입니까?

①에서는 saw가 불완전타동사로도 쓸 수 있으므로 내려 번역해야 합니다.

②에서는 is가 불완전타동사가 아니므로 목적격보어를 취할 수가 없습니다.

연구 이 문장은 The girl sobbing in the room is my sister.「그 방 안에서 흐느껴 울고 있는 소녀는 내 누나다.」 이 중에서 my sister인지 누구인지 몰라서 의문으로 하면 Who is the girl sobbing in the room?이 됩니다.

[285] ① 나는 그 책을 그 소년에게 가져오게 하였다.
② 이것은 그 소년이 가져온 책입니다.

[286] **Do you know who is the girl coming here?**

[287] **I saw my father going to your house.**

[288] **He had(= got) his face scratched by her.**

이 문장을 to부정사로 고치면? → He had her scratch his face.

「그는 그녀에게 그의 얼굴을 할퀴게 하였다.」

[289] I have(= get) my room cleaned by my housework assistant.

= I have my housework assistant clean my room.

= I get my housework assistant to clean my room. (get을 쓰면 to clean)

Lesson 09 | 형용사절 _ 정답과 해설

[290] Julius Caesar **who**(= that) was a great Roman general invaded England in 55 B.C.

「로마의 위대한 장군이었던 율리우스 카이사르(줄리어스 시저)는 기원전 55년 영국을 침략했다.」

Julius Caesar invaded England in 55 B. C.

He was a great Roman general.

[291] A man **whose** son is healthy and works hard is very happy.

「아들이 건강하고 열심히 공부하는 사람은 대단히 행복하다.」

A man is very happy.

His son is healthy and works hard.

[292] She has a son **whom**(= that) she loves very much.

「그녀는 아주 많이 사랑하는 아들이 있다.」

She has a son.　She loves him very much.

주의 whom은 목적격 관계대명사이므로 생략해도 좋습니다.

[293] He has a dog **which**(= that) barks furiously.

「그에게는 몹시 짖는 개가 있다.」

He has a dog.　It barks furiously.

주의 수식을 받는 말 즉 선행사가 사람이 아닌 dog이므로 which를 써야 합니다.

이 which는 It이라는 주어의 역할도 겸하므로 주격 관계대명사입니다.

[294] There were some words **which**(= that) he could not understand.

「그가 이해할 수 없었던 말이 몇 개 있었다.」

There were some words. (words = them)

He could not understand them.

주의 이 which는 목적격 관계대명사이므로 생략해도 좋습니다.

[295] This is the cat **by which** the rat was killed.

「이것이 그 쥐를 죽인 고양이다.」

This is the cat.　The rat was killed by her.

연구 접속사 + 대명사(her) = which → her가 which 안으로 들어감에 따라 by도 따라가서 by which가 됩니다. 그리고 which는 목적격이므로 생략하면 → This is the cat the rat was killed by. 대화할 때는 이것을 더 잘 쓰지요. 그리고 which 대신 that을 쓰면

→ This is the cat that the rat was killed by.가 되는데 잘 안 쓰는 영어.

by that라고 관계대명사 that 앞에 전치사를 쓸 수는 없습니다.

[296] I captured a monkey **whose** tail was very long.

「나는 꼬리가 아주 길었던 원숭이를 잡았다.」

I captured a monkey.　Its tail was very long.

먼저 말한 바와 같이 선행사가 사람이 아닌 경우에도 Its 혹은 their가 중복될 때는 whose를 대용한다고 했고 또 이 용법은 고문(古文)이라고도 했습니다.

[297] I captured **a monkey of which the tail** was very long.

= I captured **a monkey the tail of which** was very long.

= I captured **a monkey the tail of** was very long.

「나는 꼬리가 아주 길었던 원숭이를 잡았다.」

I captured a monkey.

The tail of it was very long.

연구1 이 관계는 PRACTICE (8)에서 철저히 강의했으니 모르는 사람은 한 번 더 읽으세요. 관계대명사 용법 중에서 가장 어렵고 제일 중요한 것입니다. 그냥 넘어가려니 뒷머리가 끌립니다.

접속사 + 대명사(it) = which

따라서 I captured a monkey which the tail of was very long.이 되는데 이것은 안 쓰는 영어. that … of는 가끔 쓰기도 합니다. 그리고 which는 목적격이므로 생략할 수 있는데 이것이 회화체 영어입니다.

즉, I captured a monkey the tail of was very long.

연구2 which 안에 it이 들어감에 따라 of도 따라가서 I captured a monkey of which the tail was very long.이 되는데 이것이 정식 영어입니다.

또 이웃사촌인 the tail도 따라가서 I captured a monkey the tail of which was very long.이 되는데 이것이 더 많이 쓰이는 정식 영어입니다.

[298] **What** is beautiful is not always good.
「아름다운 것이 반드시 좋다고는 할 수 없다.」
The thing is not always good.

It is beautiful.

이 관계도 PRACTICE ⑼에서 말했습니다. 역시 잘 모르는 분은 복습하셔야 합니다.

연구1 접속사 + 대명사(It) = which
그래서 **The thing which is beautiful** is not always good.
The thing이란 막연한 뜻을 가진 선행사와 which를 합친 관계대명사 what을 써서
What is beautiful is not always good.

연구2 What is beautiful 「아름다운 것」은 명사절로서 이 문장 전체의 주어 역할을 하고 있습니다.
not always …「반드시 …라고는 할 수 없다」 (부분부정)

[299] 그들이 영어 교수를 받는(그들에게 영어를 가르치는) 선생님은 일산에 사신다.
The teacher lives in Ilsan.
They are taught English by him(her).

[300] 해결 가망이 없는 문제들이 많다.
There are various problems.
The solution of them is hopeless.

[301] 당신이 한 것을 당신이 본 것과 비교하세요.
Compare what you have done
   완타   목적
(with what you have seen)
   compare의 부사구

[302] 바다를 연결하는 운하의 가장 두드러진 예는 수에즈 운하인데 이것은 지중해와 홍해를 연결한다.
The most striking example [of a canal (which connects seas)] is the Suez Canal.
   주어   불자   주격보어
, which = and it (계속적 용법)

[303] 양에게서 우리가 얻는 가장 중요한 것은 양모인데 그것(양모)으로부터 담요와 모든 종류의 모직물이 만들어진다.

연구 thing 다음에 관계대명사 that 생략 (get의 목적격이므로)
The most important thing is the wool.
We get it from the sheep.

, from which의 which = and it is the wool and blankets and all sorts of woollen cloths are made from it.

이 and와 it 대신 which를 썼습니다. it이 which 안으로 들어감에 따라 from도 따라가서 from which가 되었습니다. from which라는 부사구가 앞섬에 따라 주어·동사의 어순이 바뀌어졌습니다.

또 비슷한 예를 들면
He bought a house, in which his parents lived.
, in which의 which = and it
= He bought a house, and his parents lived in it.

[304] 그 바다에는 어떤 섬이 있었는데 그 섬의 유일한 주민은 Sebastian이라고 불리는 어부와 이름이 Viola인 그의 아름다운 딸이었다.

연구1 the only inhabitants of which의 which = and it
= and the only inhabitants of it …
and it 대신 which를 쓰면 of가 따라가서 … of which the only inhabitants라는 이웃사촌도 따라가서, the only inhabitants of which …가 되었습니다.

연구2 called Sebastian은 fisherman의 형용사구 (과거분사가 중심이 되어서)
This is a book written by him. 「이것이 그에 의해 씌어진 책이다.」

[305] 그녀를 동정하지 않는 학생은 없었다.

연구1 관계대명사 but ; but이 관계대명사로 쓰일 때가 있습니다.
관계대명사와 not의 역할을 겸한 것입니다.
There was no girl but was kind.
= There was no girl that was not kind.
「친절하지 않았던 소녀는 없었다.」
There was nobody but knew him.
= There was nobody that did not know him.
「그를 모르는 사람은 없었다.」

연구2 ① 선행사에 **부정어(no, not, scarcely, hardly)**가 있을 때, 또 형용사절도 부정문으로 되어 있을 때 **but**을 씁니다.
② but이 관계대명사일 때 올려 번역하여 「… (하지) 않는」이라고 번역합니다.

[306] **I need a man who can speak English well.**

[307] **Is this the man of whom you spoke yesterday?**
Is this the man?   You spoke of him yesterday.

(308) **A child whose parents are dead is called an orphan.**

A child is called an orphan.

His(Her) parents are dead.

= We call a child whose parents are dead an orphan.

We call a child an orphan.

His(Her) parents are dead.

(309) **This is the man whom I saw in the airplane.**

(310) **I will give you the ball which is in the box.**

(311) **He is not such a man as tells a lie.**

연구1 원칙은 as가 아니고 who일 것입니다.

그러나 선행사에 **such, as, the same**이 있을 때는 **as**를 씁니다.

He has **as** many books **as** you have. 「그는 너만큼 많은 책을 가지고 있다.」

I have **the same** watch **as** you have. 「나는 너와 같은 시계를 가지고 있다.」

연구2 the same … as로 하면 **같은 종류**를 말합니다. 그리고 이 as 대신 **that**도 쓰는데 the same … that은 **동일한 것**을 말할 때 씁니다.

(312) **This is the novel which Hemingway wrote when (he was) young.**

(313) **This book the cover of which is red is mine.**

The book is mine.   The cover of it is red.

→ Its cover is red.

= The book **which(= that) the cover of** is red is mine.

= The book **of which the cover** is red is mine.

= The book the cover **of which** is red is mine.

= The book **whose cover** is red is mine.

(314) **This is just what I want.**

This is just the thing.   I want it.

(315) **This is the man with whom John lives.**

This is the man.   John lives with him.

(316) **I don't know the exact spot where it happened.**

「나는 그것이 일어난 정확한 지점을 모른다.」

연구 spot 「지점, 장소」   exact 「정확한」

I don't know the exact spot. 「나는 그 정확한 지점을 모른다.」

It happened there. 「그것은 거기(그 지점)에서 일어났다.」

spot이 there라는 부사와 중복됨과 동시에 장소를 말하므로 where를 씁니다. where라는 관계부사는 이 두 문장을 연결시키는 접속사와 there라는 부사 2가지 역할을 하므로 I don't know the exact spot where it happened.가 됩니다.

(317) **The time when such things could happen is gone.**

「그런 일이 일어날 수 있었던 시대는 지났다.」

연구 The time is gone. 「그 시대는 지났다.」

Such things could happen then.
「그러한 일이 그 때에는 일어날 수가 있었다.」

time과 then이라는 부사가 중복되지요? 이 then과 두 문장을 합치는 접속사 역할을 하는 관계부사가 필요하게 됩니다. time이 시간을 말하므로 when을 쓰게 됩니다. 관계부사에서 설명할 것은 이미 관계대명사에서 귀가 아프도록 설명했으므로 지면 관계도 있고 해서 관계부사에서는 다음 문제부터 간단히 설명하겠으니 여러분은 답을 읽기 전에 혼자 해 본 후에 답과 설명을 읽으시기 바랍니다.

(318) **He showed me how(= the way) he could speak English well.**

「그는 나에게 영어를 잘 할 수 있는 방법을 가르쳐주었다.」

(319) **This is the reason why I cannot agree with you.**

「이것이 내가 너에게 동의할 수 없는 이유다.」

(320) **I went to the airport, where I found this orphan.**

「나는 공항에 갔는데 거기에서 이 고아를 발견했다.」

where 앞에 comma (,)를 쓸 것.
, where = and there는 관계부사의 계속적용법.

(321) **I'll leave at the end of this month, till when I'll continue to teach.**

「나는 이 달 말에 떠날 것인데 그 때까지는 계속해서 가르칠 것이다.」

연구 when 안에 then이 들어감에 따라 till도 따라갔습니다.

, till when = and till then 이므로 관계부사의 계속적 용법입니다.

(322) **where** 「그는 우리를 과일 나무들이 자라는 언덕으로 안내했다.」

(323) **when** 「그의 아버지는 그가 태어난 날 세상을 떠났다.」

(324) **how** 「이것이 그가 성공한 방법이다. → 이렇게 해서 그는 성공했다.」

[325] **why** 「나는 그가 너에게 화를 내는 이유를 모르겠다.」

[326] **where** 「나는 워싱턴에 갔는데 거기에서 양 박사를 만났다.」

[327] **when** 「그가 어제 왔는데 그 때 나는 그에게 너의 편지를 주었다.」

[328] READING

말과 소를 분간 못하는 아가씨

"어머나, 참 우습게 보이는 소네요! 왜 그것에는 뿔이 없나요?"라고 도시에서 온 어린 아가씨가 말했다. 농부가 답하여 가라사대, "소가 뿔을 갖지 못하는 데는 까닭이 많지요."

표현 why 이하가 reasons의 형용사절

"뿔이 없이 태어나서 늙을 때까지(until the late years of their lives) 뿔을 갖지 못하는 것도 있고요. 또 뿔을 잘라 내버린 것도 있습니다. 또 한편으로는(while still) 뿔이 전혀 (at all) 나지 않게 되어있는 종류도 있습니다."

표현 be supposed to … 「~하게 되어있다」

"그러니까 소가 때때로 뿔을 갖지 않는 데에 대해서는 이유가 많다는 것을 알았지요? 그러나 이 짐승 (creature)이 뿔을 갖지 못하는 주요한 이유는 그것은 전혀 소가 아니고 말이기 때문입니다."

표현1 reason 다음의 that은? → why 대신 쓴 것

표현2 … is that의 that은? → (곧 배움) 명사절을 이끄는 접속사로 뜻은 「…것」
I know that he is honest. 「나는 그가 정직하다는 것을 알고 있다.」

[329] **This is the house where(= in which) he was born.**

This is the house. ┬ He was born there.
                   └ He was born in it.

[330] **That is the reason why(= for which) I want to go there.**

연구 the reason을 생략한 That is why I want to go there.

또 why를 생략한 That is the reason I want to go there.가 실용적인 영어.

That is the reason. ┬ I want to go there therefore.
                    └ I want to go there for it.

[331] **This is how(= the way, the way in which) he studied English.**

연구 how를 쓸 경우에는 **the way를 생략해야** 합니다.

또 **how도 생략할 수 있는데** 이 경우에는 the way를 그냥 둡니다.

[332] **He asked me the time when(= at which) you had arrived.**

when인 경우 the time 또는 when을 생략해도 좋음.

[333] **We came last December, when(= in which) we had no house to live in.**

[334] **I went to the zoo, where(= in which) I saw many animals.**

[335] 사물이 외관과 다른 곳이 있다면 그곳은 한국이다.

표현 what they seem = 그것들이 보이는 것 → 표면에 나타나는 것 → 외관

things are not what they seem 「사물이 외관과 (내용이) 다르다」

where things are what they seem은 place의 형용사절

[336] 우리는 대영 박물관에 갔는데 거기에서 우리는 훌륭한 이집트 미라 소장품을 보았다.

표현 where = and there

[337] 살인이 저질러진 정확한 시간은 결코 밝혀지지 않았다.

when the murder was committed는 time의 형용사절

[338] 그 개는 주인이 그에게 말할 때까지 으르렁거렸는데, 그 후에는 (말을 듣고 난 다음에는) 기뻐 짖었다.

표현 when = but then

[339] 이 학교가 이 언덕 꼭대기에 건축된 이유는 경치가 좋기 때문이다.

why this school was built on the top of this hill은 reason의 형용사절

표현 command a fine view = 경치가 좋다 (이 command는 보통 「명령하다, 지휘하다」라는 뜻이지만 여기에서는 「내려다 보다」라는 뜻)

[340] 그는 오랫동안 병을 앓은 후에 건강을 증진한 방법을 나에게 말해주었다.

how 앞에 the way가 생략됨. (how 대신 the way를 쓸 수 있음.)

[341] 눈은 마음의 도움 없이는 충분히 볼 수 없다. 그것이 사람들이 매우 다르게 보는 것과 화가들이 아주 다르게 그리는 이유이다. (→ 그래서 사람들이 보는 것이 서로 아주 다르고 화가들이 그리는 것이 서로 큰 차이가 있다.)

연구 why 앞에 the reason 생략. 선행사가 생략되면 명사절이 됩니다. (여기에서는 is의 주격보어가 되었음)

people see, and painters paint, (so differently) 즉 so differently는 see와 paint 양쪽에 걸리는 공통부사. 그래서 so 앞에 comma가 있습니다. 만일 comma가 없으면 paint에만 걸립니다.

Lesson 10 | 명사절 _ 정답과 해설

[342] ① 「당신이 머지않아(before long) 화성에 도달할 수 있다는 것은 확실합니다.」

② 「이것이 그가 건축한 집입니다.」

③ 「그가 그 집을 건축했다는 사실은 정말입니다.」

연구1 ① That you will be able to reach Mars before long is certain.

That you will be able to reach Mars before long이 **명사절**로서 이 문장 전체의 주부

(주부 = 긴 주어 — 길기 때문에 '주어'라고 하지 않습니다.)

② This is the house that he built.

that he built는 **형용사절**, that(= which)은 관계대명사

③ The fact that he built the house is true.

that … house는 **명사절**로서 fact와 동격

①②③ 을 어떻게 구별할 것인가요?

연구2 that이 명사절을 인도할 때는 that 다음이 ①에서 you will be able to reach Mars before long. ③ He built the house. 처럼 무엇 하나 빠진 것이 없는 **완전한 문장**입니다. 그러나 형용사절을 인도할 때는 that 다음이 ② he built처럼 **불완전**합니다. (여기에서는 built의 목적어가 없지요?) 이것은 that이 관계대명사로서 that 안에 주어나 목적어에 해당하는 대명사가 포함되어 있기 때문입니다. 그런데 ③의 that he built the house는 The fact와 동격 명사절이라 했는데 도대체 형용사절과 어떻게 분간한단 말인가요? fact에 올려붙여 번역하므로 형용사절이라 하면 좋을 걸 왜 까다롭게도 동격 명사절이라고 하느냐 말입니다.

I met Obama, President of the U.S.A. 「나는 미국 대통령인 오바마를 만났다.」

이 문장에서 President of the U.S.A.는 무슨 역할을 하나요? → **Obama와 동격**이라 합니다. 그러면 동격이란 알기 쉽게 말하면 무엇일까요? → 뒤에 있는 명사가 앞에 있는 명사를 수식하는 관계로 봅니다. 보통은 명사를 수식하는 것이 형용사인데 동격일 때는 뒤의 명사가 앞의 명사를 수식합니다. 따라서 동격 명사절이란 결국 의미상으로 보아서는 형용사절과 마찬가지인데 구조만 다르다는 것입니다.

I hear the news that he married a pretty girl.
「나는 그가 예쁜 아가씨와 결혼했다는 소식을 듣고 있다.」(**동격**)

This is the lady that he married.
「이 분이 그가 결혼한 부인입니다.」(**형용사절**)

I know the fact that he married a pretty girl.
「나는 그가 예쁜 아가씨와 결혼한 사실을 알고 있습니다.」(**동격**)

연구3 이 경우의 the fact는 보통 생략함. 또 회화 때는 that마저 생략합니다.

[343] ① 「당신은 그가 어제 캐딜락 한 대를 샀다는 것을 아십니까?」

② 「이것이 그가 어제 산 것입니다.」

연구1 ① Do you know that he bought a Cadillac yesterday?

that he bought a Cadillac yesterday가 **명사절**로서 know의 목적어

② This is what he bought yesterday.

what he bought yesterday가 **명사절**로서 is의 주격보어

연구2 이 경우의 that과 what은 둘 다 「…것」이라고 번역하는데 어떻게 분간하나요?

답 that이 명사절을 인도할 때는 that 다음 문장이 완전? 불완전? → ① he bought a Cadillac이니 빠진 것이 없는 완전한 문장이지요? 그러나 what은? → he bought yesterday이니 무엇인가 빠져 있지요? 즉 bought의 목적어, 때로는 주어도. 이것은 관계대명사에서 배운 바와 같이 This is the thing which he bought.에서 the thing which = what. which가 다음 문장의 bought의 목적어인 it의 역할을 하므로 불완전하게 되는 것을 알겠지요?

[344] ① 「당신은 그가 오늘 아침 무엇을 했는지 아십니까?」

② 「이것이 오늘 아침 그가 한 것입니다.」

연구1 ① Do you know what he did this morning?

what he did this morning은 **명사절**로서 know의 목적어

② This is what he did this morning.

what he did this morning은 **명사절**로서 is의 주격보어

연구2 ①의 what은 「무엇」 ②의 what은 「…것」 — 어떻게 분간하나요?

답 ①에서는 「당신은 그가 오늘 아침 한 것을 아십니까?」 즉 「무엇」이라고도 되고 「…것」이라고도 되지요? 어느 쪽이 자연스러울까요? 「무엇」이지요? 「무엇」, 「…것」 양쪽으로 되면 **「무엇」에 우선권**을 주세요.
②에서는 「무엇」이라고 해도 될까요? 「…것」, 전문이지요?
그러므로 「…것」이라고 할 때는 **「…것」으로 밖에는 안 될 때**입니다.

[345] ① 「아무도 그가 언제 올지, 도대체(at all) 그가 올지 안 올지 또는 그가 살아있는지 조차 모릅니다.」

② 「가을은 농부들이 가장 바쁠 때이다.」

③ 「그 당시는 만년필이 드문 때였다.」

연구1 ① No one knows when he will come or whether he will come at all, or whether he is even alive.

when he will come, whether he will come at all, whether he is even alive는 셋 다 **명사절**로서 knows의 목적어

여기의 when은 「언제」 whether는 「…인지 아닌지」

② Fall is when farmers are busiest.

when … busiest가 **명사절**로서 is의 주격보어

③ It was a time when fountain-pens were rare.

when … rare가 **형용사절**로서 time을 수식함

주의 when이 명사절을 인도할 때는 「언제」「…때」로 하는데 어떻게 분간하나요?

답 what의 설명과 마찬가지입니다. 즉 **「때」「언제」 양쪽으로 되면 「언제」에 우선권**. 「때」라고 할 때는 **「때」 전문인 때**에 한합니다.

20

연구2 ②에서는 when 앞에 the time이 생략되어 있습니다. ③에서도 a time을 생략할 수 있습니다.

[346] ① 「나는 그가 결석한 이유를 모릅니다.」

② 「나는 그가 왜 결석했는지 모릅니다.」

③ 「그것이 그가 결석한 이유입니다.」

연구 ① I don't know the reason why he is absent.

why he is absent는 reason의 **형용사절**

② I don't know why he is absent.

why he is absent는 **명사절**로서 know의 목적어

③ That's why he is absent.

why he is absent는 **명사절**로서 is (That's = That is)의 주격보어

주의 why가 명사절을 인도할 때는 「왜」, 「…이유」 양쪽으로 번역하는데 분간하는 방법은?

②, ③의 why 앞에 the reason이란 선행사를 쓰면 why 이하는 무슨 절로?

답 「왜」, 「이유」 양쪽으로 되면 「왜」에 우선권, 「이유」는 「이유」로만 쓰일 때에. why 앞에 the reason이 있으면 물론 why 이하는 **형용사절**.

[347] ① 「나는 그가 출생한 곳을 모릅니다.」

② 「나는 그가 어디에서 출생했는지 모릅니다.」

③ 「여기가 그가 출생한 곳입니다.」

연구1 ① I don't know the place where he was born.

where he was born은 place의 **형용사절**

② I don't know where he was born.

where he was born은 **명사절**로서 know의 목적어

③ This is where he was born.

where he was born은 **명사절**로서 is의 주격보어

연구2 where가 명사절을 인도할 때는 「어디에서」와 「…곳」 양쪽으로 되는데 분간하는 방법은?

답 양쪽으로 되면 「어디에서」에 우선권, 「곳」은 「곳」 전문일 때만.

②, ③의 where 앞에 the place라는 선행사가 생략되어 있습니다.
ⓐ I don't know the place where he was born.
ⓑ I don't know where he was born. (the place 생략)
ⓒ I don't know the place he was born. (where 생략)

어느 것이 대화할 때 많이 쓰이는 쉬운 표현인가요? 배웠는데.

답 ⓐ는 회화 때 안 쓰고 재미없는 영어. when, why, how 때도 마찬가지.

This is the village where he was born. 「여기는 그가 출생한 마을이다.」

이 경우 the village라는 선행사를 생략할 수 있나요?

답 생략할 수 없습니다. **where** 앞에서는 **the place**만 생략할 수 있습니다.
when 앞에서는? → **the time**만.
why 앞에서는? → **the reason**만.
how 앞에서는? → **the way**만.

plus tip 이 책에서는 이처럼 다른 책에서는 전혀 쓰지도 않고 선생님들이 설명하지 않는 사항이 굉장히 많다는 것을 아셨지요? 이것은 과거에 여러분의 선배 중 천재, 수재들이 나에게 이런 질문을 해서 답변했던 것들입니다. 그러나 나는 이 책을 쓸 때 여러분에게 어려운 것을 가르쳐서 학자로 만들 생각은 추호도 없고 극히 기초적인 것이지만 여러분이 꼭 알아야 할 사항을 잘 이해하도록 하게끔 갖은 수단과 방법을 강구하는 것입니다. 학자로 만들 사항을 여기에 썼다가는 여러분은 모두 뺑소니 쳐버린다는 것을 잘 알고 있지요. 그러나 연구하는데 대한 기초적인 소질을 양성하고 자극을 주고 있는 것은 사실입니다. 절(Clause)을 이처럼 비교 설명하여야만 학생들이 철저히 알게 되는데 다른 책에서는 이렇게 다루지 않는 것이 나의 학창시절의 불만이었습니다.

위에서 villege가 스펠링이 맞나요? → village.

그러면 college, colledge, collage 중에서 「대학」이라는 의미는 어느 것?

가칭 영단어 깨부수기 식 단어 분석을 좀 해볼까요? village는 마을인데 마을에는 villa가 많이 있습니다. 소위 별장이라는 것인데 별장들이 모여 있으면 그것이 village가 되기 때문에 ege인지 age인지 쉽게 알 수 있겠지요?

그리고 대학은 college인데 이것은 사람들이 모여서 법률, 법칙을 공부하는 곳입니다. 이것을 col + leg + e로 깨부수어 보면 col = collective (공동체)이고 leg = legal (법을 준수하는 사람)이고, e = educate (교육하다) 즉 대학은 법을 준수하는 사람으로 교육하는 공동체라고 할 수 있네요. 이런 식으로 단어를 이해하면 외울 필요도 없이 스펠링까지 저절로 암기됩니다.

[348] ① 「당신은 그가 그것에 성공한 방법을 아십니까?」

② 「당신은 그가 그것에 어떻게 해서 성공했는지 아십니까?」

③ 「이것이 그가 그것에 성공한 방법입니다.」

연구1 ① Do you know the way (how) he has succeeded in it?

how he has succeeded in it은 way의 **형용사절** (the way는 how와 동시에 쓸 수 없습니다. 그래서 how가 생략되어 있습니다.)

② Do you know how he has succeeded in it?

how … it은 **명사절**로서 know의 목적어

③ This is how he has succeeded in it.

how … it은 **명사절**로서 is의 주격보어
「이렇게 해서 그는 그것에 성공했다.」

연구2 ②에서는 how가 「어떻게 해서」, 「방법」 양쪽으로 다 되므로 「어떻게 해서」에 우선권을 주었고 ③에서는 「방법」으로 할 도리 밖에 없습니다.

[349] READING

세상에서 가장 힘든 일

"세상에는 여러분이 극복할 수 없는 어려움은 없습니다."라고 선생님이 말씀하셨다.

"저기요, 선생님(Please, sir), 선생님은 치약(toothpaste)을 튜브 안으로 다시 밀어 넣으려고 해본 일이 있으세요?"라고 어린 Tommie가 큰소리로 말했다.

(재미있는 joke죠? 한 번 튜브를 빠져 나온 치약을 다시 집어넣기는 정말 어렵죠!)

표현1 that you cannot overcome은 difficulty의 형용사절

표현2 squeezing … tube는 동명사로서 tried의 목적어. try의 목적은 일반적으로 to부정사인데 동명사를 쓰면 「시험 삼아 ~해보다」가 됩니다.

[350] ① 「당신은 그녀가 어느 것을 선택했는지 아십니까?」

② 「이것이 그녀가 선택한 냉장고입니다.」

연구 ① Do you know which she chose?

which she chose는 **명사절**로서 know의 목적어

Which did she choose?라는 의문문이 명사절이 된 것입니다.

② This is the refrigerator which she chose.

which she chose는 refrigerator의 **형용사절**

②의 which는 관계대명사. ①의 which는 의문대명사

[351] ① 「나는 그 창문을 깨뜨린 사람을 안다.」

② 「당신은 누가 그 창문을 깨뜨렸는지 아십니까?」

연구1 ① I know the man who broke the window.

who … window는 man의 **형용사절**

② Do you know who broke the window?

who broke the window는 본래 의문문인 것이 **명사절**로 되어서 know의 목적어

연구2 ①의 who는 관계대명사, ②의 who는 의문대명사

[352] ① 「이쪽은 그가 영어를 가르쳤던 소년입니다.」

② 「당신은 그가 누구에게 영어를 가르쳤는지 아십니까?」

연구 ① This is the boy whom he taught English.

whom … English는 boy의 **형용사절**, whom은 관계대명사

② Do you know whom he taught English?

whom he taught English는 Whom did he teach English?라는 의문문이 **명사절**로 되어서 know의 목적어가 되었습니다. 이 whom은 의문대명사.

[353] ① 「나는 그 소년을 때린 아들의 아버지를 안다.」

② 「나는 누구의 아들이 그 소년을 때렸는지 모른다.」

연구 ① I know the father whose son hit the boy.

whose … boy는 father의 **형용사절**, whose는 관계대명사

② I don't know whose son hit the boy.

whose son hit the boy는 본래 의문문인데 **명사절**로서 know의 목적어가 되어 있습니다.
(이 whose는 의문형용사)

[354] ① 「그가 사는 것은 무엇이든지 재미있다.」

② 「그가 사는 것은 무슨 책이든지 재미가 있다.」

연구1 ① Whatever he buys is interesting.

Whatever he buys는 **명사절**로서 전체 문장의 주부이고 is가 본동사입니다.

② Whatever book he buys is interesting.

Whatever book he buys가 **명사절**로 전체 문장의 주부이고

① Anything is interesting.

= Anything that he buys is interesting.

He buys it

이 Anything that 대신에 Whatever를 써서
= Whatever he buys is interesting.이 된 것입니다.

그래서 이 whatever를 **복합관계대명사**라고 합니다.

② Any book is interesting.

= Any book that he buys is interesting.

He buys it.

이 Any라는 형용사와 that이라는 관계대명사 대신 Whatever를 써서
= Whatever book he buys is interesting.

이래서 이 whatever를 **형용사 용법의 복합관계대명사**라 합니다.

연구2 기계적으로 whatever he buys 「그가 사는 것은 무엇이든지」

그러면 「그가 공부하는 것은 무엇이든지」는? → whatever he studies → 동사의 목적어가 없지요?

그러면 또 「그가 보았던 것은 무엇이든지」는? → whatever he saw

whatever is cheap 「값 싼 것은 무엇이든지」→ 이것은 is의 주어가 없지요?

그러면 「좋은 것은 무엇이든지」는? → whatever is good

또 「재미있는 것은 무엇이든지」는? → whatever is interesting

연구3 whatever book he buys (그가 사는 책은 무슨 책이든지) — 이번엔 whatever 다음에 book이라는 명사가 있어서 whatever가 형용사 노릇을 하고 있지요?

그러면 (그가 공부하는 학과는 무슨 학과이든지)는?
→ **whatever subject he studies**

또 (그가 쓴 소설은 무슨 소설이든지) → **whatever novel he wrote**

[355] ① 「너는 네가 좋아하는 것은 무엇이든지 선택해도 좋다.」

② 「너는 네가 좋아하는 책은 무엇이든지 선택해도 좋다.」

연구1 ① You may choose whichever you like.

whichever you like가 **명사절**로서 choose의 목적어

② You may choose whichever book you like.

whichever book you like가 **명사절**로서 choose의 목적어

연구2 whichever는 whatever와 같고 뜻만 좀 다릅니다. 즉 whatever는 「무엇이든지」 whichever는 「어느 것이든지」

[356] 「영어를 공부하기 원하는 사람은 누구나 그 책을 사야만 합니다.」

Whoever wants to study English는 **명사절**로서 전체 문장의 주부.

Any one must buy the book.

He wants to study English.

= Any one who wants to study English must buy the book.

이 Any one who 대신 Whoever를 써서

= Whoever wants to study English must buy the book.

[357] 「나는 당신이 추천하는 사람은 누구든지 고용할 것입니다.」

whomever you recommend가 **명사절**로서 employ의 목적어.

I will employ any one.

You recommend him.

= I will employ any one whom you recommend.

= I will employ whomever you recommend.

연구1 「영어 공부하기를 원하는 사람은 누구든지」 → whoever wants to study English. wants의 주어를 검해야 되므로 주격인 whoever를 썼습니다.

그러면 「여기에 오는 사람은 누구든지」는? → whoever comes here

또 「그를 만나는 사람은 누구든지」? → whoever sees him

연구2 「당신이 추천하는 사람은 누구든지」? → whomever you recommend ― 이번에는 recommend가 목적어가 없으므로 **목적격인 whomever**를 썼습니다.

그러면 「내가 만났던 사람은 누구든지」는? → whomever I saw

또 「내가 영어를 가르쳤던 사람은 누구든지」는?
→ whomever I taught English

whoever, whomever를 무슨 복합관계대명사라네 뭐네 하고 까다롭게 구는데 이렇게 기계적으로 하면 간단합니다.

[358] **That he stole the money is true. = It is true that he stole the money.**
(That과 that은 명사절을 인도하는 접속사)

[359] **This is the money that he stole.**
(이 that은 관계대명사)

[360] **I know the fact that he stole the money.**
(that 이하는 동격 명사절)

[361] **Do you know what I want?**
(what은 의문대명사)

[362] **Wine is just what I want.**
(what은 관계대명사)

[363] **Do you know when he will go to America?**
(when은 의문부사)

[364] **Spring is when flowers bloom.**
(when은 관계부사)

[365] **Do you know the year when he came?**
(when은 관계부사)

[366] **I don't know the reason why he is angry with you.**
(why는 관계부사)

[367] **I don't know why he is angry with you.**
(why는 의문부사)

[368] **That's why I didn't marry her.**
(why는 관계부사)

[369] **I don't know the name of the village where he went.**
(where는 관계부사)

[370] **I don't know where he bought the smart phone.**
(where는 의문부사)

[371] **This is (the place) where she is buried.**
(where는 관계부사)

[372] READING

꼬마의 명답

선생님이 그녀의 학생들에게 동물이나 새들에게 결코 뽀뽀를 해서는 안 된다고 경고했다.

"너희들은 그 위험에 대한 예를 들 수 있니?"라고 그녀(선생님)는 물었다.

"예, 선생님. 저의 숙모님이 앵무새에게 뽀뽀를 하곤 했어요."라고 한 소년이 답했다. (used to = 과거의 습관)

"그래서 어떻게 됐니?"

"(앵무새가) 죽었지요 뭐."

[373] **Do you know the way (how) he invented the machine?**
(how는 관계부사)

(the way를 쓰면 how를 생략하고, how를 쓰면 곧 the way를 생략해야 합니다. 즉 둘 중 하나만 쓸 것.)

[374] **Do you know how he invented the machine?**
(how는 의문부사)

[375] **That's how he invented the machine.**
(how는 관계부사)

[376] **I know the author who wrote this book.**
(who는 관계대명사)

[377] **Do you know who wrote this book?**
(who는 의문대명사)

[378] ① **The man whom she loves started for America yesterday.**
(whom은 관계대명사)

② **Do you know whom she loves?**
(whom은 의문대명사)

[379] **I don't know which novel she read.**
(which는 의문형용사, novel이 없으면 의문대명사)

[380] **This is the novel which she read.**
(which는 관계대명사)

[381] **A boy whose father is rich is not always happy.**
(whose는 관계대명사)

[382] **Do you know whose son he is?**

연구 이 whose는 다음에 son이 있기 때문에 의문형용사입니다. 그러나 Do you know whose it is?「당신은 그것이 누구 것인지 아십니까?」에서는 의문대명사입니다.

[383] **The girl begged(= asked) me earnestly to buy her whatever she saw.**

[384] **I will lend you whatever tool I have.**

[385] **I will take whichever you reject.**

[386] **I will take whichever book you reject.**

[387] **I will meet(= see) whoever calls on me.**

연구 meet의 목적어로는 whomever가 좋겠지만 또 calls의 주어라고 한다면 whoever가 좋겠고 자, 어떻게 할까요?
→ 뒤에 있는 calls의 주어로 보고 whoever로 하는 것에 주의하세요.

[388] **Lend this money to whomever you trust.**

연구1 trust의 목적어로 보고 whomever로 하는 것에 주의하세요.

Give this book to _____ you think is honest.
「이 책을 당신이 정직하다고 생각하는 사람 누구에게나 주시오.」
자, think의 목적어라는 입장에서는 whomever, is의 주어라고 보면 whoever, 어느 쪽이 맞을까요?

Give this book to *whoever* (you think) is honest.
이 you (I, we, they) think (believe, suppose, imagine, guess, be sure)를 삽입절로 보고 ( ) 안에 두고 생각하세요.

연구2 그러면 is의 주어가 필요하니까 whoever — 알겠지요?

Visit _____ you are sure will help you in future.
「장차 당신을 도와줄 것이라고 확신하는 사람은 누구든지 방문하세요.」
무슨 ~ever? 무엇을 ( ) 안에 가둔다? → you are sure를 ( ) 안에 가두면 will help의 주어가 필요하므로 whoever.

[389] 「그 섬에 사람이 살고 있지 않은 것은 확실합니다.」

It은 that 이하를 말하는 가주어.

That the island is uninhabited is certain.을 It 구문으로 한 것입니다.

[390] 「그들은 그가 그것에 성공하는 것은 불가능하다고 생각했습니다.」

연구 it은 that 이하를 말하는 가목적어.

They thought that he should succeed in it impossible.
　주어　　불타　　　　목적어　　　　　　　목적격보어

목적어가 너무 길어서 목적격보어를 구분해 내기가 힘들지요?

그래서 that he should succeeded in it라는 긴 목적어 대신 it이라는 가목적어를 써서

They thought **it** impossible that he should succeed in it.

로 한 것입니다. 이렇게 하면 목적어가 'it'이라는 한 단어이기 때문에 그 다음의 impossible이 목적격보어라는 것을 빨리 파악할 수 있습니다.

[391] 「그가 누구인지는 아무에게도 알려져 있지 않습니다.」

= **It is not known to all who he is.**

연구 Who he is is not known to all.
　　　　주부　　　　　　술부

주부는 본래 Who is he?라는 의문문이 who he is라는 명사절로 변한 것입니다. is known이 본동사이지요. 그래서 is가 중복되는 것입니다.

그리고 that ... 뿐만 아니라 기타 who ..., whether ..., which ..., 등 어떤 명사절에도 It이라는 가주어가 목적어를 두는 것이 보통입니다.

[392] ① 「그가 부자인 것은 사실입니다.」

② 「그가 어린아이를 갖지 못하는 것에 대하여 실망하는 것도 당연합니다.」

연구 ②에는 왜 should가 나요? ①에는 없는데?

①처럼 말하는 사람의 감정과 판단을 나타내는 일이 없이 사실 그대로 말할 때는 should가 필요 없습니다. 그러나 ②에서는 「...하는 것도 당연하다」라고 말하는 사람의 감정이 표현되고 있습니다. 이럴 때 should를 씁니다.

표1 should를 쓰는 다음의 예를 보세요. (혼자서 먼저 생각하고 해석해 보세요.)

ⓐ It was necessary that some immediate effort should be made.
ⓑ It is strange that they should have me be in the very same place.
ⓒ It is natural and rational that you should like it.

답　ⓐ 급히 어떤 노력을 하는 것이 필요했다.
　　ⓑ 그들이 나를 바로 같은 장소에 있게 하는 것이 이상하다.
　　(This is the very book I want. 「이것이 내가 원하는 바로 그 책이다.」

이처럼 명사 앞에 오는 very는 그 명사를 강조하여 '바로 그'라는 뜻입니다.
ⓒ 당신이 그것을 좋아하는 것은 당연하고 이치에 맞는 일입니다.

표현2 이처럼 It … that 중간에 natural, necessary, rational, proper, a pity, good, right, wonderful, surprising, dreadful … 등등이 있어서 말하는 사람의 **감정과 판단이 표현되는 경우에 should를 쓰는 것이 원칙이나 미국에서는 should를 생략하고 쓰는 일이 많습니다.** 그래서 ⓐ는 It was necessary that some effort be made.가 됩니다.

[393] 「그가 어떻게 그것을 하느냐 하는 것이 나에게는 불가사의다.」

It은 how 이하를 말합니다. (mystery 대신 secret도 잘 씁니다.)

이것을 봐서 아는 바와 같이 It은 that 이하만 말하는 것이 아니고 how, where, when, why 이하 (즉 명사절은 무엇이든지)도 받는다는 것을 알아야 합니다.

[394] 「부모가 자기 아이들을 사랑하는 것은 당연하다.」

= It is natural that **parents should love their children.**

[395] READING

명문명답

호텔의 한 방에서 즐거운 파티가 진행되고(계속 - go on) 있었다. 갑자기 문에서 노크 소리가 나더니 종업원이 들어왔다.

"신사 여러분(Gentlemen), 저는 여러분에게 조금 덜 시끄럽게 하시도록 부탁드리기 위해 여기에 오게 되었습니다. 옆방 손님이 읽을 수가 없다고 말씀하십니다."라고 그는 말했다.

"읽을 수가 없다고? 그럼 그에게 그 자신을 부끄러워해야만 한다고 말하게. 아니(Why) 나는 5살 때 읽을 수 있었단 말이야."라고 (그 파티의) 주인(역을 하는 사람 - host)이 말했다.

[396] 「나는 그가 거기에 가는 것이 필요하다고 생각합니다.」

= I think it necessary for him to go there.

[397] 「당신이 무언가를 하려 할 때 그것이 당신에게 유익한지 아닌지를 잘 생각하세요.」

turn it in your mind whether it is to your advantage or not.에서 이 turn it의 it은?
→ whether it is to your advantage or not

it is to …의 it은? → anything

연구 turn은 완전타동사? 불완전타동사? → in your mind가 부사구이면 완전타동사, 목적격보어이면 불완전타동사가 되는데 어느 쪽인가요?

부사구로 보는 것이 자연스럽지요? 그래서 turn은 완전타동사.

turn … in one's mind 「마음속에 돌려놓다 → 잘 생각하다」

turn	whether … not	in your mind
완타	목적어	turn의 부사구

이처럼 완전타동사의 목적어가 길고 동사의 부사가 있을 때도 가목적어를 씁니다.

[398] 「우리는 꼭 우리의 최선을 다 하겠습니다.」

표현 depend upon(on) = 신뢰하다, 믿다

You may depend upon it that we will do our best.에서 it은? → that 이하 we will do our best 즉 upon이라는 전치사의 목적어가 that we will do our best라는 긴 절이므로 어색해서 it이라는 가목적어를 쓴 것입니다. 이처럼 전치사의 목적어가 명사절인 경우에도 it이라는 가목적어를 쓰는 수가 있습니다.

이 문장의 직역은 「너는 우리가 우리의 최선을 다 한다는 것을 믿어도 좋다.」→ 이래서 depend upon it은 「확실히, 꼭」이라는 뜻으로 변했습니다.

Depend upon it, the war will ruin the country. 「틀림없이(꼭) 전쟁은 나라를 멸망시킬 것입니다.」여기에서는 that을 생략한 대신 comma (,)가 있습니다. 이 표현법은 어려운 것 같지만 대화할 때 많이 씁니다.

「그는 그것에 꼭 성공할 것입니다.」

You may depend upon it that he will succeed in it.
= Depend upon it, he will succeed in it.
= He is sure to succeed in it.

[399] 「나는 그가 그녀와 결혼하려고 하는 것은 당연하다고 생각했습니다.」

연구 take it for granted that …은 기계적으로 「당연한 일로 생각하다, …은 물론이라고 생각하다」라는 뜻입니다. 즉, it은? → that 이하. take는 어떤 종류의 동사? → 불완전타동사, 따라서 for granted는 목적격보어인 형용사구, for라는 전치사 다음에 과거분사인 granted를 어찌 쓸 수 있을까요? 무엇이 생략되었다고 봅니까? → for being granted

I took it for granted that he would marry her.를 직역하면 「나는 그가 그녀와 결혼할 것은 = (일반에게) 인정된 일이라고 생각했다. → 물론이라고 생각했다.」 이런 것을 설명하는 사람이 없어서 이상 나의 독단으로 설명하였습니다. for granted가 took의 부사구가 아닌가 생각할 수도 있겠지만 다음의 예를 보고 판단해 보세요.

ⓐ I took the old lady for a girl.
ⓑ I took it for granted that he would succeed in it.
ⓒ I bought the book for ten dollars.

답 ⓐ 「나는 그 노부인을 소녀로 보았다. (노부인 = 소녀)」 여기서 took은 불완전타동사.
ⓑ 「나는 그가 그것에 성공하려고 하는 것은 = 당연하다고 (for granted) 생각했다.」 만일 '당연히 생각했다'라는 뜻이면 완전타동사.
ⓒ 「나는 그 책을 = 10달러 주고 샀다.」 이 관계가 어색하지 않아요? 그래서 이 for ten dollars는 bought의 부사구, 따라서 bought는 완전타동사

[400] 「그것은 우리가 결코 보지 못했던 식물이었다.」

연구 이 It은 지금까지 배운 것과는 다르지요? 자, 무엇일까요?

이 It은 앞에 말한 어떤 식물을 지시하는 것으로서 「그것은」이라

고 번역해야 합니다. that 이하는 물론 plant의 형용사절.

[401] 「아주 어두워졌기 때문에 우리는 집으로 갔다.」

연구1 이 It ... that도 색깔이 다른 것입니다.

이 It은? → 소위 시간, 명암(明暗), 날씨, 거리 등을 말하는 비인칭주어 it.

so ... that ...은 학교에서 많이 들어봤지요? 「대단히 …해서 (그 결과) …하다.」

연구2 that 이하는 so의 결과를 말하는 부사절이란 것을 다음 과에서 배울 것입니다.

「그는 대단히 친절하므로 나는 그를 좋아한다.」→ He is so kind that I like him.

[402] 「그 시계가 발견된 것은 바로 여기입니다.」

The watch was found here.에서 here를 강조한 구문입니다.

It was here …로 하는 것이 보통이지만 눈앞에서 장소를 직접 보면서 말하기 때문에 is로 한 것입니다.

[403] 「우리 주위의 환경(세계)을 만드는 것은 바로 (우리의) 마음입니다.」

연구 The mind creates the world about us. 중에서 the mind를 강조한 구문입니다. that이 일반적이나 which로 대응할 수도 있다는 것을 먼저 말했습니다. 그리고 이 문장의 뜻은 우리가 마음먹기 따라서 우리의 환경이 비참하게도 되고 행복하게도 된다는 뜻입니다. 열심히 공부하겠다는 마음이 있어서 열심히 공부만 하면 행복하게 되는데 게을러서 공부를 하지 않으면 비참하게 되는 것도 그 한 예입니다.

[404] 「어느 쪽이 먼저 거기에 도착하느냐가 문제입니다.」

이 It은? → which 이하를 말하는 가주어입니다.

[405] 「그것에 책임이 있는 사람은 바로 그입니다.」

He is responsible for it. 중에서 "He"를 강조한 구문입니다.

[406] 「비난 받을 사람은 바로 당신입니다.」 (잘못은 바로 당신입니다.)

You are to blame. 「당신이 잘못이다.」 중에서 You를 강조한 구문인데 원칙은 that이지만 who로 대응한 것입니다.

[407] 「내가 어제 만난 사람은 바로 나의 사촌이었다.」

I saw my cousin yesterday.에서 my cousin을 강조한 구문입니다.

that으로 하는 것이 원칙이지만 whom으로 대응한 것입니다.

who가 아니고 whom이 되는 것에 주의하세요.

[408] 「그녀가 그 편지를 쓰고 있었던 때는 바로 내가 그녀를 방문한 때였습니다.」

She was writing the letter when I called on her. 중에서 when I called on her라는 부사절을 강조한 구문입니다.

[409] READING

오해

어머니는 방에 들어와서 그녀의 어린 아들이 손가락에 붕대를 감고 있는 것을 보았다.

"아이고 가엾은 것(My poor child), 어떻게 네 손가락을 다쳤니?"라고 그녀는 부드럽게 말했다.

"방금 망치로 그것(손가락)을 쳐버렸어요."라고 소년이 말했다.

어머니는 놀란 표정을 지었다.

"하지만 나는 네가 우는 것을 듣지 못했단다, 우리 용감한 애야."

"안 울었어요(No), 저는 엄마가 외출했다고 생각했어요."라고 아이는 미소를 띠며 대답했다.

표현 Didn't he steal the money? — No, he didn't.

「그는 그 돈을 훔치지 않았지요?」라는 질문의 답인 이 No를 어떻게 번역하지요?

No라고 하면 돈을 훔친 것? 안 훔친 것? 안 훔친 것이죠? 그래서 우리말로는 "예"가 되는 것입니다만 영어는 부정으로 묻던 긍정으로 묻던 간에 훔쳤으면 "Yes", 안 훔쳤으면 "No"로 답하는 것을 알겠지요?

그래서 READING의 No는 바로 앞에 있는 I didn't hear you crying.을 받아서 No, (you didn't hear me crying.) I thought you were out (and so I didn't cry). 그러면 이 No는 운 것? 안 운 것? 안 운 것이지요?

그래서 "안 울었어요."로 번역했습니다.

[410] It, that(= which)

「일반 교육에 대한 수요를 촉진시킨 것은 바로 과학입니다.」

Science has quickened the demand for general education. 중에서 Science를 강조한 구문입니다.

[411] It은 who 이하.

(It을 없애면) = Who you are makes no difference.

「네가 누구든 상관없다.」

Who are you?가 명사절이 되면 Who you are. — 이것이 주부가 되었는데 이것 대신 가주어를 쓴 것입니다.

[412] am

「틀린 것은 바로 접니다.」

I am wrong.이라는 문장 중에서 "I"를 강조한 구문입니다.

연구1 It is I who am wrong.에서 who의 선행사가 "It"이라면 왜 "is"가 안 될까요??

어떤 고등 영문법에서는 It이 논리적 선행사(論理的先行詞)이지만 심리적으로는 "I"가 선행사이므로 "am"을 씁니다. 알 듯 말 듯 학생들을 임시 무마시키는 임기응변은 될망정 머리에 쏙 들어가는 이론이라고는 도저히 생각할 수 없습니다.

연구2 나는 이렇게 생각했습니다. It은 The man을 말하여 who이하가 The man의 형용사절. The man이 선행사이면 역시 "is"가 되겠지만 The man = I(주격보어) 관계를 보면 The man은 "I"와 마찬가지이므로 "am"이 됩니다.

[413] **It was very wrong that he should make such a request.**

「그가 그런 요구를 한다는 것은 천만부당했다.」

[414] **It is natural for him to sympathize with her.**

「그가 그녀를 동정하는 것은 당연합니다.」

[415] **I think it necessary that you should start at once.**

「나는 당신이 당장 출발하는 것이 필요하다고 생각합니다.」

[416] **It was yesterday that I saw(= met) him.**

I saw him yesterday.에서 yesterday를 강조한 것입니다.

[417] **It is our duty that we should do our best.**
= It is our duty to do our best.

[418] **It was John that(= who) broke the window-glass.**

[419] **I think it quite strange that she should say such a thing.**
= I think it quite strange for her to say such a thing.

[420] **It was when I was studying in the States that I saw him for the first time.**

연구 I saw him for the first time when I was studying in the States. 중에서 when … studying을 강조한 것입니다.

Lesson 11 | 부사절 _ 정답과 해설

[421] ① Do you know when he will arrive?
② I don't know the day when he will arrive.
③ He will start when she arrives.

연구1 ①「당신은 그가 언제 도착할 지 아십니까?」
— when … arrive는 know라는 타동사의 목적어인 **명사절**
②「나는 그가 도착하는 날을 모릅니다.」
— when 이하는 day의 **형용사절**
③「그는 그녀가 도착할 때 떠날 것입니다.」
— when 이하는 start의 **부사절**

연구2 ③에서는 start가 완전자동사. 따라서 목적어와 보어가 필요치 않으므로 명사절 또는 형용사절이 올 수 없습니다. 그러므로 부사절이 되는 것입니다. 그리고 부사절에서는 미래 대신 현재를 쓰는 것이 원칙이므로 she will arrive로 하지 않고 **she arrives**로 한 것입니다.

연구3 when이 **명사절**일 때는「언제, 때」
형용사절일 때는「…할, …은」
부사절일 때는「…때에」라고 번역합니다.

[422] ① He went to the city where she lived.
② I started from where she lived.
③ I took him where she lived.

연구1 ①「그는 그녀가 사는 도시로 갔다.」
— where … lived는 city의 **형용사절**
②「나는 그녀가 살고 있는 곳에서 떠났다.」
— where …은 from이라는 전치사의 목적어인 **명사절**. I can see it from where we stand.「나는 그것을 우리가 서있는 곳에서(으로부터) 볼 수가 있다.」
③「나는 그를 그녀가 사는 곳으로 데려갔다.」
— where 이하는 took의 **부사절**

연구2 전치사 다음에 오는 품사는? → 명사·대명사, 그리고 전치사 다음에 오는 명사·대명사가 그 전치사의 목적어라는 것도 배웠지요?

전치사 다음에 명사·대명사가 온다면 명사절도 올 수 있다는 것을 알겠지요?

Do you know where she lives?「당신은 그녀가 어디에 사는지 아십니까?」이 문장에서 where 이하는 know라는 타동사의 목적절입니다.

where가 명사절을 이끌 때는「어디에서, 곳」으로 번역합니다.

연구3 ③에서 took은 완전타동사, him이 그 목적어, 그러니까 where 이하가 부사절이 될 수 밖에 없습니다. where가 부사절을 이끌 때는「…곳으로, 곳에」.

[423] ① I know that you are right.
② This is the picture that he painted.
③ I'm glad that you have succeeded in it.

연구1 ①「나는 당신이 옳다는 것을 알고 있습니다.」
— that 이하는 know의 목적어인 **명사절**
②「이것이 그가 그린 그림입니다.」
— that(= which) 이하는 picture의 **형용사절**
③「나는 네가 그것에 성공해서 기쁘다.」
— that 이하는 glad의 **부사절**

연구2 that이 부사절을 이끄는 다음의 예를 보세요.
ⓐ He came that he might see her.
ⓑ I'm so glad that I see you.
ⓒ He is so rich that he can buy the car.

ⓐ「그는 그녀를 만나기 위해 왔다.」= He came (in order) to see her.

이 that은 목적을 말하여 「…하기 위하여」라 번역합니다.

이 that 앞에는 in order나 so를 써서 목적의 뜻을 더 명확히 할 수 있습니다. 마치 to see her 앞에 in order나 so as를 쓰는 것처럼.

that이 「…하기 위해서」라 할 때는 **보통 may**를 씁니다.

He works hard that he may support his family. 「그는 가족을 부양하기 위해서 열심히 일한다.」

ⓑ 「나는 당신을 만나서 반갑습니다.」 = I'm glad to see you.

이 that은 because나 as의 뜻으로써 원인을 말합니다.

ⓒ 「그는 대단히 부자라서 그 차를 살 수가 있습니다.」

이 that 이하는 so의 결과를 말하는 부사절입니다.

[424] ① He asked if his son was there.
② He would not have done so if his son had been there.
③ Do you know whether she likes it (or not)?
④ I'll give her the doll, whether she likes it or not.

연구1 ① 「그는 그의 아들이 거기에 있는지 없는지를 물었다.」
— if 이하는 asked의 목적어인 **명사절**
② 「그는 그의 아들이 거기에 있었더라면 그렇게 하지 않았을 것이다.」
— 가정법 과거완료 문장으로 if 이하는 have done의 **부사절**
③ 「당신은 그녀가 그것을 좋아하는지 여부를 아십니까?」
— whether 이하는 know의 목적어인 **명사절**
④ 「나는 그녀가 좋아하든 말든 그 인형을 그녀에게 주겠다.」
— whether 이하는 give의 **부사절**

연구2 「…인지 아닌지」 즉 명사절을 인도하는 접속사인 경우에 if, whether 둘 다 쓸 수 있습니다.

연구3 ④는 give가 수여동사, her가 간접목적어, the doll이 직접목적어로 완전한 문장이므로 whether 이하는 give를 꾸며 주는 부사절이 될 수 밖에 없습니다.

연구4 ⓐ Whether he is honest (or not) will be known in time.
ⓑ Whether he is honest or not, I will employ him.

「그가 정직한지 않은지는 조만간(in time) 알려질 것이다.」 will be known의 주어가 되어야 하므로 **명사절**.

「그가 정직하든 않든 나는 그를 고용하겠다.」 「I」라는 주어가 따로 있으므로 **부사절**.

부사절은 강조하려 할 때 이처럼 주어보다 앞에 옵니다. 보통 같으면 I will employ him whether he is honest or not.

표현 **whether**가 명사절을 이끌 때는 「…인지 아닌지」
부사절을 이끌 때는 「…든 말든」

[425] ① Whatever he buys is cheap and good.
② Whatever he buys, it is cheap and good.

연구 ① 「그가 사는 것은 무엇이든지 값싸고 좋다.」
— whatever he buys는 is의 주어가 되어야 하므로 **명사절**
② 「그가 무엇을 사든, (그것은) 값싸고 좋다.」

— 여기에는 "it"이라는 주어가 따로 있으므로 **부사절**입니다.

[426] READING

젊은 부부가 놀란 것은

젊은 부부가 어느 날 저녁 극장에서 집으로 돌아왔을 때, 거실에서 사람 소리가 나는 것을 듣고는 깜짝 놀랐다.

표현 to hear …는 astounded의 원인을 말하는 부사구

남편은 우산을 꽉 잡고는 문 쪽으로 살금살금 발끝으로 걸어갔다. 그는 문을 활짝 열어 제치고는(flung the door open) 전등을 켜고 돌진해 들어갔는데(charged in) 라디오가 켜져 있는 것을 알게 되었다.

표현 to find …는 charged in의 결과를 말하는 부사구

[427] **when** 「편지를 쓸 때 당신 어머니께 제 안부를 전해주세요.」

[428] **while** 「우리는 저녁을 요리하는 동안 뜰에서 놀았다.」

[429] **As(= When)** 「내가 잠자리에 들려고 할 때 "불이야" 하는 소리가 났다.」

[430] **as soon as** 「그는 대학을 졸업하자마자 결혼했다.」

표현 as soon as 「…하자마자」는 부사절을 이끄는 접속사구입니다.

[431] **than** 「그녀는 나의 팔에 몸을 던지자마자 울음을 터뜨렸다.」

표현 burst into tears 「울음을 터뜨리다」

No sooner had he seen me **than** he ran off. 「그는 나를 보자마자 도망쳤다.」

= Hardly(= Scarcely) had he seen me when he ran off. = As soon as he saw me, he ran off.

연구 No sooner(= Hardly·Scarcely)에서는 시제가 **과거완료(had seen)**가 되는 것에 주의하세요. 그리고 when 대신 before를 쓰는 것은 고문(古文).

표현 No sooner(= Hardly·Scarcely)는 어려운 문장체, **대화 때는 As soon as**를 쓰세요.

[432] **as long as** 「내가 살아있는 한 나는 당신의 친절을 결코 잊지 않을 것입니다.」

as long as 「…하는 동안(= while), …하는 한」 부사절을 이끄는 접속사구.

[433] **until** 「너는 누구든 너의 적이라는 것을 알 때까지는 그를 친구로 생각한다.」

표현 prove oneself (to be) … 「…임을 입증하다」

He proved himself (to be) a capable engineer. 「그는 자기 자신이 유능한 기사임을 입증했다.」

till이 보통, until은 뜻을 강하게 하면서 문장체임.

[434] **since** 「나는 그녀가 어린아이였을 때부터 알고 있다.」

[435] **before** 「내가 그 질문을 세 번이나 되풀이하고서야 비로소 그가 내 말을 알아들었다.」

(나는 그가 내 말을 알아듣기 전에 세 번이나 그 질문을 되풀이했다.)가 직역.

표현 before일 때는 이처럼 내려 번역하는 것이 편할 때가 있습니다. I had not waited long before he came. 「얼마 기다리지 않아 그가 왔다.」

[436] **whenever** 「그녀는 나를 볼 때마다 얼굴을 붉혔다.」

[437] **After** 「그녀의 남편이 세상을 뜬 후 그녀가 자기 가족을 부양해야만 했다.」

[438] **Once** 「한 번 약속을 한 이상 그것을 지켜야 한다.」

이 경우의 once는 부사절을 이끄는 접속사로서 「일단 …한 이상, 일단 …하면」.

표현 when, while, as(= when), as soon as, as long as, until(= till), since, before, whenever, after, once … 등은 모두 시간에 관한 부사절을 이끄는 접속사(구).

[439] **where** 「그 책을 당신이 그것을 발견한 곳에 도로 갖다 놓으세요.」

[440] **wherever** 「네가 좋아하는 곳은 어디든 가도 좋다.」

표현 이상 where 「곳으로, 곳에」, wherever 「…곳은 어디든지」는 장소를 말하는 부사절을 이끄는 접속사입니다.

[441] **because** 「너는 사람이 가난하다는 이유로 멸시해서는 안 된다.」

[442] **As** 「그는 인색하므로 나는 그를 좋아하지 않는다.」

연구1 as가 보통이고 because는 의미가 강합니다.

따라서 Why did you go to Seoul?과 같이 Why로 시작하는 의문문에서는 원인(cause)을 묻는 것이 주안점이므로 답도 원인을 강하게 말할 필요가 있어 as를 안 쓰고 because를 써서 Because I wanted to see my sweetheart. 「왜냐하면 애인을 만나기를 원했기 때문에.」라고 합니다.

연구2 for는 as, because와 어떤 차이가 있나요?

ⓐ 나는 책 사기를 원했기 때문에 서점으로 갔다.
ⓑ 나는 서점으로 갔다. 왜냐하면 책 사기를 원했기 때문에.

ⓐ에서와 같이 원인·이유를 말하는 절이 주절과 밀접한 관계를 가져서 한 문장으로 할 필요가 있을 때는 because나 as를 써서 I went to the bookstore because(= as) I wanted to buy books.

ⓑ처럼 일단 말해 놓고 나중에 생각난 듯이 이유를 첨가해서 말할 때는 for를 쓰는데 이 for 앞에는 반드시 comma를 찍습니다. 묘한 것은 for 이하를 부사절로 안 보고 독립절로 봅니다. 형식적으로 생각해서 그런 것이고 실질적으로 볼 때는 부사절로 봅니다. (저자) 그리고 because, as, for 대신 since를 쓰기도 하는데 어려운 문장체 영어이므로 대화할 때는 쓰지 마세요.

표현 because, as, since는 「…때문에」라는 뜻으로 원인, 이유를 말하는 부사절을 이끄는 접속사입니다.

[443] READING

시원한 물 한잔

Tommy의 삼촌이 Tommy의 집에 와서 머물게 되었는데 Tommy는 그에게 자리를 내어주기 위해 그의 침대를 포기(제공)해야만 했다.

표현1 had to = must의 과거
표현2 give up = 넘겨주다, 제공하다, 포기하다
표현3 make room for … = …에게 자리를 내어주다

다음날 아침 식사 중에 George 삼촌이 말했다. "내 머리맡에 물 잔을 놔둔 친절한 사람에게 감사해야만 하겠어. 내가 밤사이 깨어났을 때 그것이 아주 시원하더란 말이야."

"아이쿠! 삼촌이 내 올챙이를 들이마셔 버렸다고요?"라고 Tommy가 외쳤다.

[444] **that** 「내가 당신을 공항에서 만날 수 있도록 당신의 도착시간을 알려주세요.」

연구 He works hard (in order, so as) to succeed.
= He works hard (in order, so) that he may (또는 can) succeed.

이것은 먼저 말한 바와 같이 that이 「…하기 위해서」라는 목적을 말하는 부사절을 이끌고 있습니다.

[445] **lest** 「나는 다시 실패하지 않기 위해서 아주 조심했습니다.」

표현 lest … should … = (in order) that … may not …
「…하지 않기 위해서」

He works hard (in order) that he may not fail.
= He works hard lest he should fail. = He works hard not to fail.

「그는 실패하지 않기 위해서 열심히 일(공부)한다.」

연구 ⓐ lest … should …는 문장에 쓰이는 딱딱한 표현이니 대화할 때는 쓰지 마세요.

ⓑ lest가 있을 때는 **not**이 있으면 안 됩니다.

He works hard lest he should not fail. (틀린 것을 고쳐라.)
He works hard lest he (   ) fail. (적당한 말을 넣어라.)

[446] **that** 「나는 아주 놀랐기 때문에 잠시 동안 말을 할 수가 없었다.」

so … that …은 「대단히 …하므로 (그 결과) …하다」라는 뜻으로서 that 이하는 so의 결과를 말하는 부사절

She is so kind that she is loved by all. 「그녀는 대단히 친절하므로 모든 사람에게 사랑 받는다.」

[447] **that** 「그는 대단히 정직한 사람이었기 때문에 모든 사람이 그를 신임했다.」

ⓐ He is so kind that he is loved by all.
ⓑ He is such a kind man that he is loved by all.

표현 so ... that ..., such ... that ... 둘 다 같은 뜻으로 「대단히 …하므로 …하다」

연구 so 다음은 형용사 또는 부사가 오고, such 다음은 형용사가 있어도 그 다음에 반드시 명사 (위 문장에서는 man)가 와야 합니다.
so는 부사이고 such는 형용사이기 때문입니다.

He is so rich that he can buy the car. = He is such a rich man that he can buy the car.

plus tip 위 문제들은 과거에 빈출했던 구식 문제들입니다. 뭐 영어에 신식 구식이 있나요? 공연히 하는 소리죠. 해석해라, 작문해라 하면 구식이라고 합니다. 그러나 해석, 작문 두 가지를 잘 할 줄 알면 수능 시험이든 TOEIC이든 내신이든 다 잘 할 수 있습니다. 요즘 객관식이 대세이지만 객관식만으로는 해석, 작문 능력은 엉망이고 그래서 10년 영어공부를 해도 외국인과 말 한 마디 못하는 것입니다. 영어로 편지나 e-mail을 쓰려고 하면 꼼짝도 못하게 됩니다. 객관식과 주관식 잘 절충해서 하는 것이 제일 좋습니다. 따라서 힘들어도 해석, 작문 실력 양성에 최대한의 노력해 주세요. 그리고 앞에서도 말했지만 복습관리를 잘 이용하면 이 2가지 실력뿐만 아니라 영어로 연습을 할 때 입으로 자연스럽게 정확한 발음으로 크게 말을 한다면 회화 실력까지 양성할 수 있다는 것을 명심하십시오. 영작문의 제일 좋은 방법은 기초를 배울 때 몇십 번이나 입에서 줄줄 나올 때까지 암기하는 데 있습니다. 머리 속으로 생각하는 것과 입 밖으로 소리 내어 외우는 것에는 결과에서 큰 차이가 있을 것입니다.

[448] **so that** 「그는 아주 열심히 영어를 공부했다. 그래서 그는 단시일에 그것을 매우 잘 읽고, 쓰고 그리고 말하게 되었다.」

ⓐ He studied English so hard that he could speak it well.
「그는 영어를 대단히 열심히 공부했기 때문에 그것을 잘 말할 수 있었다.」

ⓑ He studied English very hard, so that he could speak it well.
「그는 대단히 열심히 영어 공부를 했다. 그래서 그것을 잘 말할 수 있었다.」

연구 ⓐ, ⓑ의 의미는 같으나 구조가 좀 다릅니다.
ⓐ에서는 so와 that 사이에 hard라는 부사 (때로는 형용사)가 끼어 있으나 ⓑ에서는 so that이 연달아 있고 그 앞에 comma가 있습니다. 이 같은 so that은 「그러므로, 그래서」로 번역하고 역시 **결과를 말하는 부사절**을 이끕니다.

표현 이상 that, lest가 **목적을 말하는 부사절**을 이끌고, 또 that, so that이 **결과를 말하는 부사절**을 이끈다는 것을 배웠습니다.

[449] **If** 「집에 늦게 오면 내쫓아 버릴 테야.」
여기서 if는 「…한다면」이라 해서 조건을 말하는 부사절을 이끕니다.

표현 lock out 「내쫓다 (문을 잠그고 안으로 넣지 않다)」

[450] **Unless** 「더 열심히 공부하지 않으면 너는 네 시험에 결코 합격하지 못할 것이다.」
unless도 조건을 말하는 부사절을 이끕니다.

표현 unless = if ... not

unless you work = if you do not work

[451] **so long as** 「네가 과식만 하지 않는다면 지금은 무엇을 먹어도 좋다.」

표현 as long as나 so long as를 우리말로는 둘 다 「…하는 한」이라고 하지만
as long as는 while 「…하는 동안」의 뜻으로 시간에 관한 부사절을 이끌 때 많이 사용하고, **so long as는 if only** 「…하기만 하면」의 뜻으로 조건을 말할 때 많이 씁니다.

You may stay here ( ) you keep quiet.
「너는 조용히 하기만 하면 여기에 머물러도 좋다.」에는 so long as가 자연스러울 것입니다. 그러나 양자를 서로 바꿔 쓰는 일도 있습니다.

[452] **Though** 「비록 그는 몸이 약하지만 열심히 일했다.」

연구 though = although 「…하지만, 할지라도」는 양보를 말하는 부사절을 이끕니다.
즉 '어떤 사실을 인정하고 양보하지만'이란 뜻이라서 **양보를 말하는 부사절**이라고 하는가 봅니다. 문장체에서는 although를 더 많이 씁니다.

[453] **even if** 「내일 비가 오더라도 나는 떠날 것입니다.」

표현 even if = even though 「가령 …하는 일이 있다 할지라도」 단순히 though로 하는 것보다 의미가 강합니다.

[454] **as** 「그는 젊었지만, 자기가 그 일을 감당할 수 있다는 것을 스스로 입증했다.」

연구1 ⓐ Rich as he was, he could buy the villa.
「그는 부자였으므로 그 별장을 살 수 있었다.」

ⓑ Rich as he was, he could not buy the villa.
「그는 부자였지만 그 별장을 살 수 없었다.」

이것은 As he was rich …로 할 것을 rich를 강조하기 위해서 앞으로 내세운 것입니다.

이것은 Though he was rich …의 뜻입니다. 이처럼 as가 문장의 중간에 들어갈 때 though의 뜻을 나타낼 수가 있는데 이 용법은 뜻을 강하게 하면서 문장체 영어입니다.

연구2 Unfit as I am, I may be of help in time of need.
「제가 몸이 안 좋지만 필요할 때는 도움이 될지도 모릅니다.」

표현 Hero as he was, he wept bitterly.
「영웅이었지만 그는 몹시 울었다.」

여기에서 보는 바와 같이 명사가 앞으로 나올 때는 관사가 생략됩니다.

[455] READING

시골 여인의 순박한 마음씨

철도 객차(railway carriage) 안에서 어떤 시골 부인이 "어느 쪽이 돌아올 때 쓰는 승차권인지 가르쳐주시겠어요?"라고 물었다.

한 승객이 (승차권을 받아 본 후에) 그녀에게 돌아올 때 사용

하는 승차권을 (이것입니다 라고 하면서) 건네자 그 시골 부인은 바로 그것을 차창 밖으로 내던져버렸다.

"왜 그랬습니까?"하고 그 승객이 물었다.

"나는 돌아가지 않을 거예요."

"그럼 왜 왕복 승차권을 샀습니까?"

"사람들이 왕복 승차권이 더 싸다고 하더라고요."

> **표현1** 왕복 승차권을 영국에서는 return ticket이라 하고 미국에서는 round trip ticket이라고 합니다. 편도 승차권을 영국에서는 single ticket이라 하고 미국에서는 one way ticket이라고 합니다.
>
> 이 이야기의 return ticket은 2가지 의미로 사용되었습니다.
>
> 앞에 나오는 return ticket은 돌아올 때 사용하는 승차권을 말하고 맨 마지막 return ticket은 왕복 승차권을 말하고 있습니다.
>
> **표현2** 지금 세상에 이런 바보는 없을 것입니다마는 혹시 있을 수도 있는 일입니다.
>
> 시골 사람들의 순박한 마음씨가 정겹습니다.

[456] **However**「당신이 아무리 애써봤자 영어를 1, 2년 안에 결코 숙달할 수는 없습니다.」

= No matter how hard you may try, you cannot master …

〔no matter + 의문사 (+ 부사 또는 형용사)〕형식은 옛날 영어이며

현대문에서는 문장체에 가끔 나옵니다. 대화할 때나 영작을 할 때는 …ever 형식을 쓰세요.

> **표현1** However kind he is (또는 may be), I don't like him.
> = No matter how kind he is (또는 may be), I don't like him.
> 「그가 아무리 친절해도 나는 그를 좋아하지 않습니다.」
>
> **표현2** Wherever you (may) go, write to me.
> = No matter where you (may) go, write to me.
> 「당신이 어디로 가든 나에게 편지를 써 보내세요.」
>
> **표현3** Whatever happens (또는 may happen), I am not going to change my mind.
> = No matter what happens (또는 may happen), I am not going to ….
> 「무슨 일이 일어나든 나는 나의 마음을 바꾸지 않을 것입니다.」
>
> **표현4** 이상 though, even if, as, …ever, no matter …가 양보를 말하는 부사절을 이끈다는 것을 공부했습니다. 이 양보를 말하는 부사절의 동사 형을 관찰해 보세요.
>
> **연구** ⓐ Though he **be** kind, I don't like him.
> ⓑ Though he **may** be kind, I don't like him.
> ⓒ Though he **is** kind, I don't like him.

ⓐ처럼 동사원형 (Though he go to school …)을 쓰는 것은 고문(古文)이고, ⓑ처럼 may를 쓰는 것은 현대영어의 문장체 영어(Written English), 그리고 ⓒ처럼 일반적인 동사를 쓰는 것은 현대영어의 회화체 영어(Spoken English)입니다. 말할 때나 쓸 때는 Spoken English를 사용하고 연설할 때나 논문, 공문서 등을 쓸 때는 Written English를 쓰는 것입니다.

plus tip 어느 날 저녁에 학원 원장실에서 강의 시간을 기다리고 있노라니까 한 50세가량 되는 초라한 차림의 신사분이 나에게 무슨 볼 일이 있다며 찾아왔습니다. 속으로 '무슨 귀찮은 부탁을 하러 왔구나.' 하고 생각을 했죠. 그런데 이 신사분이 가라사대 "저는 2년 전까지만 해도 무역회사를 경영했었습니다. 학교시절 배웠던 영어는 까마득하게 잊고 할 수 없이 통역을 통해서 무역을 했습니다. 그런데 그 통역의 잘못으로 그리고 또 내 자신이 영어를 몰랐던 탓에 홀딱 망해서 일생 동안 애써 벌어놓은 재산을 송두리째 날려버리고 말았습니다. (나는 여기까지 듣고는 속으로 '이 손님이 돈 때문에 왔구나.'라고 속으로 생각하고 있었는데 그의 이야기가 계속되었습니다.) 그 후 저는 제 자신이 영어를 배우기로 일대 결심을 하고 이 책, 저 책 하다가 우연히 「영어실력기초」를 만나서 이것에 홀딱 반해버렸습니다. (여러분은 아마 '이 놈의 안 서방이 책 선전을 하려는 수작이구나!'라고 할 걸 - 마음대로 생각하세요.) 이것을 하니까 영어에 취미를 얻고 그 위에 여러 책을 공부해서 요즘은 영어에 좀 자신이 붙어 이번 영어 웅변 대회에 나가기 위해 집에서 연습을 해왔습니다. 「영어실력기초」 덕택으로 영어에 대한 확고한 기반을 닦게 되어 선생님께 많은 신세를 졌습니다. 그런데 신세를 진 김에 좀 더 신세를 지려고 오늘 선생님을 찾아온 것입니다. 선생님 반에 학생들이 굉장히 많다니까 그 많은 학생들 앞에서 영어 웅변 연습을 좀 시켜주셔서 담력을 양성하게 해 주십시오. 그리고 선생님께서도 좀 들어보시고 고칠 것이 있으면 고쳐주십시오."

나는 이 신사분의 말을 듣고 어찌나 감격을 했는지 (더구나 내 책을 읽었다니까) 즉석에서 OK라고 답을 하였습니다. 그 분이 하는 것을 들어보니 정말로 감탄할 만 했습니다. 발음, 더군다나 Intonation 같은 것에도 상당히 노력한 흔적이 보였습니다. 그 분은 그 후 웅변대회에 나가 2등을 하고 다시 무역업을 하게 되었는데 전보다 더 큰 성공을 했다는 말을 들었습니다. 나이가 50쯤 되면 건망증이 심해서 어학 공부를 하는 데는 젊은 사람보다 몇 곱의 노력을 해야 되는 것입니다. 그러나 이분은 굳건한 의지력으로 이 모든 애로를 견뎌내고 성공하게 된 것입니다.

Where there is a will, there is a way. 「뜻이 있는 곳에 길이 있다」 — 精神一到何事不成(정신일도하사불성)의 산 표본이라고 봅니다. However hard you may try, you can never master English in a year or two.라는 말도 영문학자가 되지 않는 한 방법과 노력 여하에 따라서 뒤집어버릴 수도 있는 것입니다. 공부하는 방법과 노력하는 방법은 지금까지 이 책에서 말해 왔던 그것을 말합니다. 그러나 내가 말한 대로 해 오신 분이 과연 몇 분이나 될까요? 세상에 성공하는 사람이 소수인 것은 그 때문입니다.

[457] **as**「당신은 말을 듣는 대로 하세요. → 내 말대로 하세요.」

> **연구1** 여기에서 as는 「…처럼」즉 방법, 양태 (樣態 manner)를 말하는 부사절을 이끕니다.
>
> Paint me just as I am. 「꼭 나 그대로 그려주세요.」
>
> **연구2** like는 전치사로 사용되어 그 다음에 명사·대명사가 옵니다.
>
> I cannot do it like you. 「너처럼 할 수 없다.」
>
> 그러나 속어(俗語)로는 as의 용법처럼 사용합니다.

I cannot do it like you do.「네가 하는 것처럼 할 수 없다.」

연구3 He did it as she did.「그는 그녀가 한 것처럼 그것을 했다.」를 As she did it, so he did.로 하기도 합니다마는 Written English입니다. 이 경우의 As …은 so의 부사절입니다.

[458] **as if**「그는 마치 한국 사람처럼 한국어를 말한다.」

표현1 as if = as though「마치 …인 것처럼」

as if 절의 동사는 가정법 (곧 배우게 됨)을 쓰는 것에 주의하세요.

He behaves as if he were a millionaire.「그는 마치 백만장자처럼 행동을 한다.」
The child talks as if he knew everything.「그 아이는 다 알고 있는 것처럼 이야기한다.」

표현2 그러나 미국에서는 Spoken English로 as if he was, as if he knows를 많이 씁니다.

표현3 주절의 동사가 과거일지라도 as if 절의 동사는 had been, had known으로 하지 않는 것이 보통입니다. 즉 He behaved as if he were a millionaire.

표현4 He behaves as if he were a millionaire.를 간단한 문장으로 하면 He behaves like a millionaire.로 합니다.

표현5 이상 as, as if가 manner (방법, 양태)를 말하는 부사절을 이끈다는 것을 배웠습니다.

[459] **than**「모든 것이 내가 예상했던 것보다 잘 됐다.」

연구 than「…보다」는 비교를 말하는 부사절을 이끄는 접속사입니다.
이 경우의 than …은 better에 걸리는 부사절입니다.

[460] **The 비교급, the 비교급**「당신은 그를 더 많이 알면 알수록 당신은 더욱더 그를 좋아하게 될 것입니다.」

The more you know him, the more you will like him.

연구1 윗 문장에서 어느 쪽이 주절이고 어느 쪽이 부사절이며 또 무엇을 수식하는지?

두 절을 합치는 접속사는? 또 어째서 앞의 the는 관계부사이고 뒤의 the는 지시부사인지? 등등 혼자서 곰곰이 생각해 봅시다.

우선 결론적으로 말하면 the more you will like him이 주절이고 The more you know him은 주절에 있는 the를 수식하는 비교의 부사절입니다. 어려운가요? 알 수 있게 해드리지요.

The more you know him에서 you = 주어, know = 완전타동사, him = 목적, more는? → know의 부사, 그럼 the는 무엇일까요? → 관계부사입니다. 왜 그럴까요? → 접속사와 부사의 역할을 하므로? 어째서 이 the가 접속사, 부사 역할을 한단 말인가? → **이 the에는 2가지 뜻**이 있습니다.

연구2「**무한한 정도로**」라는 뜻으로서 more를 수식하는 부사 (그래서「…하면 할수록」이라는 뜻이 되지요.)

연구3「…록」이라는 뜻을 가진 접속사로서 양쪽 절을 접속시킵니다.

The more you will like him에서 the는 왜 지시부사라 하지요?
→「그만큼」이라는 뜻을 가지고 그 다음에 있는 more를 수식하기 때문에.「그만큼」이라면 어느 만큼? →「당신이 그를 더 많이 알면 알수록 그만큼」

이래서 The more you know him은 뒤에 있는 지시부사인 the의 비교 정도를 말하는 부사절입니다. 그래도 모르시겠어요? 옛말에 "백 번을 읽으면 뜻이 스스로 통한다."라는 말이 있습니다.

Lesson 12 | 분사구문 _ 정답과 해설

[461] READING

젊은 여선생님

이른 여름이었고 젊은 학교 선생님이 자기 반 학생들에게 그 계절의 아름다움에 관해서 말을 하고 있었다.

"오늘 아침 내가 플랫폼에서 기차를 기다리며 서 있었을 때 태양은 따뜻하게 비치고 있었고 나는 무엇인가 부드러운 (gentle) 것이 나의 뺨을 기분 좋게 스치는 것을 느꼈습니다. 무엇이었을까요? 알아맞힐 수 있겠어요?"라고 그녀(선생님)가 말했다.

"역장이었겠지요, 선생님?"이라고 작지만 로맨틱한 학생이 물었다.

표현1 as I stood의 as는? = when

표현2 waiting for the train은 방금 배운 것이니까 알겠지요?
→「기차를 기다리면서」부대상황을 말하는 분사구문

표현3 I felt something gentle caressing my cheek.에서 gentle의 역할은?

→ something의 형용사. …thing으로 끝나는 anything, nothing, everything, something에는 형용사가 앞에 오지 않고 뒤에 옵니다.
I heard nothing new from him.「나는 그에게 새로운 것은 아무것도 듣지 못했다.」

felt는 무슨 종류의 동사? → 불완전타동사, something gentle이 목적어, caressing이라는 현재분사가 목적격보어로 되어 있습니다.

이 분사구문을 배우면 문장구성법의 주요한 골자는 끝납니다. 이제부터는 어떤 문장이 오든 95% 이상은 배운 구조라는 것을 알게 될 것입니다.

표현4 이 여선생의 질문에 대한 정답은 역장이 아니고 무엇이었을까요?

→ early summer wind 또는 cool breeze(시원한 산들바람)이었겠지요.

그런 걸 요 꼬마가 역장이라 했으니 젊은 여선생의 얼굴이 어떻게 되었겠습니까?

[462] **Living** in a remote village, he has few friends.

「그는 외딴 마을에 살고 있기 때문에 친구가 별로 없다.」

[463] **Living** in a remote village, he had few friends.

「그는 외딴 마을에 살았기 때문에 친구가 별로 없었다.」

연구 부사절의 동사와 주절의 동사가 시간이 일치할 때는 단순형의 현재분사인 ~ing형을 씁니다. 그러므로 [462]에서는 lives, has가 다 같은 현재이고, [463]에서는 lived, had처럼 다 같이 과거이므로 living이라는 현재분사를 썼습니다.

[464] **Having** once **seen** you, she does not want to see you again.

「그녀는 당신을 전에 한 번 본 일이 있기 때문에 또 보기를 원치 않습니다.」

[465] **Having** once **seen** you, she did not want to see you again.

「그녀는 당신을 전에 한 번 본 일이 있었기 때문에 또 보기를 원치 않습니다.」

(464)에서는 부사절의 동사가 has seen, (465)에서는 had seen으로 되어있는 것과, (464)에서는 본동사가 does not, (465)에서는 did not으로 되어 있는 것에 주의하세요. Having seen이 현재완료를 나타내기도 하고 과거완료를 나타내기도 하는데 **본동사에 따라 결정됩니다.**

즉 **본동사가 현재이면 현재완료, 과거이면 과거완료**입니다.

[466] **Walking** along the street, I met Mr. Kim

「길을 따라 걷고 있는 동안 나는 김 선생을 만났다.」

was walking처럼 진행형으로 되어 있을 때는 현재분사인 walking만 취하면 됩니다.

While I was가 being으로 바뀌어야 할 것이지만 being이 생략되는 것입니다.

[467] **Having been** idle, he was scolded by the teacher.

「그는 게을러서 선생님께 꾸중을 들었다.」

Having been은 생략할 수 있는데 idle만 남아서 쓸쓸하니 그대로 놔두세요.

[468] I **calling** on him, he kindly offered to give me the relic.

「내가 그를 방문했을 때 그는 친절하게도 나에게 그 유물을 주겠다고 제의했다.」

만일 calling 앞에 "I"가 없으면 call on한 사람은 "I"가 아니고 "he"가 되어 의미가 통하지 않습니다.

[469] The boys all went out, **the little child** alone **remaining**.

= **The boys** all **going** out, the little child alone remained.

「소년들이 다 나가버리고 어린아이 혼자만 남았다.」

[470] **The bus (being)** crowded with passengers, I kept standing all the way.

「그 버스는 승객들로 혼잡했기 때문에 나는 내내 서 있었다.」

[471] The boy, **having been** praised, worked the harder.

「그 소년은 칭찬을 받았기 때문에 그만큼 더 열심히 공부했다.」

또는 **Having been** praised, the boy worked the harder.

연구 주어가 명사일 때는 분사(Participle)의 앞, 뒤 어느 쪽에 와도 좋으나 대명사일 때는 분사구문이 대명사 앞에 오는 것이 원칙.

즉 **He**, having been praised, worked the harder.보다 Having been praised, **he** worked the harder.로 하는 것이 더 좋습니다. the harder의 **the**는 관사가 아니고 「그만큼」이라는 뜻으로 harder「더욱 열심히」를 수식하는 부사입니다.

[472] **The moon having risen**, we put out the light.

「달이 떠올랐기 때문에 우리는 불을 껐다.」

연구 부사절의 주어(the moon)와 본문 주어(we)가 서로 다르므로 the moon을 그대로 둡니다.

[473] **The weather being** fine, we went on a hiking.

「날씨가 좋았기 때문에 우리는 하이킹을 갔다.」

[474] **Everything (having been)** prepared, we started.

「모든 것이 준비되었기 때문에 우리는 출발했다.」

[475] **There being** no survivors, the exact cause which led to the accident will never be known.

「생존자가 없기 때문에 사건을 일으킨 정확한 원인은 결코 알 수 없을 것이다.」

연구 As there was = There being — 사실 there가 주어는 아니지만 주어로 생각하고 분사구문으로 해야 합니다.

[476] READING

요즘 젊은이들의 기질

영화관(cinema house) 밖에서 줄(queue)지어 서 있던 노인이 누군가 뒤에서 자기 등에 손을 대는 것을 느꼈다. 재빨리(sharply) 뒤돌았을 때 그는 한 젊은 사람이 줄을 떠나고 있는 것을 보았다.

"나는 후딱 길 건너에 갔다 오려고요(pop over), 담배 좀 사고 싶어서요."라고 그 청년은 말했다.

"그런 건 나에게 흥미 없는 일이오."

"알아요, 하지만 나는 내 자리를 잊어버릴까봐 당신의 등에 분필로 표시를 해 두었지요."라고 그 젊은 사람이 대답했다.

표현1 ① queue [kjuː] 「매표구나 배급소 등에서 늘어선 사람의 줄」

② cinema house ; 영국에서는 영화관을 cinema house 또는 picture place라 하고 미국에서는 movie theater 또는 그냥 theater라고 합니다.

③ sharply 「빨리, 날카롭게」

④ pop over 「잠깐 건너갔다(오다)」, pop in[into] 「잠깐 방문하다」

⑤ interest 「흥미를 주다」
Your story interested me very much.
　　　　　　　　　　　　　(부사구)
「당신 이야기는 참 재미있었습니다.」

표현2 The old man (standing … house) felt
　　　　　주어　　　　　　　　　　　　불타
someone touch his back from behind.
　목적어　(to touch에서 to 생략 - 목적격보어)

표현3 Turning sharply = When he turned sharply

[477] **After he had finished** his supper, he came to see me.

「저녁식사를 끝낸 후 그는 나를 보러 왔다.」

[478] The book, **as it has been written** in haste, has many mistakes.

「그 책은 급하게 쓰였기 때문에 틀린 곳이 많다.」

[479] **As I had not received** an answer, I wrote again.

「답장을 못 받았기 때문에 나는 다시 편지를 썼다.」

연구 Not이 having 앞에 오는 것에 주의하세요.

to부정사를 부정할 때와 마찬가지로 분사를 부정할 때에도 not은 분사 앞에 옵니다.

[480] **As I had not met** him before, I did not know him.

「전에 그를 만난 일이 없기 때문에 나는 그를 알지 못했다.」

[481] **Though he is** idle, he is honest.

「게으르긴 하지만 그는 정직하다.」

[482] **As he is too** proud, everyone dislikes him.

「그는 너무 거만해서 모든 사람이 그를 싫어한다.」

[483] **If we speak strictly**, he is not honest.

「엄밀히 말하자면, 그는 정직하지 않다.」

Hint에서 말한 절대분사구문입니다. we를 쓰게 되는 것을 모르면 Hint를 한 번 더 읽으세요.

[484] **If we judge from** what they say, she must be of an extraordinary character.

「사람들이 말하는 것으로 판단하면 그녀는 비정상적인 성격을 가진 사람임에 틀림없다.」

[485] **As the enemy had been defeated** in every battle, **they**(= the enemy) retreated.

「매 전투마다 패배했기 때문에 적군은 퇴각했다.」

연구 과거분사가 문장 처음에 나와 있으면 Being 또는 Having been이 생략된 것인데 여기에서는 defeated한 것이 retreated보다 앞서므로 Having been이 생략되어 있습니다. 그리고 had been defeated는 was defeated의 과거완료형인데 retreated한 과거보다 앞선 일을 말하기 때문입니다.

[486] **As the book is written** in an easy style, **it** is very popular among students.

「쉬운 문체로 쓰여있기 때문에 그 책은 학생들 사이에서 평판이 좋다.」

연구 책이 쓰여져 있는 현재의 상태와 is popular가 같은 시간이므로 the book is …가 됩니다. 그리고 Being written의 Being이 생략된 것을 알겠지요?

[487] **Though I admit** what you say, I still think you made a mistake.

「당신이 말하는 것을 인정은 하지만 나는 여전히 당신이 실수를 했다고 생각합니다.」

[488] The innkeeper, **though he had been accustomed** to this kind of incidents, was much surprised.

「그 여관 주인은 이런 종류의 사건에 익숙했지만 매우 놀랐다.」

연구 The innkeeper, having been accustomed ….로 될 것인데 having been이 생략되어 있습니다. 그리고 was surprised라는 과거보다 앞서므로 had been accustomed로 한 것입니다.

Lesson 13 | 시제 — 현재, 과거, 진행 _ 정답과 해설

[489] READING

기차는 어느 칸이 제일 위험한가요?

어느 날 아일랜드 사람이 뉴욕에 도착했다. 한 선원(수병)이 그에게로 다가와서 말하기를 "여기에 처음이십니까?"

"예."

"그렇다면 기차 여행을 할 때마다 결코 맨 마지막 칸에는 타지 마십시오."라고 상대방(the other = sailor)이 말했다.

"왜요?"

"왜냐하면 위험하기 때문입니다. 사고들은 모두 맨 마지막 칸에서 일어납니다."

그 아일랜드 사람은 잠시 자기 머리를 긁더니 별안간 그는 밝게 미소 지으며 말하기를 "만일 모든 사고가 맨 마지막 칸에서 생긴다면 왜 그것(맨 뒤 칸)을 떼어버리지 않으오?"

표현 Joke 중에 스코틀랜드 사람의 이야기가 나오면 반드시 구두쇠 이야기가 나오고, 아일랜드 사람 이야기가 나오면 바보 이야기를 하게 되어 있습니다. 미국 사람이 아일랜드 사람에게 맨 뒤 칸에 타는 사람은 바보라고 말한 즉 아일랜드 사람이 속으로 '이 자식이 누가 그 따위 것도 모를 줄 알고 그런 충고를 하느냐.'고 화가 났으나 갑자기 복수할 명안이 떠오르지 않아서 어떻게 응수할까 하고 난처한 표정으로 머리를 긁다가 "야, 너희 미국놈들은 왜 그런 위험한 것을 떼어내 버리지 않느냐? 너희들이야말로 바보다."라고 말해서 골려 주자는 명안이 떠올라서 생글거리며 미소를 지었던 것입니다.

[490] **is having**

「그는 지금 아침 식사 중입니다.」

연구 have는 「가지다, 소유하다」라는 뜻에서는 그 자체가 계속 상태를 나타내므로 진행형으로 할 필요가 없으나 eat나 take 등의 뜻으로 쓰이면 현재형 자체로는 계속 상태를 나타내지 못하므로 진행 계속을 말할 때는 진행형을 써야 합니다.

[491] **have**

「우리는 매일 아침 7시에 아침밥을 먹습니다.」

every morning이라는 부사구가 있어서 **습관적 동작을 말하므로 현재형**을 씁니다.

[492] **rains**

「7월 중에는 비가 꽤 자주 옵니다.」

often으로 습관적 동작을 말하므로 현재형.

[493] ① **are you going**

「당신은 지금 어디에 가고 있는 중입니까?」

② **am going**

「나는 영화 보러 가는 중입니다.」

③ **(will) go = am going ; don't go**

「나도 오늘밤 가려고 합니다. 그러나 그렇게 자주 가지는 않습니다.」

연구 ① "Where you (go) now?"에서는 now가 있어서 **현재진행 계속의 뜻**이 되므로 Where are you going now?로 한 것입니다.
② "I (go) to the movies."에서는 위 ①의 물음에 대하여 현재 어디로 가고 있는 중이라고 해야 되므로 "I am going to the movies."
③ "I (go) tonight also, but I (not go) very often."에서는 tonight (오늘밤)은 미래를 의미하므로 **will go가 정식**이고 대용으로 am going 또는 go로도 할 수 있습니다.

Hint A의 4, B의 〔설명〕 ②

다음의 not go는 very often이 있어서 습관적 동작을 말하므로 현재형을 써야 합니다.

[494] **is preparing**

「John은 바빠 보입니다. 나는 그가 입학시험을 준비 중이라고 생각합니다.」

seem은 불완전자동사, to be busy는 to부정사가 주격보어로 된 예이며 guess 다음에 that이 생략된 상태입니다. 지금 입학시험을 준비 중이므로 진행형으로 해야 합니다.

[495] ① **smokes**

「Smith는 담배를 많이 피웁니다.」

② **see ; is smoking**

「사실, 내가 그를 볼 때마다 그는 담배를 피우고 있습니다.」

연구 Smith (smoke) a great deal.은 습성을 말하므로 smokes로 합니다.

Whenever I see him.에서 see하는 것은 반복적인 동작 즉 일종의 습관이므로 see라는 현재를 쓰고, 또 see 하는 그 순간에 계속해서 smoke하므로 is smoking으로 하는 것입니다. Whenever는 「…할 때는 언제나」라는 뜻입니다.

You may phone me whenever you like. 「당신이 좋을 때는 언제나 전화해도 좋습니다.」

[496] **was walking ; met ; asked**

「내가 어제 집에 걸어가고 있을 때 나는 한 거지를 만났는데 그가 나에게 돈을 좀 달라고 청했다.」

연구 "내가 어제 집으로 돌아가고 있는 동안에"라는 뜻이니 당연히 진행형이 됩니다. 그 다음 I (meet) a begger, who (ask) me for some money.에서는 단순히 과거의 사실을 말하므로 met, asked로 하여야 합니다.

표현 As는 when, while과 같아서 「…할 때, …하는 동안에」로 번역할 때가 있습니다.

[497] **was sleeping**

「전화가 왔을 때(울렸을 때) 나는 쿨쿨(푹) 자고 있었다.」

when the phone rang하던 어떤 과거에 '잠자고 있는 중이었다.'라는 뜻이므로 과거 진행형을 썼습니다.

[498] will rain → **rains**

「내일 비가 오면 나는 집에 있겠다.」

if 이하는 부사절이므로 will은 쓸 수 없고 현재동사 rains를 대용합니다.

[499] passes → **will pass**

「나는 그가 입시에 합격할지 안 할지 모른다.」

연구 whether = if — 명사절에서는 「할지 안 할지」

whether 이하는 know의 독자적인 명사절이므로 will을 썼습니다. (즉 부사절이 아니므로.)

[500] is resembling to → **resembles** 즉 He resembles his mother. 로 할 것.

「그는 그의 어머니를 닮았다.」

연구 resemble은 진행형으로 할 수 없는 동사입니다. resemble은 타동사로서 그 다음에 목적어인 명사·대명사가 바로 와야 하기 때문에 to 는 필요 없습니다.

[501] went → **goes**

「우리 선생님은 지구가 태양의 주위를 돈다고 가르치셨다.」

that 이하는 **진리이므로 현재형**을 씁니다.

[502] is belonging → **belongs**

「이 책은 미스터 김 소유물(소속)이다.」

belong이라는 동사는 진행형으로 할 수 없습니다.

[503] ① What *are you seeing*? → What **are you looking at**? 또는 What do you see?

「너는 무엇을 보고 있니?」

② I *am seeing* a picture. → I **am looking at** a picture. 또는 I see a picture.

「그림을 보고 있습니다.」

연구 see는 진행형으로 할 수 없는 동사입니다. 감각(지각)동사는 원칙적으로 진행형으로 하지 않습니다.

[504] is leaving → **leaves**

「KNA 비행기는 매주 수요일 홍콩으로 떠납니다.」

every Wednesday로 습관적 동작이라는 것을 알 수 있습니다.

연구 단 미래를 말하는 부사 tomorrow 등이 있으면 is leaving으로 할 수 있는 것은 물론입니다.

He is leaving(= will leave) for New York tomorrow morning.
「그는 내일 아침 뉴욕으로 떠날 예정이다.」

[505] childs → **children,** are respecting → **respect,** his → **their**

「그 아이들은 그들의 선생님을 존경한다.」

= The children respect their teacher.

연구 '존경하다'는 것은 그 자체가 계속 진행적인 뜻을 내포하고 있으므로 진행형으로 하지 않습니다. 존경했다가 바로 그만 둘 수 있는 것이 아니니까요.

[506] is → **was**

「나는 베이징 올림픽 전에 충실한 개를 가지고 있었다. 그것은 나를 아주 좋아했다.」

before the Beijing Olympics이라는 과거의 이야기이므로 was로 합니다.

[507] took → **take**

「나는 지난 여름 매일 아침 산책을 하곤 했다.」

연구 used to는 조동사로 사용하므로 그 다음에 원형이 옵니다.

used to는 과거 습관을 말하며 현재는 하지 않는다는 의미입니다. (과거의 불규칙한 습관은 would를 사용합니다.)

I used to get up at five last summer. 「지난 여름에 나는 5시에 일어나곤 했다.」

[508] READING

가장 큰 거짓말쟁이

"얘들아(my boys), 너희들 절대 싸우면 안 돼. 도대체 이게 온통 웬일이냐?"라고 한 목사님이 서로 고함을 지르고 있는 한 무리의 소년들을 만났을 때 말했다.

"사실은 이렇습니다, 목사님. 우리는 가장 큰 거짓말을 한 아이에게 이 개를 주기로 결정했어요. 그런데 모두가 자기 거짓말이 가장 크다고 하는데 하지만 내 것이야 말로 가장 크지요."라고 가장 큰 소년이 말했다.

"아이고 저런, 내가 너희들 나이 땐 거짓말이 무엇인지도 몰랐단다."라고 그 목사님이 말했다.

"여기 있어요, 개는 목사님 것이에요. (목사님 차지가 되었습니다.)"라고 소년들이 이구동성으로 소리쳤다.

("목사님이 가장 큰 거짓말을 했으니 이 개를 드리지요."라는 뜻.)

표현1 come across = 우연히 만나다

표현2 shouting 이하는 boys의 형용사구

표현3 What is it all about? 직역은 「그것은 모두 무엇에 관한 일이냐?」

→ 이게 온통 웬일이냐? (What은 about의 목적)

표현4 It's this way, sir. → 목사님, 사실은 이렇습니다.

표현5 but mine is는 → but my lie is the biggest.

표현6 Dear, dear → 아이쿠, 저런 (놀랐을 때 내는 소리)

표현7 Here, sir → 개를 주면서 "자요, 목사님"이라는 뜻

[509] **School begins at nine in our school. Let us go quickly and learn.**

School의 뜻은 「수업」 — 습관 또는 반복적인 사실을 말하므로 begins.

[510] **Do you look over the day's lessons everyday?**
= Do you review the day's lessons everyday?

[511] **When do you go to America?**
= When are you going to America?
= When will you go to the States?

연구 When은 「(미래의) 언제」라는 뜻인 미래를 말하는 부사이므로 Hint A 4, B 〔설명〕 ②에 따라 이처럼 됩니다.

[512] **In Spring flowers bloom and birds sing.**

[513] **The sun rises in the east and sets in the west.**

[514] **When I started the day before yesterday, it was raining a little.**

[515] **School begins at eight thirty in the morning.**

매일의 습관이므로 begins.

표현 at eight thirty는 half past eight도 좋음.

[516] **He resembles his brother.**
= He looks like his brother.

[517] **Outdoor exercise is good for the health.**

[518] **I got up at six in the morning and took a walk in the garden.**

[519] **What is your father's business? — He deals in(= sells) ceramic wares.**

[520] **It stopped raining a little while ago, but it is still blowing. = It stopped raining a little while ago, but the wind is still blowing.**

[521] **Yesterday, school began at eight, so not a few pupils were late for the lesson.**

Lesson 14 | 시제 — 미래 _ 정답과 해설

[522] READING

깍쟁이의 표본

어떤 스코틀랜드인이 한 미국인 친구와 함께 Niagara 폭포를 방문했다. 그들이 거대한 물줄기를 보고 있을 때 후자(미국인)가 말하기를 "폭포에 돈을 한 푼(페니)을 던지면 재수가 좋다는 말이 있네."

"그런가?"라고 스코틀랜드인이 말했다. 그는 잠깐 생각하더니 (그러면) 되겠구나(hopefully) 하고 생각하면서 말했다. "자네 끈 좀 있나?"

표현1 story that …에서 that 이하는? → story의 동격 명사절

표현2 a moment = a while 앞에 무엇이 생략된 부사구일까? → for a moment의 for가 생략됨

표현3 hopefully의 뜻은? 「희망을 가지고」 — 그렇게 하면 되겠구나 하고 생각하면서

[523] **shall** 단순미래 (제1표)

「나는 내년에 18살이 될 것이다.」

next year(다음 해)에는 사람의 **의지 여하에 관계없이** 자연히 eighteen years old가 되므로 제1표 **단순미래**를 쓰게 됩니다.

[524] **will** 단순미래 (제1표)

「비가 곧 멈추지 않으면 너는 흠뻑 젖게 될 것이다.」

여기에서도 만일 비가 곧 그치지 않으면(if the rain does not stop soon) **사람의 의지 여하에 관계없이** 자연히 흠뻑 젖게(get wet through) 되므로 **단순미래**를 쓴 것입니다.

[525] **will** 단순미래 (제1표)

「그들의 삼촌은 아마도 모든 것을 그들에게 남겨주실 것이다. 그렇게 되면 그들은 큰 부자가 될 것이며 그렇지 않으면 그들은 여전히 가난할 것이다.」

연구 Their uncle이 everything(모든 것)을 그들에게 남겨주면 그들은 자연히 부자가 되고 안 남겨주면 역시 자연히 가난하게 되므로 둘 다 단순미래인 will을 써야 함.

[526] **Shall** 단순미래 (제2표), **will** 단순미래 (제1표)

「내가 3시 20분 기차를 타면 시간 내에 거기에 도착할까요? — 예, 그렇습니다.」

연구 본문에서도 '3시 20분 기차를 타면 자연히 거기에 도착하게 되느냐'라고 하기 때문에 단순미래를 씁니다.

[527] **Shall** 단순미래 (제2표), **shall** 단순미래 (제1표)

「그가 오지 않으면 당신은 실망하시겠네요? — 예, 그렇습니다.」

연구 실망(be disappointed)하고 낙담하는 감정은 사람의 의지 여하에 따라 마음대로 일어나는 것은 아닙니다. 실망할 일도 없고 기쁘기가 짝이 없는데 일부러 실망할 수는 없는 것입니다. 그러므로 단순미래를 쓴 것입니다.

[528] **Will** 단순미래 (제2표), **will** 단순미래 (제1표)

「그는 그의 심각한 질병으로부터 회복할까요? — 예, 그렇습니다.」

병이 낫고 안 낫는 것은 사람의 의지대로 못 하므로 단순미래

를 씁니다.

[529] **will** 의지미래 (제3, 5표)

「나는 이런 일은 결코 다시 하지 않겠다.」

나는 이러한 일을 다시 절대로 하지 않겠다고 분명히 의지를 말하므로 의지미래입니다.

[530] **shall** 의지미래 (제3표) 또는 **will** 단순미래 (제1표)

「이런 일을 또 다시 하면 너를 처벌할 것이다.」

연구1 단순미래는「이런 일을 하면 너는 처벌을 받게 될 것이다.」

You shall …로 하면 말하는 사람인 "I"의 의지를 말하게 되어「나는 너를 처벌하겠다.」

= I will punish you.라는 뜻이 되고,

You will …로 하면 단순미래가 되어「이런 일을 또 하면 그 결과 자연히 처벌을 받게 될 것」이라는 의미가 되어서 단순미래입니다.

연구2 이 shall의 용법은 고문에 가까운 딱딱한 표현이고 현대어에서는 보통 I will punish you.를 씁니다.

[531] **shall** 의지미래 (제3표) 또는 **will** 단순미래 (제1표)

「그를 죽일 것이다. (의지) / 그는 죽을 것이다. (단순)」

연구1 He shall die. = I will kill him. → 말하는 사람의 의지
He will die. = 자연히 죽게 된다. → 단순미래

연구2 You shall …, He shall …은 엄숙한 문장 등에 쓰고, 보통 I will kill him (you).로 합니다.

[532] **Shall** 듣는 사람의 의지 (제4표)

「창문을 열까요?」

제2표의 단순미래에도 Shall I …? 형식이고, 제4표에서도 Shall I …? 형식이므로 여러분이 분간하여 이해하기가 매우 곤란할 것이므로 설명하고자 합니다.

연구 ⓐ Shall I get there in time if I take the 3 : 20 train?
「만일 내가 3시 20분 기차를 타면 때맞춰 거기에 도착할까요?」

ⓑ Shall I open the window?「창문을 열까요?」

위의 두 문장을 비교 연구하여 봅시다.

ⓐ는「3시 20분 기차를 타면 거기에 때맞춰 도착하게 되는가?」라고 단순히 상대방의 지식을 묻는 정도이고 상대방도 자기 마음대로 거기에 때맞춰 도착시키고 안 시키고 할 수는 없습니다. 단순히 묻는 사람에 대하여 사실이 그렇다면 Yes, you will. 그렇지 않으면 No, you will not.이라고 할 뿐입니다.

ⓑ의 Shall I open the window?는 상대방의 의사를 묻는 것이므로 상대방은 자기 마음대로 '열라, 열지마라'하고 묻는 사람에게 명령을 내릴 수 있습니다. 그래서 듣는 사람의 의지미래가 됩니다.

[533] **Will** 듣는 사람의 의지미래 (제4표)

「나에게 그 디지털 카메라를 주시겠습니까?」

"나에게 그 디지털 카메라를 주세요."라고 부탁하는 뜻. (물론 상대방의 의사를 묻는 것입니다.)

연구 ⓐ Will you give him the book?
ⓑ Shall I give him the book?

제4표에서 보는 바와 같이

Will you …? Shall I …? 양쪽 다 상대방의 의사를 묻는데 그 구별은?

ⓐ에서는 give하는 것이 you이므로 네가 그에게 책을 줄 것인가?를 묻고 있으며 ⓑ에서는 "I"이므로 내가 그에게 책을 줄 것인가를 묻고 있다.

[534] **Shall** 듣는 사람의 의지(제4표)

「미스터 김이 당신에게 말하기를 원합니다. 그를 들어오게 할까요?」

연구 상대방의 의사를 물어서 "I"가 시킵니다.

Shall she call on you? = Shall I let her call on you? (두 번째 문장이 현대어의 보통 표현)

「그녀에게(그녀로 하여금) 당신을 방문하게 할까요?」

[535] **will** 주어의 의지 (제5표), **shall** 단순미래 (제1표)

「만일 당신이 그렇게 해 주신다면 나로서는 대단히 고맙겠습니다.」

연구 you will은 제1표와 형식은 같으나 그 구별하는 방법은 shall I …? 때와 마찬가지입니다.

You will get wet through if the rain does not stop soon. (524)과 **If you will do** so, I shall be much obliged.를 비교하여 잘 생각해 보세요.

You will get wet … 자연히 젖는다

If you will do … 당신이 그렇게 해주시면 즉 you의 의지를 명시하고 있습니다.

I shall be much obliged.「대단히 감사하겠습니다.」

감사하는 것도 자연적인 감정이므로 단순미래인 I shall을 썼습니다.

[536] **Will** 의지미래 (제5표)

「그가 우리와 협력하기를 승낙할까요?」

연구 Will he도 제2표 단순미래와 그 형식이 같은데

ⓐ Will he **recover** from his disease?
ⓑ Will he **consent** …?

ⓐ에서 recover는 병이 낫는 것을 사람 마음대로 못 하므로 단순미래

ⓑ에서 consent는 마음대로 승낙도 하고 거부도 할 수 있기 때문에 의지미래

[537] **shall**은 He라는 말하는 사람의 의지

「그분은 그녀에게 그 MP3 플레이어를 주겠다고 말씀하십니다.」

다음 규칙을 보고 잘 생각해보세요.

연구1 주절과 종속절의 주어가 다를 때

(537)에서 주절의 주어는 He, 종속절의 주어는 she ― 각각 다르지요?

ⓐ **shall**은 주절의 주어의 의지를 말합니다.
He says that she shall have the book. = He says, "She shall have the book." (제3표)

ⓑ **will**은 단순미래
He says that she will be at home this evening.
= He says, "She will be at home this evening." (제1표)

연구2 주절과 종속절의 주어가 같을 때

ⓐ **will**은 의지미래
He says that he will go to school. = He says, "I will go to school." (제3, 5표)

ⓑ **shall**은 단순미래
He says that he shall be in time for the train.
= He says, "I shall be in time for the train." (제1표)

[538] **단순미래** (앞의 것은 제2표, 다음 것은 제1표)

「저는 언제 도착하게 되나요? ― 너는 내일 도착하게 될 것이다.」

도착하는 것은 사람의 의지로 좌우할 수 없습니다. 때로는 기차의 고장이 있어서 연착도 할 것입니다.

[539] 앞의 shall은 듣는 사람인 상대방의 의사를 묻는 것이고 (제4표) 뒤 shall은 말하는 사람의 의지 (제3표)

「어느 것을 가질까요? ― 이것을 주마.」

[540] 앞의 shall은 듣는 사람의 의지 (제4표) 다음 shall은 말하는 사람의 의지 (제3표)

「그에게 어느 것을 주시겠습니까? ― 저것을 주마.」

[541] 둘 다 단순미래 (제2표, 제1표)

「비가 오지 않으면 그는 내일 놀아볼까요? ― 예, 그렇습니다.」

비가 안 오면 자연히 오게 될까? 라는 생각에서 단순미래로 보는데 주어 He의 의지로 볼 수도 있는 문제입니다.

[542] **단순미래** (제2표, 제1표)

「당신은 오늘 집으로 돌아오게 됩니까? ― 예, 그럴 겁니다.」

[543] **의지미래** (제4·5표, 제3·5표)

「당신은 오늘 집으로 돌아오시겠습니까? ― 예, 그렇게 하겠습니다.」

[544] **단순미래** (제2표, 제1표)

「그는 내년에 14살이 되나요? ― 예, 그렇습니다.」

[545] **의지미래** (제5표)

「내가 만일 그에게 부탁하면 그는 나에게 돈을 빌려줄까요?」

[546] READING

버스 차장이 자기 앞에 양팔을 벌리고 앉아 있는 승객 앞에 멈춰 섰다.

"요금 좀 주세요."라고 그(차장)가 요구했다.

"내 외투의 오른쪽 주머니에 1달러가 있으니 찾아보세요."라고 그 남자가 말했다.

차장은 수상하다는 듯이 그 사람을 쳐다보았다.

"당신 팔이 어떻게 되었나요?"

"오, 아니에요, 내 손 사이의 넓이가 내가 사려고 하는 유리창의 크기입니다."라는 답이 왔다.

표현 glass I'm going의 glass 다음에 무엇이 생략되어 있는데? → which(= that)

[547] **I will discharge(= dismiss, fire) you if you are late again.**

파면시키겠다고 "I"라는 말하는 사람 및 주어의 의지를 말하므로 제 3, 5표의 will을 썼습니다.

[548] **We shall miss the train if we don't take a taxi.**

택시를 안 타면 자연히 기차를 놓치게 되므로 제1표 단순미래를 씁니다.

[549] **Where shall I sit?** (제4표) ― **Sit here, please.**
(= You may sit here.)

[550] **When shall I know the result? ― You will know it in a few days.**

연구 결과는 자연히 알게 되므로 제2표, 제1표의 단순미래를 썼습니다.

그러나 듣는 사람 쪽에서 알려주는 경우에는 You shall know it. 또는 I will let you know it.

[551] **If you go in a hurry, you will be able to see him.**

빨리 가면 자연 만나게 되므로 제1표의 단순미래를 썼습니다.

표현 You will can see him.이라고 해서는 will과 can이라는 조동사가 중복되므로 이런 경우에는 be able to(= can)

[552] **If you will introduce him to Mr. Kim, I shall be much obliged.**

여기의 will은 you의 의지 (제5표), shall은 감사한다는 감정을 말하므로 단순미래를 썼습니다. 감정은 의지로 좌우할 수 없으니까요.

I will be glad(happy).는 안 되고 I shall …로 합니다.

[553] **You shall have the prize tomorrow.** (제3표)
= I will give you the prize tomorrow. (이 표현이 일반적임)

[554] **Will you let me know your name?**

듣는 사람의 의지를 Will you …?는 흔히 상대방에게 부탁

[555] **Shall you need computer and printer this evening?**

필요하고 안 하고는 마음대로 할 수 없는 일이고 사정상 자연히 필요하게 되므로 단순미래 (제2표)를 씁니다.

[556] **Will you meet him this evening?** 이라고 하면 듣는 사람의 의지를 묻게 되고 (제4표)

Shall you meet him this evening? 이라고 하면 자연히 만나게 되는 (제2표) 단순미래가 됩니다.

[557] **The next war will be more cruel than can be imagined.**

참혹하게 되는 것은 사람의 마음대로 안 되고 자연히 그렇게 되므로 (제1표) 단순미래를 썼습니다.

[558] **He says that he will study hard every day.**

→ will은 he 자신의 의지. (제5표)

[559] **He shall not want while I have money.** (제3표)
= **I will not let him want while I have money.** (제3·5표)

[560] **Will they be allowed to take part in the game?**

연구 허가 여부는 they의 의지 여하에 달려 있지 않기 때문에 제2표 단순미래.

[561] **Will he consent if I ask him?** (제5표 he의 의지)

[562] **Shall the son call for the doctor at once?** 또는 =
Shall I let the son call for the doctor at once? (일반 표현, 제4표)

— **Yes, let him do so.** (제4표)

[563] **He will be reading the book if you call on him now.**

미래의 어떤 때 동작이 계속 중이라는 것을 나타낼 때는 미래진행형을 씁니다.

이 형식은 Will(Shall) + be + 현재분사

plus tip 나는 영문법 전 분야에서 will, shall 용법과 전치사 용법이 제일 까다롭다고 봅니다.

이렇게 여러분처럼 이 will, shall 용법을 공부해야 하는 사람들을 위해서 내 딴에는 다른 어떤 책보다 알기 쉽게 쓰느라고 애썼습니다만 여러분은 지금 이 순간에도 그때 그때 부분적으로는 알았는데 전체 내용이 도무지 어떻게 되었는지 정신이 없는 분들도 많을 것입니다. 이 때 용기를 내어 (비단 이것뿐이 아닙니다.) 다시 몇 번 거듭 복습하면 완전 정복할 수 있는데 대개는 그렇구나 하고 슬그머니 넘어가버리고 맙니다. 아마 내 말대로 몇 번 거듭하는 사람은 드물걸요? 그래서 성공하는 사람이 드뭅니다. 본문에서도 말했지만 will, shall 용법에 관해서는 최근 미국에서도 까다롭다고 shall을 없애버리고 will만 써가는 경향이 있습니다. 지금은 미국식 영어를 위주로 공부하고 있어서 별로 큰 문제는 안 되겠습니다만 그러나 여러분은 영국식 영어도 배워야 합니다. 왜냐하면 미국 이외의 전세계에서는 더구나 유럽의 외교계, 그리고 대부분의 영서(英書)는 영국식 영어를 쓰기 때문입니다.

Lesson 15 | 시제 — 현재완료 _ 정답과 해설

[564] READING

이름으로 한몫 보는 사나이
상점지배인 : 자네 이름(성)은 무엇인가?
구직자 : Milton입니다.
지배인 : (성이 아니고) 이름은?
구직자 : John이라고 합니다.
지배인 : (웃으면서) 그것은 상당히 잘 알려진 이름인데.
구직자 : (자랑스럽게) 그렇고 말고요. 저는 이 근방에서 2년 동안이나 식료품을 배달해 왔거든요.

표현1 성(姓) = family name 또는 surname, 명(名=이름)을 first name 또는 personal name, given name, Christian name이라고 합니다.

표현2 pretty well의 pretty는 「예쁜」이라는 뜻이 아니고 부사로서 「상당히, 대단히」

그래서 pretty well-known = 상당히 잘 알려진

표현3 It ought to be 다음에 무엇이 생략되었을까요?

→ a pretty well-known name

표현4 have been delivering은 알겠지요? → (과거부터 지금까지) 배달해 왔다

표현5 around here = 이 부근에서

John Milton은 영국의 세계적인 대시인(1608~1674)입니다. Paradise Lost(실락원)이 대표작 — 이 구직자도 같은 이름이라서 이 joke가 생겼습니다.

[565] **was stolen, have bought**

「나의 시계가 어제 도난당했다. 그래서 새 것을 샀다.」

yesterday라고 과거를 말하는 부사가 있으므로 단순히 was stolen이라는 과거형을 쓰고, 또 현재 새 것을 사서 가지고 있으므로 (물론 산 것은 과거지만) have bought라는 현재완료를 썼습니다. (결과)

[566] **was born, have lived**

「나는 시골에서 태어났으나 서울에서 20년 동안 쭉 살아왔습니다.」

출생은 과거의 사실이므로 현재완료는 못 쓰고 과거를 써야만 합니다.

그리고 20년 동안 과거부터 지금까지 살아온 상태의 계속이므로 have lived가 됩니다. **live는 그 자체가 계속 상태**를 나타내므로 have been living으로 할 필요가 없습니다.

[567] **left, have not spoken**

「나는 5년 전에 포르투갈을 떠났습니다. 그 이후로 나는 포르투갈어를 말해 본 적이 없고 해서 내가 배웠던 것을 모두 잊고 있습니다.」

연구 five years ago라는 일정한 **과거를 나타내는 부사구가 있으니** left가 옳습니다. 다음은 그 이후부터 금일까지 이야기해본 일이 없다고 경험을 말하므로 have not spoken이 옳습니다.

forget = have forgotten

[568] How long **have** you **been** here?

「여기에 오신지 얼마나 되십니까?」

연구 You are here.「너는 여기에 있다.」 이것을 과거부터 지금까지의 계속을 말하려면 are를 현재완료로 한다는 것은 알겠지요?

are의 현재완료는 have been. 이 문제는 (과거부터 현재까지) 얼마나 오랫동안 여기에 있어 왔느냐? → 여기에 오신지 얼마나 되십니까? 라는 의문문으로 How long have you been here?가 됩니다.

[569] **have made**

「지우개를 빌려 줘. 실수를 하나 해서 지워버리고 싶어.」

잘못한 것은 물론 과거이지만 잘못한 현재의 결과 상태에 있다는 뜻이므로 have made.

[570] **have known**

「나는 그가 어릴 때부터 그를 알고 있다.」

과거부터 현재까지 알아왔다는 계속을 말하므로.

I have lived in Seoul since I was a boy.「소년 때부터 나는 서울에 살아왔다.」

[571] **Have** you ever **heard** such a story?

「당신은 지금까지 이런 이야기를 들어본 적이 있습니까?」

과거에 들어본 경험이 있어서 현재 알고 있느냐 라는 뜻이므로 현재완료의 경험.

[572] Where **did** you **spend** your holidays last month?

「당신은 지난 달에 휴일을 어디서 보냈습니까?」

last month라는 과거를 말하는 부사가 있으므로 현재완료는 못 쓰고 동사의 과거형을 씁니다.

[573] When **did** you **begin** to learn English?

「당신은 언제 영어를 배우기 시작했습니까?」

when(언제)이라는 과거를 말하는 부사가 있으므로 과거형을 씁니다.

[574] **has gone, has been**

「John은 집에 없다. 그는 이번 주에 벌써 2번이나 가 보았는데 또 영화 보러 갔다.」

연구 가버렸다는 결과의 뜻이므로 has gone이며, **twice**「두 번이나」가 있는 것을 보면 **경험을 말하므로 has been**이 좋습니다. has been 다음에 to the movies가 생략되어 있습니다.

[575] **have not spoken**

「그들은 싸운 이후로 서로 말해 본 적이 없다.」

싸웠다는 과거 시점 이후로 말해 본 경험이 없으므로.

[576] **saw**

「학교 가는 길에 나는 네 누나를 보았다.」

연구 on my way to school(학교 가는 도중)이라는 과거를 말하는 부사구가 있으므로 과거형을 씁니다. (습관적으로 만나면 see)

[577] ① 계속 「나는 지금까지 6년 동안 영어를 공부해왔습니다.」
② 경험 「영어 공부를 해본 적이 있습니까?」

[578] ① 계속 「당신은 여기에 온지 얼마나 됐습니까?」
② 경험 「당신은 여기에 와 본 적이 있습니까?」

[579] ① 계속 「그는 5년 동안 이 집에서 살아왔습니다.」
② 경험 「그는 이 집에서 한 번 살아본 적이 있다.」

연구 live는 보통 계속적인 상태를 말하는 동사이므로 진행형으로 하지 않고

He lives in Busan. He lives in this house. 등으로 하고

He is living in Busan. (또는 in this house)으로 할 필요가 없습니다.

또한 과거부터 계속했다고 해서 He has been living …으로 할 필요도 없습니다. **He has lived for five years in this house.**는 대개 현재까지 5년 동안 살아왔다고 계속을 말하지만 때로는 5년 동안 살아본 일이 있다고 경험을 말할 때도 있습니다. 그리고 He is still living.「그는 아직 죽지 않고 살아있다.」, He is still living in that house.「그는 아직도 그 집에 살고 있다.」라고 still과 함께 써서 특별히 계속을 말할 때는 진행형으로 하기도 합니다.

[580] ① 결과 「그는 거기에 가버렸습니다.」
② 경험 「그는 거기에 가 본 적이 있습니다.」

[581] ① 완료 「그는 여기에 와 버렸다. (와 있다)」
② 경험 「그는 여기에 와 본 적이 있다.」

[582] ① 완료 「당신은 아직도 그것을 다 하지 않았습니까?」
② 경험 「당신은 그것을 해 본 적이 있습니까?」

[583] ① 완료 「나는 그 책을 지금 막 다 읽었습니다.」
② 경험 「나는 그 책을 한 번 읽어본 적이 있습니다.」

[584] READING

꼬마 아가씨가 우는 까닭

한 친절한 노인이 아주 작은 아이가 울고 있는 것을 보고 다가가서 말하기를, "이제, 착한 사내 아이가 되어 우는 것을 멈추거라."

"멈출 수가 없어요."라고 그 아이는 흐느꼈다.

"그런데 왜 멈출 수 없니?"라고 그 노인이 물었다.

"멈출 수 없어요."

"자, 여기 돈 한 푼 있다. 이제 왜 착한 사내 아이가 되어 우는 것을 멈출 수 없는지 나에게 말해 보렴."

"왜냐하면 나는 여자 아이거든요."

표현1 seeing 안에는 무엇 무엇이 포함되어 있나요?
→ when(= as) he saw
또 seeing에는 and가 들어있다고 보고
A kind old man saw a tiny child crying and (he) went up … 즉 seeing 안에 saw, and, he가 들어 있다고 보아도 좋습니다만 어려우니까 모르거든 그만 두세요.

표현2 here's a penny를 글자 그대로 번역하면 「여기에 1페니가 있다.」이지만
「자, 돈 한 푼 주마.」라고 돈을 내놓으며 말할 때 씁니다. 그리고 penny 다음에 for you가 생략되어 있습니다.

[585] **I have lost my umbrella. — When did you lose it? — I lost it last night.**

when, last night이라는 과거를 말하는 부사가 있으므로 과거시제를 사용합니다.

[586] **Have you finished writing your homework of English composition?**

연구 finished는 타동사이므로 목적어가 필요합니다. 여기에서 writing은 finished의 목적어로 되어 있습니다. writing은 본래 write이라는 타동사이므로 이것의 목적어로 your homework 「숙제」가 있고 of English composition은 homework의 형용사구. 그리고 finished의 목적어로는 to부정사를 안 쓰고 동명사를 씁니다. 현재완료의 용법은 완료용법.

[587] ① **Has the bell rung yet?**
② **No, it has not rung yet.**
③ **Yes, it has rung already.**

연구 yet 「벌써, 아직」은 ① 의문문과 ② 부정문에 쓰고 already는 ③ 처럼 의문문, 부정문이 아닌 평서문에 사용합니다. 그리고 의문문에 already를 쓰면 「그럴 리가 없는데 벌써」라고 의외라는 의미를 나타냅니다.

[588] **I have lived here since 2001.**

연구 과거부터 현재까지 계속된 상태를 말하므로.

[589] **Will your father be at home this evening? — No, he has gone to Shanghai on business.**

연구 여기에서는 현재 완료된 상태를 말하므로 went는 안 되고 has gone을 씁니다, 즉 그가 출장 가서 지금 집에 없다는 것을 표현해야 하므로 현재완료의 결과용법을 사용합니다.

[590] **I have been to(= in) Beijing three times.**

연구 to는 원래 「갔다 왔다」라고 왕복을 말할 때 썼는데 지금은 in 대신으로도 많이 사용합니다. 그리고 이 have been은 현재완료의 경험용법.

I have been to the airport to see him off. 「나는 그를 전송하러 공항에 갔다 왔다.」

[591] **As I need the money which I lent you the other day, please pay it back by Monday.**

연구 the other day 「일전에」가 있으므로 have lent는 못 씁니다.

그런데 by와 till의 차이는?

I shall come here by five. (**완료 기한**) 「5시까지는 오겠다.」
I shall stay here till five. (**계속의 종점**) 「5시까지 여기에 있겠다.」

[592] **When did you move to your new apartment? — I moved there last Sunday.**

연구 When, last Sunday라고 과거를 말하는 부사가 있으므로 현재완료 have moved는 못 씀.

[593] **He has never been in(= to) America, but his English is perfect.**

→ has been은 경험을 말합니다.

[594] **I have not seen you for a long time.**
(= It's a long time since I saw you last. = Long time no see.)

I hear you have got married.

When did the wedding take place?
(= When did you have your wedding ceremony?)

연구 오랫동안 만나 본 경험이 없다는 뜻이므로 I haven't seen으로 합니다.

그리고 대화할 때는 for를 생략하는 수가 많습니다,

또한 간단하게 Long time no see.라도 해도 「오랜만이에요.」라는 뜻.

have got married로 되고 I hear는 정확하게 하면 I have heard (들은 경험이 있어서 지금 알고 있다.)로 할 것인데 대화할 때는 보통 I hear …, I forget … 로 합니다.

표현 take place 「(식 같은 것을) 거행하다, (사건이) 발생하다」

[595] READING

시골 노파 상경기

시골에서 온 노부인이 큰 도시에서 성공한 자기 손자를 방문

했다. 그(손자)는 그녀(할머니)를 자기가 살고 있는 20층 아파트로 모셔가서는 자랑스럽게 여기저기 (around)를 그녀에게 보여드렸다.

"자, 할머니, 어떻습니까?" 그는 벙글거리며 말했다.

"홍수에는 아주 걱정 없겠군."이라고 노부인이 말했다.

[596] have bought → **bought**

「나는 이 집을 2년 전에 샀다.」

과거를 말하는 부사와 현재완료는 함께 못 씁니다.
Hint C ①

[597] lived → **have lived**

「나는 이 2년 동안 이 집에서 살아왔다.」

과거부터 현재까지 2년 동안 계속한 것이므로 현재완료를 씁니다.

[598] ① never visits → **has never visited**
② has come → **came**
③ stayed → **has been staying**
④ waited → **has been waiting**

「삼촌은 이 2년간 결코 우리를 방문한 적이 없습니다만 숙모님은 5일 전에 우리를 보러 와서 5일 동안 우리와 함께 머물러왔습니다. 그녀는 내일 아침 돌아갈 것입니다, 삼촌이 그녀를 오랫동안 기다려서요.」

연구 ① 2년 동안 방문해 본 경험이 없으므로 has never visited
② 5 days ago라는 과거를 말하는 부사가 있으므로 came
③ 과거부터 지금까지 계속해서 5일간 머물렀으므로 has been staying

④ Uncle이 과거부터 지금까지 계속해서 기다렸으므로 has been waiting

[599] has finished → **finished**

「그는 방금 그 일을 끝마쳤습니다.」

표현 just now는「방금」이란 뜻인데 순간적이나마 지나간 과거입니다.

[600] gone → **been**, come → **been**

「나는 종종 서울에는 간 적이 있으나 여기에는 결코 와 본 적이 없습니다.」

경험에는 have gone(come)은 못 쓴다고 했습니다.

[601] have gone → **went**, have come → **came**

「당신은 작년에 미국으로 갔지만 나는 그제 한국으로 돌아왔습니다.」

양쪽에 다 과거를 말하는 부사가 있으므로 양쪽 다 과거로 합니다.

연구 I have gone to Seoul. You have gone to America.

위 문장은 양쪽 다 못 씁니다. 즉 서울에 가버리고 없는 유령인 "I", 또 미국에 가버리고 없는 유령인 "You"가 여기에 앉아서 이야기할 수 있나요?

즉 **I, You에는 have gone을 쓸 수 없습니다**. 그러나 편지로 You have gone to America and I miss you very much. 「님은 미국으로 가버리시고 나는 그대를 하염없이 그리워합니다.」는 사용할 수 있겠습니다. 가서 얼마 안 된 때는 **have gone이 좋으나, 오래된 사람에게는 are gone이 좋습니다. have gone은 간다는 동작에 중점이 있고 are gone은 가 있는 상태에 중점이 있습니다.**

Lesson 16 | 시제 – 미래완료, 과거완료 _ 정답과 해설

[602] READING

Jones는 12명 아이들의 아버지였다. 어느 일요일 그는 그들 모두를 해변으로 데려가기로 결심했다. 그들이 출발해서 (set off) 역에 도착하고 그들의 차표를 사가지고(got = bought) 막 기차에 들어가려고 하는데 Jones의 어깨를 한 경찰관이 쳤다.

"당신은 지금까지 무엇을 해왔소?"라고 경찰관이 엄하게 물었다.

"왜요, 아무 짓도 하지 않았는데요!"라고 Jones는 크게 놀라서 더듬으며 말했다.

그 경찰관은 아이들을 향하여 그의 손을 흔들었다.

"그럼 왜 이렇게 많은 군중이 당신을 따르는 거요?"라고 그는 (경찰관) 물었다.

[603] **had just gone**

「내가 그녀의 집을 방문했을 때 그녀는 막 밖으로 나갔었다.」

연구 집을 방문한 것도 과거, 그녀가 나간 것도 과거지만 먼저 나갔으니 had gone으로 합니다. had just gone =「막 나가버리고 없었다」즉 방문한 과거 전에 나갔는데 방문한 과거 때에는 이미 나가버려서 없는 완료 상태를 나타냅니다.

[604] **had eaten**

「나의 어린 남동생이 우리가 돌아오기 전에 그 파이를 다 먹어버렸다.」

우리들이 도착하기 전에 다 먹어버려서 우리가 돌아온 그 과거 시점에는 파이가 모두 없어진 완료 상태를 나타내고 있습니다.

[605] **found, had been damaged**

「비행기가 착륙했을 때 조종사는 포탄에 의해 날개 하나가

파손되어 있는 것을 발견했다.」

조종사가 발견한 것도 과거지만 그 전에 비행기 날개가 손상을 당해서 착륙했을 때는 못 쓰게 된 결과를 나타내므로 과거완료로 합니다.

→ were damaged 중에서 were만 과거완료 (had been)로 하면 됩니다.

[606] **had been waiting**

「그가 왔을 때 나는 1시간 동안 기다려왔다.」

그가 오기 한 시간 전부터 그가 올 때까지 계속해서 기다리고 있었으니 had been waiting이 옳습니다.

[607] **borrowed**

「그는 그 책을 빌렸다가 되돌려주었다.」

일어난 순서대로 말하기 때문에 과거로 하는 것입니다.

[608] **will have been dead**

「오는 12월로 그는 세상을 뜬지 10년이 된다.」

미래인 12월로서 10년이란 세월이 계속되므로 미래완료를 씁니다.

[609] **have written**

「내가 편지를 다 쓸 때까지 기다려주세요.」

미래완료를 써야 하지만 till 이하는 **부사절이므로** have written이란 현재완료를 대용합니다.

[610] **will have flown**

「금년 말로 그는 100만 마일 이상을 비행하게 된다.」

금년 말이라는 미래까지 백만 마일 이상을 다 비행해 버리는 완료를 말하므로 미래완료형을 씁니다.

[611] **will have eaten and drunk**

「우리가 그곳에 7시 전에 도착하지 못하면 그들은 모든 것을 먹고 마셔버릴 것이다.」

우리들이 도착하는 어떤 미래 전에 먹고 마시는 것이 완료되고 도착하는 미래에는 없게 되므로 미래완료를 씁니다.

[612] **will have been raining**

「다음 일요일로 한 달 동안 비가 계속해서 오는 셈이다.」

다음 일요일이라는 미래 시점까지 쭉 한 달 동안 계속해서 비가 오게 되므로 미래완료 진행형을 씁니다.

[613] **He had been studying hard by the time he entered this school.**

entered는 과거인데 그 과거까지 공부를 계속하였기 때문에 과거완료 진행형인 had been studying을 썼습니다.

[614] **If I stay two years more, I'll have been here just ten years.**

= **If I live two years more, I'll have lived here just ten years.**

연구 2년 후라는 미래까지 10년 동안 계속해서 있게 되기 때문에 미래완료 진행형 (I'll have been ~ing)을 써야 하지만 be, live는 일반적으로 진행형으로 하지 않으므로 I'll have been (또는 I'll have lived)이라는 단순한 미래완료를 씁니다.

[615] **He bought a book and sold it the next day.**

일어난 순서대로 말하므로 과거완료로 할 필요가 없습니다.

[616] **I'll have finished this work by the time my father comes back.**

[617] READING

싱거운 joke

이모 : 네가 어제 치통이 있었다는 말을 들었다. 지금은 아픈 것이 멈추었니?

Tom : 전 모르는데요, 이모.

이모 : 그거 이상하구나. 틀림없이 너는 지금 이가 아픈지 안 아픈지를 알 텐데.

Tom : 아니요, 나는 몰라요. 치과의사가 그 이빨을 가지고 있거든요.

이를 빼버려서 그 이빨이 치과병원에 있기 때문에 그놈의 이빨이 지금도 아픈지 안 아픈지를 모르겠다는 뜻. 어쨌든 싱겁기는 하지만 잘도 꾸며낸 joke입니다.

[618] **I'll lend you another book after you have done with it.**

= **I'll lend you another book when you have read it.**

after 이하는 lend를 수식하는 부사절이므로 have 앞에 will을 쓸 수 없습니다.

[619] **I had been studying English for six years by the time I entered this college, but I could not read a newspaper written in English easily(= with ease).**

[620] **He had been studying English for some years before he went to America.**

[621] **We'll have arrived there before it begins to rain.**

[622] **I studied English ten years ago, but I have forgotten it all.**

(have forgotten 대신 forget만 써도 좋습니다.)

[623] **When I called on her, she had already started for the States.**

[624] ① **B씨가 먼저 갔습니다.** ② **5년 전에 갔습니다.**

「A씨는 2년 전에 영국으로 갔습니다만 B씨는 그보다 3년 전에 거기에 갔습니다.」

연구 ago는 지금부터 시작해서 얼마 전이라고 할 때 쓰고 before는 과거 어떤 때를 기준으로 그 때부터 얼마 전이라고 할 때 씁니다.

I bought the car two years ago.
「나는 그 차를 2년 전에 (지금부터 계산하여) 샀다.」

I sold the car last year that I had bought two years before.
「나는 작년에 그보다 2년 전에 (sold한 과거부터 계산해서) 샀던 차를 팔았다.」

소속된 동사가 과거일 때 ago, 과거완료일 때는 before를 씁니다.

응용연습 답을 보기 전에 먼저 잘 생각해보시오.

표현1 ⓐ off Incheon의 off는 무슨 뜻? → (육지에서) 떨어져 그래서 off Incheon은 「인천 해안에」

표현2 sprang up의 뜻은? → spring - sprang - sprung으로 변화
→ spring up
→ 「뛰어 일어나다」가 원 뜻이나 바람 따위가 「일다」라는 뜻으로도 씁니다.

해석 「그 유조선이 인천 해안에 도착하자마자 폭풍우가 쏟아졌다.」
이 문장의 원문은 The oil tanker had no sooner arrived off Incheon than a storm suddenly sprang up.인데 의미를 강조하기 위하여 도치된 것입니다.

이 원문을 직역하면? (혼자서 잘 생각해보시오.)

「그 유조선은 폭풍우가 돌연히 일어난 것보다 더 일찍 인천 해안에 도착하지 않았다.」이것이 발전하여 「그 유조선이 인천 해안에 도착하자마자 폭풍우가 쏟아졌다.」가 된 것입니다. (oil tanker = 유조선) 문법적으로 구문을 따지면 than ... up은 → sooner의 부사절.

표현3 주의할 것은 앞에는 과거완료 (had arrived), 뒤에는 과거 (sprang)가 됩니다.

이것은 문장체 표현으로 딱딱한 영어이며 일반적으로는 As soon as the oil tanker arrived off Incheon, storm suddenly sprang up.을 씁니다.

ⓑ 이것을 직역하면 「그가 또다시 잡혔을 때 그는 거의 도망가지 않았다.」
(when 이하는 escaped의 부사절) 이것이 발전해서 「그는 도망가자마자 또다시 잡혔다.」는 뜻이 됩니다. 이것도 의미의 강조를 위하여 도치되면

Scarcely(= Hardly) had he escaped when he was recaptured.가 됩니다.

표현4 scarcely(= hardly) ... when은 no sooner ... than보다 좀 의미가 강합니다.

when 대신 before를 쓰기도 합니다만 고문(古文)입니다.

그럼 「그는 나를 보자마자 도망쳤다.」를 4가지 방식으로 표현해보세요.

He had **no sooner** seen me **than** he ran off.
= He had **hardly** seen me **when** he ran off.
= He had **scarcely** seen me **when** he ran off.
= **As soon as** he saw me, he ran off.

Lesson 17 | 태 _ 정답과 해설

(625) READING

술고래

어느 술집(saloon) 주인(owner)이 새벽 3시에 기분 좋게 (peacefully) 자고 있을 때 그의 전화기가 울렸다. "당신 술집 몇 시에 엽니까?"라고 술 취한 목소리가 물었다.

"11시요."라고 술집 주인이 말하고 수화기를 쾅 내려놓았다.

잠시 후에 벨이 또 울렸다. 같은 목소리가 "당신 술집을 몇 시에 연다고 했지요?"라고 물었다.

"11시라니까, 제기랄(damn it), 그리고 일 분 전일지라도 들어올 수 없소."라고 주인은 고함을 질렀다.

"누가 들어가고 싶다고 했소? 나는 나가고 싶단 말이오."라고 무척 기분 상한(hurt) 목소리가 말했다.

표현1 when his phone rang에서 when 이하는 보통 올려 해석하는데 여기에서는 좀 어색하지요?

when 앞에 comma(,)를 찍어서 , when = and then으로 하여 내려 해석하세요. 이렇게 comma를 안 찍는 작가가 더러 있습니다.

표현2 get in = 들어오다, get out = 나가다

표현3 술집 주인이 문을 닫고 콜콜 기분 좋게 잠자고 있었는데 술고래 하나가 술에 취해서 술상 밑이나 화장실에서 잠을 자다가 술이 좀 깨어 나가려고 했으나 문이 닫혀서 나가지 못하고 이 사단이 난 것입니다. 이 술고래는 어떻게든 집에는 돌아가겠지요? 지금은 이렇게까지 술을 마시는 젊은이들은 별로 없습니다. 참 다행입니다. 술값이 비싸서인가? 아무튼 술은 적당히 마시면 몸에 좋지만 과음하면 몸에 좋지 않습니다.

[626] A valuable picture was stolen by the thief.

「한 귀중한 그림이 그 도둑에게 도난 당했다.」

연구 The thief stole a valuable picture.에서 주어는 the thief, stole은 완전타동사, a valuable picture는 stole의 목적어 — 이 문장을 수동태로 할 때는 목적어인 A valuable picture를 주어로 삼고 stole을 수동태 즉 (be + 과거분사)로 하여야 하는데 steal - stole - stolen 그래서 was stolen이 됩니다. 그 다

음에 능동태의 주어인 the thief 앞에 by라는 전치사를 써서 by the thief로 하게 되는데 by the thief는 was stolen의 부사구가 됩니다.

[627] **Mr. Kim is known to him.**

「미스터 김은 그에게 알려져 있다.」

knows라는 **현재로 되어 있기 때문에 is known**이 됩니다. 그리고 know일 때는 by를 안 쓰고 to를 씁니다.

연구 「…에게 알려지다」에는 to를 쓰지만 「…에 의해 알 수가 있다」에는 역시 by를 씁니다.

A girl is known by her mother. 「소녀는 그녀의 어머니에 의해 알 수가 있다.」

[628] **I'll be visited by him tomorrow.**

「나는 내일 그에 의해 방문되어질 것이다.」

연구 He will visit me tomorrow.에서 will이라고 미래로 되어 있기 때문에 수동태에서도 미래로 하게 됩니다. visit을 수동태로 하면 주어는 I가 되기 때문에 I am visited로 해야 되는데 미래형이므로 will(shall)을 써야 하고 그 다음에는 동사의 원형을 써야 하기 때문에 am의 원형인 be가 오는 것입니다. 또한 will, shall 용법이 어려우니까 단축형을 쓰면 I'll이 되는 것입니다.

[629] **A letter has been written by him.**

「한 편지가 그에 의해 쓰여졌다.」

연구 He has written a letter.에서 has written은 현재완료입니다.

이 완료형을 수동태로 할 때는 (have(has, had) + been + 과거분사)라는 형식을 취합니다. 그래서 이 문제는 has been written이 되는데 has been은 현재완료를 나타내고 been written은 수동태를 나타냅니다.

He has written a letter.를 수동태로 하는데 has가 방해물이지요? 그럼 이 has를 우선 ( ) 안에 가두어 놓고 written을 writes로 고치면 He writes a letter.가 되는데 이것을 수동태로 하면 A letter is written by him.이 됩니다.

그런데 ( ) 안에 가두어 놓았던 has를 살려 놓아야 하는데 어디에 써넣을까요?

→ is written 앞에. 그러면 has is written이 되는데 has는 그 다음에 과거분사를 써서 완료형을 만드는 작용을 하므로 is를 과거분사인 been으로 하면 has been written이 되는 것입니다.

[630] **This work will have been finished by me before my father comes back.**

「이 일은 나의 아버지가 돌아오시기 전에 나에 의해 끝내어지게 될 것이다.」

미래완료형의 수동태이므로 will을 앞에 놓고 현재완료형인 have finished를 [629]처럼 수동태로 한 have been finished를 그 다음에 쓰면 됩니다.

[631] **An interesting book is being read by him.**

「한 재미있는 책이 그에 의해 읽혀져 가고 있는 중이다.」

He is reading an interesting book.에서 is reading은 진행형입니다.

연구 이 진행형을 수동태로 할 때는 (be + being + p.p.(과거분사))라는 형식을 취합니다. 그러므로 이 문제는 … is being read …이 되는데 is being으로 진행형을 나타내고 being read로 수동태를 나타냅니다.

또 하나 예를 들면 He is writing a letter. → A letter is being written by him.

He is reading an interesting book.에서 is를 ( ) 안에 가두고 reading을 reads로 하면 He reads an …. 이것을 수동태로 하면 … is read ….

그리고 ( ) 안에 가둔 is를 살리면 is is read — 그런데 ( ) 안에 있던 is는 ~ing와 진행형을 만드는 작용을 하므로 is being read가 됩니다.

[632] **These instructions must be attended to by all the students.**

「이 지시들은 모든 학생들에게 주의 되어져야만 한다.」

All the students must attend to these instructions. 에서

attend to(주의하다)를 한 타동사구로 보세요. 이것을 수동태로 하면?

→ be attended to가 되고 이것을 must 다음에 써 넣으면 되는 것입니다.

연구 타동사구가 들어간 수동태의 예

ⓐ You must **look after** the child. 「너는 그 아이를 보살펴야만 한다.」

= The child must **be looked after** by you.

ⓑ He will **laugh at** you. 「그는 너를 비웃을 것이다.」

= You will **be laughed at** by him.

[633] **Their parents ought to be obeyed by the boys.**

「그들의 부모는 그 소년에게 복종 되어져야 한다.」

ought to는 일종의 조동사이므로 ought to 다음에 obey의 수동태인 be obeyed를 넣습니다.

[634] **What is this flower called?**

「이 꽃은 무엇이라고 불립니까?」

What do you call this flower?의 서술문은 You call this flower 'rose'.

연구 「당신들은 이 꽃을 장미라고 부른다.」 그런데 rose인지 무엇인지 몰라서 rose 대신 what을 써서 의문문으로 하면 What do you call this flower?가 됩니다. 그런데 You call this flower 'rose'.를 수동태로 하면 This flower is called 'rose' (by you).가 됩니다. 여기에서 rose인지 무엇인지 몰라서 what을 쓰면 → This flower is called what(= rose).이 되지요?

이것을 의문문으로 하려면 what을 맨 앞에 놓고 나머지 This flower is called를 의문문으로 한 is this flower called?를

다음에 쓰면 → What is this flower called?가 됩니다. 여기에서 by you는 막연한 일반 사람을 말하므로 생략합니다.

[635] **Let this tree be cut down at once.**

「이 나무를 당장 베어지게 하라.」

연구 Cut down this tree at once.는 명령문입니다. **명령문을 수동태**로 할 때는

[**Let + 주어 + be + p.p.(과거분사)**]의 형식을 취합니다.

Write the letter.는? → Let the letter be written.
Read the book.은? → Let the book be read.

[636] **I was lent some money by him. = Some money was lent to me by him.** 2가지로 됩니다.

He lent me some money.에서 lent(= lend의 과거)는 수여동사입니다.

연구 그러므로 me는 간접목적어, some money는 직접목적어입니다. 목적어가 둘 있으므로 수동태도 2가지가 됩니다. 그러나 직접목적어를 주어로 삼는 수동태가 더 자연스러워 보입니다.

[637] **He was made my supporter by me.**

「그는 나에 의해 나의 지지자로 만들어졌다.」

연구 I made him my supporter.에서 made는 불완전타동사, him은 목적어, my supporter는 목적격보어. 목적어인 him을 주어로 삼으면 him은 He라는 주격으로 변해서 위와 같은 답이 됩니다.

표현 I found the book easy. = The book was found easy by me.

[638] **The poor boy was taken care of by her.**

「그 불쌍한 소년은 그녀에 의해 돌보아졌다.」

연구 take care of = look after 「…를 보살피다」 이것을 하나의 타동사구로 보고 수동태로 한 것입니다. 이것은 [632]에서 배운 것입니다.

표현1 She attends on him. 「그녀는 그의 시중을 든다.」 = He is **attended on** by her.

표현2 attend to = 주의하다, attend on (upon) = 시중들다, 간호하다

「출석하다」는 전치사 없이. → He attended the meeting.

표현3 A jeep ran over a child. 「지프가 한 어린이를 치었다.」 = A child was run over by a jeep.

표현4 He speaks ill of you. 「그는 당신에 대해 안 좋은 말을 합니다.」 = You are spoken ill of by him.

표현5 You must send for the doctor at once. 「당신은 곧 의사를 부르러 (사람을) 보내야만 합니다.」
= The doctor must be sent for at once by you.

[639] **It is thought by me that he is guilty. = He is thought to be guilty by me.**

「그는 유죄라고 나에게 생각되어진다.」

연구 I think that he is guilty.에서 that 이하는 명사절로서 think의 목적절입니다. 이것을 수동태로 하려고 하면 목적어인 that …을 주어로 삼아야 하기 때문에 That he is guilty is thought by me.가 될 것인데 That으로 인도되는 명사절이 주어가 될 때는 it이라는 가주어를 앞에 쓰고 that 이하는 뒤로 돌려놓습니다. 그래서 It is thought by me that he is guilty.가 됩니다.

또 한 가지는 that절의 주어인 he를 주어로 삼아 He is thought to be guilty by me.로도 할 수 있습니다.

표현 They say that he is honest.

It is said that he is honest. (by them은 생략)
= He is said to be honest. (by them은 생략)

[640] **The dog was seen to run by him.**

연구 see, hear, feel, watch, observe, find, make, have, let 등의 **감각동사 또는 사역동사**는 일종의 **불완전타동사**입니다. He saw the dog run.에서 run은 앞에 to가 생략되어 있는 것으로 to run이라는 부정사가 목적격보어로 되어 있습니다. 즉 the dog = to run하는 것을 saw 했다는 것입니다. 위에 말한 **동사의 능통태에 있어서는 to가 생략되지만 수동태에서는 to를 생략하면 안 됩니다.**

The dog was seen to run by him.

She made me come. → I was made to come by her.

[641] **Is German taught in this school?**

「이 학교에서는 독일어가 가르쳐집니까?」

연구1 Do they teach German in this school?의 평서문은?

→ They teach German in this school. 이것을 수동태로 하면

→ German is taught in this school. 이것을 의문문으로 하면

→ Is German taught in this school?이 됩니다.

그리고 by them은 막연한 일반 사람을 말하므로 생략합니다.

연구2 Does he read the book? → Is the book read by him?

Do you know him? → Is he known to you?

즉, **수동태의 의문문은 be동사가 들어 있는 의문문이므로 be동사가 문장 제일 앞에 오는 것을** 알 수 있습니다.

[642] **The letter which was addressed to his superior should have been written in ink by him.**

「그의 상관에게 보내는 편지는 그에 의해서 잉크로 씌어져야만 될 것이었다.」

연구 He should have written in ink the letter which was addressed to his superior.에서 have written은 완전타동사, in ink는 have written의 부사구, the letter는 have written의 목적어, which 이하는 letter의 형용사절 이므로 수동태로 할 때는 목적어인 the letter와 그 형용사절을 합쳐서 하나의 주어로 삼아야 되기 때문에 위와 같은 답이 됩니다.

[643] **READING**

어이가 없어서 말이 안 나온다

"실례합니다만, 당신이 어제 내 아들을 호수에서 건져주신 양반이 아니십니까?"라고 스코틀랜드인이 말했다.

"예, 그렇소만(why yes), 그 일에 대해서는 걱정 마세요. 더 이상 그것에 대해서는 말하지 않기로 합시다."라고 난처한 (embarrassed) 구조인이 말했다.

"그 일에 대해서 아무 말 말자고요? 아니 여보(Indeed, man), 그 아이의 모자는 어디 있소?"라고 스코틀랜드인이 소리를 질렀다.

- 표현1 embarrassed (난처한); 자기는 당연한 일을 해서 감사를 받을 나위가 없는데 — 이래서 난처하게 된다.
  (그런데 물에 빠진 사람 구해줬더니 내 보따리 내놔라? 참 어이가 없군!)
- 표현2 fetch out 「끌어내다 → 구조하다」

[644] **By whom was the way shown to you? = By whom were you shown the way?**

「누구에 의해 당신에게 길이 알려졌습니까?」

연구 Who showed you the way?에서 showed는 수여동사, you는 간접목적어, the way는 직접목적어, Who는 주어. 따라서 간접목적인 you를 주어로 하고 수동태로 만들면 You were shown the way by who.가 될 것이나 **by는 전치사이기 때문에 그 다음에는 목적격인 whom을 써야 합니다.**

그런데 You were shown the way by whom.을 의문문으로 하면

→ By whom were you shown the way?가 됩니다.

[645] **I have been interested in this book.**

「나는 이 책에 흥미가 있어왔습니다.」

→ interest에는 by가 아니고 in을 씁니다.

[646] **He was cured of his disease by the doctor.**

「그는 그 의사에 의해 그의 병이 고쳐졌습니다.」

[647] **By whom has the window been broken?**

「누구에 의해 창문이 깨졌니?」

[648] **He was believed to be an honest man by all.**

「그는 모두에 의해 정직한 사람이라고 믿어졌다.」

[649] **We have been told by medical men that in man physical changes take place every seven years.**

「사람들에게는 매 7년마다 신체적 변화가 일어난다는 말을 의료인들에게 들어왔습니다.」

= It has been told us by medical men that in man physical changes take place every seven years.

[650] **It used to be thought that the sun went round the earth.**

「태양이 지구 주위를 돈다고 (과거에는) 생각되어졌습니다.」

[651] **A large audience attended the lecture.**

「많은 청중이 그 강연에 참석했습니다.」

[652] **He has written many books.**

「그는 많은 책을 썼습니다.」

[653] **They elected him Mayor of Seoul.**

「그들은 그를 서울 시장으로 선출했다.」

연구 수동태에서 by 다음에 막연한 일반 사람을 말하는 they, people, you, one, someone … 등이 오면 by …은 생략합니다. 그러나 능동태에서는 다시 살려야 되므로 이 문제에서도 They를 쓴 것입니다.

[654] **The officer gave me an order.**

「그 장교는 나에게 한 명령을 내렸다.」

[655] **You must endure what you cannot cure.**

「고칠 수 없는 것은 참지 않으면 안 된다.」

[656] **How do you spell that word?**

「그 단어의 철자가 어떻게 됩니까?」

[657] **You must speak English in this class.**

「이 반에서는 영어로 말해야 합니다.」

[658] **READING**

장수하는 방법

어떤 사람이 거북이 한 마리를 연못에 넣고 그것을 조심스럽게 바라보고 있었는데 그의 친구 한 사람이 그에게 왔다. 그 방문객이 그에게 말하기를 "자네를 오랫동안 보질 못했네, 자네에게 무슨 일이 있나?"

그가 대답하길 "나는 무슨 일엔가 흥미가 끌려 아무도 찾아가질 못했다네." 그렇게 말하면서 그는 연못에서 헤엄치고 있는 거북이를 가리켰다.

"거북이가 어떻단 말이야?"라고 그 친구가 물었다.

그가 답하여 말하기를 "옛날부터 학은 천 년을 살고 거북이는 만 년을 산다고 했네, 그래서 나는 이 녀석이 만 년을 사는지 지켜보고 있는 중이라네."

표현1 사람의 마음이 이쯤 태평하면 만 년은 못 살아도 적어도 150살쯤은 문제 없을 것입니다. 앞으로 핵연료공학, 생명공학, 친환경에너지공학, 우주산업공학, 로봇공학등이 발전하면 150세쯤은 문제가 없을 것이며 또 여러분에게 제일 골치 덩어리인 입시난, 취직난 같은 것도 해결되어 여러분은 행복하게 살게 될 것입니다. 그러나 일단 우리 머리 위에 핵폭탄이 떨어지면 Nothing입니다. 그러나 이런 것은 하늘에 맡기고 이 사람처럼 거북이가 만 년 동안 사는가를 지켜볼 만한

태평한 마음이 됩시다. 그러면 문제 없이 장수하지요.

표현2 , when = and then

표현3 So saying = As he said so 「그렇게 말하면서」 또는 He said so and he pointed ….으로도 할 수 있습니다.

[659] **He taught us English.**

「그는 우리에게 영어를 가르쳤다.」

[660] **He is writing a presidential message.**

「그는 대통령 교서를 쓰고 있는 중이다.」

[661] **The hunter perceived a big bear approach the river.**

「그 사냥꾼은 큰 곰 하나가 강으로 다가가는 것을 감지했다.」

approach 앞에 있는 to 생략. (perceive는 지각동사)

[662] **They grow much rice in this part of the country.**

「이 나라 이 지방에서는 많은 쌀이 재배되고 있습니다.」

[663] **They teach French as well as English in our school.**

「우리 학교에서는 영어는 물론 불어도 가르칩니다.」

[664] **They might have killed you, if I had not protected you.**

「만일 내가 당신을 보호하지 않았더라면 당신은 피살되었을 지도 모릅니다.」

[665] **My grandfather was killed in the Korean war.**

누가 죽였는지 그 행위자가 불분명하거나 막연할 때는 이처럼 수동태를 사용합니다.

[666] **His son was run over by a truck.**

행위자(여기에서는 by a truck)가 분명할 때도 동사의 동작(여기에서는 run over)을 받는 목적어(여기에서는 His son)에 중점을 둘 때는 위와 같이 His son을 주어로 하여 수동태로 합니다.

[667] **Your body must be kept clean.**

→ 능동태는 You must keep your body clean.

[668] **We were made to work very hard.**

→ 능동태는 They made us work very hard.

연구 work 앞에 to 생략 → 사역동사 made의 목적어는 to 없는 원형부정사

[669] **We are taught English by him. = English is taught us by him.**

→ 능동태는 He teaches us English.

[670] **Such a state of things cannot be put up with.**

→ 능동태는 We cannot put up with such a state of things.

표현 put up with 「…을 견디다」 → 이것을 타동사구로 보고 수동태로 한 것입니다.

[671] **It is said that he gets up early in the morning. = He is said to get up early in the morning.** [[639]에서 배웠습니다.]

→ 능동태는 They say that he gets up early in the morning.

[672] **It is said that he was poor when young. = He is said to have been poor when young.**

→ 능동태는 They say that he was poor when young.

연구1 to have been이라는 부정사의 완료형은 본동사보다 앞선 시간을 나타냅니다

They say that he is honest.
It is said that he is honest.
He is said to be honest.

연구2 여기에서 to be honest는 단순형의 to부정사이므로 본동사인 is said와 시간이 일치합니다. 만일 He was said to be honest.로 되어 있으면 to be honest는 was said라는 과거와 시간이 일치합니다.

It is said that he was drowned.
He is said to have been drowned.

여기에서 to have been은 완료형이므로 is said보다 앞선 과거를 말합니다. 만일 He was said to have been drowned.로 되어 있으면 to have …는 was said한 과거보다 앞선 과거 완료형을 말합니다.

[673] **I am delighted(= glad) to see you in good health.**

표현 우리말은 능동태이지만 영어로는 수동태로 말하는 것이 맞습니다.

즉 be surprised 「놀라다」, be delighted 「즐겁다」, be taken ill 「병에 걸리다」, be disappointed 「실망하다」, be scared 「무섭다」

I was surprised at your ignorance.
「나는 네 무식에 놀랐다.」

Lesson 18 | 가정법 _ 정답과 해설

[674] READING

경찰관과 죄수

그는 술에 취해 난잡하게(disorderly) 굴었다고 체포되었는데, 경찰서에서 문책을 당하고(charged) 있는 동안 지역 경찰서 경사(local sergeant)가 그에게 물었다.

"당신 읽고 쓸 수 있소?"

"쓸 수는 있는데 읽을 줄을 모릅니다."

"그러면 당신 이름을 쓰시오."라고 경사가 말했다.

그 죄수는 연필을 잡고서는 큰 글자들을 지면(page) 위에 아무렇게나 막 휘갈겨 썼다. (scrawled)

"당신이 쓴 것이 뭐요?"라고 그 어리둥절한(puzzled) 경사가 다그쳤다.

"모르겠는데요. 내가 말하지 않았소, 나는 못 읽는다고."라고 그 죄수는 대답했다.

표현1 had been arrested는? → was arrested를 과거완료로 한 것입니다.

그럼 기준이 되는 과거는? → asked 즉 이 asked한 과거보다 앞서므로 과거완료를 사용했습니다.

표현2 was being charged는?
→ was charged를 진행형으로 한 것입니다. (was만 진행형으로 하면 됩니다.)

표현3 sergeant [sárdʒənt]에는 여러 가지 뜻이 있으나 여기에서는 미국의 시(읍)에서 선출된 경찰관

표현4 What is that you've written?에는 무엇이 생략되어 있나요?
→ that 다음 which가 생략 (have written의 목적이므로), 그리고 이 that은 the thing으로 생각하면 됩니다.

[675] **would(= should, could, might) tell**

「만일 내가 당신이라면 나는 그 분에게 사실을 말하겠다.」

"**말할 것이다**"라고 의지를 나타낼 때는 **I would**

"**말하게 될 것이다**"라고 단순미래 적으로 말할 때는 **I should**

"**말할 수 있을 것이다**"라고 능력을 말할 때는 **I could**

"**말할지도 모를 텐데**"라고 애매한 예정에는 **I might**를 씁니다.

[676] **should not have gone, had known**

「비가 올 줄 알았더라면 난 가지 않았을 텐데.」

it was going to로 되어있는 것을 보면 과거인 것을 알 수 있습니다.

그래서 **had known**으로 한 것입니다.

연구 만일 의지로서 "가지 않았을 텐데"라고 하고 싶으면 would, "가지 않았을 지도 몰랐다"라는 뜻에서는 might를 씁니다.

I had no car then, but if …에서 if 이하를 완성하면
→ If I had had a car, I could have gone round the district for the election.
「그 당시 만약 내가 자동차를 소유하고 있었더라면 나는 그 선거를 위해 그 지방을 돌아다닐 수 있었을 것이다.」

[677] **would be**

「대양의 물이 지구를 휩쓴다 할지라도 나의 충성은 변하지 않을 것이다.」

were to는 미래 사실을 반대로 가정해서 말할 때 씁니다.

표현1 flood the earth = 지구를 휩쓸다

표현2 if = though

[678] **should(= might) have caught**

「만일 내가 비 오는데 외출했더라면 나는 감기에 걸렸을 것이다.」

연구 일부러 감기에 걸리려는 의지를 갖는 바보는 없을 것이므로 would는 안 됩니다. 그러면 could? "걸릴 수가 있었을 걸" — 이것도 위와 같은 의미가 되므로 못 쓰겠고 감기는 자연히 걸리므로 단순미래를 쓴 것입니다.

[679] **had had**

「만일 내가 그 당시 돈이 많이 있었더라면 나는 그 집을 살 수 있었을 텐데.」

연구 무엇 때문에 had를 둘씩이나 썼을까요?

have를 과거의 사실과 반대로 말하려면 과거완료를 사용해야 합니다.

과거완료는 (had + 과거분사)로 해야 되므로 had had가 됩니다.

[680] **were to be**

「만일 태양이 사라진다면 지구 전체가 하루나 이틀 안에 꽁꽁(fast) 얼어붙을 것이다.」

연구 태양이 없어진다는 것은 사실이 아닙니다. 즉 미래 사실을 반대로 가정해서 표현하는 것이므로 were to be extinguished를 씁니다. be fast bound in frost「단단하게 얼어붙다」→ fast는 부사이지만 여기에서는 "빨리"가 아니고 "**단단하게, 굳게**"라는 뜻입니다. in frost는 in ice로 해도 좋습니다.

[681] **had been driving**

「만일 그가 빠르게 운전하였더라면 더 큰 사고가 되었을 것이다.」

would have been으로 되어 있으므로 had been driving이 옳습니다.

표현 serious accident「심(각)한 사고, 큰 사고」

[682] **I would try some other means.**

「만일 내가 성공하지 못할 경우 어떤 다른 방도로 해보겠다.」

표현 if ... should는 강한 의심을 말합니다.

[683] **I should like to teach him better manners.**

「만일 그가 내 상관(선배)이 아니라면 그에게 더 좋은 태도를 가르쳐 주고 싶다.」

[684] **we should have arrived long ago.**

「만일 우리가 도중에 멈추지 않았더라면 벌써 도착했을 것이다.」

[685] **I would still refuse.**

「그가 무릎을 꿇고 비는 일이 있다 할지라도 나는 그래도 거절하겠다.」

[686] **I should be much obliged.**

「네가 그 책을 빌려주면 매우 고맙겠는데.」

[687] **If I were you,**

「만일 내가 당신이라면, 나는 이 일에 전심전력을 다 할 것이다.」

[688] **If I did not write it down,**

「만일 내가 그것을 써놓지 않으면 나는 잊어버릴 것이다.」

[689] **If he had married her,**

「만일 그가 그녀와 결혼했더라면 그는 더 행복했을 것이다.」

[690] **If he had worked harder,**

「그가 더 열심히 일(공부)했더라면 그는 분명히 성공했을 것이다.」

[691] ① I wish I **were a bird**. = I am sorry I am not a bird.
② I wish I **had been rich**. = I am sorry I was not rich.
③ I wish he **would succeed**. = I am sorry he will not succeed.

[692] **he were a man.**

「그 아이는 마치 어른처럼 말한다.」

The child talks as (he would talk) if he were a man. 에서 he would talk를 생략한 표현입니다.

[693] **I would buy it.**

「만일 이 은시계가 금으로 만들어졌다면 내가 그것을 살 텐데.」

[694] ① But for **your help(= assistance), I should fail.**
= If it were not for your help, …. (= Were it not for your help …)
② But for **your help, I should have failed.**
= If it had not been for your help …. (= Had it not been for your help …)

[695] **one would take him for a fool.**

「그가 말하는 것을 듣는다면 사람은 그를 바보라고 생각할 것이다.」

To hear him talk, …「그가 말하는 것을 들으면 …」= If you were to hear him talk, …

[696] Without **water, nothing could live.**

Without water = If there were no water = If it were not for water = But for water

[697] **He would succeed** but that **he is lazy.**

but for와 같은 의미지만 but for는 전치사구이므로 그 다음에는 명사·대명사가 오며 but that 다음에는 절(Clause)이 옵니다. 그래서 위 문장은

= **He would succeed but for his laziness.**로도 할 수 있습니다.

= **He would succeed if he were not lazy.**로도 됩니다.

[698] otherwise(= or) **he would have failed.**

「그는 아주 열심히 공부했다. 그렇지 않았더라면 그는 실패했을 것이다.」

He worked very hard, otherwise … = If he had not worked very hard, …

[699] READING

완전 암체

"여보세요(Say), Bob, 당신 펜을 빌릴 수 있나요?" "그럼요.(Sure)"

"쓸 종이 한 장 있어요?" "있을 거요.(Reckon so)"

"나가는 길에 우체통 있는 곳을 지나가세요?" "으-흠(응)"

"편지를 다 쓸 때까지 기다려주시겠지요, 네?" "좋아요."

"우표 한 장 빌려주시겠지요, 네?" "OK."

"대단히 고맙습니다, 그런데 저기요(Say), 당신 딸 주소가 어떻게 되죠?"

표현1 Say「저기요, 여보세요, 잠깐만」→ spoken English

표현2 Got a sheet of writing paper?는 Have you got a sheet …에서 Have you를 생략한 것입니다.

have got은 배웠는데? → I've got the book. = I have the book.

Got some money?「돈 좀 있소?」는 Have you got some money?에서 Have you를 생략한 것
= Have you some money? = Do you have some money?의 spoken English입니다.

표현3 Reckon so. = I guess so. 여기에서는 "가지고 있다고 생각한다."라는 뜻으로 영국권 영어.

표현4 Uh-huh는 우리말로 Yes 대신 "응"이라고 콧소리를 내는 것에 해당합니다.

표현5 부가의문문에서 He is rich, isn't he? He isn't rich, is he?가 되지요.

그러면 명령문 Open the window. → will you? 또는 won't you?(won't you?가 더 정중함.)

Open the window, will you?의 뜻은? → 창문을 열어주시겠지요, 네?

Lend me a stamp, will you?는? → 우표 한 장 빌려주시겠지요, 네?

표현6 much obliged → I am much obliged to you.를 줄인 것인데 뜻은 Thank you very much.

[700] ① I wish **to be** a general. 「나는 장군이 되고 싶다.」

(단순한 미래의 희망)

② I wish I **were** a general. 「(지금) 내가 장군이라면 좋겠는데.」

(현재에 있어서 달성하지 못한 희망) = I am sorry I am not a general.

③ I wish I **had been** a general. 「(당시) 내가 장군이었더라면 좋았을 걸.」

(과거에 있어서 달성하지 못했던 희망) = I am sorry I was not a general.

④ I wish he **would become** a general. 「그가 장군이 되면 좋겠는데.」

(미래의 가망성이 없는 희망) = I am sorry he will not become a general.

[701] ① I hope you **will succeed**. 「당신이 성공하기를 바랍니다.」

(미래의 가능성이 있는 희망)

② I wish you **would succeed**. 「네가 성공하면 좋겠는데.」

(미래의 가망성이 없는 희망) = I am sorry you will not succeed.

[702] **If I had time, I could go with you.**

「나에게 시간이 있으면 당신과 함께 갈 수 있을 텐데.」

[703] **If I were rich, I could do so.**

「내가 부자라면 그렇게 할 수 있을 것이다.」

[704] **If I had arrived a day earlier, I should have been in time for the exam.**

「하루 일찍 도착했더라면 시험 시간 안에 갈 수 있었을 텐데.」

[705] **I should not have succeeded (I should have failed도 좋음), if I had not done my best.**

「만일 내가 나의 최선을 다 하지 않았더라면 나는 성공하지 못 했을 텐데.」

[706] **I wish I had brought my camera with me.**

「내 카메라를 가져 왔더라면 좋았을 텐데.」

[707] **I wish I could speak French.**

「내가 불어를 말할 수 있으면 좋을 텐데.」

[708] **I wish I had been with you.**

「내가 당신과 함께 있었더라면 좋았을 텐데.」

[709] READING

게으른 남편

아내 : John, 당신은 언제 저 울타리를 고칠 거예요?

John : 응, 다음 주에 Tom이 대학에서 집으로 돌아왔을 때.

아내 : 여보(John), 하지만 그 애가 울타리를 고치는 것에 대해 무엇을 알겠어요?

John : 그 애는 많은 것을 알고 있음이 틀림없어요. 그 아이는 나에게 한 달 동안 펜싱 수업을 받아왔다고 편지를 썼어요.

표현1 fence 「울타리」, fencing 「펜싱, 울타리 (재료)」— fencing은 검술이라는 뜻이지만 울타리 또는 울타리의 재료라는 뜻도 있습니다. 그래서 이런 joke가 생겼습니다.

표현2 had been taking fencing lesson …에서 어느 과거까지 펜싱 수업을 계속했다는 말입니까? → wrote할 때까지

표현3 게으른 남편이 울타리가 무너져도 고치지 않고 있다가 아내에게 구차한(?) 변명을 늘어놓는 것입니다. 그런데 남편인 John은 울타리 고치는 것이 혼자 하기에는 힘에 벅차니까 대학에 다니는 아들이 오면 그 때 같이 하려고 뭉그적거리면서 하는 말이 재미있기도 합니다.

[710] **I wish I had carried a gun then. = I am sorry I did not carry a gun then.**

[711] **If he had not wasted(= squandered) his money, he would not be so poor now.**

연구 형식대로 한다면 he would not have been …으로 될 것입니다.

이 문제처럼 현재의 사실을 말할 때는 혼합가정법으로 이렇게 표현합니다. 또 하나 예를 들면

If he had taken care of himself, he would not be sick now.

「만일 그가 과거에 몸조심을 했더라면 그는 지금 병에 걸리지 않았을 텐데.」

과거에 몸을 조심하지 않아서 지금 아프다는 **그 영향이 현재에 미치고 있으므로 혼합가정법을 사용해야 합니다.**

[712] **If we had arrived ten minutes earlier, we should**

have been in time for the car-ferry.

[713] **I should like to go if I had time.**

[714] 「지금의 하숙집이 좀 더 학교 가까이 있거나 지하철 편 (subway service)을 이용할 수 있다면 나로서는 이사할 필요가 없는데.」

- 표현1 하숙 = lodgings 또는 lodging house
- 표현2 지하철은 미국에서는 subway 영국에서는 underground 혹은 tube
- 표현3 available = 이용 가능한
- 표현4 for me to move는 need의 형용사구

이 문장은 현재 사실은 하숙이 학교에서 멀고 또 지하철 편이 나빠서 이사 한다는 뜻.

[715] **If I were to ask him, he would consent.** 또는 **If I should ask him, he would consent.**

[716] **He lives in luxury as if he were a millionaire.**

lived로 해도 if 이하는 변동이 없다는 것을 배웠지요?

[717] 「인간은 자기를 앞선 사람들(조상들)의 유용한 노동의 결과가 없었더라면 여전히 미개인(의 상태)을 지속했을 것이다. 그들 (조상들)은 예술과 과학을 발견했고 우리는 그들의 노동에 의한 유익한 결과를 이어 받는다.」

- 표현1 savage = barbarian 「야만인」
- 표현2 those who의 those의 뜻은? → (관계대명사 이하와 같은 그러한) 사람들

  즉 those 다음에 관계대명사가 있으면 「사람들」이라는 뜻

- 표현3 proceed 「앞서다, 전진하다」
- 표현4 succeed는 여기에서도 「성공하다」는 뜻인가요? 「성공하다」는 succeed 다음에 in이 옵니다.

  succeed to로 되어 있으면 「계승하다, 이어받다」라는 뜻이 됩니다.

- 표현5 effect의 뜻은? 「결과」
- 표현6 but for 이하를 if 절로 고치면? → if it had not been for the results (또는 Had it not been for)

Lesson 19 | 시제의 일치 _ 정답과 해설

[718] READING

골목대장 패배하다

Bobby의 어머니는 그(Bobby)에게 싸우는 것을 금지했었는데 그는 어느 날 멍들도록 두들겨 맞고 얼굴에는 피가 줄줄 흘러내리고 앞니가 2개나 빠진 채 집으로 돌아왔다.

"아니, Bobby야, 너 또 싸웠구나, 앞니를 2개나 잃어버리고."라고 어머니가 엄하게 말씀하셨다.

"아, 아니에요, 저는 잃어버리지 않았어요, 엄마, 저는 그것들을 둘 다 안전하게 주머니에 가지고 있는데요."라고 그 어린 소년이 대답했다.

- 표현1 had forbidden처럼 과거완료로 한 이유는?
  → came한 시간보다 앞선 시간이므로.
- 표현2 bruised and battered의 문법적 역할은?
  (bruise 「멍들게 하다」, batter 「난타하다, 마구 두들기다」)

다음의 두 문장을 봅시다.

① He came running.
② He sat surrounded by his friends.

이 두 문장에서 ①의 running이라는 현재분사와 ②의 surrounded라는 과거분사는 각각 came과 sat의 '주격보어'라는 것이 일반적인 학설입니다.

【저자의 생각】 그러나 저자는 달리 생각합니다.

He gave me the book saying that it was very interesting.

「그는 그 책을 나에게 대단히 재미있다고 말하면서 주었다.」에서 saying 이하도 주격보어인가요? gave는 수여동사이므로 주격보어가 필요 없지요? → 이 saying「말하면서」는 (앞에 as he가 생략된 것으로 보고 이를 보충하면 as he said → 이것을 분사구문으로 하여 saying이 된 것) 부대상황을 나타내는 **분사구문으로서 gave를 수식하는 부사구**가 됩니다. 똑같은 경우의 He came running.에서 running을 주격보어로 본다면 학생들이 이해할 수 있을까요? 역시 as he가 생략된 분사구문으로 보고 came의 부사로 생각하는 것이 훨씬 이해하기가 쉽습니다.

그리고 또 surrounded 앞에 무엇이 생략되어 있다고 보고? → being이 — (이것을 보충하면 as he was surrounded 가 되는데 이것을 분사구문으로 하면 as he being surrounded) — 따라서 being surrounded …을 sat의 부사구로 보면 「그는 그의 친구들에게 둘러싸이면서 앉았다.」

【결론】따라서 bruised와 battered는 앞에 being이 생략된 부사구로서 came을 수식합니다. (일반 학설은 came의 주격보어라고 하지만)

- 표현1 with the blood running down his face에서 running down his face의 역할은? → 일반적으로 blood에 걸리는 형용사구로 봅니다. 그러나 그렇게 보면 「얼굴에 줄줄 흘러내리고 있는 피를 갖고서」가 되는데

우리말로는 좀 어색하지요? 또 (with) two front teeth missing도 「행방불명(missing)인 두 앞니를 가지고」도 어색합니다. 그러면 어떻게 하면 될까요?

→ running이나 missing을 올려 번역하기보다 내려 번역해서 「얼굴에는 피가 줄줄 흘러내리고」 「앞니를 2개나 잃어버리고」라고 하는 것이 좋겠지요? 내 생각에 with라는 전치사는 have 동사 같은 성격을 가지고 있어 목적격보어를 취한다고 봅니다.

He appeared with his hat in his hand.라는 문장에서 with는 have 동사와 같은 완전타동사의 성격을 띠므로 in his hand는 with의 부사구입니다.

표현2 다시 설명하면 He had his hat in his hand.가 → having his hat in his hand로 → with his hat in his hand가 되는 것을 알 수 있겠지요?

— 그런데 in his hand를 hat의 형용사구로 보면 「손 안에 있는 그의 모자를 가지고」로 번역되는데 어색하지요? 그보다 in his hand를 with에 걸리는 부사구로 보면 「손에 모자를 들고(가지고)」 즉 with(= have) 했는데 어디에서? → in his hand에서.

He saw the girls standing in front of him. 「그는 그 소녀들이 자기 앞에서 있는 것을 보았다.」

이 saw가 불완전타동사라는 것을 배웠지요?

그러면 He had the girls standing in front of him. 「그는 그 소녀들을 자기 앞에 서게 하였다.」이 had는 불완전타동사지요? 이래서 having the girls standing .... 나아가서 with the girls standing ....

He dozed with the girls standing in front of him.
「그는 그 소녀들을 자기 앞에 세워놓은 채 꾸벅꾸벅 졸았다.」

표현3 이상 나의 견해이니 더 연구하시기를 바라며 결코 나는 나의 견해를 고집하지는 않습니다. 연구하는 데 대한 자극을 줄 뿐입니다. 앞으로 여러분이 더 연구하시기 바랍니다.

[719] is → **was**

「어머니는 나에게 어제 아팠다고 말씀하셨다.」

연구 주절의 동사가 told라는 과거로 되어 있기 때문에 종속절에서도 was라는 과거로 해야 합니다.

[720] sees → **saw**

「그는 나를 보자마자 도망쳤다.」

[721] was → **is** (일반적 진리)

「선생님은 나에게 지구가 큰 공처럼 둥글다고 말씀하셨다.」

[722] has → **had**

「나는 그가 나를 속이고 있다는 것을 알았다.」

연구 주절의 동사가 과거일 때 종속절에서는 현재완료를 쓸 수 없고 과거완료로 해야 합니다.

[723] shall → **should**

「나는 그것이 필요할 것이라고 생각했다.」

[724] **틀린 것 없음** (than이 있으므로)

「그는 그가 너를 좋아하는 것보다 나를 더 좋아했다.」

[725] **틀린 것 없음** (습관)

「나는 그에게 내가 매일 아침 일찍 일어난다고 말했다.」

연구 단, 습관이 아닌 개별적인 사항으로 현재 일찍 일어나지 않은 경우에는 주절의 동사가 과거이기 때문에 종속절의 동사는 got up으로 해야 합니다.

[726] **틀린 것 없음** (think라는 현재로 되어 있기 때문에)

「나는 그가 그 당시 이미 그것을 해버렸다고 생각했다.」

[727] He **asked** me what I **needed** (= wanted).

[728] He **ran** so fast that I **could not** keep up with him.

[729] You **walk** so fast that I **cannot** keep up with you.

[730] I **did** not know where he **lived**.

[731] I **learned** that honesty **is** the best policy. (진리)

[732] READING

진정한 친구

두 사람이 어느 산길을 따라 걷고 있었는데 그 때 곰 한 마리가 나타났다. 그 곰을 먼저 본 사람은 근처에 있는 나무 위로 뛰어 올라갔다. 또 한 사람은 피신할 시간이 없었기 때문에 땅 위에 쓰러져서 마치 죽은 것처럼 드러누웠다. 왜냐하면 그는 곰이 죽은 사람에게는 발을 대지 않는다는 말을 들은 적이 있기 때문에. 그 흉포한 동물이 그에게로 와서 그의 냄새를 맡더니 그만(but) 가 버렸다. 아마 그는(곰은) 그 사람이 정말로 죽었다고 생각했을 것이다. 그러고 나서 나무 위에 있던 사람이 친구에게로 내려와서 말하기를 "나는 자네가 얼마나 무서웠는지 알고 있네. 나무(위)에서 그 광경을 내려다보면서 나는 두려움에 떨고 있었네. 그 동물이 그의 입을 자네 귀에 갖다 대는 것 같더군. 그가(곰이) 그렇게 했을 때 자네에게 무슨 말이라도 하던가?"

"암, '앞으로 위급할 때 친구로부터 뺑소니치는 사람과는 사귀지 마시오.'라고 속삭이더군."

이 이야기는 여러분이 잘 알고 있는 이야기입니다. 그러나 영어를 배우기 위해 영어로 쓴 것을 읽어보는 것입니다.

표현1 , when = and then

표현2 having no time ... = as he had no time ...

표현3 여기의 lay는 「놓다, 깔다, 설치하다」라는 뜻의 타동사가 아니고 lie 「누워있다, 눕다」의 과거형입니다.

표현4 lie-lay-lain 눕다(자동사) / lay-laid-laid 눕히다, 놓다, 깔다, 설치하다(타동사)

표현5 looking down ... = when (while, as) I looked down ... 또는 I looked down ... and (I) trembled ...

표현6 keep company with ... 「…와 교제하다, 사귀다」

【감탄문】 I knew how frightened you were.에서 how 이하는 원래 감탄문이었는데 명사절로 되어서 knew의 목적어가 된 것입니다. 이 감탄문의 구조를 알아둡시다.

She is very kind. → very는 kind의 부사이지요? 이 very를 감탄 형식으로 표현하면 how가 됩니다. 이 how가 부하인 kind를 데리고 문장 앞으로 나가면 나머지 she is가 졸졸 따라가서 그 뒤에 감탄부호를 찍으면 감탄문이 됩니다.

즉, How kind she is! 「그녀는 얼마나 친절한가!」

그러면 He is very honest. → **How honest he is!**

그러나 How kind is she? → 의문문으로서 「그녀는 얼마나 친절합니까?」

표현1 She is a very kind girl. 이 문장은 어떻게 감탄문으로 만드나요?

She is very kind.라는 문장과는 girl이라는 명사가 있는 것이 다르지요?

이럴 때는 what을 쓰며 what이 문장 앞으로 나갑니다. a very kind girl은 하나의 밀접한 관계를 가진 친척들입니다. 그 중 very라는 놈이 what으로 출세해서 앞으로 나감에 따라 나머지 a kind girl이라는 친척들이 졸졸 따라가서 → What a kind girl she is!

표현2 I know how kind she is.에서 how kind she is는 감탄문이 명사절로 된 것인지 의문문이 명사절로 된 것인지 알 수가 없습니다. 그러나 글의 전후 관계로 판단하는 것입니다.

「나는 그녀가 얼마나 친절한지 알고 있다.」

우리말도 「그녀가 얼마나 친절한지」가 감탄문이냐 의문문이냐를 분간할 수가 없지요? 하지만 「얼마나」를 강하게 발음하면 감탄문, 약하게 보통으로 발음하면 의문문일 것입니다. 영어도 마찬가지입니다.

[733] He **said** that he **had** lost something.

연구 이 문장을 현재로 하면 He says that he has lost something.이 되는데 has lost라고 하면 잃어버린 것은 과거이지만 현재도 잃어버린 상태에 있다는 뜻입니다. 본문에서는 said한 과거 이전에 이미 잃어버려서 said한 그 당시에도 없는 상태를 말하므로 had lost라는 과거완료를 썼습니다.

[734] I **thought** that you **would** succeed.

현재로 하면 I think that you will succeed.

[735] He **studied** harder **than** you **do** now.

[736] I **didn't** know English at your age **as much as** you **do**.

연구 as much as 「…만큼 많이」는 비교를 말할 때 사용합니다.

[737] I **was** glad to hear that my brother **was** (is) honest.

연구 to hear …은 원인을 말하는 부사용법의 부정사, that 이하는 hear의 목적어인 명사절 ― 주절의 동사가 과거지만 현재도 정직할 때는 is로 합니다.

[738] I **was told** by Mr. Kim that you **are leaving** tomorrow morning.

연구 이 문제는 전후 관계로 내일 아침에 출발하는 것이 이 이야기를 나누고 있는 이 시점에서도 역시 사실이라는 것을 판단할 수 있으므로 are leaving으로 합니다. are leaving tomorrow라는 현재진행형이 미래가 된다는 것은 이미 설명했습니다. 그리고 위 문장에서 이 이야기를 나누고 있는 시점이 오늘이 아니고 지나간 과거라면 어떻게 하나요?

→ I **was told** by Mr. Kim that you **were leaving** the next morning.

[739] He **worked** day and night (in order) that he **might** succeed.

[740] He **told** me that he **had bought** a camera.

카메라를 산 것이 말한 시점보다 앞서므로.

[741] He **worked** hard that he **might** become rich.

Lesson 20 | 화법 _ 정답과 해설

[742] READING

아들의 출세에 방해가 되는 것

그는 읽어오던 책을 내려놓고 아내의 얼굴을 바라보면서 말했다. "이 책에는 아버지가 훌륭한 것이 아이들이 출세하는데 방해가 되는 일이 많다고 쓰여있군요."

그의 아내가 답하여 말하기를 "그래요? 그것이 사실이라면 다행히도 우리 아이들에 관한 한 우리는 안심해도 되겠네요."

(남편의 무능을 은근히 풍자하고 있지요?)

표현1 had been reading이 되는 까닭은? → put down한 과거까지 계속했으므로 과거완료 진행 표현.

표현2 looking (at his wife's face, said)에서 접속사, 주어, 동사로 분해하면?
 → as he looked, (at his wife's face, said) 또는
 → he looked (at his wife's face) and (said)

표현3 rise in the world의 뜻은? 「출세하다, 성공하다」

표현4 so far as의 뜻은? → 「…에 관한 한, …하는 한」의 뜻으로 범위와 정도를 말하는 부사절을 이끕니다.

표현5 「…하는 한」이라는 뜻으로는 as long as와 so long as가 있는데 as long as는 시간을 말하는 while의 뜻이고,

so long as는 조건을 말하는 if only 「…하기만 하면」의 뜻. (이미 배웠음)

So far as I am concerned, I have no objection to it.
「내게 관한 한 (= 나로서는), 그것에 반대하지 않습니다.」

여기서 So far as 대신 while의 뜻인 As long as나 또 if only의 뜻인 So long as를 쓸 수는 없지요?

표현6 It is fortunate that, so far as our children are concerned, we may be relieved.에서

① It은? → that 이하 끝까지를 말합니다.

② that과 concerned 다음의 comma(,)는? → 삽입이라고 생각하면 됩니다.

so far as … concerned까지는 be relieved의 부사절인데 제자리는 relieved 다음입니다. 이것을 강조하느라고 주절인 we may be relieved 앞에 온 것입니다.

③ 위 문장을 직역하면
「우리의 아이들이 관계하고 있는 한 우리는 안심해도 (be relieved) 좋다는 것이 다행이다.」 즉 「남의 집 아이들은 그만두고 우리 집 아이들만은 무능한 아버지를 가져서 성공하는 데 장해가 없는 것이 다행이다.」라는 뜻인데 의역을 하면 「다행히도 우리 아이들만은 안심해도 되겠네요.」

(743) He said that **he would** do **his** best.
「그는 최선을 다하겠다고 말했다.」

(744) He **told** me that **he had been** put in jail **the day before(= previous day).**
「그는 자기가 전날 감옥에 갇혔다고 말했다.」

연구 said to me처럼 me라고 듣는 사람이 있을 때는 간접화법에서는 told를 씁니다. was put이라는 과거로 되어 있기 때문에 과거완료로 해야 합니다. was put이라는 수동태를 과거완료로 할 때는 was만 과거완료로 하여 had been으로 하고 나머지 put을 쓰면 됩니다. 그래서 had been put이라는 과거완료가 told 한 과거보다 앞서 있다는 것을 나타냅니다.

(745) John **told** me that **he would** not see me again.
「John은 나에게 자기는 나를 다시는 만나지 못한다고 말했다.」

연구 I shall not see you again.은 단순미래, He의 단순미래는 will. 그런데 주절의 본동사가 told라는 과거이기 때문에 will이 would가 됩니다.

(746) My father **told** me that her letter **had arrived the day before**.
「나의 아버지는 그녀의 편지가 전날 도착했다고 나에게 말씀하셨다.」

(747) He **said** that **he would go there** soon.
「그는 거기에 곧 가겠다고 말했다.」

(748) He **said** that **he had left** home long **before**.
「그는 오래 전에 집을 떠났다고 말했다.」

(749) The doctor **told** me that **I had better** go to the seaside.
「그 의사선생님은 내가 해변으로 가는 것이 좋다고 말했다.」

표현 had better … 「…하는 것이 좋다」는 숙어. 현재나 과거나 다 had better를 씁니다. 그러므로 이 문제에서도 그대로 두면 됩니다.

(750) John **told** him that **he was** wrong. (him = you)
「John은 그에게 그가 잘못이라고 말했다.」

(751) He **told** me that the rich **are** not always happy.
「그는 나에게 부자가 항상 행복한 것은 아니라고 말했다.」

연구 ⓐ 진리이기 때문에 are에 변화가 없는 것입니다.
ⓑ the + 형용사 = 복수명사입니다.

표현 the rich = the rich people, the poor = the poor people, the great = great people

(752) He said that **he would** have been waiting for me.
「그는 자기가 나를 내내 기다리고 있다고 말했다.」

(753) He said that **he thought** it quite strange.
「그는 자기가 그것을 아주 이상하게 생각한다고 말했다.」

(754) He said that his brother **would** leave for Seoul **the next day**.
「그는 자기 형(아우)이 다음 날 서울로 떠날 것이라고 말했다.」

(755) He **said** that the boy **would** soon be found and that **he would** bring him.
「그는 그 소년이 곧 발견될 것이고 그러면 그를 데려 올 것이라고 말했다.」

연구 뒤에 또 that이 오는 것은 (782)에서 연구하세요.

[756] READING

머리가 좋은 학생

스코틀랜드 사람인 화학 교수가 여러 가지 산 (acids)의 특성(properties)을 시연해 보이고 (demonstrate) 있었다.

"잘 보세요, 내가 이 2실링짜리 돈을 산이 들어있는 유리잔 속에 떨어뜨릴 것입니다. 이것이 녹을까요?"라고 교수했다 (instructed).

"안 녹습니다."라고 한 학생이 아주 재빨리 서슴지 않고 말했다(spoke up).

"그것이 왜 녹지 않는지 반 학생들에게 설명하시오."

"왜냐하면 만일 그것(돈)이 녹으면 선생님은 그것을 그 안에 떨어뜨리지 않을 것이니까요"라는 답이 왔다.

(스코틀랜드인이 깍쟁이라는 것을 풍자하고 있습니다. 그러니 교수의 입장이 참 난처하겠군요.)

표현1 demonstrate의 뜻은?「시연해 보이다, 실험을 하면서 가르치다」

표현2 instruct의 뜻은?「가르치다, 지시(명령)하다, 알리다」

표현3 speak up의 뜻은?「대담하게 소신을 말하다, 큰소리로 말하다」

표현4 won't는 무엇을 줄인 것? → will not

표현5 if it would, you wouldn't drop it in.에서 if it would 다음에 생략된 것은? → dissolve

[757] He **asked** me **whether I had received his** letter.

「그는 나에게 자기의 편지를 받았는지를 물었다.」

연구 의문사가 없는 의문문을 간접화법으로 할 때는 **whether (또는 if**)라는 접속사를 씁니다.

그리고 전달동사는 ask, inquire, demand, want to know 등으로 합니다.

[758] He **asked** us **whether we were** going away **that day**.

「그는 우리들에게 우리가 그날 떠나는지를 물었다.」

[759] I asked him where **he was** staying.

「나는 그에게 그가 어디에 머물고 있는지를 물었다.」

Where are you staying?은 직접의문문. 이것을 간접의문문으로 하면 where you are staying.

이것을 간접화법으로 하면 you는 he가 되어 where he was staying이 됩니다.

[760] He **asked** me **whether I had bought** the book **the night before**.

「그는 나에게 내가 전날 밤에 그 책을 샀는지를 물었다.」

연구 did you buy라는 과거로 되어 있기 때문에 had bought이라는 과거완료를 씁니다. the night before는 the previous night으로 해도 좋습니다.

[761] Frank **asked** me **whether I was** afraid of **my** teacher.

「Frank는 나에게 내가 나의 선생님을 무서워하는지를 물었다.」

[762] He **asked** me **whether I had called** on his brother a month **before**.

「그는 나에게 내가 한 달 전에 그의 형(아우)을 방문했는지를 물었다.」

[763] Her father **asked** Mary **whether she had taken his** letter to the post office.

「그녀의 아버지는 Mary가 그의 편지를 우체국으로 가져갔는지를 물었다.」

연구 "Mary," said her father, "did you take my letter to the post office?"는

= Her father said, "Mary, did you take my letter to the post office?"

「Mary야, 너 내 편지를 우체국으로 가져갔니?」여기에서「Mary야」하고 불러놓고「…갔니?」라는 점에 주의할 것. 결국 위 문장은 = Her father said to Mary, "Did you take my letter to the post office?"가 되므로 위와 같은 답이 됩니다.

[764] You **asked** me **whether my** brother **would go and see you** in the afternoon.

「당신은 나에게 나의 형(동생)이 오후에 가서 당신을 만날 것인지를 물었다.」

[765] I **asked whether** they **were** honest.

「나는 그들은 정직한지 아닌지를 물었다.」

[766] My uncle **asked** me how **I liked** Jeju-do.

「나의 삼촌이 나에게 제주도는 어떠냐고 물으셨다.」

표현 How do you like …?「…을 좋아하세요? …은 어떻습니까?」

[767] He **ordered** his man **to go** away at once.

「그는 그의 부하에게 당장 떠나라고 말했다.」

연구 Go away at once.는「당장 떠나라 (가라, 나가라).」는 명령문입니다.

명령문을 간접화법으로 할 때는 명령문의 동사를 to부정사로 하고 전달동사는 명령문의 내용이 순전한 명령일 때는 **order**, 충고일 때는 **advise**, 부탁을 말할 때는 **ask**나 **beg**, 분간하기 힘들 때는 **tell**을 씁니다.

[768] She **begged** me **to be** so kind as to write **that** letter for **her**.

「그녀는 나에게 미안하지만 그 편지를 써 달라고 사정했다.」

연구 He was so kind as to show me the way. 여기에서 so는 kind의 부사, as to … way까지는 so의 결과 (또는 정도)를 말

하는 부사구. 이 문장을 직역하면 「그는 대단히 친절해서 (그 결과) 나에게 그 길을 안내해 주었다.」

→ 「그는 나에게 그 길을 안내해 줄만큼 친절했다.」

→ 의역은 「그는 친절하게도 나에게 그 길을 안내해 주었다.」

Be so kind as to show me the way to the station.을 의역하면 「미안합니다만 그 역으로 가는 길을 안내해 주세요.」

= Please show me the way to the station.

[769] His father **advised** him **to give** up smoking and drinking.

「그의 아버지는 그에게 담배와 술을 끊으라고 충고하셨다.」

[770] He **exclaimed** that **he was very** happy.

「그는 그가 대단히 행복하다고 (감탄하며) 외쳤다.」

연구 감탄문을 간접화법으로 할 때는 감탄문을 평서문으로 바꾸어 놓고 전달동사를 **exclaim**으로 하면 됩니다.

ⓐ He said, "What a beautiful girl she is!"
→ He exclaimed that she was a very beautiful girl.

ⓑ She said, "Alas! My mother has died!"
→ She exclaimed with a sigh that her mother had died.

ⓒ He said, "Oh, she has come!"
→ He exclaimed in surprise that she had come.

표현 Alas!는 with a sigh 「한숨을 쉬고」로, Oh는 in surprise 「놀라서」로 나타내는 것에 주의하세요.

[771] READING

사람마다 의견이 다른 법

산악 지방의 어떤 주민(inhabitant)이 뉴욕의 한 작은 호텔에서 섬에 사는 사람과 우연히 만났다.

산악 거주민이 말하기를 "태양은 산 사이에서 떠서 다른 산 뒤로 집니다."

그 섬사람이 답하기를 "아닙니다, 해는 바다에서 떠서 바다 속으로 내려가는 것입니다."

그래서 그들은 말다툼을 했다. (격론을 벌였다. = had high words)

마침 그 때 (호텔)주인이 나타나서 말하기를(, saying = and he said) "뭐라고? (Eh?) 해는 지붕들 사이에서 떠서 다른 지붕들 사이로 지는 것이 아니오?"

〔진리는 하나인데 그것을 복수로 만드는 것이 바로 인간이올시다. 그래서 인류는 지금까지 수천 년을 싸워왔으며 지금도 진행 중에 있으며 또 미래에도 이로 인하여 서로 멸망할 때까지 계속 싸울 것이다. (모 예언자)〕

표현1 met (at a small hotel in New York) with a man — 이처럼 ( ) 안에 넣고 생각해보세요.

표현2 meet with … 「…을 우연히 만나다」

[772] John says to his friends, **"I have been reading."**

「John은 자기 친구들에게 "나는 독서해왔다."고 말한다.」

[773] John said to them, **"Please leave this alone."**

「John은 그들에게 "이것을 그대로 내버려두시오."라고 말했다.」

연구 begged … to 형식은 'please + 동사' 형식으로 합니다.

[774] John said, **"the earth goes around the sun."**

「John은 "지구는 태양 주위를 돈다."고 말했다.」

said가 과거이지만 " "안의 내용이 진리이므로 동사의 현재형을 씁니다.

[775] He said to me, **"Have you ever seen a lion?"**

「그는 나에게 "사자를 본 적이 있나요?"라고 말했다.」

[776] He said to me, **"What are you doing?"**

「그는 나에게 "무엇을 하고 있나요?"라고 말했다.」

[777] He said, **"I was here two days ago."**

「그는 "나는 2일 전에 여기에 있었어요."라고 말했다.」

[778] He said, **"I have been learning English for five years."**

「그는 "나는 5년 동안 영어를 공부해왔다."고 말했다.」

[779] I said to him, **"May I visit you again later?"**

「나는 그에게 "나중에 다시 당신을 방문해도 좋습니까?"라고 말했다.」

[780] He said to me, **"Where do you live?"**

「그는 나에게 "어디에 사십니까?"라고 말했다.」

[781] I always say to him, **"Don't do anything in a hurry."**

「나는 늘 그에게 "무슨 일이든 급하게 하지 말아라."라고 말합니다.」

[782] He said, **"I met her yesterday, but I haven't seen her since."** (since = 그 후)

「그는 "나는 그녀를 어제 만났으나 그 후에는 그녀를 못 만났어."라고 말했다.」

연구 ⓐ They said, **"He works hard, and she helps him."**
→ They **said** (that) he **worked hard**, and that she **helped** him.

ⓑ They said, "He is unkind, but she is kind."
→ They said (that) he was unkind, but that she was kind.

이처럼 첫 that은 생략할 수 있으나 두 번째 that은 생략할 수 없습니다.

[783] READING

그 교수에 그 제자

Blackie 교수가 몸이 안 좋아서(feel unwell) 자기 교실 문에 이런 게시문을 써 붙인 적이 있었다. "교수는 오늘 저녁 그의 학생들(classes)을 만나지 못 할 것임." (병으로 결강하신다는 뜻)

한 학생이 한 글자(a letter)를 문질러 지워버리고 그 게시문을 "교수는 오늘 저녁 그의 애인들(lasses)을 만나지 못 할 것임."이라고 만들어 놓았다.

Blackie(교수)는 이것을 보고 그 다음 글자를 지우고서 그 게시문 내용을 "교수는 오늘 저녁 그의 바보들(asses = 즉 학생들)을 만나지 못 할 것임."이라고 만듦으로 해서 형세를 역전시켜 버렸다. (turned the tables)

표현1 turn the tables 「형세를 역전시키다, 역습하다」

표현2 making the notice read에서 making 앞에 어떤 말이 생략되어 있는데? → by
make는 어떤 종류의 동사? → 불완전타동사

표현3 read 앞에도 무엇이 생략되어 있는데? → to
read의 뜻은? → 자동사로써 「…라고 씌어있다, …한 내용으로 씌어 있다」

표현4 교수와 제자 간에 일어난 머리싸움이지요? 이런 것은 창의력이 있어야 할 수 있는 것입니다. 이제는 창의력이 모든 분야를 지배하고 있습니다. 그런데 창의력은 어떻게 배양할 수 있나요? 남에 의존하는 공부를 해서는 창의력이 배양되지 않습니다. 우리나라 학생은 자율학습 능력이 떨어져 노벨상을 받지 못 한다는 분도 계시더군요.

그렇습니다. 지금은 수능시험으로 대학을 가지요? 입시제도가 객관식 시험 위주로 되어 있고 이것은 행정 편의 때문인 것입니다. 이런 행정 편의 식의 교육정책에 손해 보는 것은 결국 학생들이고 대한민국입니다. 시험은 주관식으로 치러져야 합니다. 그래야 진정한 실력을 측정할 수 있습니다. 이제 21세기 들어서도 영어의 진정한 실력은 영어실력기초로 배양합시다. 그러다 보면 자율학습 능력도 배양되고 창의력도 배양될 것으로 믿어 의심치 않습니다.

[784] **He said, "I am very glad to hear it."**

He said that he was very glad to hear it.

[785] **He said to me, "Who are you and what do you want?"**

He asked me who I was and what I wanted.

[786] **The teacher said, "Watt invented the steam engine."**

The teacher said that Watt invented the steam engine.

역사적 사실이기 때문에 had invented로 하지 않습니다.

[787] **He said to me, "Are you a television actor?"**

He asked me whether I was a television actor.

[788] **He said, "I saw her on my way home from school yesterday."**

He said that he had seen her on his way home from school the day before.

[789] **The bank clerk said to me, "I will lend you money."**

The bank clerk told me that he would lend me money.

[790] **He said, "How kind she is!"**

He exclaimed that she was very kind.

[791] **He said, "Let us go for a walk."**

He proposed to go for a walk.

연구 Let us 「…하자」일 때는 said와 Let us를 합쳐서 propose「제의하다」로 하고 Let us 다음에 있는 원형동사 앞에 to가 옵니다.

He said, "Let us play baseball." → He proposed to play baseball.

[792] **He said to me, "Open the window."**

He told me to open the window.

[793] **He said to me, "Why did you punch my brother?"**

He asked me why I had punched his brother.

[794] **He said, "If I had had much money, I would have bought it."**

He said that, if he had had much money, he would have bought it.

연구 가정법에는 시제의 변동이 없습니다.

He said, "I would fly to you if I were a bird."
→ He said that he would fly to me if he were a bird.

복습관리

Lesson 01 | Be 동사 복습관리

p.18 **Hint** 2 ① 그 분은 우리 담임선생님입니다.　② 나의 휴대폰은 테이블 위에 있다.
　　　　　　　③ 그녀는 자기 차례를 기다리고 있는 중이다.　④ 그것은 추첨으로 결정된다.
　　　　　3　① 나는 우주비행사입니다.
　　　　　　② 당신은 모범 청년입니다.
　　　　　　③ 그(그녀)는 그(그녀)의 어머니를 꼭 닮았다.
　　　　　　④ 그것은 인공위성이다.

p.18 **단어공부** 또 하세요. 이것은 100번 이상 할 각오를 해야 합니다.

p.19 **PRACTICE A**

[1] ① Tom은 (그의) 부모님께 효행을 합니다.
　　② 나의 규칙은 5시에 일어나는 것이다.
[2] Jack과 Viola는 신혼부부입니다.
[3] 그 교수 겸 시인은 학생들 사이에 인기가 좋다.
[4] 그 엘리베이터는 고장입니다.
[5] 미니스커트는 유행이 지났다.
[6] 원자 물리학은 배우기가 힘들다.
[7] (여자) 당신은 하루에 몇 번 면도를 하십니까?
　　(남자) 아, 40 내지 50번 하죠.
　　(여자) 여보세요, 당신 돌았소?
　　(남자) 아니요, 나는 이발사요.
[8] (사람 A) 여보세요, Green 씨 사무실입니까?
　　(비서) 예, 그렇습니다.
　　(사람 A) 죄송합니다만, Green 씨 계십니까?
　　(비서) 예, 계십니다. 연결해드리죠.
　　(사람 B) Green입니다. 누구시죠?

p.19 **단어공부** 단어공부는 진짜 100번 이상을 해도 시원치가 않습니다.

p.21 **EXERCISE** 주어를 복수로 할 경우도 하세요.

[1] 나는 학기말 시험으로 긴장하고 있다.
[2] 나는 그의 연설에 감격했다.
[3] 너는 사소할 일에 너무 신경질이다.
[4] 너는 어렸을 적에 개구쟁이였다.
[5] 그는 돈에 인색하다.
[6] 그는 돈에 쪼들렸었다.

- (7) 그녀는 식성이 까다롭다.
- (8) 그녀는 기뻐 어쩔 줄을 몰랐다.
- (9) 그것은 웃을 일이 아니다.
- (10) 그것은 놀랄만한 광경이었다.
- (11) 이것은 저 장갑의 짝이다.
- (12) 그것은 아주 터무니 없는 일이었다.
- (13) 그것은 그의 취미이다.
- (14) 그것은 그녀의 애완동물이었다.
- (15) 그것의 구조는 복잡하다.
- (16) 네 의견이 옳다.
- (17) 이 외투는 너무 꼭 낀다.
- (18) 그녀의 양동이는 물이 샌다.

PRACTICE B

p.22

- (1) 우리는 물론 그 분도 그 결과에 만족하고 있다.
- (2) 너뿐만 아니라 나도 그 사고에 책임이 있다.
- (3) 그 분 아니면 당신 중에서 어느 분인가 잘못입니다.
- (4) 지구 표면의 4분의 3은 물이다.
- (5) 한국 전쟁 중에는 서울에 사람이 얼마 없었습니다.
- (6) READING

"나는 너의 아버지와 어머니를 만나러 왔다. 안에 계시니?"라고 방문객이 문을 열어준 어린 사내아이에게 말했다.

"그들은 계셨습니다만 (지금은) 나가 계신데요."라고 그 사내아이가 말했다.

"They was. They is라니. 너의 문법은 어디에 있니?"

"할머니는 2층에서 낮잠 자고 있어요."라고 사내아이가 말했다.

EXERCISE

p.24

- (19) 나는 물론 그녀도 행복하다.
- (20) 나뿐만 아니라 그녀도 행복하다.
- (21) John 아니면 내가 거기에 가기로 되어있다.
- (22) 그 사람 아니면 나 어느 쪽인가 잘못이다.
- (23) 그 소년들 중 3분의 2는 가난하다.
- (24) ① 그 책상 위에는 책이 두 권 있다.　② 그 책은 책상 위에 있다.
  ③ 그는 방 안에 있다.　④ 존은 방 안에 있다.

PRACTICE C

p.24

- (1) 이 학급의 각 소녀가 프랑스어를 배우려고 애를 씁니다.
- (2) 이 소년단의 각 단원이 모두 부모님께 효도를 합니다.
- (3) 5년은 죄수에게는 긴 세월입니다.
- (4) James나 John은 둘 다 부자가 아닙니다.

(5) 승객의 약 반수가 행방불명입니다.

(6) READING

헛슬러 : 나는 Bill이 그의 돈을 가지고 무엇을 하는지 모르겠어. 그는 어제도 모자랐고 오늘도 모자라거든.

럿슬러 : 그가 자네에게 빌리려고 하는가?

헛슬러 : 아니, 제기랄! 내가 그로부터 빌리려고 하는 거야.

p.21~25 **단어공부** 단어 실력이 영어의 밑천입니다. 가장 많이 힘쓰세요.

p.26 **EXERCISE**

(25) 너희들 각자가 그것에 책임이 있다.

(26) 그들 모두가 그것에 책임이 있다.

(27) 그 시간 모두가 독서하는 데 소비되었다.

(28) 그들 모두가 제각기 그것에 책임이 있다.

(29) 그 사람도 나도 부자가 아닙니다.

(30) 그 돈의 반이 노름으로 소비되었다.

(31) 버터를 바른 빵이 평소 나의 아침 식사이다.

(32) 각 소년 소녀가 그것을 알려고 애썼다.

(33) 매시 매분이 (모두) 중요하다.

(34) 1천 달러는 큰 금액이다.

(35) 금년도 졸업생 수는 총 120명이다.

(36) 많은 사람이 어제 회합에 참석했습니다.

(37) 그것에 책임이 있는 사람은 바로 그녀입니다.

plus tip

① 여러분은 말을 잘 듣는 모범생이라서 틀림없이 단어 공부를 열심히 하고 있을 것입니다. OX표를 해가면서 반복 연습하세요. 천재는 한두 번 하면 될 것이고, 수재는 열 번쯤, 보통 사람은 20번 이상, 그래도 안 되면 50번 내지 백 번 이상 해야 할 것입니다. 이것이 하기 싫으면 아예 영어 공부를 걷어치우시는 것이 현명하십니다.

② 우리말을 보면서 영어로 고치는 연습은 참으로 중요합니다. 이것을 철저히 하면 영작, 해석, 문법, 단어, 회화 실력이 한꺼번에 철저하게 붙는 아주 유용한 연습법입니다.

③ 나는 학창 시절에 이렇게 지도하여 주는 사람이 없어서 허송세월을 많이 하였습니다. 이 한 마디 한 마디가 오랜 경험으로부터 우러나온 것입니다. 방법을 모르고 제 멋대로 공부해보세요. 10년을 해 봤자 별 무효과일걸요. 방법에 따라서는 10년 공부를 1년으로도 단축할 수 있는 일입니다.

Lesson 02 | have 동사 복습관리

p.28 **Hint**

① 나는 컴퓨터를 가지고 있다.

② 그는 차 한 잔을 더 마셨다.

③ 그는 그의 집을 John에게 건축시켰다.

④ 그는 그의 돈을 도난 당했다.

⑤ 그는 그녀의 소식을 듣지 못했다.

⑥ 그는 무슨 답을 받았습니까?

⑦ ⓐ 그는 그것을 끝마쳤습니다.

ⓑ 그는 그것을 끝마쳤었습니다.

p.29 **PRACTICE**

(1) 나에게는 부양할 식구가 많다.

(2) 너는 기억력이 좋다.

(3) 우리는 여기에 올 권리가 있다.

(4) John은 대머리다.

(5) John과 Mary는 그것에 대한 충분한 자금이 있습니다.

(6) 어제 나는 머리를 잘랐다.

p.29~30 **단어공부** 꼭 하세요.

p.30 **EXERCISE**

[38] 나의 아버지는 그 회사에 많은 주를 가지고 있습니다.

[39] 우리는 지난 일요일 아침 일찍 일어나야만 했습니다.

[40] 당신은 나쁜 친구들을 피하는 것이 좋습니다. (have를 써서)

[41] 나의 어머니는 돈을 좀 가지고 있습니다. (get을 써서)

[42] 그들은 그 일을 두 시까지 끝마쳐야만 합니다. (get을 써서)

[43] 그녀는 새 웨딩드레스를 만들어야만 합니다.

[44] 그 군인은 그 전투에서 오른팔을 부상당했습니다.

[45] 우리는 배가 고팠습니다만, 먹을 것이 아무것도 없었습니다.

[46] 그는 적은 많고 친구는 거의 없다.

[47] 그 기차는 기관차로 끌리어야만 했다.

[48] 우리는 그녀를 기다리지 않는 것이 좋다. 그녀는 아주 늦게 올 것 같으니까.

Lesson 03 | 부정문 복습관리

p.32 **Hint**

① 당신은 욕심 많은 사람은 아닙니다.

② 나는 노트북 컴퓨터를 가지고 있지 않습니다.

③ 그들은 인터넷 정보를 둘러 보지 않습니다.

④ 그녀는 그 쇼를 준비하지 않을 것이다.

p.32 **PRACTICE A**

(1) 그녀는 거울을 보고 있지 않습니다.

(2) 나는 당신의 선글라스를 가지고 있지 않습니다.

(3) 그녀는 좋은 겉옷을 가지고 있지 않습니다.

(4) 그는 큰 농장을 가지고 있지 않았다.

(5) 그녀는 얼굴에 분을 바르지 않았습니다.

(6) 당신은 그 책들에 대한 주문을 취소할 수 없습니다.

(7) 당신은 어머니를 닮아 보이지 않습니다.

(8) 그는 그것에 대하여 유감으로 생각하지 않습니다.

(9) John은 그 시험에서 많은 실수를 하지 않았습니다.

(10) READING

아들 : Smith씨 부부가 싸우고 있어요.

아버지 : 이웃 사람을 엿보는 게 아니야. 어서 네 방으로 가. 네가 볼 수 없도록 블라인드를 내릴 테다.

아들 : 아빠, 아빠도 보시면서.

아버지 : 블라인드를 내릴 동안 살짝 보는 것은 괜찮아.

p.33 **단어공부** 꼭 하세요.

p.35 **EXERCISE**

(49) 그는 폐렴으로부터 회복되어 있지 않습니다.

(50) 그는 가위 한 자루를 가지고 있지 않습니다.

(51) 그는 잘 드는 면도칼을 갖고 있지 않았습니다.

(52) 그는 그 면도칼을 갈지 않았습니다.

(53) Steve와 Nancy는 하숙집에 살지 않습니다.

(54) 그는 학교 수업료로 매월 200달러를 지불하지 않습니다.

(55) 그녀는 그녀의 어머니를 보았을 때 눈물을 흘리지 않았습니다.

(56) 그는 나의 목소리를 흉내 낼 수가 없었습니다.

(57) 그는 그의 의무를 수행하지 않았습니다.

p.35 **단어공부** 꼭 하세요.

p.36 **PRACTICE B**

(1) ① 그는 바보가 아니다.
② 그는 절대 바보가 아니다.

(2) ① 책상 위에 책이 없습니다.
② 책상 위에는 책이 한 권도 없습니다.

(3) ① 나에게는 책이 없다.
② 나에게는 책이 한 권도 없다.

(4) ② 나는 당신의 책을 가지고 있지 않습니다. (영)

(5) ① 나는 오늘 아침 아침을 먹지 않았다.

(6) READING

어떤 부유한 실업가의 딸이 학교에서 가난한 집안(가족)에 대한 이야기를 쓰도록 요청을 받았다. 그녀의 작문은 이렇게 시작되었다. : 옛날 한 가난한 집안이 있었다. 어머니가 가난했고 아버지도 가난했고 아이들도 가난했다. 집사도 가난했고 자가용 운전사도 가난했다. 하녀도 가난했다. 정원사도 가난했다. 모두가 가난했다.

p.36 **단어공부** 잊지 마세요.

p.38 **PRACTICE C**

(1) ① 너는 그 방을 떠나도 좋다. ↔ 너는 방을 떠나서는 안 된다.
② 그는 부자일지도 모른다. ↔ 그는 부자가 아닐지도 모른다.

(2) ① 너는 그 돈을 지불해야만 한다. ↔ 너는 그 돈을 지불할 필요가 없다.
② 그는 부자임에 틀림없다. ↔ 그는 부자일 리가 없다.
③ 그는 후원자가 필요하다. ↔ 그는 후원자가 필요 없다.

(3) ① 거기에 지금 바로 가거라. ↔ 거기에 지금 바로 가지 말아라.
② 조용히 해라. ↔ 조용히 하지 말아라.

(4) ① 의사의 진찰을 받읍시다. ↔ 의사의 진찰을 받지 맙시다.
② 그를 그녀와 결혼하게 하시오. ↔ 그를 그녀와 결혼하지 않게 하시오.

(5) ① 당신은 그녀의 제안을 지지해야만 합니다. ↔ 당신은 그녀의 제안을 지지할 필요가 없습니다.
② 그는 거기에 가야만 합니다. ↔ 그는 거기에 갈 필요가 없습니다.

(6) ① 그들 모두가 올 것이다. ↔ 그들 모두가 오지는 않을 것이다.
② 그들 두 사람이 다 그것을 알았다. ↔ 그들 두 사람이 다 그것을 알았던 것은 아니다.

(7) READING

어린 Johnny가 학교에서 돌아와 울면서 말하기를 "저기요, 엄마, 모든 애들이 저를 못살게 굴어요. 애들이 나보고 머리가 크대요."

"네 머리는 크지 않아, Johnny야. 이제 뛰어나가 놀아라."

같은 일이 다음 날에도 일어났고, 그리고 또 그 다음 날도, 그리고 그 때마다 Johnny의 어머니는 그를 달랬다. 나흘째도 Johnny는 집에 와서 같은 얘기를 했다.

"Johnny야, 절대로 너의 머리는 크지 않아. 자, 아래 동네에 가서 감자 10파운드를 사다 주렴."

"그러죠, 엄마, 자루를 주세요."

"자루? 자루는 왜 필요하니? 네 모자를 쓰려무나."

p.38 **단어공부** 꼭 하세요. (귀찮다고? 누구를 위한 공부인가요?)

p.39 **꼬마 EXERCISE** 이것은 어렵기도 하고 또 중요하기도 합니다. 될 때까지 몇 번이고 하세요.
　　　　　어학 공부는 연습 – 연습 – 연습

p.41 **EXERCISE**

(58) ① 그것은 농담이 아니다.
　　 ② 그것은 절대 농담이 아니다.

(59) ① 나에게는 자전거가 없다.
　　 ② 나에게는 자전거라고는 하나도 없다.

(60) ① 그것을 풀 수 있는 학생은 없다.
　　 ② 그것을 풀 수 있는 학생은 한 명도 없다.

(61) 그는 그 카메라를 가지고 있지 않습니다.

(62) ① 그는 맥주 한 잔을 마셨다. ↔ 그는 맥주 한 잔을 마시지 않았다.
　　 ② 그는 매일 아침 산책을 한다. ↔ 그는 매일 아침 산책을 하지 않는다.

(63) ① 너는 그 신문을 읽어도 좋다.
　　 ② 너는 그 신문을 읽어서는 안 된다.

(64) 질문해도 좋습니까? – 아니 해서는 안 돼.

(65) ① 그는 그렇게 열심히 일하므로 성공할 지도 모른다.
　　 ② 그는 운이 좋은 사람이라서 실패하지 않을 지도 모른다.

(66) ① 너는 그녀를 도와야만 한다.
　　 ② 너는 그녀를 도울 필요가 없다.

(67) ① 그것은 거짓이 틀림없다.
　　 ② 그것은 사실일 리가 없다.

(68) ① 그는 집이 필요 없다. ↔ 그는 집이 필요하다.
　　 ② 그는 집을 살 필요가 없다. ↔ 그는 집을 사야만 한다.

(69) ① 너는 그녀를 만나서는 안 된다. ↔ 너는 그녀를 만나도 좋다.
　　 ② 그는 어리석지 않을 지도 모른다. ↔ 그는 어리석을 지도 모른다.

(70) 그는 정직할 리가 없다. 그러니 그를 해고하는 것이 좋다.
　　 ↔ 그는 정직함이 틀림없다. 그러니 그를 해고하지 않는 것이 좋다.

(71) 그곳은 위험하니 가지 맙시다, 제발 가지 맙시다.

(72) ① 여기에 오지 마세요.
　　 ② 그에게 너무 불친절하게 하지 마세요.

(73) ① 그 일에 관해서 그가 걱정하지 않게 하시오.
　　 ② 제발 그 일에 관해서 그가 걱정하지 않게 하시오.

(74) ① 당신은 여기에 올 필요가 없다. (have to를 써서)
　　 ② 그는 거기에 갈 필요가 없다. (have to를 써서)
　　 ③ 그들은 거기에 갈 필요가 없었다. (have to를 써서)

(75) ① 모든 사람이 다 행복하다고는 할 수 없다.
　　 ② 그 소년들 둘 다 거기에 간 것은 아니었다.

Lesson 04 | 의문문 복습관리

p.44　**Hint A**

① 당신은 바쁩니까?
③ 당신은 그녀를 압니까?
② 그녀는 인형을 가지고 있습니까?
④ 그는 거기에 갈까요?

p.44　**PRACTICE A**

[1]　1월은 일 년 중 첫 달입니까?
[2]　당신에게는 큰 과수원이 있습니까?
[3]　그에게는 좋은 기타가 있었습니까?
[4]　그녀는 아름다운 딸이 있습니까?
[5]　그는 그녀에게 그의 셔츠를 빨게 했습니까?
[6]　그는 편지 쓰기를 끝마쳤습니까?
[7]　그들은 당신에 대해 안 좋은 말을 합니까?
[8]　그녀는 근심이 없는 것 같아 보입니까?
[9]　그는 지난 달에 실직했습니까?
[10]　그는 그 일에서 당신과 협력해야만 합니까?
[11]　READING

이웃집의 어린 소년이 가위 한 자루를 빌리러 왔었다.
"하지만 네 어머니에게는 틀림없이 가위가 있을 텐데?"라는 물음을 받았다.
"아, 그럼요, 그런데 엄마의 가위로는 깡통을 자를 수 없어요."라고 그는 즉시 대답했다.

p.45　**단어공부**　꼭 하세요.

p.46　**EXERCISE**

[76]　그는 매우 자주 하품을 합니까?
[77]　그는 맨발로 갔습니까?
[78]　그가 부자일 수 있을까?
[79]　그는 그것에 구멍을 뚫었습니까?
[80]　그는 그의 노트북 컴퓨터를 도난 당했습니까?
[81]　그는 어머니의 부고 소식을 들었습니까?
[82]　그 빌딩에 화재가 났다.
[83]　Mary는 때때로 학교에 지각한다.
[84]　그는 그의 죄를 고백했습니다.
[85]　그는 그의 여행을 연기할 것입니다.
[86]　당신은 사회사업가입니다.
[87]　당신은 영어를 공부합니까?

(88) 당신의 부모는 부자입니까?

(89) John은 빨간 연필을 가지고 있습니까?

(90) Frank는 열심히 공부합니까?

(91) 당신의 아버지는 어제 서울로 갔습니까?

(92) 김 선생은 내일 정시에 올까요?

p.47 **Hint B**

① 그 책은 어디에 있습니까?

② 그는 무엇을 샀습니까?

③ 누가 이 집을 샀습니까?

p.48 **PRACTICE B**

(1) 그 학생들은 어디에 있습니까?

(2) 강당에는 학생이 몇 명 있습니까?

(3) 당신은 누구의 지갑을 가지고 있습니까?

(4) 그들은 몇 시에 몰래 만납니까?

(5) 그의 약혼녀는 누구를 사랑합니까?

(6) 그들은 어느 책을 선택했습니까?

(7) 그는 무엇을 만들 수 있습니까?

(8) 누가 그녀에게 역으로 가는 길을 안내해 주었습니까?

(9) 무엇이 고장입니까?

(10) 그는 누구와 함께 거기에 갔습니까?

(11) READING

"엄마, 저 밖에 나가서 Tommy와 함께 놀아도 되나요?"라고 어린 아들이 물었다.

"아니, Tommy는 마침 아빠, 엄마와 함께 나가고 없어. 왜 가서 Peter와 놀지 않니?"라고 그의 엄마가 대답했다.

"그런데요, 어제 Peter와 놀았는데, 아직 그 애의 몸이 성치 않을 걸요."

p.48 **단어공부** 꼭 하세요

p.50 **EXERCISE**

(93) 누구에 의해서 그것이 발명되었습니까?

(94) 당신은 무엇을 보고 있습니까?

(95) 당신은 고기, 과일, 케이크 중에서 어느 것을 가장 좋아하십니까?

(96) 당신은 당신 모자에 얼마를 지불했습니까?

(97) 당신은 그 현미경을 어디서 샀습니까?

(98) 당신은 당신 손에 무엇을 가지고 있습니까?

(99) 그는 언제 도착할까요?

(100) 당신은 무엇을 원하세요?

(101) 1년에는 몇 달이 있습니까?

(102) 당신은 누구세요?

[103] 그는 무엇을 하는 사람입니까?
[104] 당신은 봄, 가을 중에서 어느 쪽을 더 좋아합니까?
[105] 일주일에는 며칠이 있나요?
[106] 당신 아버지는 어디에 가 계십니까?
[107] 그는 누구를 만났습니까?
[108] 당신 반에서 수석은 누구입니까?
[109] 그는 언제 돌아올까요?
[110] 그는 누구와 함께 삽니까?
[111] 왜 너는 학교에 가지 않니?
[112] 그는 어제 무엇을 샀습니까?
[113] 그녀는 누구를 찾고 있습니까?
[114] 너는 오늘 아침 어디에 갔었니?
[115] 태양은 어디서 뜨고 지나요?
[116] 당신은 아침 몇 시에 일어납니까?
[117] 누가 이 편지를 썼습니까?
[118] 어제 누가 부산에 갔습니까?
[119] 당신은 누구와 함께 공부합니까?
[120] John은 누구와 함께 워싱턴에 갔습니까?

p.52 **Hint C**

① 당신은 그가 누구인지 아십니까?
② 당신은 그녀가 어디에 산다고 생각합니까?
③ 그는 부자이지요, 그렇지요?   그는 부자가 아니지요, 그렇지요?
④ 당신은 그녀를 알지요, 그렇지요?   당신은 그녀를 모르지요, 그렇지요?

p.52 **PRACTICE C**

(1) ① 나는 그가 부자인지 아닌지 모릅니다.
② 나는 그가 무엇을 공부하는지 모른다.
③ 나는 그가 누구를 찾고 있는지 모릅니다.
④ 나는 그가 어제 무엇을 샀는지 모릅니다.
⑤ 나는 그가 누구인지 모릅니다.

(2) ① 당신은 그가 무엇을 좋아한다고 생각하십니까?
② 당신은 그녀가 누구와 함께 산다고 생각하십니까?
③ 당신은 그가 누구를 찾고 있다고 생각하십니까?

(3) ① John은 친절한 소년이었지요, 그렇죠?
② John은 친절한 소년이 아니었지요, 그렇지요?

(4) ① 당신은 거기에 갔지요, 그렇지요?
② 당신은 거기에 안 갔지요, 그렇지요?

(5) READING
어린 Betty가 아주 목청껏 큰 소리로 울면서 집 안으로 뛰어들어 왔다.

"얘야(dear), 무슨 일이니?"라고 어머니가 물었다.
"내 인형을 Billy가 부셔버렸어요."라고 그 소녀는 흐느껴 울면서 말했다.
"얘야, Billy가 그걸 어떻게 부셨니?"
"내가 그걸로 그 애 머리를 쳐버렸어요."

p.53 **단어공부** 다른 페이지 것도 잊지 않았는지 살펴보세요.

p.55 **EXERCISE**

(121) 당신은 그녀가 누구를 사랑하는지 압니까?
(122) 당신은 그가 누구와 만나기를 원하는지 압니까?
(123) 당신은 그녀가 누구와 함께 산다고 생각합니까?
(124) 그녀는 그가 어제 어디에 간다고 말했습니까?
(125) 당신은 그가 누구라고 생각합니까?
(126) 그는 어제 부산에 갔지요, 그렇지요?
(127) 그는 아침에 일찍 일어나지 않지요, 그렇지요?
(128) 그는 영어를 잘 말할 줄 알지요, 그렇지요?
(129) 나는 그가 누구와 함께 거기에 갔는지 모릅니다.
(130) 그녀는 내가 어제 무엇을 샀다고 말하던가요?
(131) 당신은 내가 무엇을 하고 있다고 생각합니까?
(132) 당신은 내가 몇 살이라고 생각합니까?

Lesson 05 | 답하는 법 복습관리

p.58 **PRACTICE**

(1) 그는 시각장애인입니까?
(2) 당신은 졸업 논문을 다 썼습니까?
(3) 그녀는 사치스럽게 삽니까?
(4) Mike는 나의 제안에 동의할까요?
(5) 그는 돈을 훔치지 않았습니까?
(6) 누가 그 유리창을 깨뜨렸습니까?
(7) 당신은 오늘 아침에 무엇을 공부했습니까?
(8) 왜 당신은 지난 달 서울에 갔습니까?
(9) 그는 겸손하지 않지요, 그렇죠?
(10) READING

"너는 왜 기린이 그렇게 긴 목을 가지고 있는지 알아?"
"음, 있잖아, 기린의 머리가 몸에서 아주 멀리 떨어져 있기 때문에 긴 목이 절대적으로 필요한 거지."

p.58 **단어공부**   잊지 마세요.

p.60 **EXERCISE**

(133) 당신은 수학을 좋아합니까?
(134) 그들은 서로 양보를 하지 않았습니까?
(135) 1년은 12달입니까?
(136) 그녀는 무엇을 하는 사람입니까?
(137) 그녀는 어디에 삽니까?
(138) 그녀는 왜 그렇게 슬퍼합니까?
(139) 당신은 지구본을 가지고 있습니까, 아니면 장갑을 가지고 있습니까?
(140) 당신은 돼지고기와 쇠고기 중 어느 것을 더 좋아합니까?
(141) 그는 학교에 결석하지 않았지요, 그렇지요?

Lesson 06 | 기본문 5형식 복습관리

p.63   **PRACTICE A**

(1) 그는 재채기했다.
(2) 그는 음식을 씹었다.
(3) 그는 수영을 잘 할 수 있다.
(4) 나는 개들을 대단히 좋아합니다.
(5) 그는 노래를 매우 잘 부를 수 있습니다.
(6) 나는 그 일을 매우 빨리 끝냈다.
(7) 그는 구두쇠이다.
(8) 그 우리 안에는 원숭이가 한 마리 있습니다.
(9) 그는 서울에 산다.
(10) 무척이나 정직한 소년이 그것에 성공했다.
(11) 다음 페이지의 그림 안에 있는 소녀는 양손으로 그녀의 양쪽 귀를 덮고 있습니다.
(12) READING

어떤 소년이 한 농부의 참외밭으로 걸어 들어와서 크고 좋은 참외 한 개 값을 물었다.
"그것은 40센트다."라고 농부가 말했다.
"저에게는 4센트 밖에 없는데요."라고 소년이 그에게 말했다.
"그러면" 농부가 미소 지으며 아주 작고, 아주 푸른 참외를 가리키면서 "이건 어때?"라고 말했다.
"좋아요. 그걸로 하지요. 그렇지만 그걸 덩굴에서 잘라내지 마세요. 일주일이나 2주일 있다가 가지러 올게요."라고 소년이 말했다.

p.63   **단어공부**   잊지 마세요.

p.65   **EXERCISE**

(142) 국내 시장은 이 모든 상품을 소화할 수가 없습니다.
(143) 반숙된 계란은 소화가 잘 된다.
(144) 그녀는 소화불량에 걸려있다.
(145) 전쟁 고아들은 UN으로부터 경제적인 원조를 받았다.
(146) 넌 네 버릇을 고쳐야 한다.
(147) 그는 한국의 경제 발전에 큰 공헌을 하였다.
(148) 그 소년은 선생님의 꾸중에 말대꾸를 하였다.
(149) 나는 그가 어쩐지 좋다.

p.65   **단어공부**   잊지 마세요.

p.66   **PRACTICE B**

(1) 그 아가씨가 방귀를 뀌어서 모두가 웃었다.

[2] ① 그녀는 간호사다.　　　　　　　　② 그녀는 방 안에 있다.
[3] ① 그 식물들은 성장했다.　　　　　② 그는 늙은이가 되었다.
[4] ① 그는 공을 잡았다.　　　　　　　② 그 사실은 틀림없다.
[5] 그녀는 밤새 몹시 기침을 하였습니다.
[6] ① 그는 그녀를 보았습니다.　　　　② 너는 이 사진에서 좋게 보인다. (사진이 잘 나왔군.)
　　③ 경기가 좋은 것 같군.
[7] ① 마침내 그녀가 나타났다.　　　　② 그녀는 정직해 보입니다.
[8] 수은은 열에 의해 팽창한다.
[9] ① 그는 상을 탔다.　　　　　　　　② 내 구두가 젖었다.
[10] ① 나는 그녀의 맥을 짚어보았다.　② 나는 오늘 아침 기분이 나빴다.
[11] ① 그는 부산에 갔다.　　　　　　　② 그는 미쳤다.
[12] ① 그는 약속을 지켰다.　　　　　　② 그는 침묵을 지켰다.
[13] 이 천은 빨아도 줄지 않는다.
[14] READING

"나는 너에게 어린 여동생이 있다는 소리를 들었는데?"
"예."라고 어린 소년이 대답했다.
"그 애를 좋아하니?"
"저는 그 애가 사내아이였으면 좋겠어요. 사내아이면 그 애와 야구도 할 수 있고 다른 게임도 할 수 있으니까요."
"그렇다면, 그 애를 사내 동생으로 바꾸지 그러니?"
"그럴 수 없어요. 지금은 너무 늦었어요. 4일 동안이나 그 애를 써버렸어요."라는 답이 있었다.

p.67 **단어공부** 잊지 마세요.

p.69 **EXERCISE**

[150] 이 케이크는 맛이 아주 달다.
[151] 나는 그 와인을 맛보았다.
[152] 그 소녀는 장차 위대한 화학자가 될 것이다.
[153] 불이 정전(전력 부족)으로 나갔다.
[154] 그 소문은 허위로 판명되었다.
[155] 우리 반 소년(학생)들은 매우 열심히 공부한다.
[156] 실크의 시세가 부동이다.
[157] 그 장미는 냄새가 향기롭다.
[158] 이 천은 부드럽다.
[159] 나는 그 상품을 구입하기 전에 주의 깊게 만져보았다.
[160] 나는 그 장면을 주의 깊게 바라보았다.
[161] 그는 입학시험에 합격했을 때 의기양양해 보였다.
[162] 그는 그 방에 들어왔을 때 주위를 거만하게 둘러보았다.
[163] 이 규칙은 모든 경우에 적용되지는 않는다.
[164] 그의 말이 이상하게 들린다.

p.70 **단어공부** 잊지 마세요.

p.71 **PRACTICE C**

(1) 나는 웹스터 사전을 찾아봤다.

(2) ① 나는 그 책을 손쉽게 찾아냈다. ② 나는 그 책이 쉽다는 것을 알았다.

(3) 말 조심해!

(4) 그들은 John을 그들의 대변인으로 뽑았다.

(5) 제가 당신 기분을 상하게 했나요?

(6) 우리는 그를 몽키라고 부른다.

(7) 너는 왜 나에게 대답을 안 하니? 혀를 잃어버렸니?

(8) 나는 그가 죽었다고 추측(생각)합니다.

(9) 네 일이나 걱정해라.

(10) 그 재판관은 그가 유죄임을 선고했다.

(11) READING

슬픈 얼굴을 한 작은 소년이 약국 안으로 들어왔다.
"아픈 것을 멈추게 할 약(무엇인가)이 있나요?"
"어디가 아프니?"라고 약사가 물었다.
그 소년은 벌벌 떨면서 대답하기를 "아직 아프진 않지만 아버지가 지금 제 학교 성적표를 읽고 있는 중이예요."

p.71 **단어공부** 잊지 마세요.

p.73 **EXERCISE**

(165) 새 하숙집은 어떻습니까? - 음, 아주 좋아요.

(166) 당신 가족 모두에게 안부 전해 주세요.

(167) 문을 열어 놓지 마세요.

(168) 육류(고기)를 날 것으로 먹지 마세요.

(169) 자네는 나의 서재를 마음대로 써도 좋네.

(170) 그는 나를 법무장관으로 임명했다.

(171) 무슨 바람이 불어서 여기에 왔니?

(172) 그들은 나를 부자로 생각한다.

(173) 근면은 빈곤을 극복한다.

(174) 그는 목이 쉬도록 고함을 질렀다.

(175) 경기가 좋군. (자네 금광을 발견했나?)

p.74 **PRACTICE D**

(1) 거들어 주세요. (도와주세요. = 손 좀 빌려주세요)

(2) 귀 좀 빌려주세요.

(3) 혼자 있게 내버려두세요.

(4) 행운을 빌어주세요.

(5) 그의 어머니는 그를 위대한 정치가로 만들었다.

(6) 그의 조카딸이 그에게 생일 선물을 해주었습니다.

(7) 워싱턴에 있는 숙부님이 나에게 아름다운 크리스마스카드를 보내주셨다.

(8) 나는 나 스스로 유죄임을 깨달았다.

(9) 저는 당신에게 사과를 해야만 합니다.

(10) 우리는 그에게 몽키라고 별명을 붙였다.

(11) 나는 당신에게 당신의 손해를 배상해야만 합니다.

(12) READING

학교 선생님이 다른 사람들을 기쁘게 해주는 것의 중요성을 학생들에게 말해주고 있었다.

"자, 여러분, 여러분 중 누군가가 지금까지 다른 사람을 기쁘게 해준 일이 있나요?"라고 그녀(선생님)가 말했다.

"저기요, 선생님, 제가 어제 누군가를 기쁘게 해드렸어요."라고 한 어린 소년이 말했다.

"잘 했다. 그 사람이 누구였니?"

"우리 할머니요."

"착한 아이구나. 그래, 네가 어떻게 네 할머니를 기쁘게 해드렸는지 우리에게 말해 보려무나."

"저, 선생님. 어제 저는 그녀(할머니)를 뵈러 갔었어요, 그리고 할머니와 3시간을 함께 있었는데요. 그러고 나서 할머니에게 '할머니, 집에 갈래요.'라고 말하니까 '어휴, 기쁘구나!'라고 말씀하셨어요."

p.78 **EXERCISE**

(176) 무슨 일이니? 너 아주 슬퍼 보인다.

(177) 적당한 운동은 몸에 이롭지만 지나친 운동은 해가 된다.

(178) 거스름돈은 당신이 가져도 좋습니다.

(179) ① 번영은 친구를 만들고 역경은 그들을 시험한다.

② 나는 너에게 새 옷을 만들어 주마.

③ 너는 불안해 할 필요가 없다. 너는 그 문제에 관해선 안심해도 좋다.

④ 이 포도들은 좋은 와인이 될 것이다.

⑤ 건초가 금년에는 잘 된다. 준비 중이다. (준비가 진행 중에 있다.)

(180) 여긴 어디지요?

(181) 3년 동안 서울에 머물러서 그녀는 완전한 서울 아가씨가 되었다.

(182) 사장이 월급을 올려주었다.

(183) 마침 (제 때에) 잘 왔네. 우리는 집을 청소하고 있어. 우리는 손이 모자라네.

(184) (차에) 태워 줄래요? - (당신을) 태워줄게요. 올라타세요.

(185) 이 표는 며칠 동안 유효합니까? - 이 표는 발매 당일만 유효합니다.

(186) 우리는 대절(전세) 버스를 타고 안동 하회 민속마을로 갔다.

(187) 그 극장에서는 지금 무엇을 하고 있나요? - 블록버스터를 상영하고 있죠.

(188) 너의 아버지는 주말을 어떻게 보내시니? - 그는 아침부터 밤까지 독서를 합니다. 그는 책벌레입니다.

(189) 아얏! 너 내 발가락을 밟고 있어! ; 아얏! 내 머리를 잡아당기지 마!

(190) 여보세요(잠깐 실례합니다만), 당신 속옷이 보여요. - 어머, 몰랐어요. 말씀해 주셔서 대단히 감사합니다.

(191) Jack의 외투가 작아졌어요. 새 것을 사주어야 하겠네요.

(192) ① 사랑은 모든 사람을 평등하게 만든다.

② 좋은 벗은 길을 가깝게 만든다. (좋은 친구가 있으면 먼 길도 가깝다.)

(193) READING

한 무리의 여자들이 버스에 탔을 때 모든 좌석은 이미 차 있었다. 차장이 자고 있는 것 같은 한 남자를 보았다.

그리고 차장은 그 남자가 자기 정류장을 지나칠까봐 걱정이 되어 그 남자를 팔꿈치로 슬쩍 찌르며 말했다.
"잠 깨세요!"
"나는 자고 있지 않아요."라고 그 사람이 말대꾸(항의) 했다.
"안 잔다고요? 하지만 당신은 눈을 감고 있었잖아요."
"그래요, 나는 혼잡한 버스 안에서 부인들이 서 있는 것을 보는 걸 아주 싫어하거든요."

p.79 **단어공부** 잊지 마세요. 단어가 영어 실력의 밑천입니다.

Lesson 07 | to부정사가 있는 글 복습관리

p.82 **PRACTICE A**

[1] ① 자기 자신을 아는 것은 어려운 일이다.

② 나는 미국으로 가기를 원합니다.

③ 나의 규칙은 아침에 일찍 일어나는 것이다. (아침에 일찍 일어나는 것이 나의 규칙이다.)

④ 그는 나에게 또 다시 오겠다고 약속했다.

⑤ 나는 그의 제안을 받아들일 수 밖에 없습니다.

[2] 자기 자신을 아는 것은 쉽지 않다. (It을 써서)

[3] 나는 이 문제를 푸는 것이 어렵다는 것을 알았다. (it을 써서)

[4] 그는 소설 읽기를 아주 좋아한다. (it을 써서)

[5] 거기에 가는 데 3일 걸린다.

[6] 내가 그것에 성공하는 것은 불가능하다. (It을 써서)

[7] 나는 그가 그 문제를 해결하는 것은 힘들다고 생각한다.

[8] 네가 그렇게 하는 것은 무례하다.

[9] 우리의 첫 계획은 비행기로 태평양을 건너가는 것이었다. (의미상 주어를 써서)

[10] 나는 그녀가 오기를 기다렸다.

[11] 그는 그녀와 결혼할 수 밖에 없었다.

[12] 나는 헤엄칠 줄 모른다.

[13] 그는 그것을 모르는 체 했다.

[14] READING

아버지 : 너는 그 편지를 Smith씨에게 가져갔니?

Tom : 예, 그런데 Smith 할아버지에게 편지를 써 보내봤자 무슨 소용이 있는지 전 모르겠어요. 그는 시각장애인이거든요.

아버지 : 시각장애인이라고! 난 그런 건 전혀 몰랐어. 그는 아주 최근에 그의 시력을 잃은 것이 틀림없다. 넌 그걸 어떻게 알았니?

Tom : 음, 제가 그의 사무실에 있을 때 저에게 제 모자가 어디에 있느냐고 두 번이나 물었어요. 그런데 제 모자는 내내 제 머리 위에 얹혀있었거든요.

p.83 **단어공부** 꼭 하세요, 다른 페이지의 것도 스스로 정리하고 있지요?

p.88 **EXERCISE**

[194] 사랑을 하고 사랑을 받는 것이 지상에서 가장 큰 행복이다.

[195] 나는 그 자동차를 사기를 원합니다.

[196] 나의 계획은 금년 여름에 동해안으로 가는 것이다.

[197] 그는 나에게 다시는 여기에 오지 않겠다고 약속했다.

[198] 나는 그 집을 살 수 밖에 없습니다.

[199] 제가 당신의 질문에 답하는 것은 힘듭니다. (It을 써서)
[200] 저는 아침 5시에 일어나는 것을 원칙으로 하고 있습니다.
[201] 나는 당신이 그 시험에 합격하는 것은 쉬운 일이라고 생각합니다.
[202] 네가 그런 일을 하는 것은 어리석다.
[203] 이 빵은 네가 먹을 것이다.
[204] 그는 그 비행기가 도착하기를 기다렸다.
[205] 그는 우리에게 어떻게 살며 어떻게 죽을 것인가를 가르쳐 주었다.
[206] 아는 체 하지 않는 것이 좋다.
[207] 내가 원하는 전부는 누군가 나에 대하여 생각해주는 것이다.
[208] 나는 공정하고 정직한 거래에 의하지 아니하고는 일생 동안 지탱할 재산을 만든다는 것은 대단히 드물다고 생각합니다.
[209] 게으른 John이 그것에 성공하는 것은 불가능하다.
[210] 나는 머리가 나쁜 그가 이 설명을 이해하는 것은 힘들다고 생각합니다.

p.88 **단어공부** 정리했나요?

p.89 **PRACTICE B**

[1] ① 교정을 볼 사람이 고용되어야만 한다.
② 우리는 교정을 볼 사람이 필요합니다.
③ 그가 교정을 볼 사람입니다.

[2] ① 나에게는 마실 물이 없다.
② 나에게는 네가 마실 물이 없다.

[3] ① 나에게는 읽을 책이 없다.
② 나에게는 먹을 숟가락이 없습니다.
③ 나는 나를 도와줄 친구가 필요하다.
④ 나에게는 그것을 할 시간이 없습니다.

[4] ① 그는 동해안으로 갈 예정이다.
② 나의 계획은 동해안으로 가는 것이다.

[5] ① 우리는 오늘 밤 만날 예정이다.
② 저는 무엇을 해야 되나요?
③ 그 비행기는 다시 볼 수 없었다.
④ 그는 또 다시 결코 어머니를 만나지 못할 운명이었다.
⑤ 나의 계획은 여기에 호텔을 짓는 것이다.

[6] ① 그는 나에게 그 길을 물었다.
② 그는 나에게 다시 와 달라고 부탁했다.
③ 그는 나에게 또 다시 오겠다고 약속했다.

[7] ① 그는 나에게 자리를 잡아주었다. ② 그는 나에게 공항으로 가게 하였다.

[8] ① 그는 오토바이가 한 대 있었다. ② 그는 그녀를 버스 터미널로 가게 하였다.

[9] ① 나는 그 개를 보았다. ② 나는 그 개가 달리는 것을 보았다.

[10] READING
"저 코끼리는 묘기를 부릴 수(do tricks) 있나요?"라고 어떤 신사가 서커스 관리인에게 물었다.

"그럼요, 저 위에 있는 상자에 돈을 넣는 것을 가르치고 있지요. 그에게 1달러를 주시면 그것을 할 것입니다."라고 그 관리인이 말했다.

그 코끼리가 돈을 받아서는 재치 있게 그것을 벽 위쪽에 있는 상자 속에 집어넣었다.

"참 잘하는군!"이라고 그 신사가 외쳤다. "이제, 그가 그것을 다시 꺼내는 것을 보여주세요."

"우리는 아직 그런 것을 그에게 가르치지 않았어요."라고 그 관리인은 미소를 지으며 대답했다.

p.90 **단어공부** 꼭 하세요.

p.94 **EXERCISE**

[211] 무대 위에서 노래를 부를 소녀는 누구입니까?
[212] 나는 그 트럭을 살 돈이 없는데요.
[213] 나는 이메일을 쓸 컴퓨터가 필요합니다.
[214] 그가 자기에게 영어를 가르쳐달라고 나에게 부탁하던데요.
[215] 그는 내일 그녀를 방문하겠다고 나에게 약속했습니다.
[216] 주방장을 한 사람 구해주세요.
[217] 그는 그녀에게 그녀의 이름을 쓰게 하였다.
[218] 나는 그녀가 노래 부르는 것을 자주 들었다.
[219] 나는 그녀에게 이 셔츠를 빨게 하기를 원합니다.
[220] 그는 자기 돈 가방을 만져보려고 손을 내밀었습니다만 없었습니다. (발견될 수 없었다)
[221] 역사를 연구한다는 것은 우리 자신을 현재로부터 과거로 가게 하는 것이다.
[222] 그의 큰 키의 모습을 거리에서 가끔 볼 수 있습니다.
[223] 그는 아주 게으릅니다. (그래서) 그는 입학시험에 실패하게 돼 있습니다.
[224] 그는 그 과부에게서 그 돈을 훔쳤습니다. 그는 처벌받아야만 합니다.
[225] 몇몇 행인이 그가 그 상점에서 뛰어나오는 것을 목격했습니다.
[226] 그는 다른 사람이 자신의 개성을 존중해 주기를 원했습니다.
[227] 나는 누군가에게 그 길을 안내시키겠습니다.
[228] 그는 그 부인이 차에서 내리는 것을 거들어주었다.
[229] 나는 그녀에게 그 원문을 복사시켰다. (get, have를 써서 2가지로)
[230] 나는 내 자신이 정직하지 않은 일을 하는 것을 결코 보지 않을 작정입니다.

p.95 **단어공부** 꼭 하세요

p.95 **PRACTICE C**

[1] ①, ② 그는 가족을 부양하기 위해서 열심히 일한다. (2가지로)
③ 집에 가서 자고 내일 아침 일찍 일하러 오너라.
[2] 그는 살아서 그의 아들이 위대한 사람이 되는 것을 보았다.
[3] ① 그녀는 자기 어머니를 보고 울었다.
② 어머니는 네가 무사히 도착했다는 것을 듣고서 기뻐하실 것이다.
[4] ① 이런 일을 말하는 것을 보니 그는 거짓말쟁이가 틀림없다.
② 그는 그 아파트를 사는 것을 보면 가난할 리가 없다.
③ 그렇게 하다니 그는 참 친절하군!
[5] 당신이 할머니가 노래 부르는 것을 듣는다면 그녀를 소녀로 생각할지도 모릅니다.

(6) 최선을 다 했지만 그는 그 시험에 합격할 수 없었다.

(7) ① 그 아이는 학교에 갈만한 나이다.

② 그녀는 너무 어려서 결혼할 수가 없다.

(8) ① 이 물은 마시기에 적합하다.

② 그는 수영할 수 있다. (able)

(9) 사실을 말하면 그는 거짓말쟁이입니다.

(10) READING

"자녀가 있습니까?"라고 Parker씨가 기차 안에서 자기 맞은편 의자에 앉아 있는 젊은 여자에게 물었다.

"예, 아들 하나에요."

"그래요? 그 애는 담배 피우나요?"

"아니에요, 그 애는 결코 담배 한 가치도 손을 댄 적이 없어요."

"아주 좋아요, 부인, 담배는 독입니다. 그 애는 클럽에 속해 있습니까?"

"그 애는 그런 곳에는 발을 들여 본 적이 결코 없어요."

"그렇다면 축하합니다. 그 애는 밤 늦게 들어오나요?"

"전혀요, 그 애는 항상 저녁을 먹은 후에 바로 잠자리에 들어요."

"그 애는 모범 청년이네요. 그 애는 몇 살입니까?"

"오늘로 7개월이에요."

p.96 단어는 안 하고 넘어가버렸지요? 그리고 p.100의 단어도 정리 안 하고?

p.99 독립부정사 일람표 또 연습하세요.

p.100 **EXERCISE**

(231) 그녀는 집을 짓기 위한 땅 한 조각을 샀다.

(232) 그들은 헤어졌는데 다시는 결코 서로 만나지 못했다.

(233) 나는 쉬기 위하여 풀 위에 내 몸을 던졌다(누웠다).

(234) 나는 그녀가 그렇게 높은 어조로 말하는 것을 듣고 미소 짓지 않을 수 없었다.

(235) 나는 그녀를 만나서 기쁘지만 여기서 만나 유감이다.

(236) 당신에게 방해가 되면 미안한데요.

(237) 그녀는 몹시 그 결과를 알고 싶어 한다.

(238) 내가 당신에게 조금이라도 도움이 되면 기쁘겠습니다.

(239) 그가 당신에게 오는 것을 보면 배가 고픈 것이 틀림없습니다.

(240) 그가 당신으로부터 돈을 빌리는 것을 보면 부자일 리가 없다.

(241) 아무리 줄(여)잡아 말하더라도 그는 100만 달러를 가지고 있다.

(242) 결론적으로 나는 이 병은 근본적인 치료가 불가능하다고 말하고 싶다.

plus tip 가난한 집안의 학생들에게

여러분 중에는 집안이 가난해서 이 책 한 권조차 겨우 산 사람도 있을 것입니다. 나도 학창시절에는 늘 가난에 울었었습니다. 책 한 권 살 수 없어서 늘 친구 책을 베껴서 공부했었습니다. 그런데 신기하게도 학교 성적은 그 책을 빌려준 친구보다 내가 몇 곱이나 좋았던 것입니다. 집안이 가난하여 학원에도 못 가고 필요한 책도 마음대로 못 사서 절망감에 사로잡힌 가난한 집안의 학생 여러분! 혹시 여러분의 부모님을 원망하고 세상을 원망하고 있는 것은 아닌지요? 부잣집 학생들을 부러워한 적은 없는지요? 불공평한 세상이라고 저주하고 싶진 않았던가요? 아! 이 모든 것이 나의 학창시절 뼈저리게 느꼈던 심정이었습니다.

나는 그럴 때마다 이를 악물고 "나중에 보자!" 하면서 공부를 했었습니다.

가난이라는 것이 오히려 나에게는 위대한 자극제가 되었습니다. 오늘에 와서 과거를 회고해 보니 그 때에 가난했던 것이 오늘의 나를 만들었다는 것을 진심으로 느끼고 있습니다. 그 당시 나는 「살아서 남에게 굴욕을 받기보다 차라리 분투 중에 쓰러짐을 택하라」라는 의기 즉 공부하다가 죽자는 의지와 기개로써 공부를 했었습니다.

「하느님이 너에게 남보다 더 한 시련을 주시는 것은 너를 남보다 더욱 큰 인물로 만들기 위한 것이다.」 이것을 깨닫지 못하고 불평불만을 하면서 세월을 허송하는 사람은 하느님이 결코 never 용서하지 않는다는 것을 명심하십시오. 그리고 시간이 없어서, 돈이 없어서 공부를 못하겠다는 것은 게으른 자의 핑계에 불과하다는 것도 명심하십시오. 그 살아있는 표본이 직접 경험한 것을 말하는 것이므로 결코 탁상의 공론이 아닙니다. 요는 여러분을 큰 인물로 만드는 것은 돈이나 자신의 환경이나 시간이 아니라 바로 여러분의 정신과 마음 자세인 것입니다. (이 자리가 비게 되어 여기에 이런 위대한 잔소리를 또 하게 되었나 봅니다. 이런 말을 듣고 폐부를 찌르는 감동을 받아 울기까지 하는 사람은 장래가 있는 사람입니다. 무슨 쓸데없는 잔소리냐고 욕을 하는 분들과는 서로 논할 대상이 되지 않습니다. 그런 사람이야말로 어서 하루 바삐 올라가든 내려가든 해버려야 될 줄 압니다. 자! 그러면 다시 공부를 시작합시다.)

Lesson 08 | 동명사, 분사가 있는 글 복습관리

p.103 **PRACTICE**

(1) ① 걷는 것은 건강에 좋다.
② 그 강을 따라 걷는 것은 즐거운 소일거리이다.

(2) ① 그의 변함없는 습관은 담배 피우는 것이다.
② 중노동 후 그는 지금 담배를 피우고 있는 중이다.

(3) 나는 수영을 좋아합니다만 지금 여기서는 수영하고 싶지(like) 않습니다.

(4) ① 나는 사업상 그와 만나기를 원합니다.
② 나는 그녀와 함께 가도 괜찮았습니다.
③ 당신은 언제 영어를 배우기 시작했습니까?

(5) ① 그는 자기가 부자인 것을 자랑한다. (동명사를 써서, 또 that을 써서)
② 그는 자기 아버지가 부자인 것을 자랑한다. (동명사를 써서, 또 that을 써서)

(6) ① 당신은 무대 위에서 노래 부르고 있는 소녀를 아십니까?
② 무대 위에서 노래를 부를 소녀는 누구입니까?
③ 이것이 John에 의해 건축된 집입니다.

(7) ① 당신은 저 건너에 서 있는 소년을 아십니까?
② 당신은 그 소년이 저 건너에 서 있는 것을 보았습니까?

(8) ① 나는 John에게 내 집을 건축시켰다.
② 나는 나의 집을 John에게 건축시켰다.
③ 나는 John이 자기 집을 건축하고 있는 것을 보았다.

(9) ① 나는 그녀에 의해 쓰인 그 편지를 읽었다.
② 나는 그 편지를 그녀에게 쓰게 하였다.

(10) ① 그는 그의 지갑을 도난 당했다.
② 그는 그의 시계를 수리시켰다.

(11) READING

"나는 제 남편의 이 사진을 확대시켜 주기를 원해요. 그런데 모자를 벗긴 것으로 할 수 있나요?"라고 그 부인은 사진사에게 말했다.

"예, 나는 머리를 잘 위조해 낼 수가 있다고 생각합니다. 남편 분은 어느 쪽으로 머리를 가르시나요?"라고 사진사가 말했다.

"어머나, 전 기억이 안 나네요. 하지만 당신이 그의 모자를 벗기면 알 수 있을 거에요."라고 부인이 말했다.

p.103 **단어공부** 꼭 하세요. 이외에도 스스로 기입하고 있지요?

p.105 (4) 다음 동사들은 to부정사와 동사명 중 어느 것을 목적어로 취하나요?
다음 34개 단어 중 30개만 맞으면 훌륭하다고 생각합니다.

(1) refuse   (2) keep on   (3) start   (4) wish

(5) put off　　(6) hate　　(7) want　　(8) manage
(9) give up　　(10) finish　　(11) care　　(12) neglect
(13) begin　　(14) enjoy　　(15) choose　　(16) avoid
(17) postpone　　(18) remember　　(19) decide　　(20) agree
(21) help　　(22) seek　　(23) like　　(24) forget
(25) continue　　(26) mind　　(27) go on　　(28) resist
(29) dislike　　(30) stop　　(31) try　　(32) have done
(33) insist on　　(34) love

p.106 **응용연습**

(a) 그에 의하여 씌어진 소설들은 대단히 재미가 있다.

(b) 방 안에 앉아 있는 소녀는 누구입니까?

(c) 나는 나에게 영어를 가르쳐 줄 사람이 필요했다.

p.107 **응용연습**

(a) 나는 그 편지를 나의 비서에게 쓰게 하였다.

(b) 나는 나의 비서에게 그 편지를 쓰게 하였다.

(c) 나는 그 소년이 영어 공부를 하고 있는 것을 보았다.

(d) 나는 나의 셔츠를 그녀에게 빨게 하였다.

(e) 나는 그녀에게 나의 셔츠를 빨게 하였다.

(f) 나는 그가 그 집에서 뛰어나오는 것을 목격했습니다.

p.108 **응용연습**

(g) 너의 머리를 깎아라.

(h) 너의 사진을 찍어라.

(i) 나는 그녀에게 이 악보를 베끼게 하기를 원한다. (2가지로)

p.109 **EXERCISE**

[243] 그는 그녀와 함께 거기에 가고 싶어 할까? (care)

[244] 나는 부산행을 연기했다.

[245] 그는 그것에 대한 지불을 동의했다.

[246] 그는 계속해서 일했다. (go on)

[247] 그는 보고서 쓰기를 끝마쳤다. (finish)

[248] 그는 계속해서 그 무인도에 살았다. (continue)

[249] 나는 내일 그를 만나기를 원합니다. (wish)

[250] 너는 아침 일찍 친구를 방문하는 것을 삼가 해야만 한다.

[251] 그녀는 시험에서 부정행위를 한 것을 인정했다.

[252] 그는 농담을 하지 않고는 배길 수가 없다.

[253] 가기를 원하는 사람은 누구든 함께 데리고 가거라. (choose)

[254] 나는 이 책 읽는 것을 즐겼다.

[255] 그는 그 사업에 참여하는 것을 거부했다.

(256) 그는 숙제 하기를 끝마쳤다. (have done)
(257) 나는 이런 경우 거짓말하기를 싫어합니다.
(258) 나는 그 고아를 동정하지 않을 수가 없었다.
(259) 나는 미국에 가기로 결심했다.
(260) 우리는 너로부터 소식 듣기를 바란다. (hope)
(261) 너는 영어 공부하는 것을 포기하는 것이 좋다. (give up)
(262) 그는 나를 설득시키려고 애쓴다. (seek)
(263) 우리는 더 이상 그 편지에 답하기를 연기할 수 없습니다. (postpone)
(264) 그는 그것에 성공하려고 노력했다. (try)
(265) 그는 계속하여 그녀를 기다렸다. (keep on)
(266) 그는 그 책을 나에게 주기로 약속했다.
(267) 그는 그녀와 결혼하겠다고 우겨댔다(주장했다).
(268) 그는 그의 의무 수행을 소홀히 했다.
(269) 그는 편지를 쓰기 시작했다. (start)
(270) READING

　　시골에 머물던 도시 소녀가 젊은 농부와 친하게 되었다. 어느 날 저녁 그들이 목장을 가로질러 한가로이 거닐고 있었을 때 암소 한 마리와 송아지가 서로 코를 비비고 있는 것을 보았다.

　　"아, 저걸 보니 나도 저렇게 하고 싶군."이라고 젊은 농부가 말했다.

　　"그럼, 어서 하세요. 그건 당신의 암소잖아요."라고 소녀가 말했다.

(271) 그는 자기가 돈을 많이 가지고 있는 것을 자랑한다. (동명사와 that을 써서 2가지로)
(272) 그는 자기 아저씨가 돈을 많이 가지고 있는 것을 자랑한다. (동명사와 that을 써서 2가지로)
(273) 나는 내가 그것에 책임이 있다고 확신한다. (동명사와 that을 써서 2가지로)
(274) 나는 네가 그것에 책임이 있다고 확신하다. (동명사와 that을 써서 2가지로)
(275) 너는 소매치기를 당할 것이다.
(276) 나는 검은 구름이 하늘을 덮고 있는 것을 보았다.
(277) 당신은 그로 하여금 벽에 벽지를 바르게 하고 싶습니까?
(278) ① 나는 어디선가 당신을 만난 기억이 있습니다.
　　　② 나는 내일 당신과 만날 것을 기억하고 있습니다.
(279) ① 나는 당신을 만난 것을 잊고 있습니다.
　　　② 나는 내일 당신과 만날 것을 잊고 있습니다.
(280) ① 그는 금연했다.
　　　② 그는 담배 피우기 위해 멈추었다.
(281) ① 이 컴퓨터는 수리할 필요가 있다.
　　　② 나는 이 컴퓨터를 수리하고 싶다.
　　　③ 나는 이 컴퓨터를 수리시키고 싶다.
(282) 나는 나의 말을 이해시킬 수가 없었다.
(283) 나는 케이크를 좀 그에게 가져가게 하였다.
(284) ① 나는 그 소녀가 방 안에서 흐느껴 우는 것을 보았다.
　　　② 방 안에서 흐느껴 울고 있는 소녀는 누구입니까?

(285) ① 나는 그 책을 그 소년에게 가져오게 하였다.
　　　② 이것은 그 소년이 가져온 책입니다.
(286) 이쪽으로 오는 소녀가 누구인지 아십니까?
(287) 나는 나의 아버지가 당신 집으로 가는 것을 보았습니다.
(288) 그는 그의 얼굴을 그녀에게 긁혔다. (scratch)
(289) 나는 나의 방을 나의 가사 도우미에게 청소시킨다. (2가지로)

p.111　**단어공부** 꼭 하세요

Lesson 09 형용사절 복습관리

p.115 **PRACTICE**

(1) 나는 그 돈을 훔친 사람을 알고 있다.
(2) 나는 그의 아버지가 부자인 소년을 알고 있다.
(3) 이 아이가 내가 어제 만났던 소년입니다.
(4) 책상 위에 있는 책이 내 것이다.
(5) 이것이 내가 어제 샀던 책이다.
(6) 그가 사는 집은 대단히 크다.
(7) 저 건너에 지붕이 보이는 건물은 무슨 건물입니까? (whose)
(8) 저 건너에 지붕이 보이는 건물은 무슨 건물입니까? (of)
(9) 이것이 내가 어제 산 것이다.
(10) 저 건너에 서 있는 사람은 누구입니까?
(11) 나는 한 부인을 만났는데 그 분이 나에게 이 카메라를 주었다.
(12) 나는 책을 한 권 샀는데 그 표지가 빨간색이었다.
(13) READING

아버지가 새 옷을 만들어 입으려고 하고 있었다. 그래서 그는 어린 아들에게 새 옷을 만들려고 자기가 골라놓은 한 벌 분량의 재료를 보여주었다.

아들은 그것의 이면을 좀 미심쩍어 하며 바라보았다.

"아니에요. 저는 좋아하지 않아요."라고 날카롭게 말했다.

"하지만 너는 그 재료의 이면(반대쪽 면)을 보고 있잖아."라고 아버지가 말했다.

"알아요, 하지만 그 쪽이 제가 입어야만 할 곳이잖아요."라고 아들이 대답했다.

p.115 **단어공부** 각 page의 단어 정리를 하고 있지요, 네?

p.120 (10) 《that 용법》중요하니 또 공부하세요.

p.122 **EXERCISE**

(290) 로마의 위대한 장군이었던 율리우스 카이사르(줄리어스 시저)는 기원전 55년 영국을 침략했다.
(291) 아들이 건강하고 열심히 공부하는 사람은 대단히 행복하다.
(292) 그녀는 아주 많이 사랑하는 아들이 있다.
(293) 그에게는 몹시 짖는 개가 있다.
(294) 그가 이해할 수 없었던 말이 몇 개 있었다.
(295) 이것이 그 쥐를 죽인 고양이다. (by)
(296) 나는 꼬리가 아주 길었던 원숭이를 잡았다. (whose)
(297) 나는 꼬리가 아주 길었던 원숭이를 잡았다. (of)
(298) 아름다운 것이 반드시 좋다고는 할 수 없다.
(299) 그들이 영어 교수를 받는(그들에게 영어를 가르치는) 선생님은 일산에 사신다.

(300) 해결 희망이 없는 문제들이 많다.
(301) 당신이 한 것을 당신이 본 것과 비교하세요.
(302) 바다를 연결하는 운하의 가장 두드러진 예는 Suez 운하인데 이것은 지중해와 홍해를 연결한다.
(303) 양에게서 우리가 얻는 가장 중요한 것은 양모인데 그것(양모)으로 부터 담요와 모든 종류의 모직물이 만들어진다.
(304) 그 바다에는 어떤 섬이 있었는데 그 섬의 유일한 주민은 Sebastian이라고 불리는 어부와 이름이 Viola인 그의 아름다운 딸이었다.
(305) 그녀를 동정하지 않는 학생은 없었다.
(306) 나는 영어를 잘 말할 줄 아는 사람이 필요합니다.
(307) 이 분이 어제 당신이 말씀하신 분입니까?
(308) 부모가 죽은 아이를 고아라고 한다.
(309) 이 분이 제가 비행기 안에서 만난 분입니다.
(310) 상자 안에 있는 공을 너에게 주마.
(311) 그는 거짓말을 하는 사람이 아니다.
(312) 이것이 Hemingway가 젊었을 때 쓴 소설입니다.
(313) 그 표지가 빨간 책이 내 것이다.
(314) 이것이 바로 내가 원하는 것이다.
(315) 이 분이 John과 함께 사는 분입니다.

p.125 **EXERCISE** (이하 관계부사를 써서)

(316) 나는 그것이 일어난 정확한 지점을 모른다.
(317) 그런 일이 일어날 수 있었던 시대는 지나갔다.
(318) 그는 나에게 영어를 잘 할 수 있는 방법을 가르쳐주었다.
(319) 이것이 내가 너에게 동의할 수 없는 이유다.
(320) 나는 공항에 갔는데 거기에서 이 고아를 발견했다.
(321) 나는 이 달 말에 떠날 것인데 그 때까지는 계속해서 가르칠 것이다.
(322) 그는 우리를 과일 나무들이 자라는 언덕으로 안내했다.
(323) 그의 아버지는 그가 태어난 날 세상을 떠났다
(324) 이것이 그가 성공한 방법이다.
(325) 나는 그가 너에게 화를 내는 이유를 모르겠다.
(326) 나는 워싱턴에 갔는데 거기에서 양 박사를 만났다.
(327) 그가 어제 왔는데 그 때 나는 그에게 너의 편지를 주었다.
(328) READING ▲ 해답편을 보고 복문연습을 꼭 하세요.
(329) 이것이 그가 태어난 집이다. (관계대명사, 관계부사)
(330) 그것이 내가 거기에 가기를 원하는 이유다.
(331) 그는 이렇게 해서 영어를 공부했다. (이것이 그가 영어를 공부한 방법이다.)
(332) 그는 나에게 네가 도착한 시간을 물었다.
(333) 우리는 작년 12월에 왔는데, 그 당시는 살 집이 없었다.
(334) 나는 동물원에 갔는데, 거기서 많은 동물들을 보았다.
(335) 사물이 외관과 다른 곳이 있다면 그곳은 한국이다.
(336) 우리는 대영 박물관에 갔는데 거기에서 우리는 훌륭한 이집트 미라 소장품을 보았다.

[337] 살인이 일어난 정확한 시간은 결코 밝혀지지 않았다.

[338] 그 개는 주인이 그에게 말할 때까지 으르렁거렸는데, 그 후에는 기뻐 짖었다.

[339] 이 학교가 이 언덕 꼭대기에 건축된 이유는 경치가 좋기 때문이다.

[340] 그는 오랫동안 병을 앓은 후에 건강을 증진한 방법을 나에게 말해주었다.

[341] 눈은 마음의 도움 없이는 충분히 볼 수 없다. 그것이 사람들이 매우 다르게 보는 것과 화가들이 아주 다르게 그리는 이유이다.

Lesson 10 | 명사절 복습관리

p.131 **EXERCISE**

[342] ① 당신이 머지않아 화성에 도달할 수 있다는 것은 확실합니다. (That ...)
② 이것이 그가 건축한 집입니다. (that)
③ 그가 그 집을 건축했다는 사실은 정말입니다.

[343] ① 당신은 그가 어제 캐딜락 한 대를 샀다는 것을 아십니까?
② 이것이 그가 어제 산 것입니다.

[344] ① 당신은 그가 오늘 아침 무엇을 했는지 아십니까?
② 이것이 오늘 아침 그가 한 것입니다.

[345] ① 아무도 그가 언제 올지, 도대체 그가 올지 안 올지 또는 그가 살아 있는지 조차 모릅니다.
② 가을은 농부들이 가장 바쁠 때이다.
③ 그 당시는 만년필이 드문 때였다. (time)

[346] ① 나는 그가 결석한 이유를 모릅니다. (reason)
② 나는 그가 왜 결석했는지 모릅니다.
③ 그것이 그가 결석한 이유입니다.

[347] ① 나는 그가 출생한 곳을 모릅니다. (place)
② 나는 그가 어디에서 출생했는지 모릅니다.
③ 여기가 그가 출생한 곳입니다. (선행사를 생략하여)

[348] ① 당신은 그가 그것에 성공한 방법을 아십니까?
② 당신은 그가 그것에 어떻게 해서 성공했는지 아십니까?
③ 이것이 그가 그것에 성공한 방법입니다. (선행사 없이)

[349] READING
"세상에는 여러분이 극복할 수 없는 어려움은 없습니다."라고 선생님이 말씀하셨다.
"저기요, 선생님, 선생님은 치약을 튜브 안으로 다시 밀어 넣으려고 해본 일이 있으세요?"라고 어린 Tommie가 큰소리로 말했다.

[350] ① 당신은 그녀가 어느 것을 선택했는지 아십니까?
② 이것이 그녀가 선택한 냉장고입니다.

[351] ① 나는 그 창문을 깨뜨린 사람을 압니다.
② 당신은 누가 그 창문을 깨뜨렸는지 아십니까?

[352] ① 이쪽은 그가 영어를 가르쳤던 소년입니다.
② 당신은 그가 누구에게 영어를 가르쳤는지 아십니까?

[353] ① 나는 그 소년을 때린 아들의 아버지를 안다. (whose)
② 나는 누구의 아들이 그 소년을 때렸는지 모른다.

[354] ① 그가 사는 것은 무엇이든지 재미있다.
② 그가 사는 것은 무슨 책이든지 재미가 있다.

[355] ① 너는 네가 좋아하는 것은 무엇이든지 선택해도 좋다.
　　　② 너는 네가 좋아하는 책은 무엇이든지 선택해도 좋다.
[356] 영어를 공부하기 원하는 사람은 누구나 그 책을 사야만 합니다.
[357] 나는 당신이 추천하는 사람은 누구든지 고용할 것입니다.
[358] 그가 그 돈을 훔친 것은 사실입니다.
[359] 이것이 그가 훔친 돈입니다. (that)
[360] 나는 그가 그 돈을 훔친 사실을 알고 있다.
[361] 너는 내가 무엇을 원하는지 알아?
[362] 포도주가 바로 내가 원하는 것이다.
[363] 당신은 그가 언제 미국에 가는지 아십니까?
[364] 봄은 꽃이 피는 계절이다. (선행사 없이)
[365] 당신은 그가 온 해(年)를 이십니까?
[366] 나는 그가 당신에게 화를 내는 이유를 모르겠습니다.
[367] 나는 그가 당신에게 왜 화를 내는지 모르겠습니다.
[368] 그래서 나는 그녀와 결혼하지 않았지요.
[369] 나는 그가 간 마을의 이름을 모른다. (where)
[370] 나는 그가 어디에서 그 스마트폰을 샀는지 모른다.
[371] 여기가 그녀가 묻혀 있는 곳이다.
[372] READING 해답편을 보고 꼭 하세요. 그냥 넘어가면 안 됩니다.
[373] 당신은 그가 그 기계를 발명한 방법을 아십니까?
[374] 당신은 그가 어떻게 해서 그 기계를 발명했는지 아십니까?
[375] 그렇게 해서 그는 그 기계를 발명했다.
[376] 나는 이 책을 쓴 저자를 안다.
[377] 당신은 누가 이 책을 썼는지 아십니까?
[378] ① 그녀가 사랑하는 남자가 어제 미국으로 떠났다.
　　　② 당신은 그녀가 누구를 사랑하는지 아십니까?
[379] 나는 그녀가 어떤 소설을 읽었는지 모른다.
[380] 이것이 그녀가 읽은 소설이다. (which)
[381] 아버지가 부자인 소년이 반드시 행복하다고는 할 수 없다.
[382] 당신은 그가 누구의 아들인지 아십니까?
[383] 그 소녀는 보는 것은 무엇이든지 사달라고 졸라댔다.
[384] 나는 내가 가지고 있는 도구는 무슨 도구든지 너에게 빌려주마.
[385] 나는 네가 퇴짜 놓는(reject) 것은 어느 것이든지 가지겠다.
[386] 나는 네가 버리는(reject) 책은 어느 책이든지 가지겠다.
[387] 나를 방문하는 사람은 누구든지 만나겠다.
[388] 네가 신뢰하는 사람은 누구에게나 이 돈을 빌려주어라.

p.133　**단어공부**　혼자서 정리했지요? 그것을 또 연습하세요.

p.136 **EXERCISE**

[389] 그 섬에 사람이 살고 있지 않은 것은 확실합니다.

[390] 그들은 그가 그것에 성공하는 것은 불가능하다고 생각했습니다.

[391] 그가 누구인지는 아무에게도 알려져 있지 않습니다. (Who ..., It ...)

[392] ① 그가 부자인 것은 사실입니다. (It ...)
② 그가 어린아이를 갖지 못하는 것에 대하여 실망하는 것도 당연합니다. (It ...)

[393] 그가 어떻게 그것을 하느냐 하는 것이 나에게는 불가사의. (It ...)

[394] 부모가 자기 아이들을 사랑하는 것은 당연하다. (It ..., to부정사, that)

[395] READING

호텔의 한 방에서 즐거운 파티가 진행되고 있었다. 갑자기 문에서 노크 소리가 나더니 종업원이 들어왔다.

"신사 여러분, 저는 여러분에게 조금 덜 시끄럽게 하시도록 부탁 드리기 위해 여기에 오게 되었습니다. 옆방 손님이 읽을 수가 없다고 말씀하십니다."라고 그는 말했다.

"읽을 수가 없다고? 그럼 그에게 그 자신을 부끄러워해야만 한다고 말하게. 아니 나는 5살때 읽을 수 있었단 말이야."라고 (그 파티의) 주인이 말했다.

[396] 나는 그가 거기에 가는 것이 필요하다고 생각합니다. (It ..., to부정사, that)

[397] 당신이 무언가를 하려 할 때 그것이 당신에게 유익한지 아닌지를 잘 생각하세요.

[398] 우리는 꼭 우리의 최선을 다 하겠습니다. (depend)

[399] 나는 그가 그녀와 결혼하려고 하는 것은 당연하다고 생각했습니다.

[400] 그것은 우리가 결코 보지 못했던 식물이었다.

[401] 아주 어두워졌기 때문에 우리는 집으로 갔다.

[402] 그 시계가 발견된 것은 바로 여기입니다.

[403] 우리 주위의 환경(세계)을 만드는 것은 바로 (우리의) 마음입니다.

[404] 어느 쪽이 먼저 거기에 도착하느냐가 문제입니다. (It ...)

[405] 그것에 책임이 있는 사람은 바로 그입니다.

[406] 비난 받을 사람은 바로 당신입니다. (blame)

[407] 내가 어제 만난 사람은 바로 나의 사촌이었다.

[408] 그녀가 그 편지를 쓰고 있었던 때는 바로 내가 그녀를 방문한 때였습니다.

[409] READING

어머니는 방에 들어와서 그녀의 어린 아들이 손가락에 붕대를 감고 있는 것을 보았다.

"아이고 가엾은 것, 어떻게 네 손가락을 다쳤니?"라고 그녀는 부드럽게 말했다.

"방금 망치로 그것(손가락)을 쳐버렸어요."라고 소년이 말했다.

어머니는 놀란 표정을 지었다.

"하지만 나는 네가 우는 것을 듣지 못했단다, 우리 용감한 애야."

"안 울었어요, 저는 엄마가 외출했다고 생각했어요."라고 아이는 미소를 띠며 대답했다.

[410] 일반 교육에 대한 수요를 촉진시킨 것은 바로 과학입니다.

[411] 네가 누구든 상관없다. (네가 누구든 차이를 만들지 않는다.) (It ...)

[412] 틀린 것은 바로 접니다. (wrong)

[413] 그가 그런 요구를 한다는 것은 천만부당했다. (It ..., to부정사, that)

[414] 그가 그녀를 동정하는 것은 당연합니다. (It ...)

(415) 나는 당신이 당장 출발하는 것이 필요하다고 생각합니다. (to부정사, that)
(416) 내가 그를 만난 것은 바로 어제였다.
(417) 우리가 우리의 최선을 다하는 것은 우리의 의무다. (It ...)
(418) 그 유리창을 깨뜨린 사람은 바로 John이었습니다.
(419) 나는 그녀가 이런 것을 말하는 것은 아주 이상하다고 생각합니다. (to부정사, that)
(420) 내가 그를 처음 만난 것은 바로 내가 미국에서 공부하고 있을 때였습니다.

p.138 **단어공부** 꼭 하세요.

Lesson 11 부사절 복습관리

p.140 **Hint**

① 그는 그 때 왔다.

② 그는 일요일에 여기 잘 오곤 했다.

③ 그는 내가 수업을 준비하고 있을 때 왔다.

p.141 **EXERCISE**

[421] ① 당신은 그가 언제 도착할 지 아십니까?

② 나는 그가 도착하는 날을 모릅니다.

③ 그는 그녀가 도착할 때 떠날 것입니다.

[422] ① 그는 그녀가 사는 도시로 갔다.

② 나는 그녀가 살고 있는 곳에서 떠났다.

③ 나는 그를 그녀가 살고 있는 곳으로 데려갔다.

[423] ① 나는 당신이 옳다는 것을 알고 있습니다.

② 이것이 그가 그린 그림입니다.

③ 나는 네가 그것에 성공해서 기쁘다.

[424] ① 그는 그의 아들이 거기에 있는지 없는지를 물었다. (if)

② 그는 그의 아들이 거기에 있었더라면 그렇게 하지 않았을 것이다.

③ 당신은 그녀가 그것을 좋아하는지 여부를 아십니까? (whether)

④ 나는 그녀가 좋아하든 말든 그 인형을 그녀에게 주겠다.

[425] ① 그가 사는 것은 무엇이든지 값싸고 좋다. (명사절)

② 그가 무엇을 사든, 그것은 값싸고 좋다. (부사절)

[426] READING 해답편을 보고 영어로 옮기세요. 꼭 하셔야 합니다.

p.142 **단어공부** 꼭 하고 넘어가세요.

[427] 편지를 쓸 때 당신 어머니께 제 안부를 전해주세요.

[428] 우리는 저녁을 요리하는 동안 뜰에서 놀았다.

[429] 내가 잠자리에 들려고 할 때 불이야 하는 소리가 났다. (As)

[430] 그는 대학을 졸업하자마자 결혼했다.

[431] 그녀는 나의 팔에 몸을 던지자마자 울음을 터뜨렸다.

[432] 내가 살아있는 한 나는 당신의 친절을 결코 잊지 않을 것입니다.

[433] 너는 누구든 너의 적이라는 것을 알 때까지는 그를 친구로 생각한다.

[434] 나는 그녀가 어린아이였을 때부터 알고 있다.

[435] 내가 그 질문을 세 번이나 되풀이하고서야 비로소 그가 내 말을 알아들었다. (before)

[436] 그녀는 나를 볼 때마다 얼굴을 붉혔다.

[437] 그녀의 남편이 세상을 뜬 후 그녀가 자기 가족을 부양해야만 했다.

[438] 한 번 약속을 한 이상 그것을 지켜야 한다.

[439] 그 책을 당신이 그것을 발견한 곳에 도로 갖다 놓으세요.

[440] 네가 좋아하는 곳은 어디든 가도 좋다.

[441] 너는 사람이 가난하다는 이유로 멸시해서는 안 된다.

[442] 그는 인색하므로 나는 그를 좋아하지 않는다.

[443] READING

Tommy의 삼촌이 Tommy의 집에 와서 머물게 되었는데 Tommy는 그에게 자리를 내어주기 위해 그의 침대를 포기해야만 했다.

다음날 아침 식사 중에 George 삼촌이 말했다. "내 머리맡에 물 잔을 놔둔 친절한 사람에게 감사해야만 하겠어. 내가 밤사이 깨어났을 때 그것이 아주 시원하더란 말이야."

"아이쿠! 삼촌이 내 올챙이를 들이마셔 버렸다고요?"라고 Tommy가 외쳤다.

[444] 내가 당신을 공항에서 만날 수 있도록 당신의 도착시간을 알려주세요.

[445] 나는 다시 실패하지 않기 위해서 아주 조심했습니다.

[446] 나는 아주 놀랐기 때문에 잠시 동안 말을 할 수가 없었다.

[447] 그는 대단히 정직한 사람이었기 때문에 모든 사람이 그를 신임했다. (such)

[448] 그는 아주 열심히 영어를 공부했다. 그래서 그는 단시일에 그것을 매우 잘 읽고, 쓰고 그리고 말하게 되었다.

[449] 집에 늦게 오면 내쫓아 버릴 테야.

[450] 더 열심히 공부하지 않으면 너는 네 시험에 결코 합격하지 못할 것이다. (Unless)

[451] 네가 과식만 하지 않는다면 지금은 무엇을 먹어도 좋다.

[452] 비록 그는 몸이 약하더라도 열심히 일했다.

[453] 내일 비가 오더라도 나는 떠날 것입니다. (even if)

[454] 그는 젊었지만, 그는 그 일을 감당할 수 있다는 것을 스스로 입증했다.

[455] READING 해답편을 보고 꼭 영어로 옮겨보세요.

[456] 당신이 아무리 애써봤자 영어를 1, 2년 안에 결코 숙달할 수는 없습니다.

[457] 당신은 말을 듣는 대로 하세요.(내 말대로 하세요.)

[458] 그는 마치 한국 사람처럼 한국어를 말한다.

[459] 모든 것이 내가 예상했던 것보다 잘 됐다.

[460] 당신은 그를 더 많이 알면 알수록 당신은 더욱더 그를 좋아하게 될 것입니다.

Lesson 12 분사구문 복습관리

p.146 **Hint**

그는 나를 보았을 때 도망쳤다. (부사절, 분사구문)

A 내가 그를 방문했을 때 나는 그가 영어를 공부하고 있는 것을 발견했다. (2가지로)
B 그는 정직하기 때문에 누구에게나 신임을 받는다. (2가지로)
C 오른쪽으로 돌아가면 당신은 그 건물을 발견하게 될 것입니다. (2가지로)
D 그는 가난하지만 정직하다. (2가지로)
E 그녀는 그에게로 다가가서 그가 누구인지 물었다. (3가지로)
F 그는 강기슭을 따라 걸으면서 그 편지를 읽었다. (3가지로)

p.148 **A** 시제

(1) 그는 부자이므로 그것을 살 수 있다. (As …, 분사구문)
그는 부자였으므로 그것을 살 수 있었다. (As …, 분사구문)
(2) 나는 그것을 끝마쳤으므로 할 일이 없다. (As …, 분사구문)
나는 그것을 끝마쳤었으므로 할 일이 없었다. (As …, 분사구문)

B 분사구문의 주어

(1) 나는 돈이 없었으므로 그것을 살 수가 없었다. (As …, 분사구문)
(2) 그가 병이 나서 나는 그를 대신했다. (As …, 분사구문)
(3) 엄밀히 말하면 틀린 점이 좀 있다. (If …, 분사구문)
말투로 판단해 보면 그는 부산 사람인 것 같다. (If …, 분사구문)

C Being, Having been의 생략

(1) 걸어서 피곤했기 때문에 그는 쉬기 위해서 앉았다. (As …, 분사구문)
(2) 몇 번이나 거듭하여 졌으므로 그들은 후퇴했다. (As …, 분사구문)

[461] **READING**

이른 여름이었고 젊은 학교 선생님이 자기 반 학생들에게 그 계절의 아름다움에 관해서 말을 하고 있었다.
"오늘 아침 내가 플랫폼에서 기차를 기다리며 서 있었을 때 태양은 따뜻하게 비치고 있었고 나는 무엇인가 부드러운 것이 나의 뺨을 기분 좋게 스치는 것을 느꼈습니다. 무엇이었을까요? 알아맞힐 수 있겠어요?"라고 그녀가 말했다.
"역장이었겠지요, 선생님?"이라고 작지만 로맨틱한 학생이 물었다.

p.150 **EXERCISE**

[462] 그는 외딴 마을에 살고 있기 때문에 친구가 별로 없다. (2가지로, 이하 같습니다.)
[463] 그는 외딴 마을에 살았었기 때문에 친구가 별로 없었다.
[464] 그녀는 당신을 전에 한 번 본 일이 있기 때문에 또 보기를 원치 않습니다.
[465] 그녀는 당신을 전에 한 번 본 일이 있었기 때문에 또 보기를 원치 않았습니다.
[466] 길을 따라 걷고 있는 동안 나는 김 선생을 만났다.

(467) 그는 게을러서 선생님께 꾸중을 들었다.
(468) 내가 그를 방문했을 때 그는 친절하게도 나에게 그 유물을 주겠다고 제의했다.
(469) 소년들이 다 나가버리고 어린아이 혼자만 남았다.
(470) 버스가 승객들로 혼잡했기 때문에 나는 내내 서 있었다.
(471) 그 소년은 칭찬을 받았기 때문에 그만큼 더 열심히 공부했다.
(472) 달이 떠올랐기 때문에 우리는 불을 껐다.
(473) 날씨가 좋았기 때문에 우리는 하이킹을 갔다.
(474) 모든 것이 준비되었기 때문에 우리는 출발했다.
(475) 생존자가 없기 때문에 사건을 일으킨 정확한 원인은 결코 알 수 없을 것이다.

(476) READING

영화관 밖에서 줄지어 서 있던 노인이 누군가 뒤에서 자기 등에 손을 대는 것을 느꼈다. 재빨리 뒤돌았을 때 그는 한 젊은 사람이 줄을 떠나고 있는 것을 보았다.

"나는 후딱 길 건너에 갔다 오려고요, 담배 좀 사고 싶어서요."라고 그 청년은 말했다.

"그런 건 나에게 흥미 없는 일이오."

"알아요, 하지만 나는 내 자리를 잊어버릴까봐 당신의 등에 백묵으로 표시를 해 두었지요."라고 그 젊은 사람이 대답했다.

(477) 저녁식사를 끝낸 후 그는 나를 보러 왔다.
(478) 그 책은 급하게 쓰였기 때문에 틀린 곳이 많다.
(479) 답장을 못 받았기 때문에 나는 다시 편지를 썼다.
(480) 전에 그를 만난 일이 없기 때문에 나는 그를 알지 못했다.
(481) 게으르긴 하지만 그는 정직하다.
(482) 그는 너무 거만해서 모든 사람이 그를 싫어한다.
(483) 엄밀히 말하자면, 그는 정직하지 않다.
(484) 사람들이 말하는 것으로 판단하면 그녀는 비정상적인 성격을 가진 사람임에 틀림없다.
(485) 매 전투마다 패배했기 때문에 적군은 퇴각했다.
(486) 쉬운 문체로 쓰여있기 때문에 그 책은 학생들 사이에서 평판이 좋다.
(487) 당신이 말하는 것을 인정은 하지만 나는 여전히 당신이 실수를 했다고 생각합니다.
(488) 그 여관 주인은 이런 종류의 사건에 익숙했지만 매우 놀랐다.

Lesson 13 | 시제 – 현재, 과거, 진행 복습관리

p.154 **Hint**

A 1| ① 나는 매일 학교에 간다. ② 그는 약속을 지킨다. ③ 그는 선생님이다.
  2| ① 지구는 태양의 주위를 돈다.
     ② 4 + 5 = 9
  3| ① 하늘에 비행기가 보인다.
     ② 무슨 소리가 들린다. 무엇일까?
  4| ① 나는 내일 서울에 간다.
     ② 언제 출발하십니까?
  5| 내일 비가 오면 떠나지 않겠다.
  6| Napoleon은 프랑스 해안에 상륙하여 파리를 향하여 의기양양하게 행군한다.
  7| ① 나는 그녀가 결혼할 것이라는 것을 들었습니다.
     ② 나는 그것을 인터넷에서 읽고 있습니다.

B ① (진행형으로 할 수 없는 동사는 무엇 무엇인가요?)
  ② 나는 내일 서울로 가겠습니다. (3가지로)
  ③ 나는 그를 만나려고 합니다.

C ⓐ 나는 어제 그 공원에 갔습니다.
  ⓑ 그는 작년에 카메라를 샀습니다.
  ⓒ 작년에 그는 여기에 오곤 했다.
  ⓓ 그는 젊었을 때 돈을 어리석게 낭비하곤 했다.

D 내가 그를 방문했을 때 그는 영어를 공부하고 있었다.

[489] READING

어느 날 아일랜드 사람이 뉴욕에 도착했다. 한 선원이 그에게로 다가와서 말했다. "여기가 처음이십니까?"
"예."
"그렇다면 기차 여행을 할 때마다 결코 맨 마지막 칸에는 타지 마십시오."라고 상대방이 말했다.
"왜요?"
"왜냐하면 위험하기 때문입니다. 사고들은 모두 맨 마지막 칸에서 일어납니다."
그 아일랜드 사람은 잠시 자기 머리를 긁었다. 별안간 그는 밝게 미소 지으며 말했다. "만일 모든 사고가 맨 마지막 칸에서 생긴다면 왜 그것을 떼어버리지 않나요?"

p.157 **EXERCISE**

[490] 그는 지금 아침 식사 중입니다.
[491] 우리는 매일 아침 7시에 아침밥을 먹습니다.
[492] 7월 중에는 비가 꽤 자주 옵니다.
[493] ① 당신은 지금 어디에 가고 있는 중입니까? (너 지금 어디 가니?)

② 나는 영화 보러 가는 중입니다. (영화 보러 간다.)

③ 나도 오늘밤 가려고 합니다. 그러나 그렇게 자주 가지는 않습니다.

[494] John은 바빠 보입니다. 나는 그가 입학시험을 준비 중이라고 생각합니다.

[495] ① Smith는 담배를 많이 피웁니다.

② 사실, 내가 그를 볼 때마다 그는 담배를 피우고 있습니다.

[496] 내가 어제 집으로 걸어가고 있을 때 나는 한 거지를 만났는데 그가 나에게 돈을 좀 달라고 청했다.

[497] 전화가 왔을 때(울렸을 때) 나는 쿨쿨(푹) 자고 있었다.

[498] 내일 비가 오면 나는 집에 있겠다.

[499] 나는 그가 입시에 합격할지 안 할지 모른다.

[500] 그는 그의 어머니를 닮았다.

[501] 우리 선생님은 지구가 태양의 주위를 돈다고 가르치셨다.

[502] 이 책은 미스터 김 소유물(소속)이다.

[503] ① 너는 무엇을 보고 있니? ② 그림을 보고 있습니다.

[504] KNA 비행기는 매주 수요일 홍콩으로 떠납니다.

[505] 그 아이들은 그들의 선생님을 존경한다.

[506] 나는 베이징 올림픽 전에 충실한 개를 가지고 있었다. 그것은 나를 아주 좋아했다. (fond)

[507] 나는 지난 여름 매일 아침 산책을 하곤 했다.

[508] READING

"애들아, 너희들 절대 싸우면 안 돼. 도대체 이게 온통 웬일이냐?"라고 한 목사님이 서로 고함을 지르고 있는 한 무리의 소년들을 만났을 때 말했다.

"사실은 이렇습니다, 목사님. 우리는 가장 큰 거짓말을 한 아이에게 이 개를 주기로 결정했어요. 그런데 모두가 자기 거짓말이 가장 크다고 하는데 하지만 내 것이야 말로 가장 크지요."라고 가장 큰 소년이 말했다.

"아이고 저런, 내가 너희들 나이 땐 거짓말이 무엇인지도 몰랐단다."라고 그 목사님이 말했다.

"여기 있어요, 개는 목사님 것이에요."라고 소년들이 이구동성으로 소리쳤다.

[509] 우리 학교는 9시에 시작한다. 빨리 가서 배우자.

[510] 당신은 그날의 학과를 복습 하십니까?

[511] 당신은 언제 미국으로 가십니까? (3가지로)

[512] 봄에는 꽃이 피고 새가 운다.

[513] 태양은 동쪽에서 떠서 서쪽으로 진다.

[514] 그저께 내가 출발할 때는 비가 좀 오고 있었다.

[515] 수업은 오전 8시 반에 시작한다.

[516] 그는 형을 닮았다.

[517] 옥외운동(outdoor exercise)은 건강에 좋다.

[518] 나는 아침 6시에 일어나서 정원을 산책했다.

[519] 당신 부친은 무슨 사업을 하십니까? 도자기(ceramic ware)를 매매합니다.

[520] 비는 조금 전에 그쳤는데 바람이 아직 불고 있습니다.

[521] 어제 학교가 8시에 시작했다. 그래서 지각(late)한 학생이 적지 않았다.

▲ 아직도 단어공부를 정리하고 있지 않나요?

Lesson 14 | 시제 – 미래 복습관리

p.160   will, shall 용법(1~5표)을 암기하세요.

(522) READING 해답편을 보고 영역해 보세요.

p.163   **EXERCISE**

(523) 나는 내년에 18살이 될 것이다.

(524) 비가 곧 멈추지 않으면 너는 흠뻑 젖게 될 것이다.

(525) 그들의 삼촌은 아마도 모든 것을 그들에게 남겨주실 것이다. 그렇게 되면 그들은 큰 부자가 될 것이며 그렇지 않으면 그들은 여전히 가난할 것이다.

(526) 내가 3시 20분 기차를 타면 시간 내에 거기에 도착할까요? – 예, 그렇습니다.

(527) 그가 오지 않으면 당신은 실망하시겠네요? – 예, 그렇습니다.

(528) 그는 그의 심각한 질병으로부터 회복할까요? – 예, 그렇습니다.

(529) 나는 이런 일은 결코 다시 하지 않겠다.

(530) 이런 일을 또 다시 하면 너를 처벌할 것이다.

(531) 그를 죽일 것이다. (의지)   그는 죽을 것이다. (단순)

(532) 창문을 열까요?

(533) 나에게 그 디지털 카메라를 주시겠습니까? (주십시오.)

(534) 미스터 김이 당신에게 말하기를 원합니다. 그를 들어오게 할까요?

(535) 만일 당신이 그렇게 해 주신다면 나로서는 대단히 고맙겠습니다.

(536) 그가 우리와 협력하기를 승낙할까요?

(537) 그분은 그녀에게 그 MP3 플레이어를 주겠다고 말씀하십니다.

(538) 저는 언제 도착하게 되나요? – 너는 내일 도착하게 될 것이다.

(539) 어느 것을 가질까요(주시겠습니까)? – 이것을 주마.

(540) 그에게 어느 것을 주시겠습니까? – 저것을 주마.

(541) 비가 오지 않으면 그는 내일 돌아올까요? – 예, 그렇습니다.

(542) 당신은 오늘 집으로 돌아오게 됩니까? – 예, 그럴 겁니다.

(543) 당신은 오늘 집으로 돌아오시겠습니까? – 예, 그렇게 하겠습니다.

(544) 그는 내년에 14살이 되나요? – 예, 그렇습니다.

(545) 내가 만일 그에게 부탁하면 그는 나에게 돈을 빌려줄까요?

(546) READING

버스 차장이 자기 앞에 양팔을 벌리고 앉아 있는 승객 앞에 멈춰 섰다.

"요금 주세요."라고 그는 요구했다.

"내 외투의 오른쪽 주머니에 1 달러가 있으니 찾아보세요."라고 그 남자가 말했다.

차장은 수상하다는 듯이 그 사람을 쳐다보았다.

"당신 팔이 어떻게 되었나요?"

"오, 아니에요, 내 손 사이의 넓이가 내가 사려고 하는 유리창의 크기입니다."라는 답이 왔다.

(547) 또 한 번 지각하면 파면(discharge)이다.
(548) 택시를 안 타면 우리는 기차를 놓칠(miss) 것이다.
(549) 어디 앉을까요? - 여기 앉으십시오.
(550) 그 결과(result)는 언제 알게 될까요? - 2, 3일 안으로 알게 될 것입니다.
(551) 빨리(in a hurry) 가면 그를 만날 수 있을 것입니다.
(552) 그를 미스터 김에게 소개(introduce)하여 주시면 대단히 감사(be much obliged)하겠습니다.
(553) 내일 상(prize)을 주마.
(554) 이름을 알려주시겠습니까? (이름을 알려주시오.)
(555) 오늘 저녁 컴퓨터와 프린터가 필요합니까?
(556) 오늘 저녁 그를 만납니까?
(557) 다음 전쟁은 상상 이상으로 참혹(cruel)할 것입니다.
(558) 그는 매일 열심히 공부하겠다고 말한다.
(559) 나에게 돈이 있는 한(while) 그를 곤궁(want)하게 하지는 않을 것이다.
(560) 그들이 경기(game)에 참가(take part in)하는데 허가(allow)를 받게 될까요?
(561) 그에게 부탁(ask)하면 승낙(consent)할까요?
(562) 아들에게 의사(doctor)를 당장 부르게 할까요? - 예, 그렇게 하세요.
(563) 당신이 지금 그를 방문하면, 그는 그 책을 읽고 있을 것입니다.

Lesson 15 | 시제 – 현재완료 복습관리

(현재완료에 관한 문제가 많이 나오니 열심히 하세요.)

p.170 **[564]** READING
① 성과 이름을 영어로는 무엇?
② 그것은 상당히 잘 알려진 이름이네요.
③ 그렇고 말고요. 저는 이 근방에서 2년 동안이나 식료품을 배달해 왔거든요.

p.171 **EXERCISE**

[565] 나의 시계가 어제 도난 당했다. 그래서 새 것을 샀다.
[566] 나는 시골에서 태어났으나 서울에서 20년 동안 쭉 살아왔습니다.
[567] 나는 5년 전에 포르투갈을 떠났습니다. 그 이후로 나는 포르투갈어를 말해 본 적이 없어서 내가 배웠던 것을 모두 잊고 있습니다.
[568] 여기에 오신지 얼마나 되십니까?
[569] 지우개를 빌려 줘. 실수를 하나 해서 지워버리고 싶어.
[570] 나는 그가 어릴 때부터 그를 알고 있다.
[571] 당신은 지금까지 이런 이야기를 들어 본 적이 있습니까?
[572] 당신은 지난 달에 휴일을 어디서 보냈습니까?
[573] 당신은 언제 영어를 배우기 시작했습니까?
[574] John은 집에 없다. 그는 이번 주에 벌써 2번이나 가 보았는데 또 영화 보러 갔다.
[575] 그들은 싸운 이후로 서로 말해 본 적이 없다.
[576] 학교 가는 길에 나는 네 누나를 보았다.
[577] ① 나는 지금까지 6년 동안 영어를 공부해왔습니다.
② 영어 공부를 해본 적이 있습니까?
[578] ① 당신은 여기에 온지 얼마나 됐습니까?
② 당신은 여기에 와 본 적이 있습니까?
[579] ① 그는 5년 동안 이 집에서 살아왔습니다.
② 그는 이 집에서 한 번 살아본 적이 있다.
[580] ① 그는 거기에 가버렸습니다.
② 그는 거기에 가 본 적이 있습니다.
[581] ① 그는 여기에 와 버렸다. (와 있다.)
② 그는 여기에 와 본 적이 있다.
[582] ① 당신은 아직도 그것을 다 하지 않았습니까?
② 당신은 그것을 해 본 적이 있습니까?
[583] ① 나는 그 책을 지금 막 다 읽었습니다.
② 나는 그 책을 한 번 읽어본 적이 있습니다.

(584) **READING**

한 친절한 노인이 아주 작은 아이가 울고 있는 것을 보고 다가가서 말하기를 "이제, 착한 사내 아이가 되어 우는 것을 멈추거라."

"멈출 수가 없어요."라고 그 아이는 흐느꼈다.

"그런데 왜 멈출 수 없니?"라고 그 노인이 물었다.

"멈출 수 없어요."

"자, 여기 돈 한 푼 있다; 이제 왜 착한 사내 아이가 되어 우는 것을 멈출 수 없는지 나에게 말해 보렴."

"왜냐하면 나는 여자 아이거든요."

(585) 내 우산을 잃어버렸습니다. - 언제 잃어버렸습니까? - 어젯밤에 잃어버렸습니다.

(586) 영작 숙제 쓰는 것을 끝냈습니까?

(587) ① 종소리가 벌써 울렸습니까?

② 아니요, 아직 안 울렸습니다.

③ 예, 벌써 울렸습니다.

(588) 나는 2001년 이후 이곳에 살고 있습니다.

(589) 당신 아버지는 오늘 저녁 댁에 계실까요? - 아니요, 사업차 상하이에 가고 안 계십니다.

(590) 나는 세 번이나 베이징에 가본 적이 있다.

(591) 일전에 빌려준 돈이 필요하니 월요일까지 갚아주세요.

(592) 언제 새 아파트로 이사(move) 하셨습니까? - 지난 일요일에 이사했습니다.

(593) 그는 미국에 가 본 적이 없는데도 그의 영어는 완벽합니다.

(594) 오래간만입니다. (현재완료) 결혼했다는 말을 들었습니다. 언제 결혼식을 했나요?

(595) **READING**

시골에서 온 노부인이 큰 도시에서 성공한 자기 손자를 방문했다. 그는 그녀(할머니)를 자기가 살고 있는 20층 아파트로 모셔가서는 자랑스럽게 여기저기를 그녀에게 보여드렸다.

"자, 할머니, 어떻습니까?(어떻게 생각하세요?)" 그는 미소 지으며 말했다.

"홍수에는 아주 걱정 없겠군."이라고 노부인이 말했다.

(596) 나는 이 집을 2년 전에 샀다.

(597) 나는 이 2년 동안 이 집에서 살아왔다.

(598) 삼촌은 이 2년간 결코 우리를 방문한 적이 없습니다만 숙모님은 5일 전에 우리를 보러 와서 5일 동안 우리와 함께 머물러왔습니다. 그녀는 내일 아침 돌아갈 것입니다, 삼촌이 그녀를 오랫동안 기다려서요.

(599) 그는 방금 그 일을 끝마쳤습니다.

(600) 나는 종종 서울에는 간 적이 있으나 여기에는 결코 와 본 적이 없습니다.

(601) 당신은 작년에 미국으로 갔지만 나는 그제 한국으로 돌아왔습니다.

plus tip Lesson 15의 단어 전부를 정리하고 있지요? 지면 관계상으로도 그렇고 또 여러분이 노력하여 공부하는 기회를 주기 위해서도 그렇고 단어 정리를 안 해주고 있는데 여러분들도 안 하고 그냥 넘어 갈까봐 큰 걱정입니다.

Lesson 16 | 시제 – 미래완료, 과거완료 복습관리

p.176 **Hint**

A 1| 나는 그가 올 때까지는 그것을 끝마치게 될 것이다.
2| 나는 당신이 다음 번 방문할 때는 좋은 차를 사가지고 있을 것이다.
3| 그는 그 때까지 인생(세상)을 많이 볼 것이다.
4| ① 나는 내년 3월로 부산에 2년간 살게 된다.
② 나는 오는 10월이면 만 4년간 이 학교에서 가르치게 되는 것이다.

B 1| 내가 역에 도착했을 때 기차는 이미 떠나버리고 말았었다.
2| 그녀와 결혼했을 때 나는 그 아파트를 사 가지고 있었다.
3| 나는 그 때 이전에는 돌고래를 본 적이 없었다.
4| ① 내가 그를 방문했을 때 그는 3일간 병을 앓고 있었다.
② 그가 왔을 때 나는 3시간을 기다려오고 있었다.
5| 나는 그 전날 샀던 책을 잃어버렸다.
6| ① 나는 그들에게 Columbus가 아메리카를 발견했다고 말해주었다.
② 나는 카메라를 하나 샀고 그것을 잃어버렸다.

p.178 **[602] READING**

Jones는 12명 아이들의 아버지였다. 어느 일요일 그는 그들 모두를 해변으로 데려가기로 결심했다. 그들이 출발해서 역에 도착하고 그들의 차표를 사가지고 막 기차에 들어가려고 하는데 Jones의 어깨를 한 경찰관이 쳤다.
"당신은 지금까지 무엇을 해왔소?"라고 경찰관이 엄하게 물었다.
"왜요, 아무 짓도 하지 않았는데요!"라고 Jones는 크게 놀라서 더듬으며 말했다.
그 경찰관은 아이들을 향하여 그의 손을 흔들었다.
"그럼 왜 이렇게 많은 군중이 당신을 따르는 거요?"라고 그는(경찰관) 물었다.

p.179 **EXERCISE**

[603] 내가 그녀의 집을 방문했을 때 그녀는 막 밖으로 나갔었다.
[604] 나의 어린 남동생이 우리가 돌아오기 전에 그 파이를 다 먹어버렸다.
[605] 비행기가 착륙했을 때 조종사는 포탄에 의해 날개 하나가 파손되어 있는 것을 발견했다.
[606] 그가 왔을 때는 나는 1시간 동안 기다려왔다.
[607] 그는 그 책을 빌렸다가 되돌려주었다.
[608] 오는 12월로 그는 세상을 뜬지 10년이 된다.
[609] 내가 편지를 다 쓸 때까지 기다려주세요.
[610] 금년 말로 그는 100만 마일 이상을 비행하게 된다.
[611] 우리가 그곳에 7시 전에 도착하지 못하면 그들은 모든 것을 먹고 마셔버릴 것이다.
[612] 다음 일요일로 한 달 동안 비가 계속해서 오는 셈이다.

(613) 그는 이 학교에 입학할 때까지는 열심히 공부하여 왔었다.

(614) 2년만 더 있으면 여기에 꼭 10년 있게 되는 셈이다.

(615) 그는 그 책을 샀다가 다음 날 팔았다.

(616) 아버지가 돌아오실 때까지 나는 이 일을 끝낼 것이다.

(617) READING

이모 : 네가 어제 치통이 있었다는 말을 들었다. 지금은 아픈 것이 멈추었니?

Tom : 전 모르는데요, 이모.

이모 : 그거 이상하구나. 틀림없이 너는 지금 이가 아픈지 안 아픈지를 알 텐데.

Tom : 아니요, 나는 몰라요. 치과의사가 그 이빨을 가지고 있거든요.

(618) 그 책을 다 읽으신 후엔 또 다른 책을 빌려드리겠습니다.

(619) 나는 이 대학에 입학할 때까지 6년 동안 영어를 공부해왔지만 영어로 쓰인 신문을 쉽게 읽을 수가 없었습니다.

(620) 그는 미국으로 가기 전에 몇 년 동안 영어공부를 해왔었습니다.

(621) 우리는 비가 오기(시작하기) 전 거기에 도착할 것입니다.

(622) 나는 10년 전에 영어를 공부했습니다만 지금은 모두 잊어버렸습니다.

(623) 내가 그녀를 방문했을 때는 이미 그녀는 미국으로 떠나버렸습니다.

(624) A씨는 2년 전에 영국으로 갔습니다만 B씨는 그보다 3년 전에 거기에 갔습니다.

▲ 시제(TENSE) 일람표를 외워보세요.

▲ Lesson 16의 단어는 전부 정리해서 암기해 버렸지요? 안 했으면 꼭 하세요.

응용연습 다음 문장을 한국어로 번역하시오. (답을 보기 전에 먼저 잘 생각해 보세요.)

ⓐ No sooner had the oil tanker arrived off Incheon than a storm suddenly sprang up.

ⓑ He had hardly(= scarcely) escaped when he was recaptured.

(해답은 p.45 (624)번 해답 뒤에 있습니다.)

Lesson 17 태 복습관리

p.184 **(625)** READING

어느 술집 주인이 새벽 3시에 기분 좋게 자고 있을 때 그의 전화기가 울렸다. (그의 전화가 울렸을 때 …자고 있었다.) "당신 술집 몇 시에 엽니까?"라고 술 취한 목소리가 물었다.

"11시요."라고 술집 주인이 말하고 수화기를 쾅 내려놓았다.

잠시 후에 벨이 또 울렸다. 같은 목소리가 "당신 술집을 몇 시에 연다고 했지요?"라고 물었다.

"11시라니까, 제기랄, 그리고 일 분 전일지라도 들어올 수 없소."라고 소유자(주인)는 고함을 질렀다.

"누가 들어가고 싶다고 했소? 나는 나가고 싶단 말이오."라고 무척 기분 상한 목소리가 말했다.

p.184 **EXERCISE** 다음 문장을 능동태와 수동태 2가지로 영어로 옮기세요.

(626) 그 도둑은 귀중한 그림을 훔쳤다.
(627) 그는 미스터 김을 안다.
(628) 그는 내일 나를 방문할 것이다.
(629) 그는 편지를 썼습니다. (현재완료로)
(630) 나는 아버지가 돌아오시기 전에 이 일을 끝내게 될 것이다.
(631) 그는 재미있는 책을 읽고 있는 중이다.
(632) 모든 학생들이 이 지시들에 주의해야만 한다.
(633) 소년들은 그들의 부모에게 복종하여야 한다.
(634) 이 꽃을 무엇이라고 부릅니까?
(635) 이 나무를 당장 베어버려라.
(636) 그는 나에게 돈을 좀 빌려주었다.
(637) 나는 그를 나의 지지자로 만들었다.
(638) 그녀는 그 불쌍한 소년을 돌보았다.
(639) 나는 그가 유죄라고 생각한다.
(640) 그는 그 개가 달리는 것을 보았다.
(641) 이 학교에서는 독일어를 가르칩니까?
(642) 그는 그의 상관에게 보내는 편지를 잉크로 썼어야만 했다.

(643) READING

"실례합니다만, 당신이 어제 내 아들을 호수에서 건져주신 양반이 아니십니까?"라고 스코틀랜드인이 말했다.

"예, 그렇소만, 그 일에 대해서는 걱정 마세요. 더 이상 그것에 대해서는 말하지 않기로 합시다."라고 난처한 구조인이 말했다.

"그 일에 대해서 아무 말 말자고요? 아니 여보, 그 아이의 모자는 어디 있소?"라고 스코틀랜드인이 소리쳤다.

(644) 누가 당신에게 그 길을 알려주었습니까?
(645) 이 책은 나에게 재미가 있습니다.
(646) 그 의사가 그의 병을 고쳤습니다.
(647) 누가 창문을 깨뜨렸니?

(648) 모두 그가 정직한 사람이라고 믿었습니다.
(649) 의료인들은 매 7년마다 사람들에게 신체적 변화가 일어난다고 우리에게 말하고 있습니다.
(650) 사람들은 태양이 지구 주위를 돈다고 생각했습니다.
(651) 그 강연은 많은 청중에 의하여 참석되어졌습니다.
(652) 많은 책들이 그에 의하여 쓰여졌습니다.
(653) 그는 서울 시장으로 선출되었습니다.
(654) 한 명령이 그 장교에 의해서 나에게 내려졌다.
(655) 고쳐질 수 없는 것은 참아지지 않으면 안 된다.
(656) 그 단어는 어떻게 철자됩니까?
(657) 이 반에서는 영어로 말해져야만 합니다.
(658) READING

　어떤 사람이 거북이 한 마리를 연못에 넣고 그것을 조심스럽게 바라보고 있었는데 그의 친구 한 사람이 그에게로 왔다. 그 방문객이 그에게 말하기를 "자네를 오랫동안 보질 못했네, 자네에게 무슨 일이 있나?"

　그가 대답하길 "나는 무슨 일엔가 흥미가 끌려 아무도 찾아가질 못했다네." 그렇게 말하면서 그는 연못에서 헤엄치고 있는 거북이를 가리켰다.

　"거북이가 어떻단 말이야?"라고 그 친구가 물었다.

　그가 답하여 말하기를 "옛날부터 학은 천 년을 살고 거북이는 만 년을 산다고 했네, 그래서 나는 이 녀석이 만 년을 사는지 지켜보고 있는 중이라네."

(659) 우리는 그에 의해 영어를 교습 받았다.
(660) 대통령 교서가 그에 의해 쓰여지고 있는 중이다.
(661) 큰 곰이 강으로 다가가는 것이 사냥꾼에 의해 감지되었다.
(662) 많은 쌀이 이 나라 이 지방에서 재배되고 있습니다.
(663) 우리 학교에서는 영어는 물론 불어도 교습됩니다.
(664) 당신이 나에 의해 보호받지 않았더라면 당신은 피살되었을지도 모릅니다.
(665) 나의 할아버지는 한국 전쟁에서 돌아가셨다.
(666) 그의 아들은 트럭에 치었다. (be run over)
(667) 몸을 깨끗이(keep clean) 해야만 한다.
(668) 그들은 우리에게 심하게 일을 시켰다.
(669) 그는 우리에게 영어를 가르친다. (2가지로)
(670) 이런 상태에서 우리는 견딜(put up with) 수가 없다.
(671) 그는 아침 일찍 일어난다고 한다. (2가지로)
(672) 그가 젊었을 때는 가난했답니다. (2가지로)
(673) 당신이 건강하신 것을 보니 기쁩니다.

▲ Lesson 17의 단어를 전부 정리했지요? 그것을 몇 번 암기하십시오.

Lesson 18 | 가정법 복습관리

p.190 **Hint**

A 1| ① 만일 내가 돈이 많다면 그 집을 살 것이다.
　　② 내가 만일 부자라면 그것을 살 수 있을 것이다.
　2| ① 열심히 공부했더라면 입학시험에 합격할 수 있었을 텐데.
　　② 만일 내가 돈을 많이 가지고 있었더라면 그것을 살 수 있었을 텐데.
　3| ① 해가 서쪽에서 뜨는 일이 있다 할지라도 이런 일을 다시는 안 하겠다.
　　② 만일 내가 외국에 간다면 나는 미국에 갈 것이다.

B 1| ① 내일 날씨가 좋으면 부산에 갈 것이다. (고문·현대문)
　　② 내일 비가 온다면 부산에 안 갈 것이다. (고문·현대문)
　2| 만일 내가 실패하면 (그럴 리가 없지만) 또 해 보겠다. (강한 의심)
　3| 그가 그 돈을 빌려준다면, 많이 고맙겠는데. (의지를 가정)
　　▲ 그는 오려고만 하면 올 수 있는데 안 온다.
　4| ① 내가 새라면 좋겠다. (2가지로)
　　② 내가 그 모임에 참석했더라면 좋았을 텐데. (2가지로)
　　③ 네가 성공하면 좋겠는데. (2가지로)
　　▲ 내가 영어를 잘 말할 수가 있으면 좋겠는데. (2가지로)
　　　내가 (과거에) 영어를 잘 말할 수 있었더라면 좋았을 텐데. (2가지로)
　5| ① 그는 마치 한국 사람인 것처럼 한국말을 한다.
　　② 그는 마치 무엇이든지 아는 것처럼 이야기한다.
　　♣ 위 2문제를 과거형 가정법으로 하면?
　6| 당신 도움이 없으면 그는 지금 살아갈 수 없을 것이다. (Were ..., If ...)
　7| 당신이 도와주지 않았더라면 나는 실패했을 것이다. (Had ..., If ...)
　8| ① 거짓말을 한다면 선생님이 야단치실 걸. (to부정사 이용)
　　② 물이 없다면 아무것도 살 수 없을 것이다. (Without ..., If ...)
　　③ 당신의 도움이 없으면 나는 실패할 것입니다. (But for ..., Were ...)
　　　당신의 도움이 (과거에) 없었더라면 나는 실패했을 것입니다. (But for ..., Had ...)
　　④ 그는 열심히 공부했다. 그렇지 않았더라면 그는 실패했을 것이다. (otherwise 또는 or)
　　⑤ 가난하지 않으면 미국으로 가겠는데. (but that)

(674) **READING**

그가 술에 취해 난잡하게 굴었다고 체포되었는데, 경찰서에서 문책을 당하고 있는 동안 지역 경찰서 경사가 그에게 물었다.
"당신 읽고 쓸 수 있소?"
"쓸 수는 있는데 읽을 줄을 모릅니다."

"그러면 당신 이름을 쓰시오."라고 경사가 말했다.

그 죄수는 연필을 잡고서는 큰 글자들을 지면 위에 아무렇게나 막 휘갈겨 썼다.

"당신이 쓴 것이 뭐요?"라고 그 어리둥절한 경사가 다그쳤다.

"모르겠는데요. 내가 말하지 않았소, 나는 못 읽는다고."라고 그 죄수는 대답했다.

p.196 **EXERCISE**

(675) 만일 내가 당신이라면 나는 그 분에게 사실을 말하겠다.

(676) 비가 올 줄 알았더라면 난 가지 않았을 텐데.

(677) 대양의 물이 지구를 휩쓴다 할지라도 나의 충성은 변하지 않을 것이다.

(678) 만일 내가 비 오는데 외출했더라면 나는 감기에 걸렸을 것이다.

(679) 만일 내가 그 당시 돈이 많이 있었더라면 나는 그 집을 살 수 있었을 텐데.

(680) 만일 태양이 사라진다면 지구 전체가 하루나 이틀 안에 꽁꽁(fast) 얼어붙을 것이다.

(681) 만일 그가 빠르게 운전하였더라면 더 큰 사고가 되었을 것이다.

(682) 만일 내가 성공하지 못할 경우 어떤 다른 방도로 해보겠다.

(683) 만일 그가 내 상관(선배)이 아니라면 그에게 더 좋은 태도를 가르쳐 주고 싶다.

(684) 만일 우리가 도중에 멈추지 않았더라면 벌써 도착했을 것이다.

(685) 그가 무릎을 꿇고 비는 일이 있다 할지라도 나는 그래도 거절하겠다.

(686) 네가 그 책을 빌려주면 매우 고맙겠는데.

(687) 만일 내가 당신이라면, 나는 이 일에 전심전력을 다 할 것이다.

(688) 만일 내가 그것을 써놓지 않으면 나는 잊어버릴 것이다.

(689) 만일 그가 그녀와 결혼했더라면 그는 더 행복했을 것이다.

(690) 그가 더 열심히 일(공부)했더라면 그는 분명히 성공했을 것이다.

(691) ① 내가 새라면 좋겠는데.

② 내가 (그 당시) 부자였더라면 좋았을 걸.

③ 그가 성공하면 좋겠는데.

(692) 그 아이는 마치 어른처럼 말한다.

(693) 만일 이 은시계가 금으로 만들어졌다면 내가 그것을 살 텐데. (Were)

(694) ① 당신의 도움이 없으면 나는 실패할 것이다.

② 당신의 도움이 없었더라면 나는 실패했을 것이다. (But for)

(695) 그가 말하는 것을 듣는다면 사람은 그를 바보라고 생각할 것이다. (to부정사)

(696) 물이 없으면 아무 것도 살 수 없을 것이다. (Without)

(697) 게으르지 않으면 그는 성공할 텐데. (but that)

(698) 그는 아주 열심히 공부했다. 그렇지 않았더라면 그는 실패했을 것이다.

(699) READING 해답편을 보고 영어로 말해보세요. 꼭 하셔야 합니다.

(700) ① 나는 장군이 되고 싶다. (I wish)

② 내가 장군이라면 좋겠는데.

③ (그 당시) 내가 장군이었더라면 좋았을 걸.

④ 그가 장군이 되면 좋겠는데.

(701) ① 당신이 성공하기를 바랍니다.

② 네가 성공하면 좋겠는데.

(702) 나에게 시간이 있으면 당신과 함께 갈 수 있을 텐데.
(703) 내가 부자라면 그렇게 할 수 있을 것이다.
(704) 하루 일찍 도착했더라면 시험 시간 안에 갈 수 있었을 텐데.
(705) 만일 내가 나의 최선을 다 하지 않았더라면 나는 성공하지 못 했을 텐데.
(706) 내 카메라를 가져 왔더라면 좋았을 텐데.
(707) 내가 불어를 말할 수 있으면 좋을 텐데.
(708) 내가 당신과 함께 있었더라면 좋았을 텐데.
(709) READING 해답편을 보고 영어로 말해보세요. 꼭 하셔야 합니다.
(710) 내가 그때 총을 가지고 있었더라면 좋았을 텐데.
(711) 그가 돈을 낭비하지 않았더라면 지금 그렇게 가난하지 않을 텐데.
(712) 우리가 10분 더 일찍 왔더라면 카페리 시간 안에 왔을 텐데.
(713) 시간이 있으면 가고 싶은데.
(714) 지금의 하숙집이 좀 더 학교 가까이 있거나 지하철 편을 이용할 수 있다면 나로서는 이사할 필요가 없는데.
(715) 내가 만일 그에게 부탁한다면 (사실 부탁할 리 없지만) 그는 승낙할 것이다.
(716) 그는 마치 백만장자인 것처럼 사치스럽게 살고 있습니다.
(717) 인간은 자기를 앞선 사람들(조상들)의 유용한 노동의 결과가 없었더라면 여전히 미개인(의 상태)을 지속했을 것이다. 그들(조상들)은 예술과 과학을 발견했고 우리는 그들의 노동에 의한 유익한 결과를 이어 받는다.

Lesson 19 | 시제의 일치 복습관리

p.202 **Hint** (주절과 종속절) 다음 문장을 영어로 옮긴 후 주절과 종속절을 지적하세요.
① 나는 영어를 잘 말할 줄 아는 소년을 안다.
② 내가 그를 방문했을 때 그는 일하고 있었다.
③ 그는 그녀가 친절하다고 말한다.
④ 그가 정직하다는 것은 사실이다.

p.202 **Hint** 시제의 일치 (Sequence of Tenses)
주절, 종속절의 동사의 시제에 주의하면서 다음 문장을 영어로 옮기세요.

A ▲ 나는 그가 집에 있다고 생각했다.
▲ 그는 나에게 그 책을 다 읽어버렸다고 말했다.
▲ 그는 지구가 둥글다고 말했다.
▲ 그는 그 기차가 5시에 떠난다고 말했다.

B ① 나는 그가 부자였다고 〔부자라고, 부자가 될 거라고〕 생각한다.
② 그는 자기가 아팠다고 〔아프다고, 아플 것이라고〕 말할 것이다.

C ▲ 나는 너보다 키가 컸다.
▲ 그는 너만큼 친절하지 못했다.

p.203 [718] READING 해답편을 보고 영어로 옮기세요.

p.204 **EXERCISE**
[719] 어머니는 나에게 어제 아팠다고 말씀하셨다.
[720] 그는 나를 보자마자 도망쳤다.
[721] 선생님은 나에게 지구가 큰 공처럼 둥글다고 말씀하셨다.
[722] 나는 그가 나를 속이고 있다는 것을 알았다.
[723] 나는 그것이 필요할 것이라고 생각했다.
[724] 그는 그가 너를 좋아하는 것보다 나를 더 좋아했다.
[725] 나는 그에게 내가 매일 아침 일찍 일어난다고 말했다.
[726] 나는 그가 그 당시 이미 그것을 해버렸다고 생각했다.
[727] 그는 나에게 무엇이 필요하냐고 물었다.
[728] 그는 아주 빨리 뛰어가서 나는 따라갈 수가 없었다.
[729] 당신은 너무 빨리 걸어서 나는 쫓아갈 수가 없습니다.
[730] 나는 그가 어디 사는지 몰랐습니다.
[731] 나는 '정직이 최상의 방책이다.'라는 것을 배웠습니다.
[732] READING 해답편을 보고 영어로 옮기세요.
[733] 그는 무엇인가 잃어버렸다고 말했다.
[734] 나는 당신이 성공할 것이라고 생각했습니다.

(735) 그는 당신이 지금 공부하고 있는 것보다 더 열심히 공부했습니다.
(736) 나는 당신 나이 때 당신만큼 영어를 몰랐습니다.
(737) 나는 나의 아우가 정직하다는 말을 들어서 기뻤다.
(738) 내일 아침 출발하신다는 말을 미스터 김에게 들었습니다.
(739) 그는 성공하려고 주야로 공부했습니다.
(740) 그는 카메라를 샀다고 나에게 말했다.
(741) 그는 부자가 되려고 열심히 일했다.

Lesson 20 화법 복습관리

p.208　**Hint**　※ **직접화법을 간접화법으로 고치는 방법**

A　▶ 그는 자기가 정직하다고 말한다. (간접, 직접화법 2가지로. 이하 같음.)
　　▶ 그는 나에게 자기가 나의 형을 보았다고 말하고 있습니다. (has said)
　　▶ 그는 자기가 그것에 책임이 없다고 말할 것이다.

B　① 그가 자기는 바쁘다고 말했다.
　　② 그는 나에게 그 차를 주겠다고 말했다.
　　③ 그는 정직이 최상의 방책이라고 말했다.
　　④ 그는 자기가 그것을 막 다 썼다고 말했다.
　　⑤ 그는 그 책을 그 전날 샀다고 말했다.
　　⑥ 그는 Columbus가 아메리카를 발견했다고 말했다.
　　⑦ 그는 만일 자기가 부자라면 그것을 살 것이라고 말했다.

C　① 그는 내가 파주에 사는지를 물었다.
　　　　그는 내가 공무원인지를 물었다.
　　② 그는 나에게 내가 어디 사는지를 물었다.
　　　　그는 나에게 내가 누구인지를 물었다.

D　▲ 나는 그에게 창문을 열라고 말했다.
　　▲ 나는 그 소년들에게 조용히 하라고 빌었다(사정했다).

E　▲ 그녀가 "그 개는 정말 빨리 달리는구나!"라고 말했다.
　　▲ 그는 "아아! 나의 어머니가 세상을 떠나셨다."라고 말했다.

F　▲ 그는 나에게 "나는 방금 도착했다."라고 말했다.
　　▲ 다음 어휘를 간접화법으로 할 때 어떻게 변화하나요?

　　① this　　　　② here　　　　③ come
　　④ now　　　　⑤ today　　　⑥ last
　　⑦ next　　　　⑧ thus　　　　⑨ ago
　　⑩ tomorrow　⑪ yesterday　⑫ last night

　　▲ 그는 "나는 어제 여기에 도착했다."라고 말했다.

[742] READING

그는 읽어오던 책을 내려놓고 아내의 얼굴을 바라보면서 말했다. "이 책에는 아버지가 훌륭한 것이 아이들이 출세하는데 방해가 되는 일이 많다고 쓰여있네요."
그의 아내가 답하길 "그래요? 그것이 사실이라면 다행히도 우리 아이들에 관한 한 우리는 안심해도 되겠네요."

p.212　**EXERCISE**

[743] 그는 최선을 다 하겠다고 말했다. (간접·직접 2가지로. 이하 같음.)
[744] 그는 나에게 "나는 어제 감옥에 갇혔다."고 말했다.

(745) John은 나에게 "나는 너를 다시는 만나지 못 할 것이다."라고 말했다.
(746) 나의 아버지는 "그녀의 편지가 어제 도착했다."고 나에게 말씀하셨다.
(747) 그는 "나는 곧 여기에 오겠다."고 말했다.
(748) 그는 "나는 오래 전에 집을 떠났다."고 말했다.
(749) 그 의사선생님은 나에게 "당신은 해변으로 가는 것이 좋겠습니다."라고 말했다.
(750) John은 그에게 "네가 잘못이야."라고 말했다.
(751) 그는 나에게 "부자가 항상 행복한 것은 아니다."라고 말했다.
(752) 그는 "나는 당신을 계속 기다릴 것입니다."라고 말했다.
(753) 그는 "나는 그것이 아주 이상하다고 생각합니다."라고 말했다.
(754) 그는 "나의 형(아우)은 내일 서울로 떠납니다."라고 말했다.
(755) 그는 "그 소년은 곧 발견될 것이며, 그러면 그를 데려 오겠습니다."라고 말했다.

(756) READING

스코틀랜드 사람인 화학 교수가 여러 가지 산의 특성을 시연해 보이고 있었다.

"잘 보세요, 내가 이 2실링짜리 돈을 산이 들어있는 유리잔 속에 떨어뜨릴 것입니다. 이것이 녹을까요?"라고 교수했다.

"안 녹습니다."라고 한 학생이 아주 재빨리 서슴지 않고 말했다.

"그것이 왜 녹지 않는지 반 학생들에게 설명하시오."

"왜냐하면 만일 그것이 녹으면 선생님은 그것을 그 안에 떨어뜨리지 않을 것이니까요."라는 답이 왔다.

(757) 그는 나에게 "내 편지를 받았습니까?"라고 말했다.
(758) 그는 우리들에게 "당신들은 오늘 떠나려고 하십니까?"라고 말했다.
(759) 나는 그에게 "당신은 어디에 머물고 있습니까?"라고 물었다.
(760) 그는 나에게 "당신은 어제 밤에 그 책을 샀습니까?"라고 말했다.
(761) Frank는 나에게 "당신은 당신 선생님이 무섭습니까?"라고 말했다.
(762) 그는 나에게 "당신은 한 달 전에 나의 형(아우)을 방문했습니까?"라고 말했다.
(763) "Mary야, 너 내 편지를 우체국에 가져갔니?"라고 그녀의 아버지가 말했다.
(764) 당신은 나에게 "당신 형(동생)이 오후에 나를 만나러 올까요?"라고 말했다.
(765) "그들은 정직합니까?"라고 나는 말했다.
(766) 나의 삼촌이 나에게 "제주도는 어떠냐?"라고 말씀하셨다.
(767) 그는 그의 부하에게 "당장 떠나시오."라고 말했다.
(768) 그녀는 나에게 "미안하지만 이 편지를 써주세요."라고 말했다.
(769) 그의 아버지는 그에게 "담배와 술을 끊어라."라고 말씀하셨다.
(770) 그는 "나는 얼마나 행복한가!"라고 말했다.

(771) READING

산악 지방의 어떤 주민이 뉴욕의 한 작은 호텔에서 섬에 사는 사람과 우연히 만났다.

산악 거주민이 말하기를 "태양은 산들 사이에서 떠서 다른 산들 뒤로 집니다."

그 섬사람이 답하기를 "아닙니다, 해는 바다에서 떠서 바다 속으로 내려가는 것입니다."

그래서 그들은 말다툼을 했다. (격론을 벌였다.)

마침 그 때 (호텔)주인이 나타나서 말하기를 "뭐라고? 해는 지붕들 사이에서 떠서 다른 지붕들 사이로 지는 것이 아니오?"

(772) John은 그의 친구들에게 자기는 독서해왔다고 말한다.

(773) John은 그들에게 그것을 그대로 내버려두라고 부탁했다.
(774) John은 지구는 태양 주위를 돈다고 말했다.
(775) 그는 나에게 사자를 본 적이 있는지를 물었다.
(776) 그는 나에게 무엇을 하고 있었는지를 물었다.
(777) 그는 2일 전에 그곳에 있었다고 말했다.
(778) 그는 5년 동안 영어를 공부해왔다고 말했다.
(779) 나는 그에게 나중에 다시 방문해도 되는지를 물었다.
(780) 그는 나에게 내가 어디 사는지를 물었다.
(781) 나는 늘 그에게 무슨 일이든 급하게 하지 말라고 충고합니다.
(782) 그는 그녀를 전 날 만났으나 그 후에는 못 만났다고 말했다.
(783) READING

    Blackie 교수가 몸이 안 좋아서 자기 교실 문에 이런 게시문을 써 붙인적이 있었다. "교수는 오늘 저녁 그의 학생들을 만나지 못 할 것임."

    한 학생이 한 글자를 문질러 지워버리고 그 게시문을 "교수는 오늘 저녁 그의 애인들을 만나지 못 할 것임."이라고 만들어 놓았다.

    Blackie(교수)는 이것을 보고 그 다음 글자를 지우고서 그 게시문 내용을 "교수는 오늘 저녁 그의 바보들을 만나지 못 할 것임."이라고 만듦으로 해서 형세를 역전시켜 버렸다.

(784) 그는 그것을 듣고 대단히 기쁘다고 말했다.
(785) 그는 나에게 나는 누구이며 무엇을 원하는지 물었다.
(786) 선생님은 Watt가 증기기관을 발명했다고 말씀하셨다.
(787) 그는 나에게 TV 연기자냐고 물었다.
(788) 그는 전 날 학교에서 집으로 오는 길에 그녀를 만났다고 말했다.
(789) 그 은행원은 나에게 돈을 빌려주겠다고 말했다.
(790) 그는 "그녀가 정말 친절하구나!"라고 말했다.
(791) 그는 산책하러 가자고 말했다.
(792) 그는 나에게 창문을 열라고 말했다.
(793) 그는 나에게 왜 그의 아우를 때렸느냐고 물었다.
(794) 그는 돈을 많이 가지고 있었더라면 그것을 샀을 것이라고 말했다.

실전 응용 연습

실전 응용 연습

★은 고입수준의 문제 ★★은 수능 수준의 문제입니다.
대입 준비생들도 기초 훈련을 위하여 반드시 ★도 공부하십시오.

01 ★

On his way home, Jemin thought about the monthly relief money he and his mother had received for so long. "Would we have died if it had not been for it?" he asked himself. "No, but we might have spent the money more carefully," he said. "We could have begun raising chickens, and lived a better life."

1 Jemin과 그의 어머니가 한 일의 내용을 잘 설명한 것은?
  ① 매달 나오는 연금을 그 후에도 계속 받았다.
  ② 그 연금을 될 수 있는 대로 많이 저축하였다.
  ③ 계획성 없이 그 연금을 썼다.
  ④ 병아리를 길러서 잘 살았다.

2 전체 문장을 해석해 보시오.

Hint

먼저 혼자서 모르는 단어가 있어도 생각해보고 그 다음 잘 모를 때 사전을 찾아보고 난 다음에 이 힌트를 보고 전체 글의 뜻이 무엇인지를 잘 생각해 보세요.

▶ Hint에서는 사전을 보면 곧 알 수 있는 것은 쓰지 않습니다.
▶ On his way home「집으로 오는 도중에」를 끊어 놓고, Jemin을 주어로 하여 문장이 시작된다고 보세요.
▶ relief money 다음에 which 생략 → 이 문제는 가정법에 관한 것인데 혹 잘 모르면 Lesson 11.의 가정법 이하를 다시 공부하세요.
▶ if it were not for ... = ~이 없으면 (**현재 사실의 반대** 가정)
▶ if it had not been for = …이 없었더라면 (**과거 사실의 반대** 가정)
▶ carefully, chickens, (could have) lived a better life 다음에 각각 if it had not been for it을 보충하여 생각할 것
✢ 이 정도까지의 Hint에도 어려우면 여기 공부를 중단하고 이 책을 처음부터 다시 공부하세요.

해석 집으로 돌아오는 길에 제민은 자기와 자기 어머니가 오랫동안 받아왔던 매월의 연금에 대해서 생각했다. "그것(연금)이 없었더라면 우리는 죽었을까?" 하고 그는 스스로에게 물었다. "아니다, 그러나 우리는 그 돈을 좀 더 조심해서 썼을지도 모르고, 닭을 사육할 수도 있었을 것이고, 보다 나은 생활을 영위할 수 도 있었을 것이다."라고 그는 말했다

답 1. ③ 2. 〔해석〕 참조

118

02 ★★

The other day, a friend told me of riding on a bus which stopped to pick up a young man with one leg cut off above the knee. He had a hard time lifting himself up into the bus. ⓐ <u>While his struggle was going on the driver leaned out of his window and peered anxiously ahead.</u> The passengers turned their attention away from the young man to see what was ⓑ <u>holding them up</u>. There was no sirens, no flashing red lights and presently the driver settled back in his seat and drove off.

My friend could see just in time the young man and the driver exchange the briefest of smiles through the rear-vision mirror. It was a touching example of building a bridge of understanding between complete strangers.

1 다음 빈 칸에 가장 알맞은 것은?

The driver stopped the bus to _____.

① see if red lights were flashing　　② let a passenger get off
③ give a lame man a ride　　④ let the passengers look out

2 ⓐ 문장을 중간에서 2번 끊어 읽을 때 가장 옳은 것은?

① While his struggle was / going on the driver leaned out of his window / and peered anxiously ahead.
② While his struggle was going on the driver / leaned out of his window / and peered anxiously ahead.
③ While his struggle was going on / the driver leaned out of his window / and peered anxiously ahead.
④ While his struggle was going / on the driver leaned out of his window / and peered anxiously ahead.

3 다음 빈 칸에 가장 알맞은 것은?

The driver peered anxiously ahead because _____.

① all the passengers were looking at the driver
② a young man was crossing the road with difficulty
③ he wanted to draw the passengers' attention away from the young man
④ people were busily engaged in building a bridge in front of the bus

4 ⓑ holding them up의 뜻은?

① lifting them up ② stopping them
② getting them up ④ taking them

5 본문의 내용과 가장 일치하는 것은?

① The passengers did not like the young man
② My friend and I were riding in the same bus
③ The young man and the driver were close friends
④ The driver and the young man exchanged silent greetings

Hint

▶ pick up은 「집어 올리다, 줍다」가 원래 뜻이나 여기서는 「중도에서 태우다」

▶ 본문에서 cut off ...의 문법적 역할은?
This is a book written by him. 「이것은 그에 의해 씌어진 책이다.」에서 written ...은 과거분사로서 형용사 역할을 하여 book을 수식하고 있습니다. ― 마찬가지로 cut off ...는 leg를 수식하는 형용사구 Lesson 11. 분사구문의 분사를 보세요.

▶ lift himself up into the bus 「버스 안으로 들어가다」

▶ lifting himself up into the bus...의 문법적 역할은? She **was busy cleaning** the room. 「그녀는 방청소를 하느라 바빴다.」, He **had a hard time lifting** ... 「올라타는 데 고생했다」, cleaning ...과 lifting ...앞에 각각 in이 생략되었다고 보아 전치사의 목적어

▶ go on 「계속하다, 진행하다」

▶ lean out of (a window) 「(창문 밖으로) 상체를 내밀다」

▶ hold up 「멈추다, 세우다, 진로를 가로막다」

▶ just in time을 (   ) 안에 넣고 생각할 것

▶ exchange 앞에 to 생략(see의 목적격보어) ✚ Lesson 6. 기본문 5형식 참조

▶ the briefest of smiles의 뜻은 「가장 짧은 미소」가 아니라 「아주 짧은 미소」 the loveliest of girls 「대단히 귀여운 소녀」
She has the sweetest of voices. 「아주 좋은 목소리」 ― 영어의 특수한 관용법.

▶ rear-vlsion(= view) mirror를 우리는 back mirror라고 하는데 이것은 broken English

▶ touching = 감격적인, 감동시키는 ✚ 다시 본문을 읽어본 후에 다음을 보세요.

해석 일전에 한 친구가 다리가 무릎 위에서 잘린 청년을 도중에서 태워주기 위해 멈춘 버스에 탔는데 그 이야기를 나에게 해주었다. 그는 버스 안으로 올라타는 데 고생했다. 그의 고투가 계속되는 동안 버스기사는 창 밖으로 상체를 굽혀 내밀고는 앞을 걱정스럽게 응시했다. 승객들은 무엇이 그들을 멈추게 하였는지를 살피기 위하여 그 청년으로부터 그들의 관심을 (다른 데로) 돌렸다. 사이렌 소리와 붉은 불빛의 번쩍임도 없었고, 이내 버스 기사는 다시 자기 자리에 앉아서는 버스를 몰고 떠났다.

나의 친구는 때마침 백미러를 통하여 그 청년과 버스 기사가 아주 짧은 미소를 교환하는 것을 볼 수 있었다. 그것은 전혀 낯선 사람들 사이에 이해의 다리를 놓는 감격적인 하나의 사례였다.

답 1.③ 2.③ 3.③ 4.② 5.④

03 ★

The emotion, love and imagination of poets are usually stronger than (ⓐ) of ordinary people. For this reason they can feel, hear, see, touch, or smell (ⓑ) we can not.

1 위 ⓐ, ⓑ에 차례로 들어갈 말은?

① those – what ② them – that
③ those – that ④ ones – what

Hint

▶ The population of New York is larger than (　　) of Washington.
「뉴욕의 인구가 워싱턴의 인구보다 많다」에서 (　　) 안에 들어갈 말은? the population? 같은 말의 반복을 피하기 위해서는 무엇을? ― that (= population)

▶ The houses of the rich are larger than (　　) of the poor.
「부자들의 집들은 가난한 사람들의 집들보다 크다.」에서 (　　) 안에 들어갈 말은
the houses? ― 복수명사의 반복을 피하기 위해서는 ― those (= the houses)

▶ 관계대명사 what 용법을 아직도 모르는 사람들은 Lesson 9. 관계사(형용사절)를 보세요. ― 이런 사람이 여기를 공부하면 오히려 해가 되니 처음부터 다시 시작할 것.

해석 시인들의 감정, 사랑, 상상력은 대개 일반 사람 것보다 강하다. 이런 이유 때문에 그들은 우리가 할 수 없는 것을 느끼고, 듣고, 보고, 만지고 또는 냄새 맡을 수 있다.

 1. ①

04 ★★

Automobiles and trains, airplanes and ocean liners are on the move, day and night ⓐ <u>around the clock</u>. But this has not always been so. There was a time in which man had no vehicles and no roads. The Stone Age people used streams and lakes as roadways. And they traveled on logs, one alone, or ⓑ <u>several tied together</u>. Logs were the first vehicles of transportation.

1 위 글에 나타난 교통수단 중에 포함되지 <u>않는</u> 것은?

① ships ② logs ③ horses ④ cars

2 밑줄 친 ⓐ around the clock의 뜻은?

① just like a clock   ② without stopping
③ all over the world   ④ as fast as time passes

3 밑줄 친 ⓑ several tied together의 뜻은?

① several people tied together   ② several logs tied together
② several cars tied together   ④ several vehicles tied together

4 다음 (   ) 에 가장 알맞은 것은?

(   ) were to the Stone Age what automobiles, trains, planes, and ships are to modern life.

① Roadways   ② Logs
③ Cars   ④ Streams and lakes

Hint

▶ on the move = moving from place to place 「이리 저리 움직이고 있는」

▶ around the clock 「24시간 내내, 쉬지 않고」 = without stopping

▶ this has not always been so 「과거부터 지금까지 늘 그렇게 해왔다고는 할 수 없다」

▶ one alone = one log alone

▶ several tied together = several logs tied together

(one ... together는 앞 logs의 동격으로 logs를 수식하는 일종의 형용사구)

▶ Bread is to baker what clothes are to tailor.의 뜻은?

「빵과 제빵사의 관계는 의복과 재단사의 관계와 같다.」 what 대신 as를 쓰기도 하고 또 What clothes are to tailor, bread is to baker.로 하기도 합니다.

【응용연습】「나무와 숲의 관계는 망치와 도구의 관계와 같다.」

= Tree is to forest what(= as) hammer is to tool.

해석 자동차와 기차, 비행기와 원양 정기선은 주야로 쉬지 않고 움직인다. 그러나 과거부터 지금까지 항상 계속해서 그렇게 해 왔다고는 할 수 없다. 인간에게 탈 것이나 도로가 없었던 시대도 있었다. 석기시대 사람들은 강이나 호수를 도로처럼 이용했다. 그리고 그들은 통나무를 타고 여행을 했는데 외통나무 또는 여러 개가 함께 묶인 통나무를 탔던 것이다. 통나무가 첫 교통수단이었다.

답   1. ③   2. ②   3. ②   4. ②

05 Emotion is _____ makes us hate or like certain things. We fight with other people or kiss each other because we have emotion. Love is the most beautiful thing man has. It is what makes him different (　　) other animals. It makes him understand other people. It brings peace among people and nations.

1. 윗글의 내용과 가장 가까운 것은?
   ① Love makes man the most beautiful thing.
   ② Love makes man different from other animals.
   ③ We understand other people, so we want love.
   ④ We have love because it brings peace among people and nations.

2. 본문의 (　　) 안에 들어갈 어휘 중 가장 알맞은 것은?
   ① from   ② with   ③ to   ④ for

3. What brings peace among people and nations?
   ① Emotion   ② Imagination   ③ A poet   ④ Love

4. 본문의 _____ 에 적당한 말을 적어 넣으시오.

   ✦ 단어는 영어의 밑천 단어공부에 70% 이상의 노력을. 꼭 소리 내어 발음할 것.

Hint

▶ 관계대명사인 what의 용법을 아직도 잘 모르는 분은 Lesson 9. 관계대명사 공부
▶ hate와 understand 앞에 무엇이 생략되었나? → to 부정사의 to
▶ 여기의 certain은 「확실한」 아니고 「어떤」
▶ beautiful thing 다음에 관계 대명사 목적격 that 생략(잘 모르는 분은 Lesson 9. 관계대명사 공부)

해석 감정은 우리로 하여금 어떤 것을 싫어하게 하거나 또는 좋아하게 하는 것이다. 우리에게 감정이 있기 때문에 다른 사람들과 싸우거나 또는 서로 키스 한다.

사랑은 인간이 가지고 있는 것 중에서 가장 아름다운 것이다. 그것(사랑)은 인간으로 하여금 다른 동물들과 다르게 하는(만드는) 것이다. 그것(사랑)은 인간으로 하여금 다른 사람들을 이해하게 한다. 그것은 사람들과 국민들 사이에 평화를 가져 온다.

답 1. ②   2. ①   3. ④   4. what

06

A young man once bought himself a pair of trousers. But he found that they were about two Inches too long.

"These new trousers are too long," he said to his mother and his two sisters. "They need shortening by about two inches. Would one of you mind doing this for me, please?" His mother and sisters were busy and none of them said anything.

But as soon as his mother had finished washing up, she went quietly upstairs to her son's bedroom and shortened the trousers (ⓐ) two inches. She came downstairs without saying anything to her daughters.

Later on, the elder sister remembered her brother's trousers. Without saying anything to anyone, she went upstairs and shortened the trousers by two inches.

The younger sister, too, remembered (ⓑ) her brother had said.

She ran upstairs and cut two inches off the legs of the new trousers. You can imagine the look on the young man's face when he put the trousers (ⓒ) the next morning.

1 By how many inches were the legs of the trousers shortened?

① two ② four ③ six ④ eight

2 About how many inches too short would the young man find his new trousers the next morning?

① two ② four ③ six ④ eight

3 He said to them, "Would one of you mind doing this for me, please?"의 화법을 고친 것 중 가장 알맞은 것은?

① He told one of them to do that for him.
② He asked one of them to do that for him.
③ He asked them if they would mind doing that for him.
④ He asked them if any of them would mind doing that for him.

4 ⓐ, ⓑ, ⓒ에 각각 알맞은 말을 넣으시오.

Hint

이 문제는 고입 학생 문제로 아주 적합한데 대입 준비생에게는 표현 능력을 test하는 것이 좋을 것 같아 저자가 문제를 보충했습니다.

▶ She is older than he (   ) two years. 「나이가 2살 더 많다.」에서 (   ) 안에 들어갈 말은? — by (by는 정도, 비율, 차이를 나타냄)

▶ Would you mind opening the window?의 뜻은?

　→ Open the window.의 아주 정중한 표현. —「대단히 죄송합니다마는 그 창문을 좀 열어주시겠습니까?」— 글자 그대로 직역하면 「당신은 그 창문을 열기를 꺼려(싫어) 하시겠습니까?」— Will 보다 would가 더 정중한 표현

▶ wash up 「설거지를 하다」

▶ later on 「나중에」

▶ the look 「표정, 모습」

▶ 「그는 그 코트를 입었다(put)」

　→ He put on the coat. 또는 He put the coat on. the coat 대신 it로 하면? 반드시 He put it on.

해석 어떤 청년이 스스로 바지 한 벌을 샀다. 그러나 그는 그 바지가 약 2인치나 너무 길다는 것을 알게 되었다. "이 새 바지가 너무 길어요, 그 바지는 2인치 정도 짧게 해야 해요. 미안하지만 (당신들 중)한 사람이 나를 위해 이 일을 해 주시겠어요?"라고 그는 그의 어머니와 두 누나에게 말했다. 그의 어머니와 누나들은 바빠서 그들 중 누구도 아무 말을 안 했다.

그러나 그의 어머니는 설거지가 끝나자마자 조용히 2층의 아들 침실로 올라가서 그 바지를 2인치 줄였다. 그녀는 그녀의 딸들에게 아무 말도 하지 않고 아래층으로 내려왔다.

나중에 첫째 누나가 그녀 남동생의 바지 생각이 났다. 아무에게도 말하지 않고 그녀는 2층으로 올라가 그 바지를 2인치 짧게 했다.

둘째 누나도 역시 그녀의 오빠가 말했던 것이 생각났다. 그녀는 위층으로 뛰어 올라가서는 그 새 바지의 다리 부분에서 2인치를 잘라냈다.

여러분은 그가 다음날 아침 그 바지를 입었을 때 그 청년의 얼굴에 나타난 표정을 상상할 수 있겠죠?

답 1. ③   2. ②   3. ④   4. ⓐ by   ⓑ what   ⓒ on

07

ⓐ <u>Besides reading and writing, the Spartan boys learned how to sing songs</u> for the love of their own country. They were also taught how to play interesting games. So they had plenty of things to do every day.

The Spartan girls were busy, too. They learned how to keep house, to sing and to make their bodies strong. They were also taught to be brave like the boys. When there was war, the girls ⓑ <u>would</u> say to the boys, "Go and fight for your country, and never come back."

1 밑줄 친 ⓐ와 같은 의미가 <u>아닌</u> 것은?

① The Spartan boys learned not only how to read and to write, but also how to sing songs
② The Spartan boys learned how to sing songs, but not reading and writing
③ The Spartan boys learned how to read and to write, and they also learned how to sing songs
④ The Spartan boys learned how to sing songs as well as to read and to write

2 밑줄 친 ⓑ의 would와 같은 용법으로 쓰인 것은?

① He said that he would be a teacher.
② I would like some ice cream.
③ He would sit and read by the light of fire.
④ Would you please help me?

3 윗글의 내용과 일치하지 <u>않는</u> 것은?

① The girls were taught house keeping.
② The girls were taught to be brave.
③ The girls asked the boys to fight for their country.
④ The girls asked the boys to love other girls.

4 밑줄 친 ⓐ의 Besides와 같은 용법인 것은?

① She sat beside me at dinner.
② There was another visitor besides me.
③ There is no one here besides him.
④ I don't like it; besides, it is too expensive.
⑤ He gave me money besides.

Hint

단어장 정리를 하세요. 가능한 한 「우리말 — 영어」 식으로

▶ how to ... = ~하는 방법 → how to swim 수영하는 방법

▶ keep house = 살림을 꾸려나가다

▶ would 용법 〈(2) 설명〉에서

해석 스파르타 소년들은 읽기와 쓰기 외에도 그들 자신의 조국을 사랑하는 노래(= 애국가) 부르는 방법을 배웠다. 그들은 또한 재미있는 게임 하는 방법을 배웠다. 그래서 그들은 매일 할 일이 많았다.

스파르타 소녀들도 역시 바빴다. 그들은 살림을 꾸려나가는 방법, 노래 부르는 방법과 그들의 몸을 튼튼하게 만드는 방법을 배웠다. 그들은 또한 소년들처럼 용감하게 되는 것을 배웠다. 전쟁이 나면(있을 때면), 소녀들은 소년들에게 "네 조국을 위하여 나가 싸워라, 그리고 결코 돌아올 생각을 마라."라고 말하곤(=습관) 했다.

답 1. ② 2. ③ 3. ④ 4. ②

설명 2. ① 본동사인 said가 과거이므로 will이 would로 된 것

② would like ... = …하고 싶다 (숙어)

③ 과거의 습관 → He would sit here for hours, deeply thinking.

「그는 깊은 생각에 잠겨 몇 시간이고 여기에 앉아 있곤 했다.」 (과거에 늘 앉았다)

④ Will you ...보다 정중한 부탁을 말함. 「죄송합니다만 저를 도와주십시오.」

4. ① 「그녀는 식사 때 내 곁에 앉았다.」 = by (the side of) 곁에

② 「나 외에도 다른 손님이 한 분 있었다.」

= in addition to —「외에도, …에 덧붙여」

③ 「그 사람 외에는 아무도 없다.」 = except 「제외하고는」

④ 「나는 그것을 좋아하지 않는다. 게다가, 그것은 너무 비싸다」 = moreover 「게다가」

⑤ 「그는 그 외에 돈도 주었다.」 = in addition 「그 외에」

▲ ①, ②, ③은 전치사 ④, ⑤는 부사

08 ★★

During World War II, Winston Churchill in his late sixties and early seventies, was able to work sixteen hours a day, year after year. His secret? He worked in bed each morning until eleven o'clock, reading reports, dictating orders, making telephone calls, and holding important conferences. After lunch, he went to bed once more and slept for an hour. In the evening, he went to bed once more and slept for two hours before having dinner at eight. He didn't cure fatigue. He didn't have to cure it. He <u>prevented it</u>. Because he rested frequently, he was able to work on, fresh and fit, until long past midnight.

1 본문의 밑줄 친 prevented it의 뜻은?

① presumed it
② kept it from happening
③ prevailed over it
④ pretend it

2 Churchill's secret was _____.에 알맞은 말은?

① resting frequently
② holding conferences in the morning
③ eating dinner at eight
④ working on until long past midnight

3 Churchill didn't have to cure fatigue because _____.에 알맞은 말은?

① he was not a physician
② he was by nature a very strong man
③ he never exhausted himself
④ fatigue is something incurable

4 World War II를 읽는 방법이 아닌 것은?

① World War the Second
② World War Two
③ the Second World War
④ the Two World War

5 in his late sixties의 뜻은?

6 fresh and fit의 뜻은?

Hint

- late sixties 「60대 후반, 즉 67세~69세정도」
- early seventies 「70대 초반, 즉 71세~73세정도」
- year after year = year by year = from year to year = every year

  「해마다, 매년」 여기에서는 「매년 계속해서」
- in bed 「침대 안에서, 잠자리에서」; 병이 난 것도 아닌데 침대에서 사무를 보고 회의를 열어? 천만의 말씀, 여기의 bed는 bedroom 「침실」을 말함.
- He didn't have to cure it.에서 have to = must, had to를 부정한 것이 didn't have to … = 「할 필요가 없었다」
- fresh and fit = being fresh and fit의 줄임. fresh = 「(지치지 않고) 기운찬, 원기 왕성한」
- fit 「(일하기에)컨디션(건강 상태)이 좋은」

해석 2차 세계대전 중에 윈스턴 처칠은 60대 후반과 70대 초반이었음에도 매년 계속해서 하루에 16시간씩 일을 할 수 있었다. 그의 비결은? 그는 매일 아침 11시까지 침실에서 보고서를 읽고, 명령을 지시하고, 전화를 걸고, 중요 회의를 개최하는 일을 했다. 점심 후에 그는 한 번 더 잠자리에 들어 1시간을 잤다. 저녁에는 8시에 식사를 하기 전 한 번 더 잠자리에 들어 2시간 동안 잤다. 그는 피로를 풀지(고치지) 않았다. 그는 (피로를) 풀 필요가 없었다. 그는 그것(피로)을 막았던 것이다. 그는 빈번히 휴식을 가졌기 때문에 한밤중이 훨씬 지나도록 기운차고 컨디션이 좋은 상태에서 계속 일을 할 수 있었다.

답 1. ② 2. ① 3. ③ 4. ①, ④ 5. 6. Hint 참조

---

09 ★

One day, a man called his sons to him and showed them; seven sticks tied together. He handed them to one of the boys. "Break these, my son", he said.

The first boy tried hard, but they were too strong to be broken. He was not able to break them. The second boy also tried, but he could not break them, (ⓐ). Each of the others tried in turn, but none of them could break them.

"We will try another way," said the father. "I will untie them."

<u>He gave the boys the sticks to break one by one.</u> It was not hard for any of them to do this. The sticks were broken easily in their hands.

1 ⓐ에 들어갈 말로 알맞은 것은?

① too　　　② also　　　③ either　　　④ neither

2 밑줄 친 부분과 같은 의미가 되려면 (　) 안에 알맞은 것은?

The sticks were (　) to the boys to break one by one.

① give　　　② given　　　③ gave　　　④ giving

3 아버지가 아들에게 주려는 교훈은?

① United we stand, divided we fall.

② Every dog has his day.

③ Too many cooks spoil the broth.

④ Time and tide wait for no man.

♣ 시험장에서는 완전히 소화된 지식만이 소용된다. 소화가 안 된 것은 천 가지, 만 가지가 있어도 방해만 될 뿐이다. 그러니 급할수록 천천히 씹어 먹어라.

Hint

▶ call~to ... 「~을 ...로 부르다」

▶ tied together는 seven sticks를 수식하는 형용사구

▶ He is too honest to tell a lie.에서 too ... to ~는 「너무 …해서 ~못 한다」「그는 너무 정직해서 거짓말을 못한다.」
   = He is so honest that he cannot tell a lie.

▶ in turn 「차례로」

▶ untie의 un은 형용사·부사에 붙여서 **부정**을, 동사에 붙여서 **그 반대 동작**을, 명사에 붙여서 그 **성질·상태를 제거**합니다.
   따라서 untie는 tie 의 반대 동작을 나타냅니다.
   그러면 button 「단추를 채우다」 의 반대 「단추를 풀다」 = unbutton

▶ one by one의 「하나씩, 한 사람씩」

해석 어느 날 어떤 사람이 그의 아들들을 불러놓고 함께 묶인 7개의 막대기를 보여주었다. 그는 아들들 중 한 명에게 그 막대기들(묶음)을 건네고 "이것들을 꺾어라."하고 그가 말했다.

첫째 아들이 애를 썼으나, 그것들은 너무 단단해서 꺾을 수가 없었다. 그는 그것들을 꺾을 수가 없었다. 둘째 아들 또한 해봤으나 그도 역시 그것들을 꺾을 수가 없었다. 다른 아이들도 각각 차례로 해봤으나 아무도 그것들을 꺾을 수가 없었다.

"다른 방법으로 해보자. 나는 그것들을 풀어 놓겠다."라고 아버지가 말했다.

그는 한 개씩 한 개씩 아들들에게 꺾으라고(꺾기 위하여) 주었다. 그들 누구나 이 것을 하기에는 어렵지가 않았다. 그 막대기들은 그들의 손 안에서 쉽게 꺾였다.

답 1. ③   2. ②   3. ①

설명 1. ♣ 긍정문에는 too, 부정문에는 either

   3. ① 뭉치면 살고 흩어지면 죽는다.
      ② 쥐구멍에도 볕들 날 있다. (직역: 어느 개나 자기 날은 있다)
      ③ 사공이 많으면 배가 산으로 올라간다. (직역 :요리사가 너무 많으면 스프를 망친다.)
      ④ 세월은 사람을 기다려주지 않는다.

10

Several years ago, I took a course in oil painting. As a beginner, I was delighted to see how much of my paintings seemed to improve when they were framed. I even hung a few in my living room. One afternoon, an artist friend was visiting and, as we talked, I saw her looking secretly at the paintings. Finally, she could ⓐ contain herself no longer. "Where did you get those pictures?" she asked.

Timidly, I replied, "I ⓑ did them."

"Oh," she breathed a sigh of relief. "I'm so glad you didn't pay money for them!"

1. 다음 밑줄 친 곳에 들어갈 말로 가장 적절한 것은?

   The writer's painting were _____.

   ① excellent
   ② plain
   ③ very poor
   ④ very interesting

2. 다음 밑줄 친 곳에 들어갈 말로 가장 적절한 것은?

   The artist friend was very glad to hear the writer's answer, because _____.

   ① the writer didn't buy the paintings
   ② the paintings done by the writer were inferior to those of the artist friend
   ③ the writer could paint pictures
   ④ the writer bought the paintings cheap

3. 밑줄 친 ⓐ contain herself의 뜻은?

   ① make believe to be aware of the pictures
   ② keep herself cheerful
   ③ be seated comfortably
   ④ keep her feelings to herself

4. 밑줄 친 ⓑ did them의 뜻은?

   ① got the pictures
   ② bought the pictures
   ③ painted the pictures
   ④ hung the pictures

Hint

▶ take a course 「과정을 밟다, 강의를 듣다」

▶ they were framed 「그것들(유화)이 그림 틀에 끼워졌다」

▶ I saw her looking secretly at the paintings. = I saw that she looked secretly at the paintings.
Lesson 11. 분사구문 참조.

▶ contain oneself 「참다, 자제하다」

▶ no longer... 「이제는(더 이상, 이미) …이 아니다(못 하다)」

▶ a sigh of relief 「안도의 한숨」

; glad 다음에 생략된 것은 **that** — I am glad (that) you have come. 「네가 와서 반갑다.」 that 이하는 원인을 나타내는 부사구

해석 수년 전 나는 유화 과정을 밟았다. (=학교나 학원 등에서 유화를 배웠다.) 초보자인 나로서는 (내가 그린) 유화가 그림 틀에 끼워졌을 때 나의 그림이 얼마나 향상되었는가를 보는 것이 너무나 기뻤다. 나는 나의 거실에 몇 점을 걸어 놓기까지 했다. 어느 오후 한 미술가 친구가 방문 중이었고, 우리가 이야기를 하고 있을 때, 나는 그녀(친구)가 슬쩍 그 그림들을 바라보는 것을 보았다. 마침내 그녀는 더 이상 참을 수가 없어서 "이 그림들 너 어디에서 구했니?"라고 물었다.

나는 수줍어하면서 대답했다. "내가 그렸어." "아, 나는 네가 그림 값을 안 치러서 정말 기뻐"라고 하면서 그녀는 안도의 한숨을 내쉬었다.

답 1. ③ 2. ① 3. ④ 4. ③

11 ★

Traveling by spaceship is very different from traveling by plane. First of all, though you are going thousands of miles an hour, you have no feeling of moving at all because there is no gravity pulling you down. <u>You cannot stand on the floor without wearing special shoes</u>. That's why the spacemen looked like fish in water.

1. Why don't we have feeling of moving at all when we travel by spaceship?
   ① Because you can't stand on the floor.
   ② Because you go thousands of miles an hour.
   ③ Because there is no gravity pulling you down.
   ④ Because you look like fish in water.

2. 밑줄 친 부분과 같은 의미인 것은?
   ① When you stand on the floor, you need not wear special shoes.
   ② It is impossible to wear special shoes on the floor.
   ③ You cannot wear special shoes to stand on the floor.
   ④ Whenever you stand on the floor, you must wear special shoes.

✦ 공부할 때 아는 것과 모르는 것을 구분해놓고 모르는 것을 정리하여 잊어버릴 만 할 때가서 또 하고 또 하고 계속 반복하세요.

Hint

▶ Seeing is believing. 잘 모르면 Lesson 7. 구 부분 다시 공부

▶ Walking is good for health. 잘 모르면 Lesson 7. 구 부분 다시 공부

▶ You cannot stand on the floor without wearing special shoes.에서 not(never) … without에 대하여 좀 더 공부합시다.
  He never goes out without leaving his umbrella. 「그는 외출만 하면 반드시 우산을 두고 온다.」
  You cannot do so without hurting his feeling. 「네가 그렇게 하면 꼭 그의 감정이 상한다.」 이것은 다음과 같이 해도 좋습니다. 「그의 감정을 상하지 않고 네가 그렇게 할 수는 없다.」

▶ That's why …를 잘 모르는 분은 Lesson 9. 관계부사 부분 다시 공부

해석 우주선으로 여행하는 것은 비행기로 여행하는 것과는 아주 딴판이다.

첫째로 한 시간에 수 천 마일을 가도 끌어내리는 중력이 없기 때문에 움직이고 있다는 느낌이 전혀 없다. 특별한 구두를 신지 않고서는 결코 바닥 위에 설 수 없다. 그래서 우주인들이 물속에 있는 물고기처럼 보였던 것이다.

답 1. ③ 2. ④

12 ★★

There was great excitement on Venus — scientists landed a spaceship on earth, and it is sending back signals as well as photographs. The spaceship is in an area called New York. A news conference was held.

"We have _____ the conclusion," said the chief scientist in the control station, "that there is no life on earth."

"How do you know?" asked a newspaper reporter.

"For one thing, the earth's surface in New York is solid concrete; nothing can grow there. For another, the atmosphere is filled with various poisonous gases; no one could possibly breathe this air and survive.

1. 본문의 빈 칸에 들어갈 어휘는?

   ① approached   ② led   ③ come   ④ reached

2. This story describes _____.

   ① the earth's air pollution problem
   ② the struggle for survival
   ③ a possible war between Venus and the earth
   ④ a triumph of scientific exploration

3. Why was the news conference held?

   ① To announce another victory of scientific advancement.
   ② To announce the war against the earth.
   ③ To announce the safe landing of their spaceship.
   ④ To announce the conclusion that the earth is not suitable to live in.

4. The conclusion they drew at the control station is _____.

   ① incorrect   ② right   ③ sound   ④ fair

Hint

Venus 「금성; 비너스(사랑과 미의 여신)」
▶ as well as 「~뿐 만 아니라, ~도」
▶ called의 용법 Lesson 11. 분사 부분 참조
▶ news conference 「기자회견」 = press conference

▶ ... the conclusion that there is ...으로 연결되는 것 — 이 that 용법은 Lesson 10.절 부분 참조
▶ the control station 「(우주선) 관제기지」 — 비행기의 control tower 관제탑에 해당하는 곳
▶ 여기의 life는 인생, 생명, 생물, 생활 중 어느 것? 「생물」
▶ solid concrete 「단단한 콘크리트」
▶ possibly 「도저히, 아무리 해도 (…않다)」
▶ could possibly 라고 과거형으로 된 것은 if ~(가정법)이 생략되어 있음을 암시.

해석 금성에서는 큰 소동이 벌어졌다. — 과학자들은 우주선을 지구에 착륙시켰고, 사진은 물론 신호도 보내고 있다. 그 우주선은 뉴욕이라고 불리는 지역에 있다. 기자회견이 열렸다.

"우리는 지구에 생물이 없다는 결론에 도달했습니다." 라고 수석 과학자가 (우주선) 관제기지에서 말했다.

"어떻게 알게 되었습니까?" 라고 한 신문기자가 물었다.

"하나는 뉴욕의 땅 표면이 딱딱한 콘크리트로 되어 있어서 아무 것도 거기에서는 자랄 수 없다는 것입니다. 또 한 가지는 대기가 여러 가지 유독한 것으로 채워져 있어서 아무도 도저히 이 공기로 숨을 쉬고 살아남을 수가 없다는 것입니다."

답 1. ④ 2. ① 3. ④ 4. ①

설명 2. 이 이야기는 _____ 을(를) 말하고 있다.
① 지구의 공기 오염 문제   ② 생존을 위한 투쟁
③ 금성과 지구 사이의 전쟁 가능성   ④ 과학적 탐구의 승리

3. 왜 기자회견이 열렸나?
① 과학적 진전의 또 다른 승리 발표   ② 지구에 대한 전쟁 발표
③ 그들 우주선 안착 발표   ④ 지구가 살기에 적합하지 않다는 발표

4. 우주선 제어 기지에서 그들이 도출한 결론은
① 부정확하다   ② 옳다   ③ 정상적이다   ④ 공정하다

We are people who can make Korea better. We <u>don't have to wait for others to solve our problems</u>. If we work together, we can often do things that seem (　　　　).

1 밑줄 친 부분을 해석하면?

2 위의 (　) 안에 들어갈 알맞은 것은?
① impossible   ② possible   ③ easy   ④ simple

3 「내가 이 수학 문제를 푸는 것은 불가능하다.」를 영작하면?

Hint

▶ have to = must; have to를 부정하면?

do (does) not have to = need not 「~할 필요가 없다」「must not = ~해서는 안 된다」

▶ wait for others to solve ...이 해석이 안되면 Lesson 7,8 참조

해석 우리는 한국을 더 좋게 할 수 있는 사람들이다. 우리는 다른 사람들이 우리의 문제를 해결하여 주기를 기다릴 필요가 없다. 우리가 협력하여 일을 한다면 우리는 불가능하게 보이는 것도 종종 할 수 있다.

답 1. 〔해석〕 참조   2. ①

설명 3. It is impossible for me to solve this problem in mathematics.

14 ★

Juvenile delinquency, law-breaking by young people, is hardly known in Iceland. Violence of any kind is ⓐ _____. In the last fifty years, only three murders have been committed. There are but two hundred and fifty policemen in the whole country. Smuggling and traffic offenses are the most common crimes; drinking while driving is the most serious. If caught after having just one beer, a man loses his license for six months, is fined eighty dollars and gets six days in jail. He can choose the time of ⓑ <u>year</u> it is most convenient for him to serve this sentence, though.

1 이 글에 가장 적합한 제목은?

   ① Smuggling and Violence in Iceland
   ② The Jail System in Iceland
   ③ Crimes in Iceland
   ④ Law-breaking by Young People in Iceland

2 본문의 내용과 가장 일치하는 것은?

   ① 음주 행위가 가장 흔한 범죄의 하나다
   ② 교통법규 위반자는 6개월간 구금된다.
   ③ 밀수는 흔하지 않은 범죄의 하나다.
   ④ 구류처분을 받은 사람은 구류시기를 선택한다.

3 빈 칸 ⓐ에 가장 알맞은 것은?

   ① seldom   ② frequent   ③ common   ④ rare

4   Juvenile delinquency의 뜻을 전후 관계로 짐작하면?

　　① wasteful spending by young people
　　② young people's laziness
　　③ law-breaking by young people
　　④ young people's bad habits

5   but two hundred and fifty policemen에서 but의 뜻은?

　　① yet　　　　② only　　　　③ except that　　　④ on the contrary

6   If caught 사이에 생략된 어휘를 넣고 이에 따른 다른 부분의 변화를 말하라.

7   ⓑ year 다음에 생략된 것은?

Hint

▶ juvenile [dʒúːvənəl, -nàil] = young, delinquency [dilíŋkwənsi] = law-breaking 범법행위, 범죄, 태만, 과실

▶ juvenile delinquency = law-breaking by young people ― 그래서 동사도 is

▶ but two에서 but = only

▶ If caught는 If a man is caught의 줄임, 따라서 다음의 a man은 he로

▶ is fined에서 fine의 뜻은 「훌륭한」이 아니라 「벌금을 부과하다」

▶ year 다음에 생략된 것은? ― when, Lesson 9. 관계 부사 부분 참조

▶ though가 문장 끝에 있으면 부사 「그래도, 역시」

해석 젊은이의 범법행위(소년·소녀 범죄)는 아이슬란드에서는 거의 없다. 어떤 종류의 폭행도 드물다. 지난 50년 간 단지 3건의 살인이 저질러졌을 뿐이다. 전국에 다만 250명의 경찰관이 있을 뿐이다. 밀수와 교통 위반이 가장 흔한 범죄이며 음주 운전이 가장 중한 범죄이다. 단지 맥주 1잔을 마신 후에 잡힌다면 그 사람은 6개월간 운전면허를 정지당하고 80달러의 벌금이 부과되며 6일간의 구류(처분)를 받게 된다. 그래도 그는 1년 중 이 선고를 복역하기에 가장 편리한 시간을 선택할 수 있다.

답 1. ③   2. ④   3. ④   4. ③   5. ②   6. a man is; man → he   7. when

설명 1. ① 아이슬란드의 밀수와 폭행　　　② 아이슬란드의 교도소 체제
　　　③ 아이슬란드에서의 범죄　　　　④ 아이슬란드에서의 젊은이에 의한 범법
　　4. 젊은이 비행
　　　① 젊은이에 의한 낭비적 지출　　　② 젊은이들의 게으름
　　　③ 젊은이들에 의한 범법　　　　　④ 젊은이들의 나쁜 버릇

15

Abraham Lincoln was born ⓐ _____ February 12, 1809. His parents were very poor. He had to help his father in the fields all day long.

He did not have much time ⓑ _____ go to school, and his mother taught him how to read and write. ⓒ "What I like best is reading," he always said, "for books teach me what I want to know." He liked to read, but ⓓ since he was poor, he had only a few books, which he used to read again and again until he knew them almost by heart.

1   Who taught Lincoln to read and write?
   ① his father   ② his mother
   ③ the teacher   ④ reading books

2   What did Lincoln like best?
   ① to help his father   ② to read books
   ③ to work in the fields ④ to go to school

3   윗글의 내용과 일치하는 것은?
   ① He had many books.   ② He had much time to go to school.
   ③ His father was sick. ④ He didn't have many books to read.

4   ⓐ에 적당한 말을 넣어라.

5   ⓑ에 적당한 말을 넣어라.

6, 7   밑줄 친 ⓒ와 ⓓ를 해석하면?

Hint

▶ What I like best …와 what I want to know를 모르면 Lesson 9. 관계 대명사 부분 참조.

▶ 회화할 때 「～이므로 ～때문에」라고 원인·이유를 말할 때 보통 as를 씁니다. because는 이유·원인을 꼬치꼬치 따지는 딱딱한 감이 있는 말로 as보다 뜻이 강하며, Why로 시작하는 질문의 답으로 because를 쓰고 as는 쓰지 않습니다. for는 앞에 어떤 사실을 말해 놓고 뒤에 판단의 근거를 말할 때 쓰는데 중점은 앞에 있습니다.

It is morning, for the birds are singing. 「새들이 지저귀는 것을 보니 아침이다.」

since는 서로 잘 아는 이유·원인을 말할 때 씁니다.

for와 since는 회화할 때는 잘 안 쓰는 문어체로 보통은 as나 because를 씁니다.

▸ What I like best is reading, for books teach ~로 연결되고 있습니다.

▸ which 용법을 잘 모르면 Lesson 9. 관계 대명사 부분 참조.

▸ learn by heart = 외우다 (동작), know by heart = 외워 알고 있다 (상태)

해석 Abraham Lincoln은 1809년 2월 12일 출생했다. 그의 부모는 대단히 가난했다. 그는 온종일 밭에서 아버지를 도와야만 했다. 그는 학교에 갈 시간이 많지 않았다. 그래서 그의 어머니가 그에게 읽고 쓰는 방법을 가르쳤다. ⓒ "내가 가장 좋아하는 것은 독서다. 왜냐하면 책들은 내가 알고 싶어 하는 것들을 가르쳐 주기 때문이다."라고 그는 언제나 말했다. 그는 독서를 좋아했으나 ⓓ 가난했기 때문에 그는 아주 적은 수의 책들을 가지고 있었고 그는 그 책들을 거의 외울 때까지 읽고 또 읽곤 했던 것이다.

답 1. ② 2. ② 3. ④ 4. on 5. to 6. 7. 〔해석〕 해석(밑줄 부분)을 보시오.

16

It's an old saying that what is ⓐ everybody's business is nobody's business. City officials, the police, clubs, churches, schools and newspapers can't do all that's needed to make a town livable. They can help, but ⓑ it is we ordinary citizens — all of us together — who create the spirit of community, whether it be New York or Eastport.

1 Who is more responsible for making a town livable?

① city officials, the police, clubs, churches, schools and newspapers
② ordinary citizens
③ the spirit of a community
④ title old saying

2 밑줄 친 ⓐ를 해석하시오.

3 밑줄 친 ⓑ를 해석하시오.

Hint

▸ Everybody's business is nobody's business. 「공동 책임은 무책임이다. (속담)」

▸ It's an old saying that what ~의 it는 that 이하를 나타내는 가주어

▸ that's needed to make a town livable의 문법적 역할은 all을 꾸며주는 형용사절

▸ all of us together의 문법적 역할은 we ordinary citizens와 동격

▸ it is we ordinary citizens – all of us – who create the spirit of community, whether it be New York or Eastport.을 강조 구문이 아닌 평서문으로 고치면?

We ordinary citizens- all of us together – create the spirit ... Eastport. 중에서 We ... together를 강조한 것.

해석 ⓐ 공동 책임은 무책임이다라는 말은 속담이다. 시청직원, 경찰, 클럽, 교회, 학교, 신문은 한 도시 (town)를 살기 좋게 하는 데 필요로 하는 모든 일을 다 할 수 있다고는 할 수 없다. 그것들이 도와 줄 수는 있다. 그러나 (우리가 사는) 공동 사회의 정신을 창조하는 것은 비록 뉴욕이던 이스트포트이던 간에 ⓑ 바로 우리의 일반 시민 즉, 우리 모두이다.

답 1. ②   2, 3. 〔해석〕 참조.

---

17 ★

All the boys of Sparta knew ⓐ **that** it was very important to be brave. Each of them tried to be ⓑ _____ brave as he could. They walked in the mountain ⓒ _____ themselves at night. They did this over and over again until they were ⓓ _____ longer afraid of the dark. They were taught to be brave in hard work, in long marches, and in the dark of night. And ⓔ this made them brave in war.

1 ⓐ의 that 용법과 같은 용법으로 쓰인 것은?

   ① I am glad that you have come.
   ② He is so rich that he can buy it.
   ③ He said that she was sick.
   ④ He worked hard that he might succeed.

2 ⓑ, ⓒ, ⓓ에 알맞은 어휘를 넣으시오.

3 ⓔ를 수동태로 고치고 this가 가리키는 것을 지적하시오.

4 본문의 첫째와 둘째 문장 즉 All the boys ~ he could.를 우리말로 옮기시오.

5 She lives by herself.와 She solved the problem for herself.의 차이점은?

✦ 바쁜데 그렇게 하면 시간이 너무 걸린다고? 급할수록 천천히

Hint

▶ I know that he is honest. 이 that 용법을 Lesson 10. 부분을 참조
▶ It is not easy to know yourself.에서 It 용법을 모르는 분은 Lesson 7.부분을 참조
▶ as ... as one can = 될 수 있는 대로

▸ She lives by herself. 「그녀는 홀로 산다.」

She solved the problem for herself. 「그녀는 혼자(혼자 힘으로) 그 문제를 풀었다.」

by oneself 「홀로 (남과 떨어져서, 고립해서)」 for oneself 「혼자서(혼자힘으로); 자기 자신을 위하여」

▸ no longer 「이제는 이미 ~이 아니다」

He is no longer rich. 「그는 이제는 더 이상 부자가 아니다.」

해석 스파르타의 모든 소년들은 용감한 것이 아주 중요하다는 것을 알았다. 그들 각자는 될 수 있는 대로 용감해지려고 노력했다. 그들은 밤에 혼자서 산 속을 걸었다. 그들은 더 이상 어둠이 두렵지 않을 때까지 몇 번이고 이 일을 반복했다. 그들은 고된 일에, 장거리 행군에, 그리고 밤의 어둠에 용감해지도록 훈련 받았다. 그리고 그 일은 그들을 전쟁에서 용감하게 만들었다.

답 1. ③ 2. ⓑ as ⓒ by ⓓ no

3. They were made brave in war by this. — this는 앞 문장' 즉 They were taught to be brave in hard work, in long marches and in the dark of night.를 말함

4. 〔해석〕 참조

5. Hint를 볼 것

18 ★★
(쉽다고 얕보지 마세요, 문제에 함정이 있습니다.)

Hon. A. Lincoln

Dear Sir

I am a little girl, 11 years old, but want you ⓐ _____ be President of the United States very much. So I hope that you won't think me very bold to write to such a great man ⓑ _____ you ⓒ _____.

Have you any little girls about as big as I am? If so, ⓓ give them my love and tell them to write me if you can not answer this letter. I have got four brothers and one of them will vote for you anyway, and if you will let your whiskers grow I will try to get ⓔ the rest of them to vote for you. ⓕ You would look a great deal better. For your face is so thin. All the ladies like whiskers and ⓖ they would tease their husbands to vote for you and then you would be President.

Grace Bedell.

1 This is a letter of _____.

① recommendation ② commerce
③ advice   ④ application

2 ⓐ, ⓑ, ⓒ에 각각 알맞은 어휘를 넣으시오.

3   ⓓ의 밑줄 친 부분을 우리말로 옮기시오.

4   The underlined part ⓔ means _____.

① all her brothers
② the ladies and their husbands
③ little girls
④ the other three brothers

5   Grace wants Lincoln to wear whiskers because _____.

① a thin face with whiskers would look better
② a president should wear whiskers
③ all the ladies want him to grow whiskers
④ wearing whiskers is fashionable

6   From the letter we understand that _____.

① gentlemen would like to vote for a manly person.
② women's votes do not matter much in the election
③ ladies are inclined to vote for a good-looking candidate
④ this letter was written after the presidential election

7   ⓕ의 밑줄 친 부분에 왜 would를 썼을까요?

(if …의 생략을 전제로 한 것으로 생략된 것을 쓰면 됨.)

8   ⓖ의 밑줄 친 부분을 우리말로 옮기시오.

Hint

▶ Hon은? Honorable (경칭으로 각하, 님, 선생)의 약자

▶ I think that he is honest.에서 that용법을 모르는 사람은 p. 130 (that 절이 목적인 경우에는 흔히 that 생략)

▶ I am sorry (glad, surprised ~)to hear the news. 처럼 감정을 나타내는 형용사 뒤에 to 부정사가 오면 원인, 이유를 말한다 (♣ p. 97 (3)참조) – 본문의 bold를 glad나 sorry처럼 감정을 말하는 형용사로 볼 것

▶ He writes to his father once a month. 「그는 한 달에 한 번 아버지께 편지를 쓴다.」
write to ~ 「~에게 편지를 쓰다」

▶ I am not such a rich man _____ he _____.에는? as (he) is (a rich man). 「나는 그 사람만큼 부자가 아니다.」
She is _____ rich as you _____ 에는? as (rich as you) are (rich). 「그녀는 당신만큼 부자입니다.」

▶ give them my love의 뜻은? = please remember me to them.
「그들에게 안부 전해주세요.」 〔give = send; love = (best, kind) regards〕

▶ She has got a lot of money.의 뜻은? 「그녀는 돈을 많이 가지고 있다.」

  got을 쓰는 것은 미국의 속어이기 때문(got이 없어도 같은 뜻)

▶ If you will come again, she would be very glad.의 뜻은? will의 용법은?

  「당신이 또 와주시면 그녀는 몹시 기뻐할 것입니다.」

  여기의 will은 「~해줄 뜻을 가지다」처럼 you의 의지를 나타내고 if …은 말하는 사람의 부탁(의뢰)을 말합니다. 이것을 would로 하면 가정법이 되어서 「만일 당신이 다시 와 주신다면, (사실 그럴 뜻이 없으시겠지만) 그녀는 매우 반가워 할 것 입니다.」이런 경우 'If you will come again'은 생략하고 'She would be very glad.'만 말하는 수가 있습니다.

▶ get the rest of them to vote … 구문을 잘 모르는 사람은 Lesson 7. 구 부분을 참조.

  여기의 rest는 「나머지」(4 brothers 중 하나를 뺀 나머지 3 brothers)

해석 A. Lincoln 귀하

저는 11살 소녀지만 당신이 미국 대통령이 되시기를 간절히 원합니다. 그러니까 당신처럼 그렇게 위대한 분께 편지를 쓰는 저를 아주 되바라졌다고 생각하지 마시기를 바랍니다.

당신은 저만한 여자애들이 있나요? 있다면 안부 전해 주시고요, 당신이 이 편지에 답장을 할 수 없으면 그들에게 답장을 해주라고 말씀하세요. 저는 오빠가 4명 있는데 그 중 한 명은 어쨌든 당신에게 투표할 것입니다. 그리고 만일 당신이 구레나룻을 기르신다면 저는 나머지 오빠들에게도 당신께 투표하도록 노력하겠습니다. 당신은 훨씬 더 좋게 보이실 것입니다. 왜냐하면 당신의 얼굴은 몹시 수척하기 때문입니다. 모든 숙녀들이 구레나룻을 좋아하고요. 그래서 그들은 당신에게 투표하도록 그들의 남편을 졸라댈 것이고 그러면 당신은 대통령이 될 것입니다.

Grace Bedell 올림

답 1. ③   2. ⓐ to   ⓑ as   ⓒ are   3. 안부 전해주세요.   4. ④   5. ①   6. ③

    7. if you would let your whiskers grow 〔Hint〕 참조

    8. 〔해석〕 참조

---

19 ★

Friday, September, 12th, Fine

I landed ⓐ _____ Incheon airport at three. Father was there to see us. ⓑ <u>We went to the hotel in downtown Seoul where Father was staying.</u> It was within one hour by car from the airport. ⓒ <u>Being on a hill,</u> the hotel overlooks the Han River with two big bridges over it. Seoul is much bigger ⓓ _____ I thought.

1   ⓐ에 알맞은 말은?

    ① on   ② at   ③ in   ④ to

2   밑줄 친 ⓑ를 우리말로 옮기면?

3 ⓒ와 같은 의미인 것은?

① When it is on a hill
② If it is on a hill
③ Though it is on a hill
④ As it is on a hill

4 윗글의 내용과 일치하지 <u>않는</u> 것은?

① It was fine that day.
② The writer's father went to the hotel.
③ The writer lives in Seoul.
④ This diary was written in Autumn.

5 빈 칸 ⓓ에 알맞은 말을 넣으시오.

♣ 이 책의 잔소리·공부법은 40여년 경험의 결정입니다. 다시 처음부터 중요한 것에는 표시를 해놓고 몇 번이고 거듭해서 공부하세요.

Hint

▶ land 「상륙하다」 비행장처럼 좁은 장소에는 **at**
도시나 나라 같은 넓은 장소에는 in, 호수, 섬 따위에는 on을 씁니다.

▶ 시간에는 **at**; 날(day)에는 **on**; 년, 월 (year, month)에는 **in**

▶ He came to see her. 의 뜻은? 「그는 그녀를 만나기 위해 왔다.」 to see는 「보기 위해서」라고 목적을 말하는 부사구
「그녀는 그 아이를 돌보기 위해 여기에 있다.」 She is here to look after the child. Lesson 7 참조.

▶ downtown Chicago 「시카고의 상업지구(도심지)」 uptown Chicago 「시카고의 주택지구」

▶ Being on a hill — 이 분사구문 용법을 잘 모르는 Lesson 11. 분사구문 부분을 참조.

▶ 강 이름을 영국에서는 the River Thames 「Thames 강」, 미국에서는 the Hudson River 「Hudson 강」 - 미국식이 우리말의 순서와 같은데 River를 생략하는 일이 많다.

▶ The ceiling is (   ) us. I spread the cloth-wrapper (   ) the grass.
「천정이 우리 위에 있다.」 「나는 책보를 풀밭 위에 펼쳐놓았다.」
이처럼 위로 덮여가면서 있을 때 over를 씀. 따라서 (   ) 안은 둘 다 over

해석 9월 12일, 금요일, 맑음

나는 인천 공항에 3시에 착륙했다. 아버지가 우리를 마중하기 위하여 거기에 나와 계셨다. 우리는 아버지가 묵고 계셨던 서울 도심의 호텔로 갔다. 그곳은 공항에서 차로 1시간 거리에 있었다. 그 호텔은 언덕 위에 있기 때문에 2개의 큰 다리가 있는 한강이 내려다보인다. 서울은 내가 생각했던 것보다 훨씬 더 크다.

답 1. ② 2. 〔해석〕 참조 3. ④ 4. ③ 5. than

20
★★

There are two ways (ⓐ) (ⓑ) one can own a book. ⓒ <u>The first is the property right you establish by paying for it, just I as you pay for clothes and furniture.</u> But this act of purchase is; only the prelude to possession. Full ownership comes only when you have made it a part of yourself, and the best way to make yourself a part of it is by writing in it.

An illustration may make the point clear. You buy a steak and transfer it from the butcher's icebox to your own. But you do not own the steak in the most important sense until you consume it and get it into your blood stream. I am arguing that books, too, must be absorbed in your blood stream to do you any good.

1 ⓐ, ⓑ에 적당한 말을 넣으시오.

2 밑줄 친 ⓒ를 우리말로 옮기고 문장 중에 생략된 말을 넣으시오.

3 위 글 전체에서 밑줄 친 ⓒ와 같은 형식의 문장을 차례로 열거하시오.

4 본문의 내용과 일치하지 <u>않는</u> 것은?

① Full ownership of a book comes only when you pay for it.
② It is only the prelude to the possession of a book to pay for it.
③ Full ownership of a book comes when you have made it a part of yourself by writing in it.
④ Full ownership of a book comes when it is absorbed in your blood stream.

Hint

▶ The house in which he lives is very large.의 in which의 용법을 잘 모르는 분은 Lesson 9. 관계대명사 부분 참조
▶ This is the book (which) I bought yesterday.에서 which를 생략할 수 있다는 것을 모르는 분은 Lesson 9. 관계대명사 부분 참조
▶ write in a book = mark a book
「책에 (중요한 부분에 표시를 하거나, 자기가 느낀 점을) 써넣다」
▶ An illustration may make the point clear.의 구문은 He made his mother happy. 구문과 같다는 것을 모르는 분은 Lesson 6. 기본문 5형식 부분 참조
여기의 illustration은 「삽화」가 아니고 「실례, 예증, 예」
▶ to your own 다음에 무엇을 보충할 수 있을까? icebox

▸ ~ not ... until ~ — People do not know the value of health until they lost it.
「사람들은 건강을 잃고 나서 비로소 건강의 가치를 안다.」

해석 책을 소유하는 데는 2가지 방법이 있다. 첫 번째 방법은 옷이나 가구를 살 때 (값을) 지불하는 것처럼 책값을 지불함으로써 성립되는 소유권이다. 그러나 이런 구매 행위는 소유에 대한 서막에 불과하다. 완전한 소유는 책을 자신의 일부분으로 만들었을 때만이 이루어지는 것이며 자기 스스로 그것(책)의 일부분으로 만드는 가장 좋은 방법은 책 안에 써넣음으로써 이루어지는 것이다. (책을 사람의 일부로 만들다 – 사람을 책의 일부로 만들다 — 주객이 뒤바뀐 느낌이지만 여기 에서는 같은 뜻) 한 예를 들면 이 점이 명확해질 것이다. 여러분이 스테이크를 사서 정육점 냉장고에서 여러분의 냉장고로 옮겼다고 하자. 그러나 여러분이 그것을 먹고 여러분의 혈류 안으로 들어와서야 비로소 가장 중요한 의미에서 여러분이 그 스테이크를 자기 소유로 한 것이 된다. 책도 역시 여러분에게 어떤 이로움을 주기 위해서는 여러분의 혈류(피의 흐름) 속으로 흡수되어야만 한다고 나는 주장한다.

답 1. ⓐ in ⓑ which   2. 〔해석〕 참조; right 다음에 which 생략

3. when you have made it a part of yourself; the best way to make yourself a part of it

4. ①

21

The villagers thought that the boy was crazy to spend the money for something so cheap. However, when he bought ⓐ it, Jim knew that it could not become any worse. "The land can only turn (ⓑ) now," he said.

ⓒ <u>He built ditches and a small reservoir. He drilled a few wells</u>. He worked from early morning till late at night. His mother cooked meals there on the land and helped him ⓓ <u>dig</u> the ground and cut grass for fertilizer. ⓔ <u>In two years, Jim's farm had water available all the year round</u>. The threat of the rainy season was now almost nothing. At last the land turned out to be (ⓕ) in the whole province.

1 ⓐ의 it이 가리키는 것은?

① the village   ② the land
③ the reservoir   ④ the province

2 ⓑ에 들어갈 말로 알맞은 것은?

① bad   ② worse   ③ well   ④ better

3 밑줄 친 ⓒ를 우리말로 옮기시오.

4 밑줄 친 dig 앞의 ⓓ에는 무엇이 생략되어 있는가?

5 밑줄 친 ⓔ를 우리말로 옮기면?

6 ⓕ에 들어갈 말로 가장 적당한 것은?

① useful for a big reservoir ② most beautiful park
③ the largest park ④ the best farmland

7 이 글의 내용과 관계가 가장 먼 것은?

① the pioneer spirit ② diligence spirit
③ law-abiding spirit ④ self-help spirit

✤ 지식이 가난한 사람은 100이면 100 다 남이 쓴 해설에 의존하려고 한다.

Hint

▶ I know that he is honest. 이 that용법을 잘 모르는 Lesson 10. 절 부분을 참조
▶ The boy was crazy to spend~에서 to spend 용법은 Mother will **be glad to hear** of your safe arrival.과 같은 용법 Lesson 7. 구 부분을 참조
▶ something so cheap-anything, something, nothing을 수식하는 형용사는 뒤에 위치합니다. Nothing great is easy.「큰 사업치고 쉬운 것이 없다.」; There is something noble about the man.「그 사람에게는 무엇인가 고상한 것이 있다.」
▶ It could not become any worse.에서 worse의 뜻은?
bad「나쁜」의 비교급으로「더 나쁜」 **bad-worse-worst**
some worse「좀 더 나쁜」은 부정문·의문문에서는 — any worse로
▶ He drilled a few wells.에서 drill의 뜻은「파다, 뚫다」 well「우물」
▶ there on the land「다른 곳이 아닌 바로 그 땅에서」— there는 없어도 의미가 통하며 일종의 강조용법입니다.
▶ His mother helped him dig the ground and cut grass for fertilizer.
▶ in two years의 뜻은 2년 이내가 아니고 시간의 경과를 말하여「2년이 지난 후에는」
▶ water available all the year round「1년 내내 이용할 수 있는 물」
available all the year round 은 water를 수식하는 형용사구
▶ turn out「쫓아버리다」「(결과가)~이 되다」
The rumor turned out to be true.「그 소문은 사실로 판명되었다.」

해석 마을 사람들은 그렇게 가치가 없는 (cheap - 여기에서「값싼」으로 하면 좀 어색합니다.) 것(something)에 돈을 쓰는 것을 보고 그 소년은 제정신이 아니라고 생각했다. 그러나 그(Jim)가 그것을 샀을 때 Jim은 그것이 더 이상 나빠질 수 없다는 것을 알고 있었다. "그 땅은 이제 더 좋아질 수 밖에 없는 거야."라고 그는 말했다'

ⓒ 그는 도랑들과 작은 저수지 하나를 만들었다. 그는 몇 개의 우물을 팠다. 그는 이른 아침부터 밤늦게 까지 일을 했다. 그의 어머니는 바로 그 땅 위에서 식사 준비를 했고 그가 땅을 파고 비료로 쓸 풀을 베는 것을 도왔다. ⓔ 2년이 지나자 Jim의 농장에는 1년 내내 이용할 수 있는 물을 갖게 되었다. 장마철(rainy season)위협도 이젠 아무것도 아니었다. 드디어 그 땅은 그 지방 전체에서 가장 좋은 농토가 되었다.

답 1. ② 2. ④ 3. 〔해석〕참조 4. to 5. 〔해석〕참조 6. ④ 7. ③
설명 7. ① 개척정신 ② 근면정신 ③ 준법정신 ④ 자조정신

There are three kinds of book owners. ⓐ The first has all the standard sets and best sellers - unread, untouched. (This deluded individual owns ⓑ wood pulp and ink, not books.)

The second has a great many books — a few of them read through, most of them dipped into, but all of them as clean and shiny as the day they were bought. (This person would probably like to make books his own, but is restrained by a false respect for ⓒ their physical appearance.)

The third has a few books or many — every one of them dogeared, and dilapidated, shaken and loosened by continual use, marked and scribbled in from front to back. (This man owns books.)

1 밑줄 친 ⓐ를 해석하시오.

2 ⓑ의 wood-pulp and ink가 의미하는 것은?
① restrained   ② dilapidated   ③ unread   ④ marked

3 ⓒ의 their가 가리키는 것은?
① sets   ② kinds   ③ owners   ④ books

4 Choose the expression which is true to the content of the text.
① The writer recommends us books which are to be dipped into.
② The writer insists that books must be dog-eared, shaken and loosened.
③ The writer states that there are three types of book owners.
④ The writer advises us to read between the lines.

5 'To really own books' means:
① to put books on one's own book shelves.
② to decorate one's own study with shiny standard sets.
③ to buy and keep books forever.
④ to read books thoroughly.

Hint

- standard set 「권위 있는, 정평이 나있는, 표준규격의 전집물」
- unread, untouched의 구문을 설명하면? — He had his purse stolen.과 같은 구문으로 목적이 길기 때문에 목적격 보어를 쉽게 구별하기 위해서 '—'로 분리한 것
- this deluded individual에서 deluded라는 단어 참 어렵지? self-delude를 말하며 self-deceived와 같은 뜻으로 「스스로를 속이는, 자기기만에 빠진」
- individual [indəvídʒuəl] n. 「개인, 사람」
- a few of them read through, most of them dipped into, but all of them as clean and shiny as the day they were bought.에서 생략된 말들은?
  — are read, are dipped into, all of them are, day when
- a few of **them** read through, most of **them** dipped into, but all of **them**에서 them은 a great many books를 나타냄
- dip into 「(보고서 등을)대강 훑어 보다」
- physical appearance에서 physical은 ⓐ 물질적인 ⓑ 육체적인 ⓒ 외형적인 ⓓ 자연의 ⓔ 물리학(상)의 ⓕ 형이하(形而下 – 형체를 갖추어 가진) 중 어느 것? — ⓒ
- would like to 「~하고 싶다」
- restrain 「억제하다, 제한하다, 구속하다」
- every one ~ to back에서 생략된 것은? — dogeared, shaken, marked 앞에 is.

plus tip 《공부법》

이 문제에서 dogeared, dilapidated, shaken, loosened, marked, scribbled 등은 참 어려운 단어들이지요? 그런데 이런 단어들도 사전을 보기 전에 전후 관계로 그 의미를 생각해 본 후에 사전을 봐야 합니다. 사전으로 보고 "아하! 그렇구나."하고 무릎을 치고 그리고 나서 [HINT]를 보고 무릎을 치고 또 [해석]을 보고 무릎을 치면서 공부해야 합니다 그래서 이놈들을 잊어버릴 만 할 때에 또 하고 또 해야합니다.

그런데 위 단어를 한 번 볼까요?

dogeared라는 단어는 dog과 ear와 ed가 합쳐진 단어입니다. 즉 dog-ear에 과거분사 어미 ed가 붙은 것입니다. dogear는 개의 귀이지요? 일반적인 개의 귀는 반쯤 접혀져 있지요? 책 특히 사전 같은 책은 오래 쓰다 보면 책의 모퉁이(귀)부분이 접혀 지게 되지요. 이 모양이 꼭 접혀져 있는 개의 귀와 같다고 해서 dogear가 된 것인데 여기에 ed를 붙이면「책장 모서리가 접힌」이란 뜻의 형용사가 됩니다.

dilapidated는 di = different 「다른」이란 것과 lapidate 「돌팔매질하다」 라 는 것이 합쳐진 단어로 돌팔매질로 다른 것이 되었으므로 「(건물 등을)헐다, 헐어지다, 황폐해지다」라는 뜻이 됩니다.

shaken, loosen, marked 등은 우리가 알고 있는 단어의 뜻에서 조금 벗어난 뜻을 가지고 있을 뿐이고, scribble은 scr = scrawl「갈겨쓰다」 scratch 「할퀴다, 휘갈겨 쓰다」와 ibble라는 것이 합쳐진 단어로「갈겨쓰다」라는 것이 이 단어의 본뜻입니다.

이처럼 아무리 힘들더라도 이렇게 단어를 외울 때 쪼개어보면 그 단어의 의미를 파악할 수 있고 따라서 스펠링도 저절로 암기하게 됩니다.

해석 책 소유자는 3종류가 있다. 그 첫째는 정평이 나있는 전집물과 베스트 셀러는 다 가지고 있지만 읽지도 않고 만져보지도 않은 사람이다. (이 자기기만의 사람은 책이 아니라 목재펄프와 잉크를 소유하고 있는 것이다.)

둘째는 아주 많은 책을 갖고 있는데 그것들 중 몇 권은 독파를 했고, 거의 대 부분의 책은 대충 훑어는 봤지만 모든 책들이 처음 샀을 때와 마찬가지로 깨끗하고 반짝반짝 광택이 난다. (이 사람은 아마 책을 자기 소유로 만들고 싶지만 책들의 외관을 존중한다는 그릇된 생각으로 인해 소유가 제한되고 있다.)

셋째는 책을 몇 권이나 또는 많이 가지고 있기도 한데 그것들 하나하나가 계속되는 사용으로 인해 책장의 귀가 접히고 (dogeared) 헐어빠지고(dilapidated), 책이 너덜너덜 (shaken)하여 (제본한 것이)느슨하여 (loosened) 있으며, 책의 처음부터 끝까지 표시되고 (marked) 주석이 씌어져 (scribbled) 있다. (이 사람이야말로 책을 소유하는 것이다.)

답 1. [해석] 참조 2. ③ 3. ④ 4. ③ 5. ④

23 ★ Charles and Richard were standing at a garden gate. "Look at those eggs," said Charles. "How big they are! I wonder if I have ever seen any so large in my life."

"Oh," answered Richard, ⓐ "they are not important enough to talk about. Once in my travels, I saw an egg as big as the house over there."

Charles, who was a kettle maker, answered, "I once worked on a big iron kettle, ⓑ which was ⓒ at least as large as the church — while three hundred men were busy working outside of the kettle, two hundred were working inside."

"Really?" cried Richard. "Can you tell me why ⓓ _____ such a big kettle?"

"They wanted to cook your egg in it," answered Charles.

1 밑줄 친 ⓐ를 우리말로 옮기시오.

2 밑줄 친 ⓑ를 우리말로 옮기시오.

3 ⓒ at least의 뜻은?
   ① 드디어   ② 적어도   ③ 조금도   ④ 기껏해야

4 ⓓ에 들어갈 알맞은 것은?
   ① do they make   ② they make
   ③ they made   ④ did they make

5 윗글의 제목으로 알맞은 것은?
   ① Telling A Lie   ② Too Many Cooks
   ③ Working Together   ④ Kettle Maker

✦ 하나의 문장을 암기하면 단어, 숙어는 자연히 암기된다.

Hint

▶ I wonder if (whether, who, what, why, how ~)의 뜻은 원칙적으로 「~이 아닐까 하고 생각하다(의심하다, 수상히 여기다)」
   I wonder if(whether) it will rain tomorrow. 「내일 비가 올까?」(잘 모르겠다.)
   I wonder who will come. 「누가 올까?」(알고 싶어 하다.)
   I wonder if (whether) it is wise to do so. 「그렇게 하는 것이 현명할까?」(잘 몰라서 알고 싶다)

▶ any so large → You have some eggs. '너는 계란을 좀 (몇 개) 가지고 있다.'에서 some은 형용사. You have some. 너는 몇

개 가지고 있다.」에서의 some은 대명사, 이 두 가지 용법의 some은 의문문이나 부정문 그리고 조건절(if ~)에서는 any를 씁니다. 그리고 대명사인 some과 any를 수식하는 형용사는 **some, any 다음에** 오게 됩니다.

그래서 so large는 any를 수식하는 형용사로 뜻은 「그렇게 큰 몇 개」

▸ not important enough to talk about를 잘 모르시는 분은 Lesson 7. 구 부분을 참조

▸ once의 뜻은?「한번」,「어떤 때에」「옛날에」중 어느 것?「어떤 때에」

▸ as big as ~의 뜻은?「~ 만큼 큰」

She has a house as large as yours.에서 yours는 your house를 말하는 것이고 yours 다음에 생략된 것은? → is large

따라서 위 문장은 She has a house as large as your house is large. 이고 as ... as ...는 house를 수식하는 형용사구.「그녀는 네 집만큼 큰집을 가지고 있다.」

She is as tall as he.에서 he 다음에는 is tall이 생략되어 있고 이 문장은 tall이라는 형용사(주격보어) 앞뒤로 부사(as)와 부사절 (as he is tall)이 따라 붙어있습니다.

▸ Charles, who was a kettle maker, answered ...구문은 앞뒤의 comma를 ( )의 대용으로 보고 Charles (who ... maker) answered ...로 하면 해석이 쉽게 됩니다.

▸ , which was 즉 관계대명사 계속적 용법을 모르면 Lesson 9. 관계 대명사 부분 참조

▸ She is busy cleaning the room.「그녀는 방 청소 하느라 바쁘다.」 busy 다음에 **in** 생략

▸ I don't know.와 What does he study?를 합치면? Lesson 10. 명사절 부분 참조

해석 Charles와 Richard는 정원 문에 서 있었다. ⓐ "저 계란들을 보게. 정말 크군! 내 평생 그렇게 큰 것들을 본 적이 있었을까?(의심스럽네)"라고 Charles가 말했다. "아, 그것들은 말 거리가 되질 않아. 한번은 내가 여행하던 중에 나는 저기 저 집만큼이나 큰 계란을 보았다네." 라고 Richard가 대답했다. Charles는 솥 만드는 사람이었는데 대답하여 "나는 한 때 큰 쇠솥 만드는 일을 ⓑ 했는데, 그 솥이 ⓒ 적어도 교회만큼이나 컸지 뭐야, 300명이 솥 밖에서 일하고 있는 동안 솥 안에서는 200명이 일하고 있었다네."

"정말이야? 그들이 왜 그렇게 큰 솥을 만들었는지 말해줄 수 있겠나?"라고 Richard가 외쳤다.

"그들은 자네 계란을 그 안에서 요리하기를 원했다네."라고 찰스가 대답했다.

 1, 2 〔해석〕 참조   3. ②   4. ③   5. ①

24 ★★

A frog eats only ⓐ live insects, and ⓑ its eye instantly spots a moving fly within reach of its tongue. You can surround a frog with dead (therefore motionless) flies, and it will never know ⓒ they are there.

If we can completely understand the ⓓ mechanics of the frog's eye, we can develop a "map-reading eye" for missiles and a ⓔ "pattern-recognition eye" for our basic air-defense system called SAGE (semi automatic ground environment). SAGE is badly overworked. Its international network of radar "eyes" supplies a tremendous mass of unimportant details about ⓕ meteorites, clouds, flights of ducks, geese, and friendly planes, and it sometimes gets confused. Until we can build a mechanical frog's eye into SAGE, it will remain somewhat ⓖ inefficient.

1 ⓐ live의 ㉠ 발음 ㉡ 뜻 ㉢ 명사형은?

2 밑줄 친 ⓑ를 해석하면?

3 ⓒ의 they가 가리키는 것은?
　① frogs　　② insects　　③ spots　　④ flies

4 ⓓ의 mechanics의 뜻은?
　① the science of machinery
　② structure
　③ the science of motion and force

5 ⓔ recognition의 동사형은?

6 ⓕ meteorite의 뜻은?

7 ⓖ inefficient의 뜻은?

8 윗 글의 요지는?
　① 개구리는 생식만 하기 때문에 죽은 곤충은 거들떠보지도 않는다.
　② 개구리 눈의 기능을 연구하면 국방에 도움이 될 것이다.
　③ 개구리는 주위의 어떤 사물도 즉각 식별할 수 있는 예민한 시각을 가지고 있다.
　④ 전파 탐지기가 있기 때문에 공습은 두려울 것이 없다.

Hint

▶ ⓐ의 live 「살아있는」 (형용사)

▶ spots의 뜻? 동사의 종류는? — 「알아내다」라는 뜻의 불완전타동사

▶ within 앞에 to be가 생략되어 있으며 to be within reach of its tongue 은 목적격 보어 즉 **a moving fly = (to be) within reach of its tongue** 따라서 (to be) within reach of its tongue한 a moving fly를 spot하다 Lesson 6. 기본문 5형식 참조

▶ map-reading eye 「지도를 읽는 눈」 pattern-recognition eye 「무기의 패턴(형태)를 식별하는 눈」 ▶SAGE (semi automatic ground environment)는 「반자동 지상(방공)관제조직」

해석 개구리는 ⓐ 살아있는 곤충만을 먹는데, ⓑ 그것의 눈은 자기 혀가 도달할 수 있는 거리 안에서 날아가며 움직이는 파리를 즉시 알아챈다. 여러분은 개구리 주위에 죽은(그러니까 움직이지 않는) 파리들을 빙 둘러 놓아도 그것은(개구리) 그것들이(파리들) 거기에 있다는 것을 결코 알 수 없다.

만일 우리가 개구리 눈의 구조를 완전히 이해할 수 있다면 미사일의 독도안(讀圖 眼-지도를 읽을 수 있는 눈)이나 SAGE(반자동 지상 (방공) 관제 조직)라고 불리는 우리의 기본적인 방공 시스템을 위한 패턴 인식 눈을 개발할 수 있다. SAGE는 몹시 과로당하고 있다.(불필요한 일을 너무 많이 하고 있다.) SAGE의 국제적인 레이더망의 눈은 운석(l遇石), 구름, 오리, 거위 그리고 우군기가 날아가는 것에 관하여 엄청난 양의 중요하지 않은 세부 사항을 제보하여 때때로 혼란을 야기시키도 한다. 우리가 개구리의 기계 눈을 SAGE에 장착할 수 있을 때까지 그것은 얼마간 비능률적인 상태를 계속할 것이다.

답 1. ㉠ [laiv] ㉡ 살아있는 ㉢ life 2. 〔해석〕참조 3. ④ 4. ② 5. recognize 6. 운석(陽石)
7. 비능률적인 8. ②

---

25 ★ One day a neighbor ⓐ <u>whose name was Mr. Crawford</u> allowed Abraham Lincoln to read his book, "The Life of George Washington". The book was so interesting ⓑ _____ he read it until midnight. He put the book on a shelf and went to bed. But during the night there was a heavy rain. When he wanted to read the book the next morning, ⓒ <u>he found it all wet.</u> ⓓ <u>Abe was too honest to keep it a secret,</u> so he visited Mr. Crawford to say that! he was sorry. In order to pay for the book, Abe worked on his farm ⓔ _____ three days. He was so honest and diligent that Mr. Crawford gave the book to honest Abe.

1 ⓐ의 밑줄 친 부분을 관계대명사 주격 who ... called ... 문장으로 고치면?

2 ⓑ에 들어갈 적당한 어구는?
   ① which   ② what   ③ that   ④ who

3 ⓒ = he found ㉠ _____ it ㉡ _____ all wet. ㉠ ㉡에 들어갈 어구는?

4 밑줄 친 ⓓ를 so가 들어가는 문장으로 고치면?

5 ⓔ에 들어갈 적당한 어구는?
   ① on   ② in   ③ for   ④ till

6 ㉠「왜 Abe는 Crawford씨 농장에서 일했는가?」를 영작하시오.

   ㉡ 이에 대한 답을 wanted가 들어가는 문장으로 영작하시오.

7 첫 문장 "One day ... George Washington"을 우리말로 옮기시오.

♣ 위인이 도달한 높은 봉우리는 땅바닥에서 그냥 위에 올라간 것이 아니다. 남이 잠자는 사이에도 한 걸음 한 걸음 애써서 올라간 것이다.

Hint

▶ one day의 뜻은? — 과거의 어느 날; 미래의 어느 날은 some day

▶ 관계대명사 whose 용법을 잘 모르는 Lesson 9. 관계대명사 부분 참조

▶ allowed A. Lincoln to read ...의 구문 설명이 필요하면 Lesson 7. 구 부분을 참조

▶ his book, "The Life of George Washington"의 문법 관계는?

John, the cook, is an honest fellow.「요리사인 존은 정직한 녀석이다.」에서 John과 the cook은 동격 → 동격은 뒤의 명사가 앞의 명사를 수식하는 일종의 형용사 역할을 하는 것

▶ so ~ that ...「대단히 ~하므로 (그 결과) ...하다.」

▶「그는 여름방학 동안 여기에 머물렀다.」는 He stayed here during the summer vacation.

그러면「그는 여기에 3일간 머물렀다.」는 He stayed here for 3 days.

during과 for차이는 **during**은 상태의 계속, **for**는 기간을 말함.

따라서 during 뒤에는 vacation, absence, stay, night ... 등의 상태의 계속을 말하는 단수명사가, for 뒤에는 3 days, five years ... 등의 주로 숫자 + 복수명사가 많이 옵니다.

▶ there is(are) ... 구문을 잘 모르는 분은 Lesson 1. Be동사 부분 참조

▶ He found it all wet.이 해석이 안되면, He made his mother happy. 또는 I found the book easy.가 해석이 안되면 Lesson 6. 기본문 5형식 참조.

▶ I know that he is honest.에서 that 용법을 모르는 분은 Lesson 10. 절 부분을 참조

▶ She is too young to marry.의 뜻과 so ... that 문장으로 바뀐다.

▶ He came in order to see me.는 In order to see me, he came.으로도 할 수 있다.

[해석] 어느 날 Crawford씨라는 이름의 이웃 사람이 Abraham Lincoln에게 'George Washington전'이라는 그의 책을 읽도록 허락해 주었다. 그 책이 너무 재미가 있어서 그는 한밤중까지 그것을 읽었다. 그는 그 책을 선반 위에 놓고 잠자리에 들었다. 그런데 밤 사이에 폭우가 쏟아졌다. 다음 날 아침 그 책을 읽으려고 했을 때 그는 그것이 모두 젖어있음을 알았다. Abe(= Abraham)는 그것을 비밀로 하기에는 너무 정직했다. 그래서 그는 죄송하다고 말하기 위해 Crawford씨를 찾아갔다. 책값을 지불하기 위하여 Abe는 그의 농장에서 3일간 일을 했다. 그는 아주 정직하고 부지런했기 때문에 Crawford씨는 그 책을 Abe에게 주었다.

[답] 1. who was called Mr. Crawford   2. ③   3. ㉠ that ㉡ was

4. Abe was so honest that he could not keep it a secret.   5. ③

6. ㉠ Why did Abe work on Mr. Crawford's farm?

㉡ Because he wanted to pay for the book.

7. [해석] 참조

26 It was an examination time in grammar and composition. The teacher directed the class to write a brief account of a baseball.

All the pupils wrote busily ⓐ <u>but</u> one small boy. ⓑ <u>Just as the allotted time was about to elapse, he suddenly awoke to life</u> and wrote a sentence just in time to ⓒ _____ in his paper, which read "Rain, No game."

1 ⓐ의 but과 같은 의미인 것은?

  ① only   ② yet   ③ at least   ④ except   ⑤ on the contrary

2 밑줄 친 ⓑ 부분을 우리말로 옮기시오.

3 ⓒ에 들어갈 어구로 적당한 것은?

  ① cut   ② fold   ③ tear   ④ turn   ⑤ keep

4 What did the teacher direct the class to do? (Answer in English)

Hint

▶ account 「이야기, 설명, 기사(記事)」, 「답변」
▶ but의 뜻은? — except 「빼놓고」
▶ allotted time 「배당 시간, 할당 시간, 소정의 시간」
▶ be about to 「바로 막 …하려고 하다」
▶ awake to life 「정신을 차리다」
▶ ⓒ에는 「제출하다」의 뜻을 가진 turn in = hand in
▶ , which는 — and it
▶ read의 발음과 뜻은? — 발음은 [red], 뜻은 「~라는 내용으로 씌어져 있었다.」

해석 문법과 작문 시험 시간이었다. 선생님이 야구에 관한 짧은(brief) 이야기(account)를 쓰라고 학급(학생들)에게 지시했다. 한 작은 소년을 제외하고 모든 학생들이 바쁘게 써 내려갔다. ⓑ 막 소정의 시간이 경과하려고 할 때 그는 갑자기 정신을 차리고서는 (답안지 제출)시간에 딱 맞게 한 문장을 썼는데 그것은 "비, 경기 없음"이라는 내용으로 씌어져 있었다.

답 1. ④ 2. 〔해석〕 참조 3. ④

  4. He directed them to write a brief account of a baseball.

27 ★★

If reading is to accomplish anything more than passing time, it must be active. You can't ⓐ let your eyes glide across the lines of a book and ⓑ come up with an understanding of what you have read. Now an ordinary piece of ⓒ light fiction, like, ⓓ say, 'Gone With the Wind', doesn't require the most active kind of reading. The books you read ⓔ for pleasure can be read in a state of ⓕ relaxation, and ⓖ nothing is lost. But ⓗ a great book, rich in ideas and beauty, a book that raises and tries to answer great fundamental questions, demands the most active reading [ⓘ] which you are capable. You don't absorb the ideas of John Dewey ⓙ the way you absorb the crooning of Mr. Vallee. You have to reach for them. ⓚ That you cannot do while you're asleep. ⓛ If, when you've finished reading a book, the pages are filled with your notes, you know that you read actively.

1 밑줄 친 ⓐ 뜻과 같은 것은?

① rough reading   ② careful reading
③ precise reading   ④ alert reading

2 ⓑ come up with의 의미는?

① arrive at   ② come near
③ catch up(overtake)   ④ enter into

3 ⓒ light fiction이 뜻하는 것은?

① a story of adventure
② a detective story
③ pure literature
④ amusing literary writings such as stories, novels and romances

4 ⓓ의 say가 뜻하는 것은?

① let us say; for example   ② express in words
③ so to speak   ④ what is called

5 ⓔ for pleasure가 뜻하는 것은?

① as a joke   ② for fun
③ as s taste   ④ as an entertainment

6 ⓕ relaxation의 동사형과 동사형의 뜻을 쓰시오.

7 ⓖ의 밑줄 친 부분이 뜻하는 것은?

① You cannot lose anything.
② We can get nothing.
③ Everything is all right.
④ You can understand anything you want.

8 ⓗ의 밑줄 친 부분을 우리말로 옮기시오.

9 ⓘ에 들어갈 적당한 어구를 넣으시오..

10 ⓙ the way가 뜻하는 것은?

① as　　　　② because　　　③ though　　　④ for

11 밑줄 친 ⓚ를 평서문으로 고치시오.

12 밑줄 친 ⓛ 부분을 우리말로 옮기시오.

13 윗글의 내용과 같지 <u>않은</u> 것은?

① We must read carefully if we want to understand a great book.
② We cannot understand a great book unless we read between the lines.
③ We cannot understand the ideas of John Dewey if we let our eyes glide across the lines of his books.
④ It required the most active kind of reading to read a light fiction.

Hint

▶ pass time 「시간을 보내다, 소일하다」

▶ let your eyes glide across the lines 「당신의 눈으로 하여금 미끄러지듯이 줄을 건너가게 하다 = 대충 훑어 읽다」

▶ come up with 「…에 따라가다」 (여기에서는 책을 대충 훑어 읽고서 자기가 읽은 것을 이해하는 데까지 도달하다 즉 이해하게 되다)

▶ an ordinary piece of light fiction＝an ordinary piece of 「보통 종류의」, light fiction 「가벼운 소설」 「오락 소설」

▶ like, say, 'Gone With the Wind'의 like는 전치사로서 「…처럼」, say는 「예를 들면」
'Gone With the Wind'는 (소설) 「바람과 함께 사라지다」

▶ The books you read for pleasure는 books 다음에 which 생략. for pleasure는 「재미로」 즉 「재미로 읽는 책들」

▶ ⓗ의 a great .., capable.에서 수식하는 부분을 (   ) 안에 넣으면?
→ (a great) book, (rich in ideas and beauty), (a) book (that raises and tries to answer great fundamental questions), demands (the most active) reading (of which you are capable) — 2개의 book은 동격 관계 — 「book 은 reading …을 demand하다.」가 골자. (rich ~ beauty)는 앞쪽 book의 형용사구. (that … questions)는 뒤쪽 book의 형용사절, (of which ~ capable)은 reading의 형용사절. 〔He is capable of swimming. = He can swim.〕 여기에서 of which 구문을 잘 모르는 분은 Lesson 9. 관계대명사 부분 참조

▶ the way는? → in the same way as you ~ 「…과 같은 방법으로, …과 같이」를 줄인 것 = as

▶ You have to reach for them.에서 reach for = try to get(hold) 「얻으려고(잡으려고) 애쓰다」 them = the ideas
He reached for the knife but it was too far away. 「그는 그 칼을 잡으려고 했으나 너무 멀리 떨어져 있었다.」

▶ That you cannot do … 구문 → You cannot do that

▶ If, when … 구문은? if 다음에 갑자기 comma(,)가 나오면 그 다음 comma까지 (   ) 안에 넣고 생각할 것.
(when you've finished reading a book)은 notes 다음에 와야 할 것인데 강조되어 도치된 것

해석 독서가 시간을 보내는 것 이상의 무엇인가를 이루고자 하는 것이라면 그것은 적극적이어야만 한다. 책의 행(글의 가로 또는 세로 줄)들을 대충 눈으로 흘어 내리기만 해서는 읽은 것을 이해하게 될 수 없다. 그런데(Now) 예를 들어 '바람과 함께 사라지다' 같은 일반적으로 가벼운 소설은 가장 적극적인 독서법이 요구되지 않는다. 재미로 읽는 책들은 편안한 상태에서 읽을 수가 있고 그래도 잃는 것은 아무것도 없다. 그러나 ⓗ 사상(개념)과 좋은 점(beauty)이 많은 심원한(great) 책, 즉 중요한(great) 기본적이 문제를 제기하고 답하고자 애쓰는 책은 우리가 할 수 있는 가장 적극적인 독서법이 요구된다. 여러분은 John Dewey의 사상을 Vallee씨의 콧노래를 듣는 방식으로는 받아들이지(absorb) 못한다. 여러분은 그 사상들을 받아들이도록 노력하여야만 한다. 여러분은 졸면서 그런 일을 할 수는 없다. ⓘ 한 권의 책을 읽는 것이 끝났을 때 책장들이 여러분이 필기해 놓은 것으로 채워져 있다면 여러분은 여러분이 적극적으로 읽었다는 것을 알게 된다.

답 1. ① 2. ③ 3. ④ 4. ① 5. ② 6. relax 「늦추다, 긴장을 풀다」 7. ①
8. 〔해석〕참조 9. of 10. ① 11. You cannot do that while you're asleep.
12. 〔해석〕참조 13. ④

28 ★

When the Korean War ended in 1953, ⓐ <u>the country's economy [ⓑ] in shambles</u>. However, even before the War, there had been little industry to speak of, and though Korea had been regarded as an agricultural land, ⓒ <u>the country's population density made it difficult to be self-sufficient even in food</u>. Yet, after a single generation, Korea has emerged as one of the fastest developing countries in the world. ⓓ <u>Its exports are soaring at a rate rarely paralleled by any other nation in the world.</u>

Since the end of the Korea War, the economy had been growing ⓔ <u>by around five percents</u> a year, but it was certainly insufficient to set the country on the road of full economic development.

ⓕ <u>Dramatic changes began to take place in rapid succession at the turn of the 1960's.</u>

1 밑줄 친 ⓐ와 같이 뜻이 되도록 다음 문장의 빈 곳에 들어갈 어구는?

   The country's economy was _____.

   ① shameful   ② wonderful
   ③ in confusion   ④ nothing

2 ⓑ에 들어갈 어구는?

   ① lay   ② hid
   ③ lies   ④ had laid

3 밑줄 친 ⓒ를 densely populated를 써서 so ... that ...형으로 바꾸시오.

4 밑줄 친 ⓓ, ⓔ, ⓕ를 우리말로 옮기시오.

5 윗글의 내용과 가장 부합하는 것은?

   ① Korea had been a fully developed and industrialized country before the Korean War.
   ② Korea is still one of the undeveloped countries.
   ③ Korea has appeared as one of the fastest developing nations of the world.
   ④ Korea is still regarded as an agricultural land.

Hint

▶ in shambles 「난장판인, 파괴된」

They turned the room to (a) shambles. 「그들은 방을 난장판으로 만들었다.」

▶ lie, lay를 자동사, 타동사로 구분하여 변화를 말하면?

― (자동사) lie-lay-lain   (타동사) lay-laid-laid ― 그러면

He (   ) the book on the table yesterday.에는? → laid (타동사) 「그는 어제 그 책을 탁자 위에 두었다.」

The book (   ) on the table yesterday.에는? → lay (자동사) 「그 책은 어제 탁자 위에 놓여 있었다.」

The room (   ) in shambles yesterday. 에는? 목적이 없으므로 자동사 lay 「그 방은 어제 난장판이었다.」 ― 이 lay는 was 의 뜻

▶ I have a little money. 「나에게는 돈이 좀 있다.」

I have little money.처럼 a가 없으면 「나는 돈이 조금 밖에 없다.(부정의 뜻)」

▶ little industry to speak of 에서 to speak of의 뜻은? ―「이렇다 할 만한」

He has no property to speak of. 「그는 이렇다 할 만한 재산이 없다.」

▶ The book was written by me.를 과거완료로 하면? was만 과거완료로 하여 had been

▸ →The book had been written by me.
▸ I regard him as a friend. 「나는 그를 친구로 여긴다.」— 이것을 수동태로 하면
→ He is regarded as a friend by me.
▸ I wrote the book.을 과거완료로 하면 — I had written the book.
▸ Korea had been regarded as an agricultural land.를 They를 주어로 하는 능동태로 고치면?
→ They had regarded Korea as an agriculture land.
혹시 They regarded Korea as an agriculture land.으로 하지 않도록 조심할 것. 만일 이것이 맞다면 이것을 수동태로 다시 고칠 때 Korea was regarded as an agriculture land가 되어버림.
▸ had (has) been, has emerged 과거·현재완료를 잘 모르면 Lesson 7. 완료시제 부분을 참조
▸ ~ made it difficult to be~구문은
I find it difficult to solve this problem. 구문과 일치하는데 이 관계를 잘 모르는 분은 Lesson 7. 구 부분을 참조할 것.
▸ 여기의 generation은 세대(약 30년)
▸ rarely paralleled by any other nation in the world. 에서 paralleled의 뜻과 용법은? 「필적하다, 비교하다」 리는 뜻의 타동사로 과거분사. This is a house **built by** John.과 같은 용법.
▸ by around five percents a year에서 around의 뜻은? about 「…쯤」 around 5 o'clock 「5시쯤」
▸ but it was certainly insufficient to set …에서 it는 to set이하를 나타내는 것이 아니고 앞의 Since ... year 를 말함. to set~은 This water is not good to drink.
▸ take place = happen
▸ in succession 「계속해서, 잇달아」
▸ at the turn of the 1960's의 뜻은?
turn 「전환기, 전환점」 1960's 「1960년대」 = 1960년대로 접어들 무렵에.
〔8〕의 (Winston Churchill) in his late sixties and early seventies 기억나세요? (Winston Churchill은) 60대말과 70대 초반에 있어서 이것은 60's, 70's로 해도 무방함.
3이라는 숫자의 복수는? — 3's; 1960's 「1960」=nineteen sixties

해석 1953년 한국 전쟁(6.25사변)이 끝났을 때, 한국의 경제는 난장판이었다. 그러나 전쟁 전 조차도 이렇다 할 만한 산업이란 거의 없었던 형편이었고 또 한국은 농업국가로 간주되어 왔음에도 불구하고 (높은) 인구밀도는 식량의 자급지족 조차도 어렵게 만들었다. 그럼에도 불구하고(yet) 단 하나의 세대(약 30년)가 지난 후 한국은 세계에서 가장 급속히 발전하는 나라 중의 하나로 등장했다. ⓓ 한국의 수출은 세계의 다른 나라들과는 비교하기 드물 정도의 속도로 급상승하고 있다.

한국 전쟁이 끝난 이후로 경제는 ⓔ 1년에 5% 성장했지만 그것으로 나라가 충분한 경제개발의 도상에 오르게 하기에는 확실히 불충분한 것이었다. ⓕ 1960년대에 접어 들면서 극적인 변화가 급속히 잇달아 일기 시작했다.

답 1. ③ 2. ①

3. The country was so densely populated that it was difficult to be self-sufficient even in food.

4. 〔해석〕 참조   5. ③

29 ★

If you ____ⓐ____ in the spaceship, you ____ⓑ____ be able to enjoy looking at the beautiful stars.

1 ⓐ, ⓑ에 들어갈 어휘를 차례대로 고르시오.

① look
② were
③ went
④ would
⑤ shall
⑥ should
⑦ will

2 윗글의 내용과 <u>다른</u> 것은?

① Being in the spaceship, you would be able to enjoy looking at the beautiful stars.
② As you were not in the spaceship, you could not enjoy looking at the beautiful stars.
③ As you are not in the spaceship, you can not enjoy looking at the beautiful stars.
④ Since you are not in the spaceship, you cannot enjoy looking at the beautiful stars.

✤ 노력 그리고 인내야 말로 쓰라린 인생을 광명으로 이끄는 참된 안내자다. 살아서 굴욕을 받느니 차라리 분투 중에 쓰러짐을 택하라.

Hint

▸ If I were rich, I could buy it. 가정법을 잘 모르는 분은 Lesson 12. 가정법 부분 참조.
▸ I didn't mind (to go, going) with her.를 잘 모르는 분은 Lesson 7. 구 부분 참조

해석 만일 여러분이 우주신을 타고 있다면 아름다운 별들을 보며 즐길 수가 있을 것입니다.

답 1. ⓐ - ②, ⓑ - ④

2. ② ▲ ①의 Being = If you were Lesson 11. 분사구문 참조

30

Jim Smith was tired. It had been a hard day. Jim decided to go home. Just as he was about to leave, he remembered that it was his wedding anniversary the next day. He had to remember to; get his wife a present. Jane, his secretary, promised to remind him about it the following day. His wife Ann was surprised to see Jim home so early. Before he had time to take off his coat she asked him if he knew what date it was. She seemed rather annoyed when he said it was the seventh. "It's our anniversary," she said, "We got married on the seventh of October. Three years ago!" Jim was horrified. "But I thought it was tomorrow," he said. "This is our third anniversary," she said, "and it's the third one you've forgotten." It was no use saying sorry. He'd been sorry _____.

1. Who do you think exactly remembered the date of their wedding anniversary?

   ① Ann   ② Jim   ③ Jane   ④ None

2. 윗글의 내용과 일치하는 것은?

   ① Ann was reminded about the wedding anniversary.
   ② Jim reminded Ann about the wedding anniversary on the seventh.
   ③ Jane forgot to remind Jim about getting a present for his wife.
   ④ Jane told Jim that she would remind him about a present for his wife.

3. 밑줄 친 부분을 다음과 같이 바꿀 때 빈칸에 들어갈 말로 옳은 것은?

   She said to him, "_____?"

   ① Does he know what is the date
   ② Does he know what date it is
   ③ Do you know what date is it
   ④ Do you know what date it is

4. 윗글의 마지막 _____ 에 알맞은 것은?

   ① once before
   ② twice before
   ③ three times already
   ④ for the third time

5 다음 보기에서 명사형이 틀린 것은?

① decide – decision
② promise – promise
③ annoy – annoyment
④ remember – remembrance

Hint

▶ be about to do = be going to do = be about doing 「막~하려 하다」

해석 Jim Smith는 피곤했다. 힘든 하루였다. Jim은 집으로 가기로 결심했다. 막 떠나려고 할 때 다음 날이 그의 결혼기념일이라는 것이 생각났다. 그는 그의 아내에게 줄 선물사는 것을 기억해야만 했다. 그의 비서인 Jane은 다음 날 그에게 그 일을 생각나게 해주겠다고 약속했다. 그의 아내는 일찍 집에 돌아온 Jim을 보고 놀랐다. 그가 그의 코트를 벗기도 전에 그녀는 그에게 그 날이 며칠인지(날짜)를 물었다. 그가 7일이라고 말했을 때 그녀는 좀 불쾌한 것처럼 보였다. "오늘 이 우리의 기념일이에요. 우리는 10월 7일에 결혼했어요. 3년 전에요." Jim은 섬뜩했다. "그런데 나는 내일이라고 생각했지."라고 그가 말했다. "오늘이 우리의 3번 째 기념일이에요. 그리고 당신이 세 번째로 잊어먹은 날이고요."라고 그녀가 말했다. 미안하다고 말해봤자 소용이 없었다. 그는 이전에 이미 두 번이나 미안했었기에.

답 1. ① 2. ④ 3. ④ {잘 모르는 분은 Lesson 13. 화법 부분을 참조}
4. ② 5. ③ (→ annoyance)

| **마지막 plus tip** |

100명이 이 책을 읽기 시작했다면 이 마지막 페이지까지 완전히 공부한 사람은 10명 정도(?)될 것입니다. 비단 이 책을 공부하는 것 뿐만 아니라 일생을 살아가면서 어떤 일을 하는 데 있어서도 다 마찬가지입니다. 그래서 세상에는 성공하는 사람이 있고 또 실패하는 사람도 생기게 되는 것입니다. 세상 사람 대부분이 우자(愚者 – 바보)이며, 현자(賢者 – 현명한 사람)는 아주 소수밖에 되질 않습니다. 그런데 이 우자들은 어떤 족속들인고 하니 이쪽으로 가라 하면 저쪽으로 가고 올라가라 하면 내려가는 사람들입니다.

여러분은 이제 이런 우자들의 범주에서 벗어나 현자에 속하게 되었으며 또한 성공 후보자에도 속하게 되었습니다. 그러나 여러분은 성공 후보자일 뿐이며 꼭 성공할 수 있다는 장담은 할 수 없습니다. 즉 여러분은 성공할 수 있는 소질을 가지고 있다는 것입니다. 꼭 성공하고 싶다면 여러분은 다음 내가 하는 말을 잘 들어야 합니다.

"여기까지 한 번 읽은 것도 겨우 했는데 보나마나 또 되풀이해서 읽으라는 것이죠?"라고 여러분은 짐작하실 것입니다. 그렇습니다. 한 번 읽은 책을 또다시 읽는다는 것은 누구나 다 하기 싫은 일입니다. 그러나 꾹 참고 다시 첫 page로 back해야 합니다. 그런데 2번째부터는 이 책을 공부하는 방법을 달리해야 합니다.

1. **Hint를 한번 죽 읽으세요.** 이 Hint 중에서 잊어버려서 모르는 것이 있으면 거기에 ○표를 하고 복습할 필요가 없는 곳은 ×표를 하세요.

2. **복습관리로 들어갑시다.** 문제 하나하나를 해보고 풀 수 있는 문제는 ×표, 못 푸는 문제는 해답을 보고 복습한 후에 ○표를 하면서 이 책의 끝까지 해나가십시오.

3. **2번째 복습이 다 끝났으면 3번째 복습으로 들어가 봅시다.** 이번에는 ○표를 한 곳만 추려서 다시 한 번 해보십시오. 또 잊고 복습할 필요가 있는 곳에는 ◎표를 하고, 복습할 필요가 없는 것에는 ○표 위에 ×표를 합니다.

4. **4번째 복습할 때는 ◎표 한 것만 — 계속 이런 식으로 하는 겁니다.** 여러분은 머리가 분명히 좋은 분들이니 더 말 안 해도 아시겠지요? 아마 한 10번 가량해야 복습이 완전히 끝날 것입니다. 그래도 이 방법으로 복습을 하면 다른 방법보다 시간이 훨씬 줄어들게 됩니다. 즉 아는 것과 모르는 것을 분간하여 모르는 것만 집중적으로 반복하는 방법입니다.

마지막 잔소리 아는 것과 모르는 것을 막 뒤죽박죽 비빔밥 잡채 식으로 하는 공부 방법으로는 성공할 수 없습니다. 시간이 별로 없잖아요?

5 2번째 복습할 때 ○표 위에 ×한 놈들 — 이놈들이 어느 정도 시간이 경과하면 또 잊어버리게 되어 있으니 마지막으로 이놈들만 추려서 또 복습해야 합니다.

6 이 책에서는 영어 중 가장 중요한 영문 구성법과 품사 중에서 가장 중요한 동사를 배웠습니다. 이 두 가지만 알면 완전히 영어에 눈을 뜨게 됩니다.

그러나 우리는 시험 준비를 위해서 명사, 대명사, 형용사, 부사, 접속사, 전치사 등등을 배워야 합니다. 이것들은 「영어기초오력일체」라는 책에서 다루고 있습니다.

「영어기초오력일체」에서는 「영어실력기초」에서 배운 것을 또 복습하면서 위에서 말한 것들을 공부합니다. 이 책에서는 여러분의 영문 독해 능력을 양성하기 위하여 재미있는 Joke, 소설 등도 많이 수록하였습니다.

부디 몸조심하면서 열심히 공부하십시오. 여러분의 앞날에 무궁한 발전과 영광이 있기를 간절히 빌면서.

저자 안현필

| 어느 학생의 편지 |

지금까지 독자로부터 수많은 편지를 받아보았습니다만 이 편지만큼 나를 감동시킨 것은 없었습니다. 나는 이 편지를 나 혼자 읽기에는 너무 아깝다고 생각되었으나 이 편지 속에는 내 저서 이름이 들어 있어서 책 선전이라는 오해를 받을까봐 오랫동안 망설이다가 학생들이 이 편지를 읽고 공부하는 데 도움이 된다면 그래서 학생들에게 이익이 된다면 그런 오해는 불식시킬 수 있다고 생각되어 결심을 하게 되었습니다. 다음의 편지를 읽으면 그런 오해는 하지 않으리라고 믿습니다.　　　　　　　안현필

안 선생님 보십시오.

일기 고르지 못한 이 때 몸 건강히 계시는지요.

저는 올해 보성고등학교를 졸업하고 연세대 의예과에 들어간 학생입니다. 다름이 아니오라 제가 선생님께 감사의 말씀을 드리고 싶어 이 편지를 쓰고 있습니다. 고등학생때 저의 영어 성적은 말이 아니었습니다. 겨우 30점 정도가 고작이었으니까요. 고3이 되니 은근히 걱정이 되어 영어에 취미를 붙이려고 노력을 했습니다만 모두 헛수고였습니다. 4월 말경 어느 날 도서관에서 저의 친한 친구가 "영어실력기초"를 권하였습니다. 자기도 영어를 못하다가 고2 때 그 책을 6번이나 봐서 지금은 영어에 자신이 있다고 하더군요. 중3때 본 기억도 있고 해서 거절했다가 그 후 마음이 달라져 학교 영어공부도 집어치우고 그 책만 5번을 봐서 그 책을 훤히 알게 되었습니다. 그리고 "영어기초오력일체"를 2번 보고 나니 영어에 자신은 붙었는데 영어 성적이 안 올라갔습니다. 그 때가 9월, 다시 용기를 내어 "영어실력기초"를 한 번 더 보고 나서 "영어연구"를 보았습니다. 학교 영어 시간에도 그 책을 보다가 선생님께 야단도 많이 맞았습니다. 그래서 1월 14일까지 그 책을 3번 볼 수 있더군요. 덕분에 연세대 시험에서 65점정도 점수를 받을 수 있었습니다. 과거 6년 동안의 영어 시험에서 최고 점수인 것입니다. 저는 중때도 영어 점수가 40점을 넘어 본 기억이 없으니까요. 모두가 선생님 덕택입니다. 선생님의 저서에 있는 '공부하는 방법'대로 공부를 하니 다른 과목 점수도 올라가 학교 실력고사에서 전체 3등까지 할 수 있었습니다. 만일 4월에 제 친구 말을 안 들었더라면 … 생각만 해도 무섭습니다. 그리고 그 친구는 연세대 상대 경제학과에 들어갔습니다. 선생님께 인사드리려고 13일 오후 4시경 선생님 댁을 방문했었는데 안 계시더군요. 앞으로 영어연구를 더 읽어 원서읽는데 밑바탕이 되도록 하겠습니다. 선생님의 크신 은혜에 정말 감사 드리며 더 정진하겠습니다.

김영호 올림

김영호 군에게

나는 지금까지 나의 저서를 읽은 학생들로부터 무수한 감사의 편지를 받아왔습니다.

바빠서 일일이 자필로 답을 못 드리고 대개는 대필로 답을 해드렸습니다.

그러나 김영호 군의 편지만큼은 아무리 바빠도 직접 답장을 해야겠다고 마음을 먹었지만 차일피일 미뤄오다 이제야 겨우 시간을 얻게 되어 답장 드립니다.

늦어서 대단히 죄송합니다. 나는 군의 편지를 읽고서 다음 몇 가지 점에 감동했습니다.

(1) 대부분의 학생 독자들은 저자에 대하여 군과 같이 마음속으로부터 고마움을 느끼지 못하는 것 같습니다. 군은 순수한 마음으로 저자의 집까지 찾아왔다고 하니 보통이 아니군요. 그 아름다운 마음씨가 일생 동안 지속되기를 바랍니다. 진심으로 감사할 줄 아는 사람이라야 큰 인물이 될 것입니다.

(2) 책값은 불과 만 몇 천원이지만 그 책이 만일 좋은 책이라면 그 수 만 배의 이득을 줄 것입니다. 가장 값싸고도 비싼 것이 책입니다. 그러나 아무리 좋은 책이라도 이용할 줄을 모르는 사람에게는 아무런 소용이 없는 것입니다. 같은 책을 읽어도 어떤 사람은 성공하고 어떤 사람은 실패하는데 김영호 군은 나의 책을 잘 이용해서 성공했습니다. 군도 기쁘겠지만 나는 군이 성공한 것 이상으로 기뻐하고 있습니다. 사람이 세상에 태어나서 남에게 이로운 일을 해 줄 수 있는 것이 인간 최고의 행복인 것입니다.

(3) 군은 영어실력기초 5회 영어기초오력일체 2회 그 후 성적이 안 올라 다시 영어실력기초를 공부했다고 했지요? 그렇게 기초를 확고히 세운 후 영어연구를 3회 공부했는데 정말 이치에 맞는 가장 좋은 방법을 택했습니다. 영어실력기초와 영어연구는 입시경향과는 관계없이 영어의 기본 지식과 기본 원동력을 배양하는 것입니다. 그리고 영어기초오력일체와 대입요점영어는 수험영어를 지도하는 것입니다. 만일 군이 대입요점영어를 마저 공부하고 시험을 봤더라면 65점 이 아니라 90점 이상이 되었을 것입니다.

(4) 나의 저서에 쓴 공부하는 방법과 정신을 실천하여 영어뿐만 아니고 다른 과목도 성적이 올라 전교 3등까지 되었다니 정말 속 시원한 이야기입니다. 나는 군의 편지 중에서 이것에 가장 감동했습니다. 다른 학생들도 이것을 본받아 열심히 공부하면 얼마나 좋겠습니까?

그런 의미에서 군의 편지를 다른 학생들에게 읽히게 하고 싶었습니다. 그러나 군의 승낙이 없으면 절대 삼가겠습니다. 이제는 좀 쉬면서 신체단련에도 관심을 가지시기 바랍니다.

틈나는 대로 답변 주시기 바라면서 다시 한 번 군의 쾌거를 치하합니다.

안현필 드림

안현필의 NEW 영어실력기초

불후의 명저

ENGLISH STUDY BASICS

EnCorrection

원어민 전문교정 영작문 학습서비스

엔코렉션은 월단위 원어민 전문교정영작문학습서비스
(영어일기, 자유 영작, 주제별 영작, TOEFL, TOEIC, SAT, IELTS 에세이와 개별 교정 서비스, 번역 클리닉, 이메일 개인비서 서비스)를 제공하고 있습니다.

원어민 전문 교정 영작문 학습 서비스에는 원어민 선생님의 첨삭, 교정 후 평가 보고서를 통한 고객의 영작에 대한 문제점과 학습 방향을 제시하고 있습니다.

영어일기
회원들이 영어로 작성한 일기를 원어민 선생님이 교정하는 서비스입니다. 하루에 일어난 상황이나 느낀 점 등을 영어일기로 써 보시기 바랍니다.

자유 영작
자유 주제로 영작을 한 후 원어민 선생님이 교정하는 서비스입니다. 자유롭게 자신의 생각을 영작해 보실 수 있습니다. 평소 쓰시고 싶었던 이야기나 에세이를 영작하시면 됩니다.

주제별 영작
주어진 주제로 영작을 한 후 원어민 선생님이 교정하는 서비스입니다. 무슨 글을 써야 할지 막막하거나 좀 더 다양한 글들을 영어로 써 보고 싶으신 분들은 실생활과 밀접하게 선정된 500여개의 주제 중 하나를 골라 자신의 생각을 영작하시면 됩니다.

TOEFL / TOEIC / SAT / IELTS Essay
수준 높은 원어민 선생님의 철저한 첨삭 지도를 통해 각종 Writing 시험 고득점을 맞으시길 바랍니다.

개별 교정 서비스
엔코렉션은 월 단위 원어민 교정 영작문 서비스를 제공하고 있지만 개별 교정을 원하시는 분을 위하여 개별 교정 서비스를 제공합니다.

번역 클리닉
취업 준비나 외국 유학을 준비 중인 고객들을 위해 영문이력서, 자기소개서, 커버레터, 에세이 등을 영문으로 번역하는 서비스입니다. 엔코렉션 번역 클리닉을 통해 고객님의 꿈을 이루시기바랍니다. 번역 클리닉은 일반 문서 번역만 서비스 해 드리고 있습니다. 특수 분야 번역은 제공하지 않습니다. (의학, 법률, 정보 통신등은 특수 분야로 서비스에 포함되지 않습니다.)

이메일 개인비서
엔코렉션은 해외 업무로 바쁘신 고객들을 위한 무역 서신, 업무 메일, 해외 메일, 영문 편지 등 이메일 개인 비서 서비스를 제공하고 있습니다. 이제부터 엔코렉션 이메일 개인 비서 서비스를 통해 해외 업무에 자신을 가지시길 바랍니다.

http://www.en-co.co.kr   TEL 02) 565-2856~7